GRAVIDEZ INDESEJADA

THE TURNAWAY STUDY

DIANA GREENE FOSTER

GRAVIDEZ INDESEJADA

THE TURNAWAY STUDY

PREFÁCIO DE DEBORA DINIZ

SEXTANTE

Título original: *The Turnaway Study*

Copyright © 2020, 2024 por Diana Greene Foster
Copyright da tradução © 2024 por GMT Editores Ltda.
Copyright do prefácio © 2024 por Debora Diniz

Todos os direitos reservados. Nenhuma parte deste livro pode ser utilizada ou reproduzida sob quaisquer meios existentes sem autorização por escrito dos editores.

coordenação editorial: Sibelle Pedral
produção editorial: Guilherme Bernardo
tradução: Ana Carolina Mesquita e Mariana Mesquita
preparo de originais: Raïtsa Leal
revisão: Ana Grillo e Guilherme Bernardo
diagramação: Guilherme Lima e Natali Nabekura
capa: Jaya Miceli
imagem de capa: Daisy Art Decor | Shutterstock
adaptação de capa: Natali Nabekura
impressão e acabamento: Santa Marta

CIP-BRASIL. CATALOGAÇÃO NA PUBLICAÇÃO
SINDICATO NACIONAL DOS EDITORES DE LIVROS, RJ

F856g

Foster, Diana Greene, 1971-
    Gravidez indesejada / Diana Greene Foster ; tradução Ana Carolina Mesquita, Mariana Mesquita. - 1. ed. - Rio de Janeiro : Sextante, 2024.
    336 p. ; 23 cm.

Tradução de: The turnaway study
ISBN 978-65-5564-803-4

1. Aborto - Estudo de casos - Estados Unidos. 2. Direitos reprodutivos - Estados Unidos. 3. Controle de natalidade - Estados Unidos. I. Mesquita, Ana Carolina. II. Mesquita, Mariana. III. Título.

23-87600
CDD: 362.1988800973
CDU: 613.888.151.2(73)

Meri Gleice Rodrigues de Souza - Bibliotecária - CRB-7/6439

Todos os direitos reservados, no Brasil, por GMT Editores Ltda.
Rua Voluntários da Pátria, 45 – 14º andar – Botafogo
22270-000 – Rio de Janeiro – RJ
Tel.: (21) 2538-4100
E-mail: atendimento@sextante.com.br
www.sextante.com.br

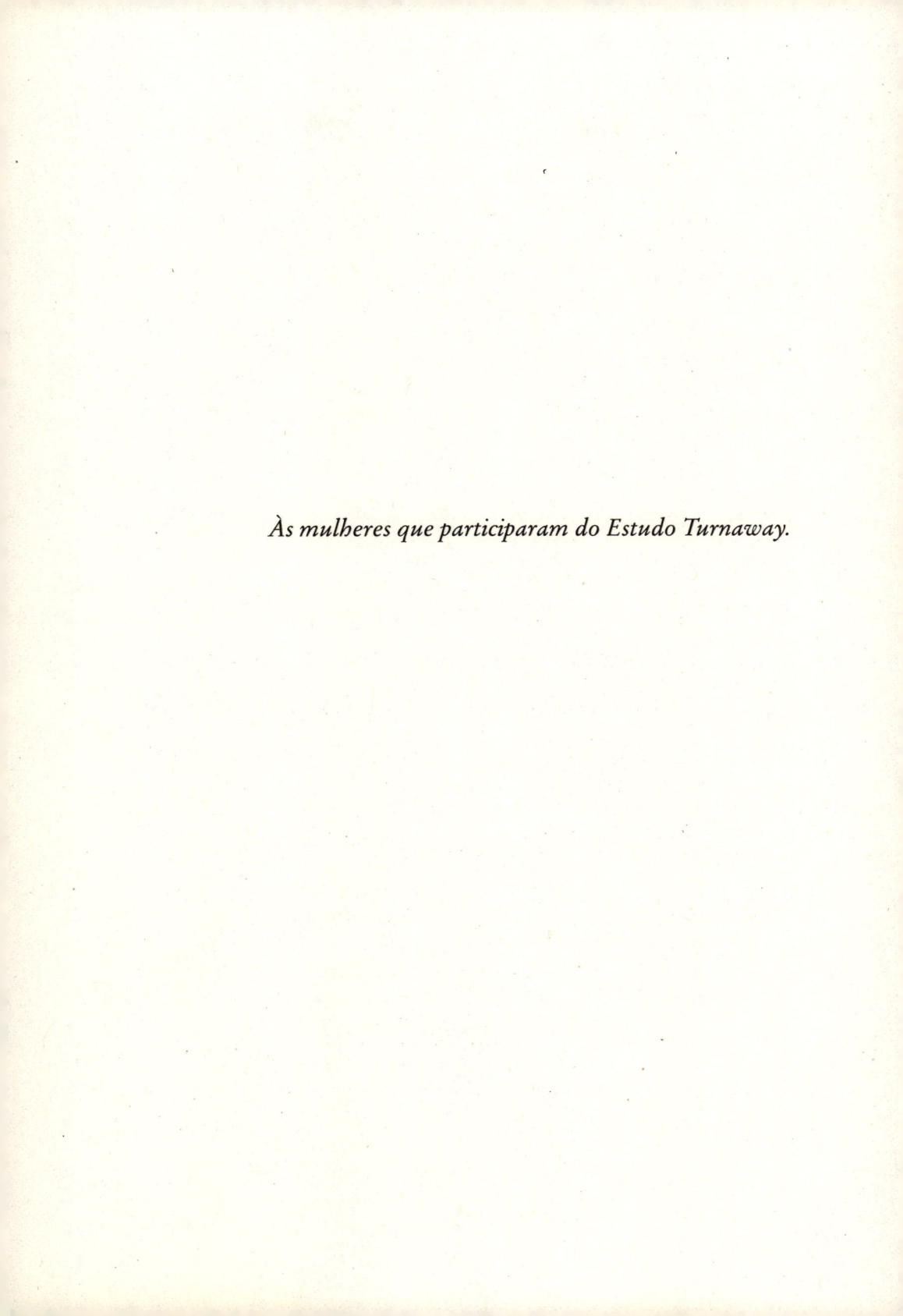

Às mulheres que participaram do Estudo Turnaway.

Sumário

Prefácio à edição brasileira	9
Introdução	15
Observações sobre a terminologia	23
Observações sobre as estatísticas	24
1. O Estudo Turnaway	26
Amy	39
2. Por que as pessoas fazem aborto?	43
Jessica	67
3. O acesso ao aborto nos Estados Unidos	74
Martina	99
4. Saúde mental	108
Nicole	138
5. Saúde física	146
Kiara	157
6. A vida das mulheres	165
Melissa	189
7. Filhos	199
Camila	215

8. Homens	**222**
Jada	**236**
9. Reações e reflexões acerca do Estudo Turnaway	**242**
Brenda	**260**
10. O Estudo Turnaway e as políticas do aborto	**272**
Sofia	**286**
11. Próximos passos para a ciência	**296**
Posfácio à edição brasileira	**307**
Agradecimentos	**312**
Referências	**317**

Prefácio à edição brasileira

Todos nós temos crenças sobre o aborto e as mulheres que fazem aborto. Muitos de nós já ouvimos histórias ou conhecemos mulheres que fizeram aborto. Entre as nossas crenças e o vivido pelas mulheres há um espaço movediço ocupado pelas leis penais, pelo estigma, pelas perseguições morais e religiosas. Este é um livro sobre ciência cuja leitura atenta irá socorrer os leitores brasileiros à procura de como melhor argumentar sobre se aborto deve ser um crime ou se deve ser entendido como uma necessidade de saúde.

Para quem pesquisa aborto, há sempre um fogacho de esperança de que a conversa possa ser mais razoável do que a ditada por dogmas do crime ou do pecado, ou de que a ciência possa substituir o fanatismo que persegue e violenta pesquisadores e profissionais de saúde. O Estudo Turnaway consumiu dez anos de pesquisa, ao longo dos quais mil mulheres foram sequencialmente entrevistadas sobre diversos aspectos de suas vidas pós-aborto ou após terem um aborto negado pelos serviços de saúde nos Estados Unidos. Diana Greene Foster e sua equipe de pesquisa tinham uma pergunta simples para esse mundaréu de dados: "Será que o aborto faz mal às mulheres?"

Foster começou a investigação a partir dos lugares-comuns das crenças sobre aborto: "Eu acreditava que realizar um aborto talvez pudesse causar sofrimento significativo e, potencialmente, culpa e arrependimento", escreve neste livro. Não foi isso que ela encontrou. O principal sentimento vivido pelas mulheres é o de "alívio", seja logo após o procedimento ou no período de cinco anos em que foram entrevistadas. Em várias dimensões da vida, as que tiveram acesso ao aborto estiveram em melhor situação do que suas semelhantes, porém às quais o aborto foi negado devido ao tempo gestacional.

A pesquisa que dá origem a este livro foi publicada em dezenas de artigos nos últimos anos nos mais prestigiosos periódicos científicos internacionais. Os resultados geraram debates importantes na imprensa de todo o mundo – em particular o achado de que o aborto não tem efeitos negativos para a saúde mental das mulheres. Esse é um falso ou infundado argumento que circula entre algumas pessoas que defendem a criminalização do aborto: "O aborto deveria ser criminalizado", dizem elas, "para proteger a saúde mental da mulher." Foster e equipe mostram que não há melhor proteção às necessidades das mulheres, das meninas e de todas as pessoas que possam engravidar do que ter acesso a um aborto seguro e legal, se essa for a vontade de cada pessoa.

Não se assuste ao folhear o livro e encontrar tabelas ou números. São estatísticas fáceis de ler e compreender: estão aqui mais como uma comprovação da origem dos dados e argumentos do que para fazer deste livro uma obra apenas para iniciados no tema. A leitura é para todas as pessoas interessadas em refletir sobre a questão do aborto, e oferece a melhor ciência disponível. Não importa em que lado desta conversa você se situe antes da leitura – permita-se refletir sobre suas crenças e inquietações à luz dos resultados das pesquisas de Foster.

Há uma desinformação generalizada sobre a "mulher comum" que faz um "aborto comum". Na literatura brasileira em saúde pública, descrevemos o aborto como um fenômeno da vida reprodutiva *comum à mulher comum* – os resultados da Pesquisa Nacional de Aborto de 2021 mostraram que, aos 40 anos, pelo menos uma em cada sete mulheres já terá feito um aborto no Brasil. Isso acontece em todas as classes sociais, em todos os grupos raciais, com uma maior concentração entre as mais jovens e negras: neste grupo, uma em cada duas mulheres fará o primeiro aborto antes dos 20 anos. Com as devidas diferenças populacionais e sociais em relação aos Estados Unidos, os resultados discutidos neste livro vão na mesma direção. A criminalização ou as barreiras de acesso ao aborto têm impactos mais expressivos na vida das mulheres mais marginalizadas.

Isso significa que criminalizar o aborto é um gesto brutal de controle dos corpos e dos projetos de vida das mulheres, e em particular daquelas já mais afetadas pelas desigualdades. Quando Foster escreveu o livro, a decisão da Suprema Corte dos Estados Unidos ainda não havia sido revista, ou seja, o acesso ao aborto enfrentava menos barreiras que agora. Hoje, o país passa por uma reviravolta entre estados que criminalizam o aborto e estados que oferecem serviços de aborto. Esse dado da realidade jurídica e da assistência em saúde não altera os resultados da pesquisa, apenas exige dos leitores mais imaginação sobre como as histórias das dez mulheres retratadas neste livro poderiam ter sido ainda mais dramáticas pelas barreiras injustas de acesso.

Se você já pesquisa aborto, este livro trará uma novidade à sua análise. Há muitas pesquisas sobre o perfil das mulheres que se submetem ao procedimento, sobre a magnitude do aborto ou mesmo sobre as barreiras que as pessoas enfrentam. Nenhum estudo, porém, fez o que chamamos de "experimento natural", isto é, acompanhou mulheres no tempo, tendo uma única variável como diferenciadora entre os grupos: mulheres que tiveram acesso ao aborto e outras a quem o aborto foi negado, às vezes por questão de dias, em função do tempo gestacional. Para cada mulher a quem o aborto foi negado por razões de tempo gestacional, outras três foram incluídas no estudo: uma de aborto no primeiro trimestre, duas perto do limite gestacional de 20 semanas.

"Não é necessário ter a vida em crise para precisar de um aborto", diz Foster. É certo que quando as mulheres buscam um aborto é porque algo saiu errado no planejamento reprodutivo. Elas não usam o aborto como método contraceptivo, um argumento falacioso que carece de qualquer evidência científica ou de realismo sobre a vida das mulheres. O livro se esforça por desmontar as falácias, e essa é uma delas. As mulheres e as pessoas que podem engravidar cuidam, e muito, de suas vidas reprodutivas. Basta seguir estes números sobre o impacto de medicalização que o planejamento reprodutivo tem na vida de uma mulher: uma mulher comum, a mesma que aborta, se der à luz dois filhos, terá tido, em média, dois mil atos sexuais durante a vida reprodutiva. Isso significa 975 trocas de adesivos, ou uso de 325 anéis vaginais, ou ingestão de 6.844 pílulas e uso de mais de 2 mil camisinhas, ou entre quatro a seis DIUs.

11

É preciso lembrar que nem todos os métodos estão disponíveis para todas as mulheres no seu ciclo de vida. Nem todas se adaptam igualmente a todos os métodos, e muitas vezes suas preferências não são respeitadas. No Brasil, a despeito da cobertura do SUS em saúde reprodutiva, nem todos os municípios oferecem métodos modernos e de longa duração. É um discurso raso responsabilizar as mulheres pela gravidez não planejada e fazer da maternidade uma sentença ou castigo. Mesmo as mais atentas aos métodos irão em algum momento equivocar-se ou confundir-se sobre o seu uso. A vida sexual e amorosa não é apenas a racionalidade das prevenções ou cuidados: é também onde vivemos a complexidade de nossos afetos e desejos.

Quando procura um aborto, a mulher sabe o que está fazendo. Ela pensou, ponderou, já conheceu outras mulheres e histórias. A razão mais comum é de ordem econômica, mas isso não significa que sejam apenas as mulheres pobres a fazerem referência à economia da sobrevivência. Elas se referem aos filhos que já têm, aos planos para o futuro. A decisão de uma mulher pelo aborto é também uma decisão sobre como ser uma boa mãe para os filhos que já nasceram. Por isso, Foster insiste em dizer que este é um livro sobre a vida das mulheres e das crianças.

Espero que os leitores terminem este livro e voltem ao que escreveu a ex-ministra Rosa Weber, ao proferir o voto pela descriminalização do aborto no Supremo Tribunal Federal. Ela disse que é preciso um sistema de "justiça social reprodutiva" para as mulheres, meninas e todas as pessoas que possam engravidar. Nesse sistema, o acesso ao aborto seria apenas um dos aspectos da proteção integral em saúde reprodutiva, pois estaria conectado às necessidades de vida das mulheres. Neste livro, os leitores encontrarão evidências sobre como o argumento da ex-ministra se concretiza: ter um aborto negado pode ocasionar impactos diversos na vida financeira, profissional, familiar e no bem-estar afetivo das mulheres.

Mas se tantas mulheres fazem aborto e se todos nós conhecemos mulheres que já fizeram aborto, por que a dificuldade no debate público? Este livro segue num caminho para desatar nós que dificultam a conversa: mover os argumentos do campo das crenças religiosas ou filosóficas privadas para o das evidências científicas. O giro não é fácil; vivemos sob um estado de torpor que nos faz desimaginar as mulheres que abortam. Elas deixam de ser mulheres comuns para habitar uma série de estereótipos sobre sexualidade ou família que justificariam a sentença de castigo ou de maternidade como um dever. Mas ela é a mulher comum – a sua mãe, a sua filha, sua irmã, ou você mesma. É essa mulher comum que precisa de nosso cuidado no pensamento e nas palavras para melhor amparar e respeitar suas necessidades de vida.

— Debora Diniz,
professora da Universidade de Brasília, documentarista e uma das autoras da Pesquisa Nacional de Aborto no Brasil

Introdução

Dez mulheres estão sentadas na sala de espera de uma clínica. Algumas viajaram cerca de 480 quilômetros, fizeram muitos telefonemas até encontrar este local e enfrentaram manifestantes raivosos antes de entrar. Uma delas segura a mão do marido. Outra é uma estudante universitária acompanhada do namorado. Há uma mulher no celular, conversando com a amiga que está cuidando de seu filho de 3 anos. Outra também está numa ligação, dizendo a alguém onde ela está e o que está prestes a fazer. Há uma mulher que aparenta estar doente e extremamente infeliz. Duas delas estão inquietas – preocupadas com a opinião alheia por terem demorado a procurar a clínica. Embora a maioria dessas mulheres tenha 20 e poucos anos, há duas adolescentes, cada uma acompanhada de uma amiga. A última mulher, claramente incomodada com os manifestantes do lado de fora, folheia um livro contendo relatos deixados por outras mulheres. Uma a uma, elas são chamadas. Logo vão saber se procuraram a clínica em tempo hábil.

O tempo que essas mulheres levaram para descobrir a gravidez, conversar com seus pais ou companheiros, decidir o que fazer, conseguir o dinheiro necessário, saber para onde ir e como chegar lá... será que tudo isso fez com que chegassem tarde demais?

Conseguirão interromper a gravidez e ter o que esperam que seja uma segunda chance?

Ou serão mandadas de volta para casa?

* * *

Todos os dias, essa cena se repete em cada canto dos Estados Unidos: num hospital em São Francisco, numa pequena clínica no interior do Maine, na única clínica existente nas Dakotas do Norte e do Sul, numa clínica na fronteira entre o Texas e o México, numa clínica situada num arranha-céu de Manhattan, numa grande instalação em Chicago, em Atlanta, Boston, Little Rock, Seattle, Louisville, Albuquerque, Tuscaloosa, Dallas, Pittsburgh, Tallahassee, Cleveland, Phoenix, Portland, Los Angeles e em centenas de outras clínicas e hospitais espalhados pelo país. Todos os anos, milhares de mulheres não recebem autorização para abortar porque chegaram à clínica com a gravidez já avançada.[1]

Este livro é sobre o que acontece com as mulheres que chegam às clínicas no prazo legal e realizam o aborto desejado e o que acontece com aquelas que chegam a essas mesmas clínicas alguns dias ou semanas depois desse prazo e não podem mais abortar. É também um livro sobre o acesso ao aborto nos Estados Unidos e as pessoas cujas vidas são afetadas por ele.

* * *

Como é a política que dita o acesso ao aborto nos Estados Unidos, o estágio gestacional limite para realizar o procedimento depende de onde se vive. Nas décadas seguintes ao caso *Roe vs. Wade* – marco divisório na regulamentação do aborto no país, que permitiu aos estados proibir o aborto somente depois da viabilidade fetal e nunca nos casos em que é necessário para salvar a vida ou preservar a saúde da mulher –, a Suprema Corte permitiu que os estados impusessem diversas restrições ao aborto e aos requisitos para realizá-lo.[2] Câmaras conservadoras aprovaram normas mantendo a legalidade do procedimento, mas tornando-o quase inacessível para muitas cidadãs americanas sem os recursos necessários para viajar longas distâncias até chegar a estados com normas menos restritivas. Quarenta e três estados americanos proíbem o aborto para a maioria das mulheres após determinado estágio gestacional.[3] Um terço dos estados atualmente proíbe que a gravidez seja interrompida a partir da 20ª semana. E, em 2019, ao menos 17 estados introduziram leis que proíbem o aborto a partir da 6ª semana, ou mesmo antes disso.[4] O projeto de lei se tornou lei na Geórgia, no Kentucky, na Louisiana, no Mississippi e em Ohio, mas encontrou resistência jurídica imediata, o que postergou sua implementação. Sem se importar com qual semana gestacional cada estado determinou como prazo-limite, muitas clínicas se recusam a interromper uma gravidez após o primeiro trimestre. Diversas outras não chegam a obedecer ao limite gestacional determinado pelos estados, em virtude da falta de profissionais de saúde treinados, da existência de diversas leis que restringem as clínicas de aborto ou do desejo de não atrair manifestantes e políticos.

Não é mero acaso o fato de as leis estaduais que determinam o limite gestacional para a interrupção de uma gravidez já terem sido alvo de processos judiciais. Os legisladores e ativistas contrários ao aborto criaram tais leis especificamente para contestar *Roe*, na esperança de provocar um processo que chegue à Suprema Corte, recentemente agrupada a favor de permitir leis que criminalizem o aborto. Mike Pence, companheiro de chapa de Donald Trump e feroz opositor ao aborto, prometeu durante a campanha em 2016: "Se nomearmos um construcionista jurídico à Suprema Corte dos Estados Unidos, coisa que Donald Trump pretende fazer, acredito que veremos *Roe vs. Wade* relegada à sarjeta da história, que é onde merece ficar. Eu lhes prometo isso."[5] Em seu primeiro governo, a dupla transformou essa promessa numa real possibilidade. Com o ingresso dos juízes Neil Gorsuch e Brett Kavanaugh, a Suprema Corte terá um número suficiente de votos conservadores para reverter o precedente do direito ao aborto de 1973 – ou seja, rejeitar a posição moderada da Suprema Corte e permitir que os estados tenham plenos poderes para proibir o aborto.*

Desde *Roe vs. Wade*, o aborto tem predominado nas discussões políticas nos Estados Unidos. Os esforços legais e políticos para restringir o acesso nunca foram tão intensos quanto na última década. A retórica e as

---

* Em 24 de junho de 2022, a Suprema Corte americana revogou o direito constitucional ao aborto, atribuindo aos estados o poder de vetar e até de criminalizar o procedimento dentro de suas fronteiras. Veja as considerações da autora sobre essa decisão no Posfácio à edição brasileira (p. 307). (N. E.)

propostas públicas passaram da punição aos provedores de aborto à prisão das pacientes. Recentemente, 207 membros do Congresso assinaram uma carta à Suprema Corte pedindo aos juízes que defendessem, na Louisiana, uma lei restritiva semelhante à que a Corte considerou inconstitucional no Texas em 2016.[6] A carta vai além, instando a Corte a aproveitar a oportunidade para reconsiderar se os direitos ao aborto estão de fato protegidos pela Constituição.[7] Em outras palavras, o acesso ao aborto nunca esteve tão ameaçado desde que *Roe* foi decidido, 50 anos atrás.

Muitas restrições são aprovadas sob a justificativa de tornar o procedimento mais seguro ou impedir mulheres de ter arrependimentos e danos psicológicos ao abortar. O debate político sobre o aborto mudou nas últimas décadas. Agora, em vez de se concentrar nos direitos fetais em oposição aos direitos das mulheres, os opositores e legisladores antiaborto tentam reformular o debate como uma questão de saúde feminina, sugerindo que o aborto prejudica as mulheres, levando a depressão, ansiedade e pensamentos suicidas. Quando faltam evidências, os legisladores as inventam. Em 2007, o juiz da Suprema Corte Anthony Kennedy, ao comunicar a decisão majoritária do tribunal de manter a proibição de um aborto a ser realizado num estágio mais avançado da gravidez, aproveitou a oportunidade para divagar sobre o estado emocional e mental das mulheres que se submetem ao procedimento: "Embora não haja dados confiáveis para medir o fenômeno, parece indubitável concluir que algumas mulheres se arrependem de sua escolha de abortar a vida da criança que geraram e nutriram. A depressão grave e a perda da autoestima podem ser alguns resultados desse procedimento."[8] Evidentemente, em 2007, havia uma enorme necessidade de dados confiáveis sobre as consequências do aborto.

* * *

Apenas um ano antes, a Dra. Eleanor Drey, diretora médica do Women's Options Center (Centro de Opções para Mulheres) do Hospital Geral de São Francisco, comentou comigo: "Eu me pergunto o que acontece com as mulheres cujo pedido de aborto nós rejeitamos." Sou pesquisadora do Departamento de Obstetrícia, Ginecologia e Ciências Reprodutivas da Universidade da Califórnia em São Francisco (UCSF). A Dra. Drey e eu trabalhamos juntas em um estudo sobre o que leva as mulheres a abortar tardiamente, no segundo trimestre. Essas mulheres, embora representem apenas uma pequena parcela entre as que buscam o procedimento, são as que enfrentam as maiores restrições legais, desaprovação social e obstáculos logísticos. De acordo com os dados dos Centers for Disease Control and Prevention (Centros de Controle e Prevenção de Doenças), mais de 90% das mulheres que realizam abortos nos Estados Unidos estão no primeiro trimestre, ou seja, dentro do intervalo de 13 semanas após o primeiro dia de seu último período menstrual.[9] Cerca de 8% fazem abortos entre 14 e 20 semanas. E apenas uma fração – pouco mais de 1% – interrompe a gravidez após 20 semanas de gestação.

A Dra. Drey e eu queríamos entender o que leva as pessoas a adiar a busca pelo aborto, uma vez que os procedimentos realizados quando a gravidez está mais avançada costumam ser mais caros, mais demorados, mais difíceis e, fora da Califórnia, muitas vezes expostos a severas restrições legais. Descobrimos que a principal razão pela qual as mulheres realizam abortos no segundo trimestre é não perceberem que estavam grávidas – mais da metade das 200 pacientes do segundo trimestre em nosso estudo na Califórnia só descobriram a gestação depois de terem ultrapassado a marca do primeiro trimestre.[10] Muitas delas não experimentam sintomas de gravidez. Quando uma mulher percebe que está grávida passado o primeiro trimestre e decide que não é o que deseja, multiplicam-se as barreiras logísticas para realizar o aborto – o custo do procedimento, o tempo de repouso indicado, a necessidade de deslocamento e de cuidados para os filhos que ela talvez já possua. Quanto mais avançada a gravidez, mais o custo se eleva, pois o aborto se torna mais complexo e a clínica mais próxima disposta a realizá-lo (ou com os meios para isso) fica mais distante. Muitas vezes isso provoca um efeito bola de neve. Quando a mulher finalmente chega a uma clínica, pode ser tarde demais.

Depois da minha conversa com a Dra. Drey e do nosso trabalho sobre o *porquê* de as mulheres procurarem clínicas de aborto no segundo trimestre, eu desejava saber o que acontece com elas – tanto com as que abortam quanto com aquelas que as clínicas se recusam a atender. Elas passam a morar com o homem que as engravidou? São capazes de cuidar dos filhos que já têm e, caso lhes seja negado o aborto, também do novo bebê? Mais tarde, elas têm os filhos que desejam ter? Aquelas que abortam se arrependem? Aquelas cujo aborto é recusado se ressentem de serem mães? Ao comparar as mulheres que conseguem realizar o aborto com aquelas a quem este é negado, vi o potencial de responder àquela pergunta tão calorosamente debatida: *O aborto prejudica as mulheres?* E, por outro lado: *Que dificuldades enfrentam por não conseguirem realizar o aborto desejado?*

Escolhi chamar a pesquisa de Turnaway Study (Estudo Turnaway) porque a Dra. Drey usa o termo *turnaways* ("aquelas a quem se deu as costas", "rejeitadas", "recusadas") para se referir às mulheres cuja gestação está adiantada demais para que consigam realizar um aborto no hospital que ela coordena. Para mim, a expressão também identifica todo um conjunto de questões em torno da tomada de decisão das mulheres sobre sua gravidez. As mulheres que buscam abortar estão dando as costas para a possibilidade iminente da maternidade – e caso lhes seja negado o aborto, podem ser obrigadas a dar as costas aos seus planos não relacionados à criança. Dar as costas é também o que a sociedade faz com as mulheres, ao debater o estatuto moral dos fetos sem considerar a vida das futuras mães. É o que o governo americano faz com mulheres e crianças quando não provê às mulheres de baixa renda, incapazes de abortar, o acesso a creche, alimentação e moradia suficientes para criar seus filhos sem o medo constante da pobreza.

O Estudo Turnaway foi o primeiro a investigar de que maneira o aborto afeta as mulheres, comparando as que o fazem com aquelas que desejavam fazê-lo, mas não conseguiram. Antes desta pesquisa, os dados da literatura utilizados no debate sobre possíveis danos às mulheres provocados pelo aborto vinham de estudos que comparavam aquelas que interromperam a gravidez com aquelas que deram à luz, quer estas tenham ou não pensado em abortar. O problema dessa comparação é que as mulheres são mais propensas a ter o bebê quando está tudo bem em suas vidas – quando estão em bons relacionamentos, financeiramente estáveis e emocionalmente preparadas para sustentar uma criança. Por outro lado, elas tendem a optar pelo aborto quando as coisas não vão muito bem – se estão em um relacionamento difícil, sua saúde é precária ou não têm como arcar com os custos de moradia e alimentação. Portanto, se compararmos as que fazem aborto com aquelas que levam a gravidez a termo, veremos diferenças que pouco têm a ver com a experiência de se submeter a um aborto. Ao contrário: essas diferenças refletem as circunstâncias em torno do fato de uma gravidez ser desejada ou não.

O livro que você está lendo é o resultado da minha busca por respostas, uma busca que resultou numa exploração de 10 anos sobre as experiências de mulheres que realizam, ou tentam realizar, um aborto nos Estados Unidos. Mais de 40 pesquisadores – diretores de projetos, entrevistadores, epidemiologistas, demógrafos, sociólogos, economistas, psicólogos, estatísticos, enfermeiros e cientistas de saúde pública – colaboraram com este estudo ao longo de mais de uma década. Recrutamos pouco mais de mil mulheres que buscavam abortar em 30 hospitais e clínicas norte-americanos, incluindo as que o fizeram no início da gravidez; as que mal conseguiram chegar a tempo, mas conseguiram abortar; e as que chegaram tarde demais e cujo aborto foi negado. Procuramos entrevistar cada mulher a cada seis meses ao longo de cinco anos, a fim de entender de que maneira realizar ou não um aborto desejado afetou sua saúde mental e física, suas aspirações de vida e o bem-estar de sua família. Publicamos quase 50 artigos acadêmicos em revistas médicas, de saúde pública e de sociologia. Nosso projeto de pesquisa e os dados subsequentes foram recebidos com atenção e aclamação generalizadas, citados por veículos de mídia proeminentes e apresentados na *The New York Times Magazine* como o estudo "mais rigoroso" a analisar se as mulheres desenvolvem problemas de saúde mental após um aborto.[11] Neste livro, reunimos em um só lugar, pela primeira vez, os resultados dessa profunda investigação, apresentando as conclusões do maior estudo sobre as experiências das mulheres com o aborto nos Estados Unidos. Para dar vida a essas descobertas, apresento também as histórias de 10 participantes da pesquisa, que contaram com suas próprias palavras o que as levou a buscar esse procedimento e o que aconteceu com suas vidas depois de tê-lo ou não realizado.

Nestas páginas, documento as consequências emocionais, de saúde e socioeconômicas para as mulheres que realizaram o aborto desejado e para aquelas a quem este foi negado. Antes que juízes e legisladores considerem banir os direitos ao aborto ou criminalizá-lo, quero que eles – assim como os eleitores e outros responsáveis por levá-los ao poder – entendam o que a proibição do aborto significaria para mulheres e crianças.

Não formulei este estudo pensando em política ou nos direitos das mulheres. Cheguei a este trabalho com o desejo de documentar os aspectos positivos e negativos de realizar um aborto ou levar uma gravidez a termo. Imaginei que ter um bebê após uma gravidez indesejada poderia ser ao mesmo tempo um fardo e uma alegria. Embora o aborto seja uma escolha feita pelas mulheres em reação às próprias circunstâncias de vida, eu acreditava que talvez pudesse causar sofrimento significativo e, potencialmente, culpa ou arrependimento. Ao formular nossas perguntas de pesquisa, busquei mensurar todas as maneiras pelas quais o aborto poderia melhorar ou prejudicar a vida das mulheres. Eu desejava ouvir a experiência de mulheres que, de um ponto de vista concreto, vivenciaram o que o restante de nós debate de maneira abstrata.

Este é um livro de pesquisa científica. No entanto, como o tema da pesquisa é o aborto, é também um livro sobre política, políticas públicas e a vida de mulheres e crianças. Como cientista, percebo que a ciência jamais resolverá a questão moral do momento em que um feto se torna uma pessoa, tampouco responderá à questão jurídica de quando os direitos de um feto devem, se é que em algum momento devem, superar os da pessoa cujo corpo o carrega. Nossas opiniões morais e legais devem, no entanto, se basear em uma compreensão precisa do mundo, e a falta de dados prejudica gravemente a compreensão do aborto. O Estudo Turnaway oferece uma oportunidade única de examinar o efeito desse procedimento na vida das mulheres e as consequências, tanto imediatas quanto de longo prazo, das leis que restringem o seu acesso.

Observações sobre a terminologia

Utilizei a palavra "mulheres" para descrever as participantes do estudo. Algumas pessoas que são designadas como mulheres no nascimento e posteriormente se identificam como homens ou não binárias também experimentam gestações não intencionais e buscam abortos. No entanto, nosso termo de consentimento especificou que a população-alvo do estudo era de gestantes do sexo feminino e, até onde sei, nenhum homem trans participou. Muitas das questões identificadas provavelmente se aplicariam a homens trans e a pessoas não binárias que engravidam. As dificuldades adicionais que um homem trans enfrenta para ter acesso aos cuidados de saúde reprodutiva não foram cobertas por este estudo, porém constituem um tema importante para futuras pesquisas.

Para descrever aqueles que realizam abortos e não participaram do estudo, utilizo a palavra "pessoas", por ser mais precisa. No entanto, acredito que haja uma razão para que contraceptivos sejam tão difíceis de obter, a capacidade de tomada de decisão seja questionada e os políticos acreditem que podem influenciar a mais fundamental das decisões sobre o corpo de alguém. Essa razão é precisamente porque a grande maioria das pessoas que necessitam de abortos são mulheres. Às vezes utilizo a palavra "mulheres" no lugar da expressão mais inclusiva "pessoas que necessitam de um aborto" para destacar a misoginia e a causa-raiz do problema.

Observações sobre as estatísticas

Minha equipe de pesquisa realizou quase 8 mil entrevistas com cerca de mil mulheres ao longo de oito anos. As pesquisas com relatórios de crédito e registros de óbitos incluíram mais de 1.100 mulheres. O campo da estatística conta com poderosos métodos para analisar conjuntos de dados extremamente extensos, a fim de explicar quaisquer variações nos resultados por local de recrutamento, analisar medidas repetidas para a mesma mulher ao longo do tempo e compensar boa parte dos vieses que poderiam resultar da desistência de mulheres do estudo ao longo do tempo e, quando existem diferenças, ajustá-las aos valores basais entre os grupos de estudo. Se você, como eu, acha isso empolgante, muitos dos nossos artigos científicos estão disponíveis no site www.turnawaystudy.com (em inglês). Para este livro, resumi as diferenças apresentando uma comparação simples de porcentagens, geralmente contrapondo mulheres que deram à luz após terem tido um aborto negado por estarem um pouco acima do limite gestacional de uma clínica com aquelas pouco abaixo do limite da clínica e que realizaram o aborto buscado. Quando menciono uma diferença, não é porque duas porcentagens diferiram em algum momento. Significa apenas que nossos modelos estatísticos demonstraram que a trajetória inteira dos dois grupos diferiu ao longo do tempo de maneira improvável de ter ocorrido por acaso. As porcentagens dão simplesmente uma noção da magnitude da diferença. Os gráficos representam as trajetórias desses dois grupos.[1] Apresento dados para a amostra do primeiro trimestre, quando os resultados são substancialmente diferentes da amostra de mulheres que realizaram um aborto logo abaixo dos limites gestacionais da clínica, a maioria no segundo trimestre da gravidez.

CAPÍTULO 1

O Estudo Turnaway

No verão de 1987, o presidente Ronald Reagan dirigiu-se aos líderes do movimento pelo direito à vida durante um encontro em Washington, D.C., e fez o que os presidentes republicanos têm feito desde que o aborto foi legalizado nos Estados Unidos:[1] prometeu lutar para derrubar *Roe vs. Wade*, a decisão tomada em 1973 pela Suprema Corte que continua irritando a base da direita religiosa do Grand Old Party (o grande velho partido, GOP) tantas décadas depois.

"Não descansarei até que uma emenda defendendo a vida humana entre na nossa Constituição", prometeu Reagan, referindo-se ao nome dado a várias propostas de emendas constitucionais apresentadas desde 1973 e que teriam concedido personalidade jurídica a embriões e fetos e criminalizado todos os abortos, muitas vezes sem exceções. Até o momento, nenhuma proposta desse tipo teve grande avanço no Congresso, e Reagan evidentemente não esperava que isso ocorresse em seus últimos anos no cargo. Antes que os líderes antiaborto parassem de aplaudir, ele logo transformou o discurso em ataques crescentes ao aborto. "Ao mesmo tempo", disse ele, "devemos continuar buscando medidas práticas que possam ser tomadas agora, mesmo antes que a batalha pela emenda da vida humana seja vencida."

Reagan listou quatro providências que sua administração tomara, providências que, ele acreditava, representavam "exemplos poderosos do que pode ser feito para proteger a vida dos nascituros". A terceira da lista, no entanto, não abordava os tais "nascituros", mas sim a necessidade de evidências de que o aborto é prejudicial às mulheres.

"Um número crescente de mulheres que realizaram abortos afirma que foram enganadas por informações imprecisas", disse ele. "Disponibilizar dados precisos às mulheres sobre a mortalidade materna antes que realizem um aborto deve ser um item essencial do termo de consentimento informado. Irei, portanto, solicitar ao *surgeon general* [maior autoridade em saúde pública nos Estados Unidos] a emissão de um relatório médico abrangente sobre os efeitos físicos e emocionais do aborto à saúde das mulheres."

Essa tarefa coube ao ocupante do cargo na época, C. Everett Koop, um aclamado cirurgião pediátrico que se opunha publicamente ao aborto. Koop havia escrito um livro e produzido curtas-metragens argumentando que o aborto inevitavelmente acabaria levando à eutanásia forçada para idosos e pessoas com deficiência.[2] Ele já havia percorrido o país fazendo apresentações multimídia sobre os males do aborto. Foi esse homem que recebeu a incumbência de encontrar evidências de que o procedimento prejudica as mulheres. Reagan e seus eleitores da direita religiosa esperavam que o relatório de Koop fornecesse os fundamentos para alterar a legislação sobre o tema.

No entanto, Koop não conseguiu encontrar tais evidências. E não foi por falta de tentativa. Conforme escreveria em sua carta final ao presidente Reagan, um ano e meio depois, ele analisou mais de 250 estudos relativos aos impactos psicológicos do aborto.[3] Entrevistou mulheres que abortaram e conversou com dezenas de grupos médicos, sociais e filosóficos de ambos os lados do debate.

Koop surpreendeu seus críticos iniciais pelo seu compromisso com a ciência e a saúde pública, mesmo diante de oposição religiosa e política, ao finalmente concluir que os dados existentes estavam repletos de problemas metodológicos: "Lamento, Sr. Presidente, mas apesar da análise atenta realizada por diversos integrantes do Serviço Público de Saúde e do setor privado, os estudos científicos não fornecem dados conclusivos sobre os efeitos do aborto na saúde das mulheres."

Na carta de Koop ao presidente Reagan, em 1989, ele recomendava a realização de mais e melhores pesquisas acerca dos efeitos do aborto, recomendando especificamente um estudo prospectivo de cinco anos que investigasse todos os diversos desdobramentos relativos a sexo e reprodução, incluindo os efeitos psicológicos e físicos de tentar e não conseguir conceber; de engravidar de maneira planejada e não planejada, assim como desejada e indesejada; e abortos espontâneos, gestações levadas a termo e gestações interrompidas. Seu apelo por melhores pesquisas só seria atendido dali a 20 anos.

Ou seja, só em 2007, quando minha equipe de cientistas sociais decidiu assumir parte do que Koop propusera: analisar os desdobramentos de gestações levadas a termo e interrompidas, no caso de mulheres que engravidaram sem o desejar. O aborto é um procedimento médico tão controverso que consegue decidir eleições e arruinar jantares no Dia de Ação de Graças. No entanto, também é extremamente comum: estima-se que entre uma em cada quatro e uma em cada três mulheres nos Estados Unidos fará um aborto ao longo da vida.[4] No entanto, o fato de ser um procedimento comum não facilita seu estudo. Precisávamos superar as armadilhas metodológicas que haviam desacreditado todos os estudos anteriores analisados por Koop. Em especial, era preciso evitar comparações entre as mulheres que realizam abortos e aquelas que passam por uma gravidez desejada. Afinal, o conjunto de circunstâncias que, em alguns casos, transformam uma gravidez em indesejada – como pobreza, saúde mental precária ou falta de apoio social – pode ser o principal estressor que causa resultados indesejados, e não o aborto em si. E, dadas as dificuldades que vêm à tona quando uma mulher descobre que está grávida, mas não tem emprego, moradia, apoio familiar ou outros recursos necessários para criar um filho, talvez não seja apenas a gravidez não intencional que cause angústia, mas a perspectiva de futuro advinda da decisão de fazer um aborto.

Um estudo imparcial se concentraria em mulheres que compartilham as mesmas circunstâncias – engravidaram, mas não se sentem capazes ou dispostas a ter um filho. Mulheres como Jessica, de 23 anos, mãe de dois filhos, cujas gestações anteriores exacerbaram seus graves problemas de saúde, casada com um homem descrito por ela como abusivo e a quem desejava abandonar. Ou Sofia, que aos 19 anos estava no que definiu como um relacionamento "difícil" e cuja família acabara de ser despejada. Então compararíamos os resultados – físicos, psicológicos, financeiros, conjugais, familiares – de mulheres que puderam fazer o aborto desejado, como Jessica, com o de mulheres a quem o aborto foi negado por estarem em um estágio gestacional avançado, como Sofia.

O desenho da nossa pesquisa representa o que os cientistas sociais chamam de experimento natural, no qual a aleatoriedade no acesso a um programa ou serviço permite que os pesquisadores comparem pessoas que foram atendidas por ele e pessoas que não o foram. Um exemplo clássico é uma loteria que determina quais pessoas receberão seguro-saúde, como foi feito no Oregon durante a expansão do Medicaid.[5] Obviamente, seria antiético negar aleatoriamente o acesso a um aborto desejado em nome da ciência. No entanto, todos os dias esse procedimento é negado às mulheres nos Estados Unidos – às vezes porque elas não possuem recursos para bancá-lo, e outras vezes (no caso de ao menos 4 mil mulheres por ano) por não existirem clínicas nas proximidades que realizem abortos na atual fase da sua gestação.[6]

A força do desenho de pesquisa do Estudo Turnaway é que as mulheres pouco acima e pouco abaixo do limite gestacional compartilham as mesmas circunstâncias – por vezes, poucos dias determinam se uma mulher poderá ou não realizar um aborto. Assim, quaisquer diferenças nos desdobramentos de suas vidas provavelmente resultam de elas terem tido ou não a chance de realizar o aborto desejado. Ao longo de três anos, de 2008 a 2010, recrutamos mais de mil grávidas nas salas de espera de 30 clínicas de aborto em 21 estados americanos. As clínicas estabelecem os próprios limites gestacionais tanto para atender ao nível de treinamento de seus médicos como em conformidade à lei do estado no qual se encontram. Como a maioria das clínicas que escolhemos só limita o aborto no segundo trimestre e mais de 90% das mulheres nos Estados Unidos realizam o aborto no primeiro trimestre, também recrutamos pacientes do primeiro trimestre, que representariam uma experiência de aborto mais típica. Em cada clínica, para cada mulher a quem foi negado o aborto, recrutamos duas que realizaram o procedimento bem perto do limite gestacional e uma que realizou um aborto no primeiro trimestre.

Entrevistamos essas mulheres por telefone duas vezes por ano ao longo de um período de até cinco anos – acompanhando recuperações fáceis e difíceis após o aborto ou parto. Perguntamos sobre suas emoções e saúde mental, sua saúde física, seus objetivos de vida e bem-estar financeiro, e a saúde e o desenvolvimento de seus filhos. Entre as que tiveram a solicitação de aborto negada, acompanhamos algumas que buscaram outra clínica onde pudessem realizá-lo. A grande maioria daquelas cujo pedido foi negado (70%) levou a gravidez a termo, e perguntamos sobre o parto e as decisões subsequentes acerca da parentalidade. Examinamos praticamente todos os aspectos de como realizar um aborto (ou não conseguir fazê-lo) afetou a vida dessas mulheres e a de suas famílias. Reunimos dados sobre os motivos de as mulheres desejarem interromper uma gravidez e as dificuldades de fazer um aborto nos Estados Unidos. Algumas participantes do estudo descreveram com profunda nitidez o dia de seus abortos, os manifestantes que encontraram na porta da clínica, as imagens de ultrassom de embriões ou fetos que seus médicos foram obrigados a lhes mostrar, em cumprimento a algumas leis estaduais. Queríamos entender como essas experiências afetavam, a longo prazo, os sentimentos das mulheres sobre seu aborto. Documentamos sua saúde física e como ela se alterou com a gravidez, o aborto ou o parto, bem como ao longo dos anos seguintes. Analisamos o papel dos homens na tomada de decisão relacionada ao aborto e como os desdobramentos daquela gravidez afetaram os relacionamentos amorosos das mulheres. Uma equipe de pesquisadores da UCSF valeu-se das mais recentes técnicas estatísticas para analisar dados de milhares de entrevistas, muitas vezes em colaboração com cientistas de todo o país.

Lançamento do Estudo Turnaway

Eu não teria sido capaz de realizar o Estudo Turnaway sozinha. Desde o início contei com a ajuda de diversas pessoas. Em 2007, quando concebi o estudo, Sandy Stonesifer trabalhava como assistente do chefe da divisão de planejamento familiar do Hospital Geral de São Francisco. Eu precisava realizar um estudo-piloto para verificar se as mulheres confrontadas com a notícia de que não poderiam realizar o aborto buscado aceitariam participar de um estudo sobre os desdobramentos de sua situação. Sandy ofereceu-se para ir até o Women's Options Center para tentar recrutar aquelas cuja gestação fora considerada avançada demais para realizar o aborto. Quando o estudo-piloto se provou bem-sucedido, Sandy assumiu a tarefa de gerenciar a pesquisa e localizar outras clínicas que pudessem indicar à nossa pequena equipe de estudo tanto suas pacientes quanto as mulheres a quem o procedimento fora negado. Assim, Sandy e eu iniciamos uma série de visitas a clínicas de aborto. Visitamos uma em Fargo, Dakota do Norte, em meio a uma enorme nevasca em fevereiro. Em julho, visitamos clínicas no Texas em um verão escaldante. As equipes das clínicas nos abrigaram da neve e do calor, no seio de suas comunidades. Muitos de seus funcionários pareceram entusiasmados com a nossa missão de entender as experiências das mulheres que são atendidas por eles e daquelas que não podem ser. Todos os que visitamos tinham orgulho da clínica em que trabalhavam.

Algumas clínicas eram arquitetonicamente belas, como uma em Atlanta, que exibia um alto teto de madeira treliçada na sala de espera. Outras eram bastante simples, como uma localizada em uma antiga oficina mecânica reformada no Meio-Oeste. Algumas exibiam pôsteres temáticos feministas, incitando pacientes e acompanhantes a votar ou dizendo-lhes que "mulheres boas fazem abortos". A maioria das clínicas visitadas se assemelhava a clínicas de saúde comuns, projetadas pelo mesmo arquiteto que idealizou todas as escolas públicas que frequentei quando criança em Maryland – e que aparentemente acreditava que nenhuma criança deveria ver a luz do sol enquanto estivesse na escola. No caso das clínicas de aborto, porém, a fortaleza é projetada para manter os manifestantes do lado de fora, em vez de os ocupantes do lado de dentro. A segurança é uma questão bastante séria nesses estabelecimentos. Alguns médicos que realizam abortos trabalham com coletes à prova de balas.[7] Na época em que realizamos essas visitas, entre 2007 e 2010, a violência nas clínicas era menos comum do que nas décadas de 1980 e 1990, quando cresceu a ocorrência de bloqueios e ataques violentos a clínicas americanas.[8] A maioria das instalações que frequentamos não passavam de clínicas médicas cheias de pessoas atarefadas. Em cerca de metade delas havia manifestantes, que geralmente estavam ali apenas para marcar presença mas sem abordar as mulheres que entravam.[9] Somente em umas poucas instalações havia manifestantes incômodos e agressivos.

Nos 10 anos desde que visitamos as clínicas, as incidências de assédio, ameaças e violência aumentaram substancialmente.[10] Atentados a bomba e tiroteios acontecem, e às vezes são fatais. Em 2015, três pessoas foram assassinadas em uma clínica de planejamento familiar em Colorado Springs, no Colorado.[11] Como a mídia nacional costuma prestar mais atenção às clínicas de aborto quando há um tiroteio em massa ou um atentado a bomba, cria-se uma percepção equivocada de que essas clínicas estão constantemente sob ataque violento. O foco da mídia nos manifestantes contribui para a percepção de que o aborto é um ato político e não a prestação de cuidados rotineiros de saúde.

Sandy saiu depois de alguns anos para levar suas excelentes habilidades de gestão para Washington, D.C., e recrutei Rana Barar, especialista treinada em gestão de pesquisa da saúde reprodutiva pela Universidade de Columbia, para conduzir a cada vez mais complicada logística do estudo. Ela expandiu o número de clínicas de recrutamento e supervisionou uma equipe crescente de entrevistadores e desenvolvedores de bancos de dados que coletaram informações de 7.851 entrevistas. Por fim, acabamos escolhendo 30 locais de recrutamento com o limite gestacional mais alto num raio de 241 quilômetros: se uma mulher chegasse numa dessas clínicas após o limite gestacional, nenhuma outra clínica nas proximidades poderia realizar seu aborto. Em cada local, um funcionário ou funcionária da clínica era responsável por abordar as mulheres e perguntar se desejariam participar de um estudo nacional de mulheres que buscam um aborto. A princípio, muitos desses recrutadores duvidaram que alguém a quem fosse negado o atendimento permaneceria no local por tempo suficiente para ouvir sobre o estudo, que dirá concordar em participar dele, já que tinham acabado de escutar um "não". O sucesso da Dra. Drey no Women's Options Center, onde 70% das mulheres concordaram em participar, foi o que forneceu aos recrutadores das outras clínicas a coragem de abordar essas mulheres. Como Tammi Kromenaker, nossa recrutadora em Fargo, Dakota do Norte, dizia às mulheres: "É a sua chance de ouvirem a sua história."

As mulheres do Estudo Turnaway

O perfil das mulheres que concordaram em participar do estudo se assemelha bastante ao das mulheres que realizam aborto nos Estados Unidos.¹² Pouco mais de um terço (37%) eram brancas e não latinas, pouco menos de um terço (29%) eram afro-americanas, uma em cada cinco (21%) eram latinas, 4% pertenciam a povos originários americanos e 3% eram asiático-americanas. Tal como as pacientes de aborto em todo o país, mais da metade (60%) tinha cerca de 20 anos ao chegar a uma das clínicas. Pouco menos de uma em cada cinco (18%) era adolescente, e pouco mais de uma em cada cinco (22%) tinha 30 anos ou mais. Metade vivia em situação de pobreza, embora as mulheres que buscassem o aborto em um estágio mais avançado da gestação fossem mais propensas a ser pobres – 40% daquelas no primeiro trimestre e 57% das que buscavam o aborto pouco acima ou pouco abaixo do limite gestacional estabelecido pelas clínicas.¹³ No estudo também há mulheres financeiramente privilegiadas. Cerca de um quarto das participantes do estudo eram de classe média ou de classes mais abastadas, tinham plano de saúde particular e relatavam que frequentemente ou sempre possuem dinheiro suficiente para arcar com suas despesas. Mulheres de todas as origens étnicas e econômicas procuram o procedimento.

Elas vieram de mais de 40 estados de todo o país para as clínicas nos 21 estados onde recrutamos, do Maine à Flórida, de Washington ao Texas. Sessenta por cento tinham filhos e 45% já haviam feito um aborto antes. Sessenta e um por cento estavam em um relacionamento afetivo com o homem de quem engravidaram; 39% relataram que o homem era um amigo, ex-parceiro ou conhecido, ou que não tinham nenhum vínculo com ele. Uma em cada cinco mulheres relatou histórico de agressão sexual ou estupro; 11 mulheres (1%) engravidaram em consequência de um estupro.

O aspecto em que as mulheres deste estudo diferem do perfil nacional das mulheres que fazem aborto é o período gestacional em que se encontravam. Reforço que cerca de 90% das mulheres que realizam aborto nos Estados Unidos o fazem no primeiro trimestre (13 semanas ou menos), e apenas 1% após 20 semanas de gestação. Mas, no Estudo Turnaway, 25% das mulheres estavam no primeiro trimestre, 30% entre 14 e 19 semanas e 45% com 20 semanas ou mais de gestação. Isso fornece dados extremamente importantes sobre as pacientes de aborto mais vulneráveis politicamente e menos acolhidas socialmente.

Decidi excluir do estudo as mulheres que interromperam a gestação em virtude de uma anomalia fetal conhecida ou de riscos iminentes graves à própria saúde. Minha lógica foi a de que, em casos como esses, a lei permite que a gravidez seja interrompida uma vez constatada a inviabilidade fetal. Portanto, se eu tivesse recrutado essas pacientes, provavelmente teria que removê-las das análises, porque acabariam em apenas um único grupo de estudo (o das que realizam o aborto desejado), em vez de também no grupo de mulheres que tiveram o aborto negado. Isso iria contrariar o conceito por trás do estudo, no qual em ambos os lados do limite gestacional as mulheres são semelhantes. Eu gostaria de tê-las incluído, mesmo que apenas para analisar seus dados separadamente. Muito pouco se sabe sobre as experiências e as consequências emocionais de interromper uma gravidez desejada por questões de saúde fetal ou materna. Pesquisas com esse foco demonstram que as mulheres que abortaram uma gravidez desejada em virtude de uma anomalia fetal vivenciam maiores dificuldades em lidar com o aborto logo após o procedimento e tendem a sofrer mais do que as mulheres que recorreram ao aborto em uma gravidez indesejada.[14] Mas, antes de nos antecipamos em dizer que o aborto por tais motivos resulta em consequências ruins, teríamos que saber sobre o sofrimento e as dificuldades vivenciadas depois de seguir em frente com gestações como essas. Também teria sido interessante observar se essas mulheres tiveram gestações subsequentes mais saudáveis e como ficou sua saúde emocional a longo prazo. São necessários mais estudos nessas áreas.

Nossas descobertas

Não encontramos evidências de que o aborto prejudique as mulheres. Para cada desfecho analisado, as mulheres que conseguiram abortar encontraram-se nas mesmas condições ou, mais frequentemente, em situações melhores do que as das mulheres a quem o atendimento foi negado. Sua saúde física era melhor. Suas situações empregatícias e financeiras, idem. Sua saúde mental era melhor de início do que a das que não puderam abortar e, ao final do período de estudo, retornara ao patamar habitual. Elas faziam planos mais ambiciosos para o ano seguinte. Apresentavam maiores chances de ter uma gravidez desejada e estar em um bom relacionamento afetivo alguns anos mais tarde. E os filhos que já possuíam também se encontravam em melhor situação.

Identificamos diversas maneiras pelas quais as mulheres se viram prejudicadas ao levarem uma gravidez indesejada adiante. Tanto a gestação quanto o parto estão associados a grandes riscos à saúde física, tanto que duas mulheres em nosso estudo morreram por motivos relacionados ao parto. Várias outras apresentaram complicações pós-parto e, ao longo dos cinco anos seguintes, um aumento nas dores crônicas de cabeça e nas articulações, hipertensão arterial e pior autoavaliação da saúde geral. A curto prazo, tiveram aumento da ansiedade e perda de satisfação com a vida após lhes ter sido negado o aborto, e aquelas com parceiros violentos encontraram dificuldade em abandonar o relacionamento após o parto. Ao longo dos anos seguintes, as mulheres a quem foi negado o aborto experimentaram dificuldades financeiras não vivenciadas por aquelas que tiveram acesso ao procedimento requisitado.

Os opositores do aborto geralmente acusam as mulheres que buscam abortar de serem mal-informadas, irresponsáveis ou amorais. Na verdade, conforme os resultados do Estudo Turnaway deixam claro, as mulheres tomam decisões ponderadas e refletidas acerca de realizar ou não um aborto. Quando perguntadas sobre os motivos para interromper a gravidez, oferecem razões específicas e pessoais. E seus temores se confirmam nas experiências das mulheres que levam gestações indesejadas adiante. As mulheres que buscam abortar temem não conseguir arcar com os custos de criar um filho – e descobrimos que as mulheres a quem o aborto foi negado apresentam maior probabilidade de viver na pobreza. Elas temem que seu relacionamento não seja sólido o suficiente para sustentar uma criança, e descobrimos que o relacionamento com o homem envolvido se dissolve, quer levem a gravidez adiante ou realizem um aborto. Elas temem não conseguir cuidar da prole existente, e encontramos evidências de que quando as mulheres levam uma gravidez indesejada adiante os filhos se saem pior em diversos parâmetros de saúde e desenvolvimento. O Estudo Turnaway traz evidências poderosas sobre a capacidade das mulheres de prever consequências e tomar decisões melhores para suas vidas e famílias.

As histórias das mulheres

Neste livro, veremos como a vida das mulheres é impactada quando elas têm acesso ao atendimento do aborto e quando esse acesso lhes é negado. As consequências moldam o rumo de suas vidas e a de seus filhos com um alcance muito maior do que o de uma experiência de gravidez. Os dados – desfechos quantitativos mensuráveis enfrentados por mulheres que recorrem ao aborto em comparação com o daquelas cujo acesso ao procedimento é negado, como sintomas de depressão, níveis de renda e casos de hipertensão – não dão conta de toda a história. Para uma compreensão mais profunda das experiências vividas pelas participantes do estudo, é necessário ouvir o que elas têm a dizer. Minha colega Heather Gould realizou entrevistas detalhadas com 31 participantes – 28 delas selecionadas aleatoriamente entre as que completaram os cinco anos de acompanhamento conosco, duas que entregaram as crianças para adoção e uma que respondeu aos questionários da pesquisa em espanhol. Apresentamos depoimentos dessas 31 mulheres (com nomes fictícios) e, em especial, de 10 que selecionei para contarem suas histórias completas. Eu as escolhi pela força de sua voz e pela amplitude de suas experiências.

Em suas próprias palavras, essas mulheres contam sobre suas gestações indesejadas. Algumas relatam os abortos que conseguiram realizar, seja no início ou no final das gestações. Outras falam sobre os filhos nascidos, que algumas escolheram criar e outras decidiram entregar para adoção. Veremos a história de uma mulher inteligente e ambiciosa, mas também jovem – tinha apenas 20 anos quando a conhecemos; ela vivia um relacionamento abusivo com um homem que enchia sua casa de fumaça de cigarro e agravava sua asma, além de feri-la e obrigá-la a ter relações sexuais. Conforme veremos, foi só ao enfrentar a realidade de uma gravidez acidental que ela buscou um caminho mais independente. Conheceremos a história de uma balconista de loja que se tornou proprietária de um café, e cuja vida mudou quando se apaixonou pelo garçom de uma churrascaria. Sua gestação estava adiantada demais para ela realizar um aborto em sua cidade; teria que viajar mais de 400 quilômetros para obter um aborto tardio, e sua família insistiu para que ela fizesse exatamente isso. No entanto, ela resistiu e experimentou isolamento, depressão e, por fim, felicidade com o nascimento do filho.

Essas histórias e as muitas outras aqui incluídas mostram que nossas vidas reprodutivas são complexas. Mulheres que recorrem ao aborto também experimentam uma gravidez desejada; as que entregam os filhos para adoção decidem criar um filho mais tarde.

Dez mulheres não poderiam representar as quase 1 milhão de pessoas que realizam abortos todos os anos. No entanto, essas 10 histórias das participantes do Estudo Turnaway fornecem algumas informações sobre as experiências pessoais das mulheres que procuram esse serviço. Modifiquei seus nomes e outros detalhes pessoais que pudessem identificá-las, mas as palavras são delas, extraídas das transcrições da entrevista. As histórias aparecem entre os capítulos, apresentadas em ordem crescente da idade gestacional de cada mulher ao se inscrever em nosso estudo. Provavelmente não é nenhuma coincidência que a mulher que realizou o aborto mais cedo na gestação também tenha uma das histórias menos complicadas. O fato de não ser pobre, não estar doente nem em conflito sobre sua decisão e contar com apoio provavelmente ajudou Amy a buscar um aborto mais cedo do que as demais mulheres cujas histórias conheceremos. Creio que Amy é a história ideal para começar, porque demonstra que uma gravidez indesejada pode acontecer com qualquer um. Amy é carinhosa, engraçada, gentil e se sente grata por sua "vidinha comum e extravagante, maravilhosa". Não é necessário ter a vida em crise para precisar de um aborto. Após anos tentando evitar uma gravidez, acidentes acontecem, até mais de uma vez. A situação de Amy é feliz e estável, e realizar um aborto a ajudou a preservar isso. O aborto fez parte de como Amy lidou com sua vida e planejou sua família. Ela e o marido já tinham uma filha e não desejavam outros. Ela já tentara entregar a filha à adoção uma vez e sabia que não era a decisão certa para ela.

A experiência de Amy é um exemplo do que a bioeticista Katie Watson chama, em seu excelente livro *Scarlet A*, de "aborto comum".[15] Os defensores do direito ao aborto muitas vezes trazem à frente os casos extremos – a mulher com um parceiro violento, a mulher com uma doença fatal, a menina de 14 anos estuprada por um parente, a mulher cujo feto não sobreviveria mais do que alguns instantes após o nascimento. A intenção talvez seja evocar simpatia por alguém em tão terríveis circunstâncias, mas a mensagem comunicada pode ser a de que o aborto é um remédio extremo para uma situação extrema. Em vez disso, como mostra Amy, o aborto pode ser uma parte normal do planejamento de uma família e de uma vida significativa. Casos extremos ocorrem, e também merecem nossa simpatia, mas a história do aborto é predominantemente uma história de pessoas em circunstâncias comuns que desejam ter algum controle sobre seu corpo, seus filhos e sua vida.

Amy

> *" Eu simplesmente não conseguia me imaginar começando tudo de novo. Estaria prejudicando a minha filha se tivesse que sustentar outra criança. "*

Nasci no Texas e lá morei com meus pais. Minha mãe trabalhava em uma casa de repouso. Meu pai era mecânico. Eles se divorciaram quando eu era criança. Meus pais agora têm outras famílias, de outros casamentos. Então, continuamos aqui no Texas.

O divórcio deles com certeza não foi o melhor acontecimento na vida de uma criança. Não me lembro de muita coisa além dos meus avós, que tinham uma fazenda cheia de bichos. Mas meus pais eram boas pessoas. Eu me lembro de eles serem bons.

Meu marido e eu estamos juntos desde o ensino médio. Tínhamos acabado de casar quando engravidei. Quando descobrimos que eu estava grávida da nossa primeira filha, nossa única filha, eu tinha 17 anos e pensamos em entregá-la para adoção. Chegamos a escolher uma família, e ela de fato ficou com eles por cerca de duas semanas. Achamos que, se não podíamos dar a ela a vida que ela merecia, daríamos essa oportunidade a outra pessoa. Já tínhamos assinado os papéis e tudo, e ela estava com a nova família. Foi muito triste. Tentei separar a depressão pós-parto das minhas próprias emoções, mas então percebi que não era depressão pós--parto. "É a nossa filha. Precisamos trazê-la de volta e criá-la, mesmo que tenhamos que lutar ou fazer sacrifícios. Vamos dar um jeito." Foi quando a pegamos de volta.

Estávamos vivendo o sonho americano, um dia de cada vez, tentando criar nossa filha da melhor maneira possível. Conversamos sobre ter mais filhos quando ela era mais nova. Meu marido dizia: "Sabe, deveríamos ter mais um." No começo eu respondia: "Sim, quando ela tiver 4 anos." Então eu adiava: "Quando ela tiver 5 anos. Ou 6 ou 7 anos." Aí o discurso mudou: não fazia nenhum sentido começar tudo de novo. Ela já estava na escola e não tínhamos tempo, nem espaço, nem dinheiro para alimentar uma boca a mais. Todo casamento tem seus desafios. Foi algo fora do comum? Não. Éramos como qualquer outro casal, eu acho.

Eu morava com meu marido e minha filha quando engravidei novamente. Naquela época, eu era treinadora de um time de patinação artística e minha filha tinha 10 anos. Eu estava trabalhando, tocando a vida, quando de repente aconteceu. Tivemos que tomar decisões.

Não estávamos passando por dificuldades financeiras, mas tínhamos comprado uma casa havia pouco tempo. Minha filha era patinadora artística, o que era muito caro. Boa parte do orçamento mensal se destinava a isso. E planejávamos matriculá-la em uma escola particular. Eu queria dar tudo o que pudesse à minha filha. Não conseguia imaginar como daria a duas crianças tudo que eu queria ser capaz de oferecer à primeira.

Quando descobri que estava grávida de novo, tive emoções conflitantes. Eu estava com medo, tipo, o que vamos fazer? E triste, porque já sabia que não queria mais filhos.

Meu marido também teve emoções conflitantes. Ele mal acreditava no que tinha acontecido, porque, embora tivéssemos uma filha, ela era praticamente um milagre. Ele não podia ter filhos, e lá estávamos nós esperando outro bebê. Quando era adolescente, meu marido teve um problema de saúde e, ao término das cirurgias, disseram que a probabilidade de ele ter filhos seria muito pequena, quase nula. Minha primeira gravidez foi uma surpresa, e a segunda foi um choque. Lembro que contei ao meu marido bem no aniversário dele. E ele me perguntou: "Bom, o que vamos fazer?"

Já sabíamos quais eram as opções. A adoção estava descartada. Não era para a gente. Ponderamos sobre realizar um aborto, e essa opção se encaixava melhor nos nossos planos. Quando fui à minha médica, com quem me consultava havia 10 anos, ela sabia que eu não desejava ter outros filhos, então me deu um panfleto. Liguei e marquei uma consulta.

Havia alguns manifestantes em frente à clínica. Não eram muitos, e a presença deles não me incomodou. Eu já tinha decidido o que queria fazer e sou uma pessoa muito determinada. Eles não me fariam mudar de ideia. Mas acho que, se algumas pessoas estivessem inseguras sobre sua decisão, isso poderia tê-las afetado. Eu simplesmente passei por eles e entrei na clínica. Lá dentro, fiquei supernervosa. Primeiro, você não quer encontrar nenhum conhecido. Então mantém a cabeça baixa e enfrenta a situação. Vimos todo tipo de gente lá. Mas a equipe foi maravilhosa. Depois que você faz o aborto, fica meio fora de si, mas eu me lembro de todos serem muito gentis e cuidarem para que tudo fosse resolvido corretamente. Eles me elogiaram pela minha coragem e foram compreensivos, me fizeram sentir como se estivesse fazendo a escolha certa para mim. Quando saí, tudo estava bem, e foi como se tivesse tirado um peso das costas.

Não acho que o aborto tenha afetado nada negativamente desde então. E, sinceramente, também não tenho certeza se foi positivo. Acho que foi apenas algo que eu sabia que tinha que ser feito, e seguimos com nossas vidas. Meu marido tem o próprio negócio, e estou trabalhando em uma área que eu amo. Sou assistente médica agora. Quando era mais jovem, eu pegava um kit médico de brinquedo e fingia ouvir os batimentos cardíacos dos meus bichos de pelúcia. Desde criança, eu tinha a sensação de que gostava da medicina. E aqui estou hoje. Nossa filha cresceu com tudo que eu poderia, gostaria e deveria ter lhe dado. Temos uma casa própria. Temos uma família. É uma boa vida. Estou feliz onde estou. Minha filha é uma adolescente e é a grande realização da minha vida. Basicamente acho que tudo o que já fiz, tudo em que trabalhei foi para ela. Então, cada momento, cada dia que passamos juntas é importante. Criando uma filha adolescente, eu me sinto extremamente abençoada porque ela é uma boa menina. É uma vidinha comum, mas é uma vidinha comum maravilhosa.

Eu nunca quis ter outros filhos depois que tivemos nossa filha. Ela está namorando um rapaz de origem muito humilde. Nós o acolhemos na nossa família e o apoiamos o máximo possível. Então é engraçado o fato de eu nunca ter desejado mais filhos e estar aqui, ajudando outro jovem. Eu brinco com ele: "Você é o filho que eu nunca quis." Mas ele é um bom garoto.

Quando eu participava da pesquisa a cada seis meses, mais ou menos, me perguntavam: "Com que frequência você pensa sobre sua gravidez?" E eu respondia: "Só quando vocês me ligam." Não era algo que me atormentava nem ocupava espaço mental, porque eu sabia que tinha que ser feito. Então seguimos com nossa vida.

Se eu não tivesse feito o aborto, basicamente estaria começando de novo, porque essa criança estaria no jardim de infância, na primeira série, e estaríamos repetindo tudo o que já fizemos. Eu simplesmente não conseguia me imaginar começando tudo de novo. Estaria prejudicando a minha filha se tivesse que sustentar outra criança. E acho que, por ser filha única, eu mesma fui egoísta, e ainda sou. Só quero dar a alguém tudo o que puder. Teríamos que comprar outra casa, precisaríamos de um lugar maior. Hoje, podemos viajar nas férias. Vamos mandar a nossa filha para o México neste verão. Coisas que eu não acho que teriam sido possíveis com um segundo filho.

Estou feliz por ter tomado essa decisão. Não acho que seja algo ruim. Acho que é definitivamente uma escolha da mulher. Foi o que decidi com a minha família, e foi a melhor escolha para nós. Tive o apoio do meu marido, mas acredito que é sempre uma escolha da mulher. Não acredito necessariamente no aborto como uma forma de controle de natalidade, mas ainda assim é uma escolha da mulher.

Meu objetivo agora é mandar minha filha para uma boa faculdade. Ajudá-la a entrar na faculdade e garantir que ela estará preparada para o próprio futuro. Quero continuar sendo feliz. Quer dizer, é isso que todos querem: todo mundo só quer ser feliz. E enquanto tivermos isso, acho que, para mim, é um futuro brilhante. Felicidade e ter uma boa base de apoio são objetivos muito bons para mim.

Amy, uma mulher branca do Texas, tinha 28 anos e estava grávida de seis semanas quando fez um aborto.

CAPÍTULO 2

Por que as pessoas fazem aborto?

Um episódio de 2012 de *Fault Lines*, uma longa série de documentários da Al Jazeera English sobre questões políticas controversas nos Estados Unidos, apresenta aos espectadores o mundo ruidoso e chocante dos debates americanos sobre o aborto.[1] Ele começa com uma cena de adolescentes realizando um protesto deitados no calçadão da Venice Beach, em Los Angeles, simbolizando os sobreviventes do "holocausto do aborto americano". Mas a cena que mais me impressiona nesse episódio, chamado "A guerra do aborto", não ocorre na calçada com os manifestantes, e sim dentro dos corredores do poder legislativo de Ohio.

A correspondente Zeina Awad entrevista Jim Buchy, então deputado estadual, em seu escritório. O republicano, natural de Greenville, havia recentemente apresentado um projeto de lei proibindo o aborto na primeira detecção de atividade cardíaca, normalmente com seis semanas de gestação, na fase embrionária da gravidez. Nesse estágio, muitas mulheres mal começam a suspeitar de que estão grávidas, e muitas mais, sobretudo aquelas que não apresentam sintomas, nem fazem ideia.

Esse projeto de lei de Ohio não foi aprovado na época, mas desencadeou uma onda de estados tentando aprovar os chamados "projetos de lei dos batimentos cardíacos". Em 2013, dois estados – Arkansas e Dakota do Norte – aprovaram projetos de lei dessa natureza e foram os primeiros a adotar tais proibições. Os tribunais acabaram derrubando essas leis, porque a proibição de realizar qualquer aborto antes da viabilidade fetal violava diretamente *Roe vs. Wade*, bem como as decisões subsequentes da Suprema Corte até 2022.* No entanto, isso foi só o início. Em 2019, mais de uma dezena de estados (incluindo Ohio) aprovaram os projetos de lei dos batimentos cardíacos – não por coincidência, após a Suprema Corte americana ter ganhado dois novos juízes conservadores, escolhidos na esperança de que a base constitucional dos direitos ao aborto fosse reexaminada.[2]

No episódio de *Fault Lines*, Buchy fala inicialmente com muita segurança sobre a política do aborto. Ele acredita na "santidade da vida" e defende leis que "reduzam ou eliminem o aborto". Mas faz uma pausa quando Awad lhe pergunta: "O que você acha que leva uma mulher a desejar abortar?"

Buchy fica em silêncio. Parece desconfortável na cadeira. "Bem, provavelmente há muitos motivos... Eu... eu não sou uma mulher, então não posso..." Ele ri; sua tentativa de fazer uma piada não surte qualquer efeito em Awad, que permanece séria. "Estou pensando agora. Se eu fosse uma mulher, por que eu desejaria...?" Buchy olha para os céus em busca de algum tipo de resposta. "Em parte, talvez tenha a ver com a situação econômica", ele arrisca. "Boa parte disso tem a ver com a situação econômica. Não sei. Eu nunca... É uma pergunta sobre a qual eu nunca pensei."

É uma pergunta sobre a qual ele nunca tinha pensado.

Na batalha sobre os direitos de acesso ao aborto, que já dura décadas, esse momento captura vividamente a desconexão entre a política de restrição ao aborto e as experiências das mulheres que querem realizá-lo. Esse homem, que se posicionara fortemente contra o aborto, jamais tinha considerado as pessoas cujas vidas ele estava afetando – jamais lhe ocorreu se perguntar por que elas desejariam realizar um procedimento que ele abomina.

Mas quase não posso culpar Buchy. Se ele estiver formando suas opiniões com base no que a imprensa publica, lerá diversos artigos sobre o aborto e nunca vai aprender nada sobre o que leva as mulheres a buscar o procedimento. Minha colega Katie Woodruff, cientista social de saúde pública, estudou essa desatenção às mulheres quando era doutoranda na Universidade da Califórnia em Berkeley.[3] Ela leu as matérias publicadas ao

---

* Ver Posfácio. (N.E.)

longo de dois anos que mencionavam a palavra "aborto" nos jornais *The Washington Post*, *The New York Times* e na agência de notícias *Associated Press*. E sabe o que descobriu? Há muitas delas – em média, uma por dia. Na amostra que a Dra. Woodruff analisou, a maioria apenas mencionava o tema do aborto, geralmente como exemplo de uma questão política acalorada. Apenas 32 dos 783 artigos (4%) referiram-se a uma mulher real que teve uma gravidez indesejada. Notei que, quando um dos meus artigos acadêmicos é mencionado em notícias, a foto selecionada em bancos de imagens que acompanha a matéria muitas vezes é do torso de uma mulher de gestação avançada – uma barriga grande com a cabeça literalmente cortada do enquadramento. Não importa que a maioria das mulheres realize o aborto antes que sua barriga insinue a gravidez e que todas as pessoas que escolhem fazer abortos tenham cabeça. Embora eu desconfie que o uso de imagens do torso seja uma tentativa de proteger as modelos das fotos do estigma, isso reflete adequadamente como a ideia das mulheres enquanto tomadoras de decisão costuma ser excluída do debate.

Está evidente que é possível ser um consumidor de notícias bem-informado e ainda assim saber muito pouco sobre a questão do aborto.

Já mencionei que algo entre um quarto e um terço das mulheres nos Estados Unidos recorrerão ao aborto durante a vida. Portanto, há uma grande chance de que pelo menos uma das amigas, parentes, colegas ou vizinhas de Buchy tenha feito um aborto. Claro, as chances de uma delas puxar Buchy de lado e explicar por que interrompeu uma gravidez indesejada são mínimas. Essas mulheres geralmente não falam sobre o procedimento, e não costumam conversar sobre isso com pessoas que se opõem a ele. Outra doutoranda da UC em Berkeley, Sarah Cowan, hoje professora de sociologia na Universidade de Nova York, estudou esse assunto.[4] Ela descobriu que os americanos que discordam da legalização do aborto são muito menos propensos a ouvir a história de aborto de alguém do que os que apoiam a legalização. Portanto, é possível que as pessoas passem muito tempo pesando a situação moral do feto em oposição à autonomia corporal da mulher sem nunca considerar a perspectiva dela. E sejamos sinceros: a maioria dos políticos com o poder de restringir o acesso ao aborto são homens e não se identificam com a experiência feminina.

Testemunhei esse fenômeno no meu próprio bairro. Minha experiência como mãe de filhos pequenos mostrou que estar com mães de crianças da mesma faixa etária proporciona bastante camaradagem e tranquilidade. Há pouco mais de 10 anos, eu estava em um encontro de mães cujos filhos frequentavam a mesma creche. Uma nova mãe se juntou ao grupo e não sei o que levou a esse comentário (provavelmente alguém apontou para mim e disse: "Aquela mulher estuda aborto"), mas eu a ouvi dizer do outro lado da sala: "Não sei como alguém seria capaz de matar seu bebê." O comentário foi seguido de um longo silêncio. Todas nós ouvimos, mas ninguém se envolveu com o que foi dito. Ela foi a primeira a sair, talvez meia hora depois. Assim que a porta se fechou atrás dela, as histórias começaram a jorrar. Uma mulher nos contou que fez um aborto quando estava no ensino médio e como se sentiu grata por ter podido interromper a gravidez. Ela seguiu com sua vida e teve duas gestações desejadas quando adulta. Outra contou a triste história de seu recente aborto de 24 semanas de uma gravidez muito desejada. Seu médico havia explicado que seu bebê provavelmente morreria logo após o nascimento em virtude de anomalias genéticas graves. Na época, ela ficou devastada, mas também extremamente grata pelo médico que interrompeu a gravidez, poupando-a de continuar grávida por mais quatro meses e dar à luz uma criança que sofreria ao longo de toda a sua curta vida. Então uma terceira mulher disse ao grupo que fora estuprada quando tinha 18 anos e vivia no exterior. Em seu país de origem, o aborto é ilegal, exceto em casos de estupro, então ela conseguiu, com a ajuda confidencial do próprio médico, fazer um aborto legalizado e seguro em um hospital. Três histórias de aborto entre talvez oito de nós, e a mulher que fez a declaração de "matar bebês" que estimulou a conversa não ouviu nada disso. Ela foi embora pensando que todas compartilhávamos sua perspectiva.

Se você acha que não conhece ninguém que fez um aborto, é possível que ninguém que você conhece *lhe contou* sobre o aborto que fez. Pessoas de todas as esferas da vida, grupos raciais e étnicos, afiliações políticas e religiões recorrem ao procedimento.[5]

Então, *por que* as mulheres escolhem abortar? Fizemos a cada mulher do Estudo Turnaway a mesma pergunta aberta: *Quais são algumas das razões pelas quais você decidiu abortar?* Queríamos que as participantes do estudo se sentissem livres para dar qualquer motivo e quantos quisessem. Em seguida, agrupamos as respostas por temas gerais, como razões financeiras, motivos relacionados ao parceiro ou à necessidade de se concentrar na prole existente. Por exemplo, tanto Kiara quanto Brenda foram incluídas na categoria de mulheres que optaram por abortar por razões financeiras. Kiara, de 26 anos, que fez um aborto no Kentucky, "mal dava conta de ser mãe solo com apenas um filho, que dirá dois". Brenda, aos 24 anos, teve o aborto negado em Nova York e disse que "não estava em posição de sequer pensar em criar uma criança" e que "não podia comprar uma única fralda".

Quadro 1. Por que as mulheres fazem aborto nos Estados Unidos, 2008-2010

	Porcentagem (n=954)
Não estão preparadas financeiramente	40%
Não é o momento certo para ter um filho	36%
Motivos relacionados ao parceiro	31%
Precisam se concentrar em outros filhos	29%
Interferência em oportunidades futuras	20%
Não estão preparadas emocional nem mentalmente	19%
Motivos relacionados à saúde	12%
Desejam que o bebê tenha uma vida melhor do que podem proporcionar	12%
Não possuem independência ou maturidade para ter um filho	7%
Influência de familiares e amigos	5%
Não querem o filho ou não querem entregá-lo para adoção	4%
Outros motivos	1%

Fonte: Biggs, M.A.; Gould, H.; Foster, D.G. "Understanding why women seek abortions in the US". *BMC Women's Health*. 5 jul. 2013; 13: 29.

Conforme observei antes, escrevi dezenas de artigos acadêmicos repletos de dados a compartilhar, mas vamos nos concentrar agora em um artigo específico sobre por que as mulheres fazem aborto, cuja pesquisa foi liderada pela minha colega, a Dra. Antonia Biggs, psicóloga social. Ao analisarmos esse artigo, um dos primeiros publicados a partir dos dados do Estudo Turnaway, descobrimos que as razões mencionadas pelas mulheres para buscar a interrupção da gravidez predizem fortemente as consequências que elas sofrem quando o aborto lhes é negado. O Quadro 1 mostra a frequência de motivos específicos para abortar.

Geralmente há mais de uma razão

Quando Martina estava no ensino médio, seus pais conservadores a proibiam de andar de mãos dadas com o namorado. Assim, ela achou que não poderia contar a eles quando, aos 22 anos, engravidou de um homem mais novo que já era pai – e um péssimo pai, segundo ela.

Martina estava determinada a interromper a gravidez sem deixar que os pais descobrissem e assim concluir a faculdade. A ideia de decepcioná-los a torturou e a fez vivenciar um aborto desesperadamente triste e solitário. O conforto veio na sala de recuperação, enquanto lia histórias de outras mulheres que escolheram interromper a gestação. Ela ficou surpresa com a amplitude daquelas experiências. "A situação de cada pessoa é única", aprendeu Martina. "E muitas das razões por trás de um aborto não são o que as pessoas pensam." Ela está certa sobre a singularidade da situação que leva cada mulher a abortar. Ao mesmo tempo, padrões surgem quando juntamos os dados de quase mil mulheres.

Cerca de dois terços das mulheres que entrevistamos nos deram mais de uma razão para interromper a gravidez. Como se vê, o deputado Buchy também tem razão. Cerca de 40% das mulheres do estudo disseram que desejavam abortar porque não achavam que tinham dinheiro suficiente para criar um filho – ou mais um, se já tivessem outros. De todas as razões apresentadas, o dinheiro era a mais comum. Não é surpresa que muitas das que mencionaram razões financeiras relataram à parte que já não tinham como pagar as despesas básicas, como alimentação, moradia e transporte. Como veremos adiante, elas estão certas em se preocupar. Quando as acompanhamos ao longo do tempo, descobrimos que aquelas a quem foi negado o aborto apresentavam probabilidade muito maior de viver na pobreza do que as mulheres que conseguiram o procedimento. No entanto, embora 40% tenham dito que não tinham dinheiro suficiente, uma pequena porcentagem (6%) deu *apenas* razões financeiras para desejar interromper uma gravidez. Uma mulher de 42 anos justificou assim: "[A questão foi] financeira." Mas em seguida ela dá uma lista de outras razões: "O fato de eu não ter emprego, viver de pensão por morte, ter que lidar com meu filho de 14 anos." Para mim, o fato de poucas mulheres apresentarem *apenas* razões financeiras para buscar um aborto sugere que nem mesmo um apoio generoso às mulheres e crianças reduziria drasticamente as taxas de aborto.

A segunda razão mais mencionada pelas mulheres foi que não era o momento certo para ter um filho. Para algumas, como Jessica, cuja história leremos depois deste capítulo, é uma questão de circunstâncias práticas. Aos 23 anos, ela engravidou apenas cinco meses depois de dar à luz seu primeiro filho. Mas não foi apenas o fato de já ter um recém-nascido para cuidar que ajudou a consolidar a decisão de abortar. A jovem mãe também experimentava uma deterioração em sua saúde e no relacionamento com o marido.

"Foi uma situação do tipo *escolha entre talvez ficar bem durante a gravidez – talvez – ou morrer*", afirmou Jessica. "Conhecendo meu marido, se algo acontecesse comigo, ele não cuidaria dos meus filhos. Já não cuida deles agora. Está na cadeia de novo. Era algo que eu não conseguia nem imaginar. Acho que podemos dizer que precisei ser egoísta."

Para outras participantes do estudo, o momento errado significava que elas não se sentiam emocionalmente prontas para ter um filho, como a mulher que disse: "Psicologicamente, eu não conseguiria cuidar de outro bebê." O desenho do estudo nos permitiu descobrir o que aconteceu com as mulheres que tiveram bebês mesmo sem se sentirem emocionalmente prontas para isso. Descobrimos que as mulheres que conseguiram abortar e, posteriormente, tiveram um filho, relataram sentir-se mais intimamente ligadas à criança do que aquelas que foram forçadas a levar a gravidez indesejada adiante. Compartilharei mais resultados como esse no Capítulo 7, que trata dos filhos.

Os homens – ou, mais especificamente, os relacionamentos ruins com homens – são outra razão bastante comum para interromper uma gravidez, apresentada por quase um terço das mulheres. Boa parte daquelas em nosso estudo que buscaram o aborto encontravam-se em relacionamentos afetivos que consideravam frágeis demais para sustentar uma criança (ou uma nova criança). Na verdade, muitos desses relacionamentos já estavam se deteriorando e alguns deles se tornaram tóxicos ou abusivos muito antes do teste de gravidez positivo. Descobrimos que, no período de dois anos após terem procurado um aborto, mais da metade das mulheres – tanto as que abortaram quanto aquelas cujo procedimento foi negado e tiveram um bebê – romperam com o homem envolvido na gravidez em questão.[6] O Capítulo 8 detalha esse aspecto.

A maioria (60%) das mulheres do estudo já eram mães. Metade delas relatou que queria abortar para poder cuidar dos filhos que já tinham. Diversas mulheres disseram aos entrevistadores do Estudo Turnaway que precisavam cuidar dos filhos atuais e não conseguiam imaginar onde arrumariam energia, que dirá recursos físicos e financeiros, para cuidar de outro filho. Uma mulher branca de 31 anos do Meio-Oeste contou que decidiu abortar para poder cuidar do filho doente. "Meu filho foi diagnosticado com câncer. O tratamento dele requer uma viagem de carro de 10 horas, e agora acabamos de descobrir que precisamos ir a Nova York para participar do tratamento. Ele depende de mim."

O relato dessa mãe é apenas uma das muitas histórias desoladoras do Estudo Turnaway. Relatos típicos, conectados ao desejo das mulheres de serem boas mães para sua prole existente. Vimos a história de Amy, do Texas, que abortou porque desejava dar à filha que já tinha "todo o possível". Ao contrário de Amy, que vivia um casamento feliz e não tinha preocupações financeiras, Destiny, uma afro-americana de 30 anos da Flórida, era mãe solo de uma criança de 2 anos quando descobriu que estava grávida. Ela tinha dois empregos, incluindo administrar o próprio negócio, e estudava para obter um diploma universitário. O homem de quem engravidou não planejava ajudá-la, portanto ela optou por interromper a gravidez para se concentrar no filho que já tinha. Sua gestação, entretanto, estava uma semana além do limite gestacional. Um membro da família havia se oferecido para adotar o bebê de Destiny, mas acabou desistindo. Assim, ela não teve escolha senão criar dois filhos sozinha.

Uma grande proporção de mulheres – uma em cada cinco – relatou que ter outro filho prejudicaria seus planos de vida e metas de carreira. No Capítulo 6, discutirei como ter ou não acesso ao aborto afeta a trajetória de vida de uma mulher. A resposta resumida é que ser impedida de abortar reduz as aspirações das mulheres ao longo do ano seguinte e isso afeta suas chances de ter uma gravidez desejada mais tarde.[7] Embora o impacto sobre os estudos acadêmicos permaneça incerto, o efeito sobre a renda e a empregabilidade é claro. As mulheres que puderam fazer um aborto apresentaram maiores chances de permanecer empregadas e viver acima do nível de pobreza definido pelo governo federal.[8]

Durante anos, e na ausência de dados conclusivos, políticos e ativistas antiaborto postularam que esse procedimento provavelmente causa depressão ou algum tipo de dano à saúde mental. Portanto, é curioso que, para quase 20% das mulheres, a preocupação com a própria estabilidade emocional e saúde mental seja justamente o que as fez optar pelo aborto. "Tenho muitos problemas, problemas sérios", disse uma latina de 19 anos de Nova Jersey que já tinha um filho, bem como um histórico de depressão e de abuso físico. Ela decidiu que a melhor opção seria interromper a gravidez. "Não estou preparada para ter outro filho", disse ela. Não identificamos quaisquer danos à saúde mental por causa da realização de um aborto, porém encontramos aumentos de curto prazo nos sintomas de ansiedade e baixa autoestima entre as mulheres a quem foi negado o acesso ao procedimento.

Às vezes, as mulheres também optam por interromper uma gravidez indesejada por preocupações com a própria saúde. Como já dissemos, o estudo excluiu mulheres cujas gestações apresentavam riscos iminentes à vida das mães. Ainda assim, para cerca de uma em cada oito mulheres do Estudo Turnaway, a preocupação com a saúde, mesmo que não fosse por risco de morte, foi uma razão para se decidir pelo aborto. O relato em primeira pessoa que leremos a seguir é de Jessica, cujos problemas de saúde foram bastante exacerbados pela gravidez. Outra mulher que nos concedeu uma das entrevistas aprofundadas, Margot, branca, do estado de Washington, relatou que seus problemas renais de longa data a motivaram a fazer um aborto quando se viu solteira e inesperadamente grávida, em 2009. Ela namorava um homem instável e verbalmente abusivo. Chegou a considerar deixá-lo e ter esse segundo filho sozinha, porém sua saúde foi o fator decisivo. "Meus rins começaram a falhar quando eu tinha 15 anos", explicou Margot. "Eu tinha infecções renais graves, pedras nos rins e outras coisas. Quando meu filho nasceu, surgiram complicações. Durante a gravidez, tive que fazer repouso absoluto por mais de seis meses. E foi necessária a presença de especialistas na sala de parto quando ele nasceu, porque não achavam que eu conseguiria sobreviver."

Poucas mulheres, cerca de 5%, relataram desejar abortar por causa de preocupações com a saúde do feto. No entanto, o Estudo Turnaway não é uma boa fonte de informações sobre o aborto por razões de anomalia fetal, uma vez que, conforme relatado, excluímos do estudo as mulheres que optaram por interromper gestações desejadas como resultado de diagnósticos fetais.

Álcool, tabagismo e drogas como razões para abortar

Uma em cada 20 mulheres do estudo (5%) relatou escolher abortar, em parte, por causa do abuso de álcool, tabaco ou drogas no início da gravidez. (Elas estão incluídas entre as que relataram razões relacionadas à saúde, no Quadro 1 da p. 47). Muitas, como Brenda, que conheceremos adiante, abusam do álcool antes de perceberem que estão grávidas, sobretudo quando não estão tentando engravidar. Queríamos descobrir se essas mulheres decidem interromper uma gravidez desejada por medo de o uso de drogas prejudicar o feto. A Dra. Sarah Roberts, pesquisadora de saúde pública e especialista em álcool e uso de drogas durante a gravidez, juntou-se à equipe do Turnaway com esse objetivo. Queríamos averiguar se as recomendações médicas e de saúde pública para se abster de drogas e álcool durante a gravidez levavam essas mulheres a abortar gestações desejadas por medo de ter prejudicado o feto ou por receio de serem processadas por expor um nascituro a drogas.

Nos últimos 20 anos, centenas de grávidas nos Estados Unidos acabaram atrás das grades porque elas ou seus recém-nascidos testaram positivo para substâncias controladas.[9] Essa tendência aumentou nas últimas duas décadas com o surgimento da crise dos opioides e do movimento da "personalidade". Políticos e ativistas antiaborto tentaram estabelecer uma condição jurídica para embriões e fetos em inúmeros contextos – incluindo a adição de "emendas de personalidade jurídica" às constituições estaduais – como forma de criar um precedente legal para a personalidade e por fim abolir o aborto.[10] Os eleitores rejeitaram tais emendas de personalidade de maneira esmagadora nas urnas, em parte por causa da organização dos defensores da justiça reprodutiva e do impacto que essas leis teriam em certos tipos de tratamentos de controle de natalidade e fertilidade, como a fertilização *in vitro*.[11]

A Dra. Roberts descobriu que a maioria das mulheres que relatou usar álcool, tabaco e drogas consumia essas substâncias em quantidades preocupantes para o desenvolvimento fetal. Entre as que citaram o uso de álcool ou drogas como motivo, metade relatou beber compulsivamente ou apresentar sintomas de níveis problemáticos de uso de álcool. Dois terços fumavam cigarros. Metade consumia drogas (20% apenas maconha e 30% outras drogas). Embora com certeza haja danos que podem resultar do grau de uso de substâncias relatado pelas mulheres no estudo, cabe à pessoa decidir se o risco ou a gravidade desses danos justificaria a interrupção de uma gravidez desejada. No entanto, com base no Estudo Turnaway, não há evidências de que ameaças de processos legais por uso de substâncias durante a gravidez ou recomendações para se abster de todas as substâncias controladas durante a gravidez estejam levando as mulheres a interromper uma gestação desejada. Quase todas (98%) as gestações em que a mulher relatou o uso de álcool ou drogas como motivo para o aborto foram indesejadas já desde a concepção. Em suma, as mulheres que relatam o uso de substâncias controladas como razão para abortar têm motivos legítimos para temer que seu grau de uso cause problemas ao filho caso levem a gravidez adiante, mas elas não decidem abortar apenas por esse motivo.

Pressão para realizar o aborto

Vamos falar de uma das razões menos comuns, mas potencialmente mais preocupantes, para abortar. A ideia de que as mulheres são pressionadas a fazer um aborto – de que elas não sabem o que estão fazendo ou que alguém as está coagindo – paira no imaginário coletivo e tem sido usada para justificar uma série de leis de consentimento parental, informações de aconselhamento exigidas pelo estado e períodos de espera obrigatórios antes de fazer um aborto nos Estados Unidos.[12] O Estudo Turnaway descobriu que sofrer coerção é incomum entre as mulheres que querem abortar. Cinco por cento relatam que a família ou os amigos desempenharam um papel na sua decisão. Isso pode significar que elas consideraram que ter um bebê afetaria negativamente sua família ou que estão tentando abortar a fim de impedir que a família ou os amigos descubram sobre sua gravidez. Um pequeno número de mulheres (1%) relatou pressão da família ou dos amigos para fazer um aborto. Algumas dessas mulheres talvez achem que foram coagidas a tomar a decisão contra sua vontade. Para outras, relatar que a decisão foi de outra pessoa pode ser uma tentativa de dividir a responsabilidade de interromper uma gravidez. É o caso de uma afro-americana de 17 anos de Ohio, que, ao ser perguntada por que decidira fazer um aborto, disse: "Minha mãe me convenceu." Todas as clínicas de aborto nas quais recrutamos participantes para o estudo possuem políticas e procedimentos de triagem em vigor a fim de garantir que as mulheres estão tomando a decisão por sua própria vontade. Isso significa que as instalações onde recrutamos podem ter se recusado a realizar abortos em algumas mulheres que relataram ter sido pressionadas ou coagidas a tomar a decisão antes de terem a oportunidade de se inscrever no nosso estudo. Essa baixa porcentagem de mulheres que relataram que a decisão era principalmente de outra pessoa é consistente com os números nacionais e indica ou que a prática de triagem de mulheres que talvez não estejam tomando a decisão por vontade própria é generalizada, ou que a incidência de mulheres coagidas a buscar o aborto é baixa.[13]

Por que alguém esperaria até o segundo trimestre?

Os abortos no segundo trimestre de gestação, conforme constatamos, são raros, mas estão entre os mais estigmatizados. Talvez, como resultado, o tipo de restrição ao aborto que recebe o maior apoio público seja o do limite gestacional. Se *Roe* for derrubado, um limite nacional de idade gestacional antes da viabilidade pode ser aprovado pelo Congresso. Parte da razão para a falta de apoio ao aborto em idades gestacionais posteriores tem a ver com o desenvolvimento fetal: muitas pessoas acreditam que, à medida que um feto cresce, também cresce seu direito à personalidade.

Embora boa parte do ódio e do estigma seja direcionada a quem procura um aborto após o primeiro trimestre (e aos médicos que os realizam), muito pouco se sabia sobre por que algumas mulheres fazem abortos após esse período na gestação. Graças ao Estudo Turnaway, agora temos um entendimento bem mais claro.

Nosso desenho de pesquisa baseia-se na comparação de mulheres que se enquadram pouco abaixo e pouco acima dos limites gestacionais clínicos, a maioria das quais se encontra no segundo trimestre. (Conforme observado no capítulo anterior, nosso estudo também incluiu uma amostra de pacientes do primeiro trimestre.) Ter uma amostra tão grande de mulheres que buscavam abortos no segundo trimestre para gestações indesejadas nos permitiu responder a perguntas que ainda não haviam sido respondidas. Para começar, por que alguém esperaria tanto tempo para fazer um aborto?

Alerta de *spoiler*: ninguém espera. A pergunta acima contém uma suposição que se revela incorreta. Algumas mulheres simplesmente demoraram a descobrir que estão grávidas. Em casos raros, descobrem que estão grávidas apenas quando já estão prestes a dar à luz. Havia até uma série de documentários sobre esse fenômeno. *I Didn't Know I Was Pregnant* (Eu não sabia que estava grávida) estreou nos Estados Unidos em 2008 e foi ao ar por cinco temporadas; cada episódio contava a história real de uma ou mais mulheres que só perceberam estar grávidas quando estavam prestes a dar à luz.[14] Embora o tema tenha chamado muito mais atenção da mídia voyeurista do que dos médicos, está claro que os sintomas da gravidez não se manifestam da mesma forma em todas as mulheres.

A ideia de que todas elas passam o primeiro trimestre vomitando por causa de enjoos matinais evidentemente não é verdadeira. As que não reagem fortemente às mudanças hormonais da gravidez podem não sentir cansaço ou náuseas. Embora a ausência de náuseas e fadiga possa ser uma bênção para uma mulher com uma gravidez desejada, para outras pode ser o motivo do reconhecimento tardio da gestação, sobretudo no caso daquelas que possuem ciclos menstruais irregulares ou sangramentos de escape porque são jovens, obesas, usam contraceptivos hormonais ou deram à luz há bem pouco tempo.

Duas das mulheres relatadas aqui, Camila e Sofia, pensaram que o sangue que aparecia regularmente em suas roupas íntimas era sangue menstrual. Não é incomum ter sangramentos de escape durante o início da gravidez, e para as mulheres que não esperam estar grávidas, esses sangramentos podem parecer um ciclo menstrual leve. Outras nunca têm períodos regulares, como Brenda, que conheceremos mais adiante. Michelle, uma latina de 18 anos da Califórnia, levou muitos meses para reconhecer os sintomas da gravidez, quando já era tarde demais para abortar. Ela nos disse: "Nunca tive menstruações regulares. Quando tive enjoo matinal, meu namorado na época estava com gripe. Eu não tinha consciência das mudanças corporais pelas quais estava passando. Não eram familiares para mim, então eu não sabia mesmo o que estava acontecendo, até que finalmente percebi que a única explicação devia ser gravidez."

Outras mulheres do estudo não perceberam nenhum sintoma físico e também só descobriram estar grávidas quando já era tarde demais para abortar. Foi o caso de Penny, uma mulher branca de 26 anos de Nova Jersey. Quando engravidou dos dois primeiros filhos, percebeu bem: ficava regularmente enjoada e notava as mudanças físicas em seu corpo. Mas, na terceira gravidez, Penny não ganhou peso, menstruava todos os meses, nunca sentiu vontade de vomitar nem notou nenhum movimento fetal. Seu obstetra a repreendeu quando ela enfim o procurou. Ela ainda se lembra das palavras ríspidas dele: "Não se surpreenda se o bebê tiver algum problema." O médico ficou chateado com Penny por continuar fumando, tomando remédios normalmente e por não ter buscado atendimento pré-natal antes. Mas, na verdade, Penny *não fazia ideia* de que estava grávida. Seu médico mais tarde se desculpou quando realizou o ultrassom e percebeu o quanto o útero dela estava posicionado para trás em seu abdome e como o feto era pequeno.

Deixar de reconhecer a gravidez por não ter sintomas não é o mesmo que negar esses sintomas. É claro que algumas mulheres relatam estar em negação – frequentemente é o caso das mais jovens, como Jada, de 19 anos, de Illinois, que conheceremos mais adiante. "Eu estava apaixonada", diz Jada, a respeito de seu namorado do ensino médio. "Nem passou pela minha cabeça que eu poderia engravidar. (...) Meus amigos me perguntaram por um tempão se eu estava grávida, porque acho que perceberam as mudanças em mim, só que eu não via nada." Jada agora admite que não *queria* ver essas mudanças. "Eu estava com quase 20 semanas, mas nem fazia ideia, tal era a minha negação."

Algumas mulheres em negação sobre sua gravidez sofrem abortos espontâneos (entre 10% e 20% das gestações terminam assim).[15] Mas, quando a gravidez não se interrompe sozinha, estar em negação pode aumentar e muito a dificuldade de acesso ao aborto.

A demora para decidir

No Estudo Turnaway, a maioria das mulheres que fizeram abortos precoces, bem como as que fizeram abortos tardios (com 20 semanas ou mais) – 80% das pacientes no primeiro trimestre e 94% das que fizeram abortos tardios –, relataram que algo as impediu de buscar o procedimento logo no início da gravidez.[16] Uma das minhas colegas, a cientista de saúde pública Dra. Ushma Upadhyay, examinou os caminhos para se fazer um aborto e descobriu que tanto as pacientes dos abortos precoces quanto as dos tardios tinham igual tendência a dizer que o fato de não terem percebido estarem grávidas foi responsável pela demora (43%), mas, conforme discutido antes, as mulheres que buscavam abortos tardiamente estavam em um estágio muito mais avançado da gestação quando descobriram a gravidez do que as que buscavam abortos no primeiro trimestre – 12 semanas, em média, em comparação com apenas cinco semanas. As pessoas costumam pensar que as mulheres que abortam mais tarde demoraram porque estavam tentando se decidir. É verdade que um terço (37%) delas relata que o tempo para decidir se abortavam ou não causou alguma demora, mas em média estamos falando de dias, que não chegam nem a uma semana. Não encontramos diferença significativa no tempo de decisão entre mulheres que buscaram abortos no primeiro trimestre e as que buscaram abortos tardiamente. Veja a Figura 1.

Figura 1. Tempo desde a última menstruação até a realização do aborto

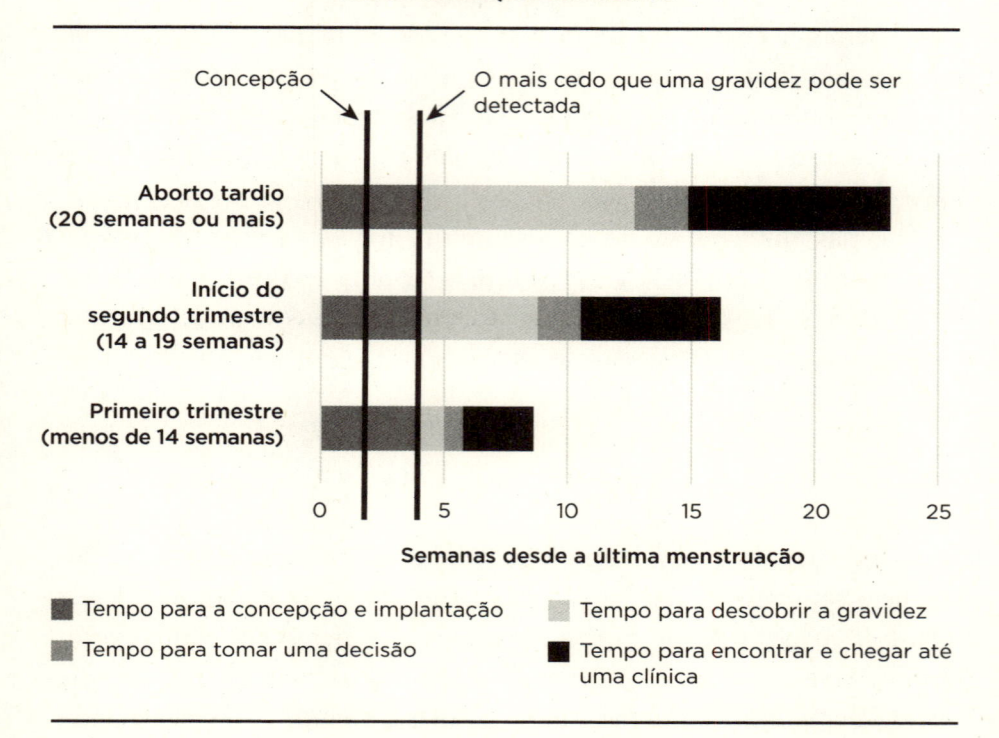

- Concepção
- O mais cedo que uma gravidez pode ser detectada
- Aborto tardio (20 semanas ou mais)
- Início do segundo trimestre (14 a 19 semanas)
- Primeiro trimestre (menos de 14 semanas)

Semanas desde a última menstruação

- Tempo para a concepção e implantação
- Tempo para descobrir a gravidez
- Tempo para tomar uma decisão
- Tempo para encontrar e chegar até uma clínica

Para algumas mulheres, a decisão de abortar é objetiva: 30% disseram que foi relativamente ou muito fácil decidir abortar e 14% relataram que a decisão não foi nem fácil nem difícil.[17] Para pouco mais da metade, é uma decisão difícil: 29% relataram ser relativamente difícil e 27% relataram ser muito difícil. Decidir abortar pode às vezes ser difícil, mas com certeza nem sempre. Deve-se notar que uma decisão que é fácil de ser tomada não é necessariamente uma decisão impensada. Pode ser mais do que claro para a mulher qual a escolha certa a fazer, dadas as suas circunstâncias.

Uma vez que tenham se decidido, não há necessidade de fazê-las esperar para realizar o procedimento. Com base nos relatórios das próprias mulheres sobre a convicção de sua tomada de decisão, que leremos no Capítulo 4, o Estudo Turnaway mostra que elas não precisam que o governo lhes diga por quanto tempo devem pensar sobre a interrupção ou não de uma gravidez. Os períodos obrigatórios de espera são uma daquelas leis que parecem boas na teoria (todos devem ter tempo para pensar em uma decisão tão crítica), mas provocam consequências não intencionais ao aumentar o custo do procedimento e fazer com que os abortos aconteçam mais tarde na gestação do que as mulheres desejariam.

Por que as mulheres engravidam, se não querem ter um filho?

Com tantas razões convincentes para não levar uma gravidez indesejada adiante, é preciso se perguntar, para começo de conversa, por que essas mulheres engravidaram. Com base nas descobertas do Estudo Turnaway, demonstrei que elas têm bom senso e tomam decisões ponderadas sobre suas gestações. Mas talvez paire a pergunta: por que confiar na capacidade de decisão dessas mulheres de interromper sua gravidez, quando se pode argumentar que elas demonstraram um lapso ao se deixarem engravidar?

Por onde começar? Primeiro, contracepção e aborto são frequentemente vistos como questões femininas e responsabilidade das mulheres. Mas a realidade, é claro, é que as mulheres não engravidam sozinhas. Ainda assim, na sociedade americana, tendemos a pensar na gravidez acidental e em suas consequências como culpa da mulher e um fardo que lhe cabe carregar.

Em setembro de 2018, Gabrielle Blair, uma mulher mórmon e mãe de seis filhos, entrou no Twitter, farta depois de uma vida inteira "ouvindo os homens se manifestarem sobre os direitos reprodutivos das mulheres".[18] Na opinião de Blair, os homens não apenas *dividem* a responsabilidade pelas gestações indesejadas; eles merecem a maior parte da culpa. Blair argumenta que muitos homens se recusam a usar preservativos de maneira consistente (porque os preservativos prejudicam a sensibilidade), embora estes sejam baratos, estejam disponíveis em toda parte e funcionem instantaneamente – em contraste direto com as opções de contracepção das mulheres.

"As gestações indesejadas só acontecem quando os homens gozam de forma irresponsável", escreve Blair, num post que já foi retuitado mais de 100 mil vezes. "Muitos homens continuam agindo como sempre agiram, causando gestações indesejadas com ejaculações irresponsáveis sem nunca parar para pensar no assunto. Quando o tema do aborto surge, eles podem pensar: 'O aborto é horrível; as mulheres não devem abortar', sem jamais pensar no homem que CAUSOU a gravidez indesejada. Se você não responsabilizar os homens pelas gestações indesejadas, está perdendo seu tempo. Pare de protestar na frente das clínicas. Pare de recriminar as mulheres. Pare de tentar derrubar as leis de aborto. Se você realmente se importa em reduzir ou eliminar o número de abortos em nosso país, basta RESPONSABILIZAR OS HOMENS POR SUAS AÇÕES."

Compreendo a tentativa de Blair, autora do livro *Ejaculação responsável*, de redirecionar o fardo da culpa, estigma e punição que tradicionalmente recai inteiramente sobre as mulheres. Mas, com exceção dos casos de estupro, sabotagem contraceptiva e coerção sexual, as mulheres também têm responsabilidade na tomada de decisões sobre sexo e contracepção. Não estou dizendo que a solução é dividir a culpa por igual. Em vez disso, precisamos culpar menos, proporcionar mais educação sexual e opções contraceptivas muito melhores.

Utilizar métodos contraceptivos consistentemente desde a primeira vez que fazemos sexo até a menopausa – parando apenas para algumas gestações planejadas – é árduo. Anticoncepcionais são caros, exigem bastante disciplina, planejamento e, em muitos casos, tolerância com os efeitos colaterais. Exatamente que tipo de comprometimento é necessário para evitar a gravidez de uma mulher heterossexual que começa a vida sexual aos 18 anos, entra na menopausa por volta dos 45 e deseja – quando estiver pronta – ter dois filhos? Ela teria que tomar 6.844 pílulas contraceptivas, usar camisinha todas as vezes por umas 2 mil relações sexuais, substituir seus 975 adesivos ou 325 anéis vaginais em tempo hábil ou ter de quatro a seis dispositivos intrauterinos (DIU) inseridos e removidos. O Quadro 2 mostra minhas estimativas da grande quantidade de contraceptivos necessários e o número de gestações indesejadas esperadas – apesar do uso de contraceptivos – para uma mulher que é sexualmente ativa durante toda a fase adulta e usa algum método contraceptivo ao longo da vida. É claro que a maioria usa mais de um, portanto ela também terá que fazer consultas médicas regulares para providenciar as receitas ou procedimentos apropriados e terá que ir regularmente à farmácia para manter seus suprimentos. Tudo isso pressupondo que ela tenha acesso ininterrupto a algum seguro-saúde e possa arcar com a coparticipação. A maioria das gestações não intencionais nos Estados Unidos não são provocadas por falhas contraceptivas, mas por lacunas no uso de anticoncepcionais.[19]

Mesmo no caso da mulher que usa contraceptivos de forma consistente, ainda há chances significativas de engravidar. Ao longo da vida reprodutiva, ela poderá engravidar até duas vezes fazendo uso da pílula, quatro vezes usando preservativos e sete praticando coito interrompido.

Vamos falar sobre uma preocupação frequentemente relatada por muitos que apoiam o direito ao aborto, mas receiam que haja abuso desse direito – ou seja, que as mulheres venham a utilizar o aborto como principal método de planejamento familiar. Bem, se uma mulher quisesse usar o aborto como um método regular de planejamento familiar do primeiro ato sexual à menopausa, ela precisaria fazer cerca de 30 abortos durante o primeiro trimestre ou 25 no segundo trimestre ao longo da vida. É como seria se o aborto fosse empregado como método de controle de natalidade. Se estamos falando de uma pessoa que fez menos de 10 abortos, considere-a uma usuária de anticoncepcionais azarada ou inconsistente, e não alguém que utiliza o procedimento como único método de planejamento familiar.

Quadro 2. Métodos de planejamento familiar necessários a partir da primeira relação sexual até o início da menopausa para ter apenas dois filhos durante a vida

Contracepção como método de planejamento familiar	Quantidade estimada	Gestações indesejadas esperadas (usando o método ou não)
Camisinha	Mais de 2.000 camisinhas	0,5-3,8
DIU de cobre	4 DIUs	0,2
DIU hormonal	6 DIUs	0,1
Implante	9 implantes	0,0
Contraceptivo oral	6.844 pílulas	0,1-2,0
Contraceptivo adesivo	975 adesivos	0,2-2,5
Anel contraceptivo	325 anéis	0,1-2,0
Método injetável	100 injeções	0,1-0,8
Coito interrompido	Mais de 2.000 vezes	1,0-6,8

Aborto como método de planejamento familiar	Quantidade estimada	Gestações indesejadas esperadas (usando o método ou não)
Medicamentos abortivos	30 abortos	30
Abortos no segundo trimestre	25 abortos	25

Fonte: Estimativas baseadas nas taxas de falha contraceptiva publicadas e nos dados da frequência de relações sexuais por idade.[20]

Nota: As estimativas consideram que a mulher seja sexualmente ativa ao longo de seus anos reprodutivos e use apenas um método de planejamento familiar durante esse período.

Na vida real, a maioria das mulheres nos Estados Unidos usa algum método contraceptivo, geralmente uma variedade deles ao longo de décadas. Muitas mulheres que fazem sexo com homens começam usando camisinhas, tomam a pílula durante seu primeiro relacionamento estável, experimentam diversos métodos diferentes, mas nunca estão inteiramente satisfeitas com nenhum deles, às vezes passam algum tempo sem usar nenhum, têm um susto que acaba ou não sendo uma gravidez, talvez um ou dois abortos ou abortos espontâneos, um filho ou dois ou três e, por fim, às vezes, fazem uma laqueadura tubária. É assim que acontece muitas vezes, mas o leque de experiências é vasto. No meu caso, foram camisinhas, pílulas, um susto de gravidez que não passou de um susto, mais pílulas, diafragma por um tempo, um DIU, um aborto espontâneo muito triste, meu primeiro filho, um DIU, meu segundo filho e depois mais DIUs enquanto espero pela menopausa.

As mulheres perfiladas neste livro sofreram abortos espontâneos, outros abortos, gestações intencionais e não intencionais, enfrentaram problemas para obter um suprimento de pílulas e dificuldades em encontrar um método que não exacerbasse seus problemas de saúde. Melissa, cuja história conheceremos entre os capítulos 6 e 7, tentou fazer uma laqueadura depois de dar à luz, desde o segundo filho até o quinto. Para não realizar o procedimento, o hospital alegava que perdera os formulários preenchidos por ela ou que ela não havia fornecido sua aprovação a tempo. Mas a verdade, que nem Melissa percebe, é que ela estava dando à luz em hospitais católicos, onde a esterilização não é fornecida porque entra em conflito com a doutrina religiosa do estabelecimento. A única maneira de conseguir realizar uma laqueadura é dar à luz em um hospital que não seja católico. O que ela acabou fazendo, mas não antes de ter mais três filhos e fazer um aborto.

Razões para ter uma relação sexual desprotegida

A maioria das mulheres do estudo (64%) estava usando um método contraceptivo no mês em que conceberam: 37% usavam métodos de barreira, como preservativos e diafragmas, e 27% métodos hormonais, como pílula, adesivo ou anel.[21] No caso de pouco mais de um terço (36%), as gestações ocorreram porque a mulher e seu parceiro não utilizaram nenhum método de contracepção. O que pode surpreender é que muitas das mulheres que usavam anticoncepcionais de forma inconsistente ou não faziam uso de nenhum método contraceptivo pensavam que não engravidariam. Em sua defesa, realmente não é fácil engravidar em um único ato sexual. A probabilidade de concepção a cada ato é de cerca de 3% se uma mulher não sabe em que período está de seu ciclo menstrual.[22] Se o ato sexual ocorrer dentro do período de seis dias que leva à ovulação, a probabilidade é de cerca de 10% e depois de 0% no restante do mês. A maioria das pessoas não faz sexo como uma espécie de roleta-russa, motivadas pela emoção da pequena chance de haver um óvulo nas tubas uterinas. Na melhor das circunstâncias, as pessoas fazem sexo consensual para se conectar emocionalmente umas com as outras ou para ter prazer, e muitas não usam proteção, imaginando – em geral com razão – que as chances de uma gravidez são muito pequenas. Você pode estar familiarizado com essa lógica se já atravessou a rua no sinal verde, optou por não colocar o cinto de segurança ao dirigir seu carro por uma distância curta ou seguiu a "regra dos cinco segundos" para um biscoito que caiu no chão. O problema não é o cálculo de risco para um ato sexual. Se você já teve relações heterossexuais quando não estava tentando ter um filho e você (ou sua parceira, no caso) não engravidou, é um dos sortudos.

Os pesquisadores e profissionais de saúde reprodutiva muitas vezes presumem que as pessoas só correm o risco de engravidar quando não têm acesso ou conhecimento sobre métodos de contracepção. E, sim, isso de fato explicaria por que algumas pessoas têm relações sexuais sem proteção. Algumas delas não têm informações precisas sobre a fisiologia reprodutiva, a improbabilidade de infertilidade e o verdadeiro risco de concepção. No entanto, há também uma série de benefícios nas relações sexuais desprotegidas. Para muitos casais, os benefícios emocionais e sexuais de fazer sexo desprotegido podem ser mais valiosos do que o objetivo de usar contracepção todas as vezes.

Somando-se à inclinação natural de assumir riscos, uma grande proporção de mulheres tem dificuldade no acesso a anticoncepcionais. Um estudo separado que fiz descobriu que duas em cada cinco mulheres em busca de abortos relatam algum problema de acesso a contraceptivos, incluindo uma em cada cinco que relataram ter ficado sem suprimento de contraceptivos antes de engravidar.[23] É por isso que, nos níveis clínico e de políticas públicas, precisamos descobrir como facilitar ao máximo e para todos o acesso e o uso de métodos contraceptivos. Isso significa melhorar o acesso a métodos anticoncepcionais de curto prazo, o que pode ser feito, por exemplo, disponibilizando pílulas anticoncepcionais orais sem receita médica, ao lado dos preservativos nas farmácias. Métodos de contracepção reversíveis, de ação prolongada, podem dar conta de alguns dos problemas que os casais têm para avaliar o risco de cada método e negociar seu uso. As mulheres precisam ter uma ampla gama de escolhas contraceptivas, métodos que sejam simples de usar e obter e, o mais importante, que não prejudiquem a experiência sensual e a conexão com o parceiro.

Tudo o que aprendi realizando pesquisas anteriores sobre relações sexuais desprotegidas deixou claro para mim como é contraproducente dificultar o acesso a anticoncepcionais e a informações precisas a esse respeito. Vimos isso acontecer cada vez mais com as tentativas bem-sucedidas de políticos e grupos de interesse conservadores de enfraquecer a regulamentação de saúde feita pelo presidente Barack Obama, exigindo que os empregadores oferecessem cobertura de seguro sem coparticipação para uma ampla gama de métodos contraceptivos. Também vimos o mesmo com a

Casa Branca de Trump, que tentou acabar com o financiamento público de boa parte das clínicas de planejamento familiar que prestam serviços de contracepção a mulheres de baixa renda por essas clínicas também realizarem abortos, assim como o financiamento a programas internacionais de planejamento familiar caso estes forneçam encaminhamentos para mulheres que buscam interromper a gravidez. Para evitar gestações indesejadas, os contraceptivos precisam estar disponíveis, e novos métodos que atendam às necessidades das mulheres precisam ser desenvolvidos.

Os métodos contraceptivos atualmente disponíveis não satisfazem às necessidades de todos.[24] Fiz diversas pesquisas sobre o que as mulheres procuram em um método contraceptivo e posso dizer que elas não estão recebendo o que querem. Elas desejam algo que seja altamente eficaz, mas com poucos efeitos colaterais, fácil de obter e fácil de usar. Muitas querem ter o controle sobre se e quando usarão o método. Meus estudos anteriores descobriram que os métodos de contracepção existentes têm menos de dois terços das características que as mulheres relatam serem muito importantes para elas.[25]

Em geral, as não brancas têm preferências um pouco diferentes das mulheres brancas, por exemplo, preferindo ter controle sobre o uso do método, privacidade e nenhuma mudança na menstruação. Em um estudo separado que fiz com a professora da UCSF Dra. Andrea Jackson, as mulheres não brancas consideram extremamente importante haver um número maior de características dos contraceptivos do que as mulheres brancas, como querer controlar o início de uso do método e sua interrupção ou poder obtê-lo sem necessidade de consulta com um profissional de saúde.[26] Essas diferenças podem ser fruto de uma desconfiança historicamente justificável quanto às instituições de saúde e seus prestadores de cuidados, bem como a novos métodos de contracepção. Os Estados Unidos têm um longo histórico de negar às mulheres não brancas toda a sua humanidade e controle sobre a reprodução – desde a gravidez forçada nos tempos da escravidão até a esterilização compulsória das últimas décadas.[27] Como resultado de seu perfil diferente de preferências contraceptivas, as não brancas são ainda menos propensas a encontrar métodos com as características que desejam. Algumas mulheres sortudas encontram métodos que atendem às suas necessidades, mas, para muitas, prevenir a gravidez envolve tolerar uma série de efeitos colaterais, ir regularmente a clínicas ou farmácias e, às vezes, pagar muito dinheiro simplesmente para continuar usando um método de que não gostam na esperança de reduzir um risco incerto de uma gravidez futura.

A próxima história é de Jessica, e não há um exemplo mais claro de mulher que precisa de melhores métodos de contracepção. Jessica tem problemas de saúde que a impedem de utilizar qualquer método, e os que ela pode usar lhe causam efeitos colaterais negativos. O resultado de não haver uma boa opção anticoncepcional? "Eu engravidei."

Jessica

> *"Deus não faz as coisas sem uma razão. Havia uma razão para o aborto e era para pessoas em situações como a minha."*

Eu cresci em uma cidade muito, muito pequena da Louisiana. Todo mundo se conhece e as pessoas sabem mais sobre você do que você mesma. Concluí o ensino médio com outras 100 pessoas. Pratiquei esportes até essa época. Foi quando passei a só me interessar por meninos, digamos assim. A única coisa que eu fazia era ir a jogos com uma galera do esporte. Minha mãe morreu quando eu era adolescente. Saí de casa e passei a me virar sozinha. Morava na casa de uma mulher para quem eu trabalhava como babá. Eu cuidava dos filhos dela, e ela me deixou morar lá até terminar a escola.

Ao terminar o ensino médio, entrei na faculdade comunitária local. Voltei para casa durante um feriado escolar e sofri um acidente de carro grave no qual quebrei o pescoço. Foi bem grave. Então tive que largar a faculdade, e foi quando conheci John e tive meu filho, Ethan. John acabou se mostrando extremamente ciumento. Implicava com qualquer pessoa com quem eu falasse ao telefone, no supermercado, em qualquer lugar. Eu tinha morado com uma mulher quando estava na minha cidade, e ele me fez apagar o número dela porque não queria que a gente conversasse. Saía à noite e levava o carro, o celular, me deixando em casa com o bebê. Eu não podia falar com ninguém. Acabei descobrindo que ele me traía nessa época. Estava tentando esconder.

John tinha alguns títulos de poupança do governo. Usamos esses títulos na compra de um trailer por 400 dólares. Morávamos num parque próprio para trailers. Ele pagava todas as contas, exceto a de luz, que meus avós pagavam.

Quando engravidei do nosso primeiro filho, deixei minha cidade natal, mas o local onde eu morava ficava a uns 10 minutos de distância. Não era muito longe. Eu tive Ethan antes dos 20 anos. Foi o fim da minha infância. O pai dos meus filhos foi o primeiro homem por quem me apaixonei depois que terminei o ensino médio. Eu pensava que ele não fazia nada de errado e que, não importava o que ele fizesse, continuaria eternamente apaixonado por mim. Então percebi que isso não era bem verdade. Foi uma relação abusiva, tanto psicológica quanto fisicamente. John entrou e saiu da cadeia várias vezes desde que nosso primeiro filho nasceu. Em vez de dizer que éramos casados, eu diria que criei meu marido. Eu o criei.

Quando estava grávida de Ethan, tive três episódios do que pensei ser uma convulsão durante a noite. Tinha visto uma pessoa tendo convulsão na TV. Eu não sabia de fato se era isso o que estava acontecendo. John nunca estava em casa à noite. Ele saía com outras mulheres e se embebedava o tempo todo. Eu fiz eletrocardiogramas e todo tipo de exames, mas os médicos não encontraram nada. A única maneira de terem certeza do que estava acontecendo comigo era se eu tivesse um episódio enquanto estava ligada aos monitores ou então se eu mesma me filmasse. Eu podia sentir quando um episódio ia acontecer, mas só durava uns três minutos, então eles nunca conseguiram gravar. Depois que Ethan nasceu, eu tive mais cinco convulsões. Como não estava mais grávida, pensei, bom, talvez seja problema de açúcar no sangue ou algo que simplesmente não estão identificando.

Quando engravidei da Madison, sabia que estava grávida. Comecei a enjoar e contei ao John. Eu disse: "Estou grávida." Ele falou: "Sem chance." Eu fiz, tipo, cinco testes. Comprei até daqueles mais caros, mas nem mesmo eles mostravam que eu estava grávida. Fui à unidade de saúde e fiz um exame de urina. Ainda assim não mostrou a gravidez. Então tiraram meu sangue e o teste confirmou. Eu sabia que estava.

Foi quando meu corpo parou de funcionar por completo. Pensaram que fosse fibromialgia. Eu não conseguia escovar o cabelo, não conseguia fazer nada. Me sentia muito doente. Mas estava grávida, então pensamos que a bebê estivesse literalmente sugando toda a minha energia. Eu não comia. Minha avó cozinhava os meus pratos favoritos e eu não conseguia comer. Qualquer coisa me fazia vomitar. Pensaram que era por causa da gravidez. Minhas convulsões pioraram. Dois dias depois que Madison veio para casa, passei três semanas internada no hospital. Fizeram todo tipo de exame e por fim diagnosticaram esclerose múltipla e hiperemese grave. Eu estava a uma hora de distância no hospital, mas John só veio me visitar duas vezes. Um dos parentes mais velhos dele cuidou dos meus filhos enquanto eu estava internada e ele foi visitá-los duas vezes. Quando olho para trás e conto essas histórias, me sinto uma idiota por ter ficado com ele por tanto tempo. Mas eu queria muito que aquele relacionamento desse certo.

Quando voltei para casa, queriam que eu usasse anticoncepcional, mas eu tinha que tomar remédio para convulsões e o anticoncepcional poderia interferir. Tentei a injeção, mas me fazia mal – eu chorava o tempo todo. Eu odiava como me sentia. Estava muito infeliz. Então rezava para que o departamento de saúde e meus médicos encontrassem algum contraceptivo que eu pudesse usar. Eu precisava continuar tomando o remédio, não queria morrer. Foi quando engravidei de novo.

Era uma daquelas situações do tipo "escolha entre *talvez* ficar bem durante a gravidez – *talvez* – ou morrer". Conhecendo meu marido, se algo acontecesse comigo, ele não cuidaria dos meus filhos. Está na cadeia de novo. Era algo que eu simplesmente não podia nem imaginar. Precisei ser egoísta.

Quando descobri que estava grávida, morri de medo, porque tinham me dito que não ligariam minhas trompas por causa da minha idade, das regras do Medicaid [programa de saúde para pessoas de baixa renda dos Estados Unidos] e tudo o mais, mas que, se eu engravidasse de novo, não seria nada bom para mim. Tive que fazer seis meses de quimioterapia depois do meu último bebê para que meu corpo se recuperasse. Eu ainda tinha mais uma sessão de químio para fazer quando engravidei. Já sabia como ia ser. John nunca iria mudar. Quando fiquei três semanas no hospital, ele foi me visitar duas vezes. E levou meu celular embora.

Eu sabia que, se não fosse pela minha saúde, conseguiria criar outro filho. Já tinha feito isso antes, tinha criado meus filhos sozinha, sem ele. Mas as chances de eu adoecer de novo ou de não sobreviver eram grandes. Durante toda a minha vida eu fui totalmente antiaborto. Achava errado, não importava o motivo. Mas aí, quando engravidei de novo, pensei: tenho que tomar uma decisão porque preciso sacrificar alguma coisa. Será que minhas únicas opções são me sacrificar e deixar Ethan e Madison sem mãe ou talvez sobreviver à gravidez e ter que criar três filhos sozinha?

A esclerose múltipla é incurável. Eu sabia disso. Eu poderia ter uma crise amanhã e não conseguir mais sair da cama. E aí? Refleti muito e meu pensamento final foi: Deus não faz as coisas sem uma razão. Havia uma razão para o aborto e era para pessoas em situações como a minha. A parte ruim do aborto são as pessoas que simplesmente engravidam e pensam: "Ah, tudo bem. Vou abortar para não ter que lidar com isso." Tive que deixar para trás minhas convicções e tomar uma decisão por mim, não baseada em mais ninguém, mas em mim e nos meus filhos. Se Deus não quisesse que isso acontecesse, não teria deixado os médicos descobrirem como fazer.

Eu conhecia meu obstetra para além do consultório. Sou de uma cidade pequena. Ele não me recomendou nada, mas me indicou um médico que poderia me dar uma segunda opinião. Me entregou um panfleto e disse para eu não contar a ninguém que ele tinha me dado, mas achava que talvez eu quisesse ler. Era sobre o lugar para onde eu fui. Aquele obstetra me conhecia desde criança, e foi isso que ele me deu.

Eu precisava de dinheiro para pagar pelo procedimento. Meu marido não trabalhava. O marido de uma das minhas primas de terceiro grau é dentista. Nós nunca fomos próximas, mas eu tinha acabado de receber o panfleto quando ela me ligou, do nada. Eu sabia que ela tinha o dinheiro e que não faria falta. Foi o sinal de que eu precisava. Ela disse que estava pensando em mim e ligou para ver como eu estava. Acabei indo até a casa dela e chorei. Ela disse que, se eu decidisse que era isso que precisava fazer, para ela não haveria nenhum problema e ela não iria me recriminar.

A primeira vez que fui à clínica de aborto tinha gente protestando do lado de fora – protestando e gritando com as pessoas. Na vez seguinte voltei e estavam fazendo a mesma coisa. Mas não me deixei abalar. Na primeira vez, precisei ir sozinha. John tinha coisas mais importantes para fazer do que me acompanhar. Na segunda vez, ele teve que ir porque eu não conseguiria dirigir depois do procedimento. John não ficou nada feliz com isso; tudo sempre tinha que ser bom para ele. Então, quando não era conveniente para os seus interesses, ele não dava a mínima.

As pessoas na clínica foram muito amáveis, mas não foi uma boa experiência. Pelo menos eles foram ótimos em não me fazer sentir pior do que eu já estava. Mas tudo foi difícil. Eu ficava pensando: "Não estou ouvindo isso na TV, está acontecendo comigo. É com isso que tenho que lidar agora."

Meu principal objetivo depois do aborto foi criar coragem para perceber que meu casamento nunca daria certo e mandar John embora. Dar um jeito de sair daquele relacionamento. Acho que o bom Deus tem um ótimo senso de humor. John acabou não pagando a fiança e foi para a prisão por seis meses. Enquanto ele estava preso, pedi o divórcio com a ajuda de um escritório formado por estudantes de Direito especializados em ajudar pessoas em situação de violência doméstica. E foi assim que saí daquela relação e me divorciei. John demorou dois anos para assinar os papéis do divórcio, mas consegui me libertar.

Minha maior preocupação quando estávamos no tribunal ou quando brigávamos era que ele escrevesse no Facebook sobre o aborto que eu havia feito e marcasse todo mundo, apenas para se vingar de mim. Minha família sabe. Meu marido sabe. Minha melhor amiga sabe. E só.

Ainda fico muito triste quando John está na cadeia. Amei muito aquele homem, investi tudo naquele relacionamento. Deixei todos os meus amigos de lado por ele quando estávamos juntos. Mas, por alguma razão, ainda me incomoda quando ele vai para a cadeia. Estamos divorciados há alguns anos. Ele deveria pagar 333 dólares por mês de pensão alimentícia para nossos filhos. Até hoje, pagou 300 dólares no total. Meu filho ainda chora de saudade. Acha que o pai é o máximo. Não quero dizer a ele que o pai é um traste. Quero que meus filhos descubram sozinhos, porque não quero que mais tarde me culpem por falar mal dele.

Meu atual marido é de uma cidadezinha próxima. Conheço Robert há muito tempo, mas nunca tivemos nada. Eu só sabia quem ele era, e ele sabia quem eu era. Eu sempre o deixava sem graça porque o pegava olhando para mim e dizia para ele parar de olhar para a minha bunda. Eu sei que não é uma atitude legal, mas é engraçado pensar nisso agora.

Ele teve um filho e postou fotos no Facebook. Eu não via Robert havia muito tempo e enviei uma mensagem dizendo que o filho dele era fofo. Uma coisa levou à outra e conversamos por uma semana. Robert sempre dava a entender que queria sair comigo, mas nunca me convidava.

Um dia eu o chamei para sair. Naquele fim de semana ele veio para minha casa e nunca mais foi embora. Antes de nos casarmos, eu me mudei para a casa dele. A família de Robert tinha deixado uma casa para ele, que é onde ainda vivemos. Ele trabalha na construção civil e só está com a gente nos fins de semana. Na maior parte do tempo, sou mãe solo. Não tive grandes crises de esclerose múltipla desde então, mas ainda preciso lutar porque tenho dois filhos para criar e uma casa para cuidar. Os boletos sempre chegam.

Passei por muita coisa. Há sempre alguém no mundo que não viveu tantas dificuldades quanto eu, mas pode ter filhos doentes ou acamados ou algo assim. Algo sempre pode ser pior, então seja grato pelo que você tem. Cheguei até aqui. Não vou desistir agora.

Meu marido só tem um filho biológico. Eu sei que ele quer um bebê, mas é muito solidário, não fala no assunto. Ele diz: "Prefiro ter você, porque o que eu faria sem você?" Ele é desse jeito. Até falei com o meu médico sobre o assunto, então, quem sabe um dia? Mas é uma daquelas coisas distantes, tipo querer visitar o Havaí. Ninguém vai dizer que você não pode ir. Você pode dar um jeito. Ou construir uma casa um dia. Pode ser que não dê para fazer isso agora, mas de uma forma ou de outra, um dia vai dar.

Bom, esta casa que a família do meu marido nos deu tem apenas dois quartos. Tenho dois filhos e o filho de Robert passa os fins de semana conosco a cada 15 dias. Meu filho tem 9 anos. Minha filha tem 6, e eles estão naquela idade em que não gostam um do outro. Então, nosso próximo objetivo é construir uma casa maior. Minha família tem um terreno. Escolhemos o melhor lugar para construir e vamos começar a economizar para isso. Compramos um carro para mim e o financiamento acaba no ano que vem, então poderemos começar a poupar para a nossa casa. São esses os nossos planos atuais. Só preciso ser paciente. Vai acontecer quando tiver que acontecer.

O que eu passei mudou minha perspectiva sobre o aborto. Deus criou os médicos. Deus os deixou descobrir como realizar um aborto, e há uma razão para isso. Certas pessoas abusam do aborto, assim como outras abusam de tudo.

Não falo com ninguém sobre esse assunto. O aborto ainda é mencionado como "aquela palavra com A", isso quando é mencionado. Precisamos fazer sacrifícios às vezes, não importa o quanto doa. Às vezes a vida é assim. O que eu fiz possivelmente me salvou e me permitiu estar aqui para criar meus filhos, casar com Robert, cuidar da minha avó quando ninguém mais quis cuidar dela e cuidar do meu pai, que é o que faço agora.

A única situação em que desabei foi quando meus filhos foram a um festival com os tios e chegaram em casa com balões com frases antiaborto. Conversei com eles sobre o que estava escrito nos balões, sem revelar meus motivos. Meus filhos choraram e o mais velho disse que me odiava. "Mamãe estourou meu balão", era tudo que ele sabia. Minha amiga mora do outro lado da rua e eu disse a ela que não estava me sentindo bem. Perguntei se as crianças podiam ir brincar na casa dela. Quando saíram, eu chorei.

Foi só um sacrifício que tive que fazer. Se não tivesse feito, talvez não estivesse aqui hoje. Ou meus filhos poderiam estar num orfanato. Tento pensar nos aspectos positivos. Houve uma razão. Tudo acontece por uma razão. Você pode não entender hoje, mas um dia entenderá.

Jessica, uma mulher branca da Louisiana, tinha 23 anos e estava grávida de oito semanas quando fez um aborto.

CAPÍTULO 3

O acesso ao aborto nos Estados Unidos

Jessica, cuja história acabamos de ler, tomou sua decisão rapidamente. Ela queria abortar – para o bem de seus filhos e de si mesma – e queria que fosse logo. Jessica foi uma das mulheres mais afortunadas do estudo, pois descobriu sua gravidez o mais cedo possível, um mês depois de seu último período menstrual. Embora fosse mãe de dois filhos aos 23 anos e quisesse interromper a gravidez de imediato, foi preciso um mês inteiro até que enfim estivesse em uma clínica de aborto, esperando que uma enfermeira chamasse seu nome.

O acesso ao aborto depende de quando se descobre estar grávida, quanto dinheiro se tem e, criticamente, onde se mora. A história de Jessica poderia ter sido diferente se ela vivesse na Califórnia, por exemplo, em vez de na Louisiana.

Para começar, na Califórnia, o obstetra de Jessica provavelmente teria condições de discutir abertamente com ela a opção do aborto. Poderia tê-la ajudado a considerar as implicações tanto do aborto quanto do parto para a sua saúde. Então, poderia tê-la encaminhado com mais informações – dizendo-lhe qual clínica ele recomendava e por quê, em vez de sorrateiramente lhe dar um panfleto e pedir que ela não contasse a ninguém onde o conseguira. Vale notar que o médico de Jessica na Louisiana tinha aqueles panfletos em seu escritório. Ela provavelmente não foi a primeira paciente a precisar de tal encaminhamento. Atender pacientes que vivenciam uma gravidez indesejada é parte rotineira do trabalho de um ginecologista.[1]

O médico de Jessica ofereceu um panfleto, mas é lamentável que ele não tenha se sentido à vontade para fazer um encaminhamento direto, como faria com qualquer outro atendimento médico que não fosse capaz de realizar, por medo de prejudicar sua reputação.

Na Louisiana, Jessica teve que dirigir cerca de 96 quilômetros, mais de uma hora, para chegar à clínica e depois para voltar. Na Califórnia, a distância média até uma clínica de aborto é de 11 quilômetros.[2] Jessica teve que ir *duas* vezes, a primeira para ouvir as informações exigidas pelo estado, destinadas a desencorajá-la de fazer um aborto. Em seguida, teve que esperar pelo menos 24 horas antes de voltar para realizar o procedimento – exigência legal na Louisiana (e em vários outros estados), algo que não possui nenhum fim médico, mas atrasa o procedimento.[3] Os períodos obrigatórios de espera visam supostamente a garantir que as mulheres tenham certeza absoluta de sua decisão antes de realizarem um aborto. No entanto, os defensores dessas leis provavelmente sabem que o resultado é dificultar e encarecer o procedimento. Na Califórnia, onde a lei trata o aborto como qualquer outro cuidado médico, essa demora não teria acontecido.

Na época em que descobriu estar grávida, Jessica sustentava uma família de quatro pessoas – que incluía um marido desempregado, uma criança pequena e um bebê – com 11 mil dólares por ano. Ela não tinha plano de saúde. E aqui está a maior diferença entre a Louisiana e a Califórnia quando se trata de aborto: o estado da Califórnia cobre o custo do procedimento para mulheres de baixa renda, bem como outros cuidados de saúde relacionados à gravidez. O programa público de cuidados de saúde Medicaid da Califórnia, o Medi-Cal, teria pagado pelo aborto de Jessica (desde que a clínica escolhida para o procedimento aceitasse o Medi-Cal). O programa Medicaid do estado da Louisiana não cobre abortos, a menos que a mulher esteja morrendo ou possa provar que engravidou de estupro ou incesto. Assim, Jessica passou esse mês adicional decidindo interromper a gestação e tentando angariar os cerca de 500 dólares necessários para realizar um aborto no primeiro trimestre. Naquela época, teve que revelar sua gravidez indesejada a alguém de quem não era muito próxima para pedir o dinheiro. No final, um fundo pró-aborto pagou parte de seu procedimento e uma prima distante pagou os 160 dólares restantes. Portanto, na Califórnia, não só a cobertura da Medi-Cal teria ajudado Jessica a interromper a gravidez mais cedo, como também teria preservado sua privacidade.

Os problemas de acesso vividos por Jessica, sinceramente, não foram dos mais complexos, considerando que ela vem de um estado com poucos provedores desse serviço e muitas restrições. Com toda a preocupação de que as mulheres utilizem o aborto como método de controle de natalidade, trata-se de um procedimento muito difícil de acessar na maioria dos estados. As restrições ao aborto, supostamente destinadas a torná-lo mais seguro ou reduzir a chance de arrependimento, o deixam fora do alcance de muitas e afetam desproporcionalmente aquelas já desfavorecidas – mulheres de baixa renda, não brancas, mulheres com problemas crônicos de saúde, mulheres com filhos muito pequenos e as adolescentes.

Barreiras financeiras ao aborto

Entre os principais obstáculos enfrentados por quem busca abortar – o custo do procedimento, a dificuldade de se deslocar até a clínica mais próxima, a perspectiva de restrições onerosas ao aborto, o medo do estigma na comunidade e a presença de manifestantes no local –, o mais substancial é o financeiro. Conforme discutimos no último capítulo, a razão mais comum pela qual as mulheres buscam um aborto nos Estados Unidos é a falta de condições financeiras de criar uma criança ou, mais frequentemente, *mais uma* criança. Portanto, não surpreende que muitas das mulheres que buscam o aborto por razões econômicas tenham dificuldade para pagar pelo procedimento. A necessidade de tempo para arrecadar o dinheiro para cobrir os custos da viagem e do procedimento foi o motivo mais comum de demora entre as participantes do nosso estudo, sendo que quase dois terços das que chegaram às clínicas perto do limite gestacional relataram esses custos como um motivo de demora.[4]

Todos os procedimentos médicos nos Estados Unidos são caros e o aborto não é exceção. O preço médio de um aborto no primeiro trimestre em nosso estudo foi de cerca de 500 dólares.[5] Entre 14 e 20 semanas, foi de cerca de 750 dólares e, após 20 semanas, foi de 1.750 dólares. Essas estimativas, porém, não incluem custos de transporte, hospedagem e creche (para os outros filhos, se houver), sem mencionar os dias de salário perdidos por afastamento do trabalho. Mas os planos de saúde públicos e mesmo os privados são menos propensos a cobrir o custo de um aborto do que a maioria dos outros procedimentos médicos. Não é mera coincidência. É resultado das leis antiaborto. A partir de 2019, 11 estados passaram a proibir que planos de saúde privados cubram abortos. Vinte e seis estados restringem a cobertura do aborto nos planos de saúde subsidiados. Vinte e dois estados restringem a cobertura do aborto para funcionários públicos.[6] Trinta e quatro estados não cobrem o aborto por meio do Medicaid, exceto em casos de risco de vida para a mãe, estupro ou incesto.[7]

Essas leis não têm nada a ver com saúde ou medicina. Se a questão fosse apenas os contribuintes não quererem pagar a conta de um procedimento ao qual se opõem por motivos morais ou religiosos, os seguros privados não fariam objeções. O objetivo parece ser o de garantir que as mulheres literalmente paguem o preço por terem feito sexo e engravidado quando não estavam dispostas a ter aquele filho. Assim como acontece com muitas restrições ao aborto, tais políticas dos planos de saúde têm consequências não intencionais. Vejamos o caso de Jessica. Os eleitores da Louisiana podem não desejar que os valores que pagam em impostos e são destinados ao Medicaid financiem o aborto, porque acham que as mulheres devem arcar com a dor financeira por si mesmas. Mas o resultado foi que Jessica ainda assim não precisou pagar nada do próprio bolso – afinal, ela nem tinha o dinheiro para pagar – e sua gravidez estava um mês mais adiantada quando ela enfim abortou.

Metade de todas as mulheres que decidem abortar nos Estados Unidos vivem abaixo da linha de pobreza definida pelo Estado, que é de cerca de 12 mil dólares por ano para uma mulher que vive sozinha e 25 mil dólares para uma família de quatro pessoas. Para tais famílias, angariar centenas ou mesmo milhares de dólares em poucos dias pode ser impossível. O tempo que as mulheres e as famílias passam tentando levantar esse dinheiro atrasa o aborto a ponto de ser necessário realizar um procedimento mais caro e viajar para uma clínica ainda mais distante. Como uma mulher de 28 anos de Kentucky, que fez um aborto com 21 semanas, explicou: "Eu não podia pagar. Disseram que seriam 650 dólares. Quando consegui arranjar o dinheiro, era preciso fazer um procedimento diferente, e o preço pulou para 1.850 dólares... e eles não aceitam seguro." Embora ela tivesse um emprego em tempo integral, a gravidez comprometia sua empregabilidade e sua capacidade de cuidar da família. Ela nos disse: "Eu sabia que meu chefe e meus colegas de trabalho não teriam tanta fé em mim para fazer meu trabalho [se eu levasse a gravidez a termo]. Sou a principal provedora da minha família, então, se eu perdesse o emprego, não conseguiríamos sustentar os filhos que temos, que são minha prioridade."

A grande maioria das mulheres que fazem abortos tardios recebe alguma assistência financeira – 85% daquelas com mais de 20 semanas de gestação, em comparação com 44% das que fazem um aborto medicamentoso precoce. Mesmo com assistência, a maioria paga altos valores do próprio bolso por abortos. Para pouco mais de um terço das mulheres no primeiro trimestre e mais da metade das mulheres no segundo trimestre, as despesas desembolsadas engoliram mais de um terço de sua renda mensal. Em resumo, se você é pobre, não conseguirá fazer um aborto, a menos que tenha plano de saúde ou que algum membro da família, parceiro, amigo ou fundo a ajude. Se e quando receber ajuda, você fará um aborto em uma etapa gestacional mais avançada e permanecerá grávida por mais tempo do que uma mulher que tenha situação financeira mais estável.

Planos de saúde públicos e privados

Conforme observei, quase uma dúzia de estados proibiram as empresas privadas de planos de saúde de financiarem o aborto. Em estados sem essas leis, muitas companhias de seguros cobrem o procedimento. Dito isso, um total de três quartos das mulheres no estudo que tinham plano de saúde não receberam qualquer assistência do plano para pagar pelo aborto. Não sabemos se é porque essas mulheres não perceberam que o plano cobria abortos, se o plano na verdade não cobria o procedimento, se a clínica não aceitava plano de saúde, se o custo do aborto era menor do que o preço da franquia ou se as mulheres tinham alguma preocupação com sua privacidade que as impediu de acionar o plano.[8] Este último cenário representa um problema para as adolescentes incluídas no plano de saúde dos pais, como Jada, de 19 anos, cuja história leremos em maiores detalhes após o

Capítulo 8. Jada era dependente no plano de saúde do pai e temeu que ele pudesse descobrir sobre seu aborto. Desesperada, decidiu assumir o risco e, morando em Illinois, conseguiu ajuda diretamente com o plano de saúde. Mas ter um plano que cubra o procedimento pode não resolver o problema se a mulher tiver primeiro que pagar pelo aborto na clínica e ser reembolsada pelo seguro mais tarde, pois isso significa que ela ainda precisará arrumar um dinheiro que não tem.

No caso do aborto, a saúde pública não oferece cobertura para muitas mulheres que não possuem um plano privado. Em 1976, no primeiro ano de sua carreira de três décadas no Congresso, Henry Hyde, de Illinois, falecido deputado republicano, introduziu uma emenda a uma lei federal anual de gastos com saúde que restringe quaisquer fundos federais a pagar por um aborto, incluindo o Medicaid federal. O Congresso vem reafirmando essa política – conhecida como a Emenda Hyde – ano após ano.[9] Embora inicialmente anexado a uma lei de saúde, o princípio foi expandido para proibir qualquer financiamento federal para o aborto (exceto quando há risco de vida), inclusive para mulheres em prisões federais. Na década de 1990, o Congresso acrescentou exceções para casos de estupro, incesto e problemas graves de saúde materna.

Qual é o legado de Hyde? Minha melhor estimativa, com base nos estudos existentes, é que um quarto de todas as mulheres grávidas de baixa renda que prefeririam realizar um aborto acabam dando à luz, porque o financiamento público não está disponível.[10] Então, da próxima vez que alguém disser: "Proibir o aborto não impede o aborto", você pode dizer: "Na verdade, o simples fato de tornar o aborto inacessível impede que uma parte significativa das mulheres o faça."

Quinze estados reembolsam clínicas por fornecerem abortos a pessoas de baixa renda usando fundos estatais em vez de fundos federais do Medicaid.[11] Mesmo quando o Medicaid financiado pelo estado cobre o procedimento, podem ocorrer problemas. Em estados onde o Medicaid cobre o aborto, ouvimos relatos de mulheres que enfrentaram dificuldades ao tentar se inscrever no plano. Descobrimos que as mulheres que buscam abortos durante uma gestação avançada eram duas vezes mais propensas (em relação às que buscam abortos no primeiro trimestre) a relatar atrasos por dificuldade em garantir cobertura de seguro público ou privado para o aborto (41% contra 20%).[12] Mais de um terço das mulheres que tinham elegibilidade para um aborto financiado pelo Medicaid – por estarem em um estado com cobertura e atenderem aos critérios de renda – não receberam nenhum financiamento do governo.[13] O Medicaid também deve pagar pelo aborto em outros estados em casos de estupro. Das 11 mulheres que relataram ter engravidado como resultado de um estupro e que poderiam estar elegíveis para o Medicaid, apenas duas relataram cobertura do procedimento pelo programa. Outro problema com a cobertura do Medicaid para o aborto é que as taxas de reembolso são terríveis, muito abaixo do custo dos serviços.[14] Por que algum médico ou clínica concordaria em fornecer os cuidados se perde dinheiro ao fazê-lo? Muitos médicos não o fazem. A motivação daqueles que realizam abortos apesar de perder dinheiro em cada procedimento é acreditar que sua missão é servir a todas as mulheres. Evitar prejuízos, no entanto, é um desafio.

Pode parecer razoável que, se você não concorda com o aborto, os impostos que paga não devam ser destinados a esse fim. Enumero a seguir as falhas nesse argumento. Primeiro, o aborto é um cuidado de saúde – trata-se de um procedimento médico legalizado ou da entrega de medicamentos prescritos por profissionais médicos licenciados. A proibição de financiamento público federal afeta todos aqueles cujo seguro-saúde vem do governo federal: mulheres de baixa renda com filhos, mulheres com deficiência, mulheres do Corpo da Paz e das forças armadas, em prisões federais e que trabalham para o governo federal.[15] Ao todo, são cerca de 7,5 milhões de mulheres americanas, 3,5 milhões das quais são de baixa renda.[16] Por que essas mulheres devem permanecer sujeitas ao juízo moral de uma minoria dos contribuintes que decidem se esse cuidado de saúde deve ser coberto? Em segundo lugar, a recusa em cobrir o procedimento pode resultar em que até um quarto das mulheres que queriam abortar levem uma gravidez indesejada adiante. O restante deste livro descreverá as consequências disso. E se isso parece uma vitória para os que se opõem ao aborto, considere o seguinte: para os três quartos que conseguem abortar, o resultado de não cobrir o aborto por meio de um plano de saúde público ou privado é que ele é adiado até um estágio da gestação em que o feto está mais desenvolvido e o procedimento é mais complicado.

Fundos privados pró-aborto

Mais de um quarto das mulheres no Estudo Turnaway recebeu ajuda de um fundo privado para cobrir suas despesas.[17] Os fundos de aborto são organizações sem fins lucrativos que ajudam mulheres de baixa renda a pagar pelo procedimento, a organizar viagens até as clínicas e, às vezes, até a hospedá-las em casas de voluntários para que possam pernoitar nas proximidades. Exemplos incluem a National Network of Abortion Funds (Rede Nacional de Fundos de Aborto), que inclui mais de 70 fundos locais e regionais de aborto; o Dr. Tiller Patient Assistance Fund (Fundo Dr. Tiller de Assistência à Paciente), nomeado em homenagem ao médico assassinado em 2009; o National Abortion Federation (NAF) Hotline Fund (Fundo de Linha Direta da Federação Nacional do Aborto); e o Rachel Falls Patient Assistance Fund (Fundo Rachel Falls de Assistência à Paciente), também da NAF, nomeado em homenagem a uma diretora da linha direta. Alguns fundos são especificamente criados para cobrir abortos em estados nos quais o Medicaid não custeia o procedimento, o que complica inadvertidamente as tentativas dos cientistas sociais de avaliar o impacto da cobertura do Medicaid nos índices de aborto. Embora atualmente forneçam apoio para um em cada sete abortos realizados nos Estados Unidos, esses fundos não se encontram ainda em seu estado ideal.[18] Eles possuem poucos recursos e sofrem de falta de pessoal. Curiosa para saber quanto tempo alguém levaria para ser atendida por uma dessas linhas diretas, pedi a uma estagiária que ligasse para um dos maiores fundos. Essa estagiária dedicada, mas muito entediada, passou três horas com o telefone na discagem automática até conseguir completar a ligação e mais três horas até que um operador entrasse na linha, momento em que ela se viu livre para enfim desligar. (Não dá para dizer que os estágios comigo não são gratificantes.) Dá para imaginar como conciliar um emprego, filhos e outras responsabilidades e passar seis horas seguidas ao telefone tentando obter ajuda para pagar por um aborto?

Outro preço pago pelas mulheres que não podem arcar com um aborto é ter que revelar a gravidez e o desejo de interrompê-la para pessoas a quem não planejavam contar. Pode ser difícil proteger sua privacidade quando é preciso implorar por dinheiro. Desesperada, Nicole, de 20 anos, cuja história veremos após o Capítulo 4, estava com quase 10 semanas de uma gravidez indesejada quando ligou para o ex-namorado. Ela precisava do dinheiro e não podia pedir ajuda à mãe. "Se ele não tivesse transferido o dinheiro, eu realmente não sei o que teria acontecido." Nicole nos contou sobre seu ex: "Ele tinha dito que, se eu precisasse de alguma coisa, bastava avisar. Quando percebi que precisava de algumas centenas de dólares para interromper a gravidez, sabia que ele seria uma opção segura para pedir sem que meus pais surtassem. Porque minha mãe não teria conseguido me dar esse dinheiro sem que meu padrasto percebesse e dissesse: 'Por que você deu 400 dólares a ela?' Teria sido complicado acionar outra pessoa." Vale lembrar que Jessica decidiu contar a uma prima distante, não porque fosse uma pessoa particularmente próxima, mas porque sabia que essa prima tinha o dinheiro e não sabia a quem mais recorrer. Então, mesmo elas não sendo próximas e sem saber o que sua prima pensava sobre o aborto, Jessica arriscou e pediu.

Deslocamento

A dificuldade de chegar a um médico ou clínica fica atrás somente da dificuldade de pagar pelo aborto. Os legisladores antiaborto sabem disso. Um tipo comum de restrição ao procedimento impõe pré-requisitos ao médico ou às instalações – por exemplo, exigindo que o médico tenha prioridade para internação de pacientes em um hospital próximo ou que o prédio atenda aos padrões de um centro cirúrgico ambulatorial, incluindo corredores com determinada largura e salas para esse fim. Não há evidências de que essas leis tornem o aborto mais seguro, mas elas exigem investimentos caros no edifício que poucas clínicas podem bancar. Como resultado, as clínicas fecham, como aconteceu quando o Texas promulgou o Projeto de Lei 2, em 2013, fechando 17 das 41 clínicas no estado e aumentando a distância que as mulheres tinham que percorrer, o que reduziu a taxa de aborto em 14%.[19] Aprovar leis que fecham clínicas equivale a uma proibição do aborto para pessoas que não podem se deslocar facilmente até um estabelecimento mais distante.

No Estudo Turnaway, um quarto das mulheres (23%) que fizeram abortos no primeiro trimestre percorreram mais de 160 quilômetros. Para abortos tardios (após 20 semanas), 30% viajaram mais que essa distância.[20] Distâncias mais longas até uma clínica de aborto acrescentaram ainda mais despesas. As mulheres que buscaram um aborto tardio gastaram em média 100 dólares (chegando a 2.200 dólares em alguns casos, no total) em transporte até a clínica na qual realizariam o procedimento. As que buscaram um aborto no primeiro trimestre gastaram em média 23 dólares em despesas de viagem.[21] As mulheres que procuraram abortos tardios também foram mais de duas vezes mais propensas do que as pacientes do primeiro trimestre a relatar que a dificuldade de chegar à clínica de aborto fez com que demorassem a abortar (27% contra 12%). Por exemplo, uma mulher negra de 35 anos que criava dois filhos no Vale Central da Califórnia teve que viajar 144 quilômetros para chegar a uma clínica que pudesse realizar seu aborto. Ela descreve o motivo da demora: "Eu não confiava no meu carro na rodovia e tive que mandar consertá-lo antes de viajar."

Em 2014, a Dra. Rachel Jones, socióloga do Instituto Guttmacher, descobriu que em todo o país quase todos os estabelecimentos que realizavam aborto ofereciam o procedimento até oito semanas a partir do último período menstrual. E, dessas clínicas, 72% ofereciam abortos até 12 semanas. Mas, após o primeiro trimestre, a disponibilidade diminui drasticamente. Apenas um quarto das clínicas de aborto vai até 20 semanas, e uma em cada 10 clínicas até 24 semanas.[22] Assim, uma mulher pode ter que fazer muitos telefonemas até encontrar o lugar certo. Em nosso estudo, as mulheres que procuraram abortos tardios ligaram para uma média de 2,2 clínicas. Mas, às vezes, o limite gestacional não é informado ao telefone ou a mulher não sabe em que período gestacional está, o que a leva a ir a várias clínicas, sendo reencaminhada inúmeras vezes para outro provedor que atenda limites gestacionais maiores. Michelle, a latina de 18 anos da Califórnia, havia visitado três clínicas e estava grávida de quase cinco meses quando finalmente desistiu e aceitou levar a gravidez adiante. Ela havia terminado o ensino médio um ano antes e acreditava que ter um bebê naquele momento iria prejudicar seu futuro. Também estava enfrentando dificuldades com o namorado de quem engravidou, um homem que ela descreveu como não sendo "uma pessoa funcional e saudável". Sua busca por um aborto não funcionou como ela esperava. "Minha primeira escolha foi abortar, porque eu realmente não estava em condições financeiras de assumir aquela responsabilidade naquele momento", disse ela. "Mas toda vez eu era enviada para uma clínica diferente porque não sabia quando tinha engravidado e toda vez eles falavam, 'Ah, achamos que sua gestação já está muito avançada.' Então me mandavam para outro lugar, e me diziam, 'Ah, sua gestação já está muito avançada, mas essa pessoa pode fazer o aborto.' 'A gestação já está muito avançada, mas essa pessoa...' Foi quando finalmente me mandaram para São Francisco e me inscrevi neste estudo."

Ao todo, 58% das pacientes que realizaram abortos tardios visitaram mais de uma unidade e 12% visitaram três ou mais. Em comparação, apenas um terço das mulheres que buscaram o procedimento no primeiro trimestre visitaram mais de uma clínica. Observe que esses números representam as experiências de mulheres que encontraram um local para realizar seu aborto. Como estamos estudando mulheres que conseguiram chegar a uma clínica, não temos como saber quantas nem chegaram a obter uma próxima indicação ou desistiram por não terem recebido as informações de que precisavam.

Ter dinheiro para bancar o aborto e chegar a uma clínica são apenas os obstáculos logísticos. Agora vamos nos deter em todas as restrições que os governos estaduais colocaram à provisão do aborto e de que maneira elas afetam o acesso das mulheres aos cuidados médicos. Isso inclui leis que exigem que as mulheres vejam o ultrassom do feto, períodos obrigatórios de espera, requisitos de envolvimento dos pais, regras sobre aconselhamento de aborto, leis que facilitam que os manifestantes antiaborto façam protestos nas clínicas e proibições de abortar após determinado tempo de gestação. No Estudo Turnaway, pesquisamos de que maneira algumas dessas políticas afetam as mulheres que buscam o aborto.[23]

Ultrassom

Os opositores do aborto esperam que olhar para uma imagem de ultrassom revele à mulher que seu embrião ou feto é uma pessoa e que isso a faça mudar de ideia sobre abortar.[24] Não há provas de que isso aconteça, mas o poder imaginário de ver um ultrassom inspirou leis que exigem que clínicas e hospitais ofereçam essa imagem e, em alguns estados, que a descrevam verbalmente, sem levar em conta a escolha da mulher de olhar para ela ou não.

Curiosamente, algumas instalações se oferecem para mostrar às pacientes a tela do ultrassom sem serem obrigadas por lei a fazê-lo; isso varia de acordo com a política do local ou com o procedimento do técnico de ultrassom que estiver de plantão. No Estudo Turnaway, quase três quartos das mulheres (72%) abortaram em uma instalação que não tinha política oficial de oferecer tal visualização; uma em cada cinco (21%) em uma instalação na qual era obrigatório por lei estadual que lhes fosse oferecida a visualização, e os 7% restantes em instalações onde oferecer a visualização era uma política da clínica. Cerca de metade das mulheres do estudo (48%) receberam a proposta de visualizar a ultrassonografia e, dessas, quase dois terços (65%) optaram por vê-la. As mulheres que nunca tinham tido um filho eram um pouco mais propensas do que as com filhos a escolher ver (68% contra 60%, entre aquelas que tiveram essa opção). As mulheres em estados nos quais a oferta para ver a ultrassonografia era obrigatória tendiam muito menos a escolher ver a imagem do que as que viviam em estados sem tal política (48% contra 82%, entre aquelas que tiveram essa opção). Minha interpretação desses dados é que algumas mulheres desejam ver a imagem, talvez por curiosidade sobre a gravidez (o que explicaria as taxas mais altas entre as que ainda não tiveram filhos), e que, quando os técnicos de ultrassom têm a liberdade de decidir a quem oferecer uma visualização, oferecem para as mulheres que eles acreditam que desejarão ver.

Para descobrir o efeito que ver a ultrassonografia tem sobre como as mulheres se sentem em relação à gravidez, perguntamos às que viram tal imagem: "Como você se sentiu a respeito do ultrassom, seja durante ou depois de visualizá-lo?" Fizemos essa pergunta aberta para permitir que as mulheres expressassem seus sentimentos sem serem influenciadas por qualquer lista de respostas prontas. E foi bom termos feito dessa maneira, pois acho que nenhum de nós esperava os resultados obtidos. A Dra. Katrina Kimport, minha colega socióloga, liderou essa análise.[25] Ela repassou todas as 212 respostas a essa pergunta aberta e as codificou em grupos de diferentes tipos de emoções. A emoção mais comum, descrita por um terço das mulheres, foi de neutralidade – nem positiva nem negativa. Os relatos incluem o de uma mulher de 30 anos, com cinco semanas de gestação, que explicou como se sentiu: "Bem, eu só queria ver como era por curiosidade... sem apego", e o de uma mulher de 24 anos, com 24 semanas de gestação, que relatou que "não sentiu grande emoção". As emoções seguintes mais comuns foram negativas, como tristeza, culpa ou desânimo. Uma mulher de 23 anos, com seis semanas de gestação, relatou que se sentiu "triste – eu quis chorar". Outra de 24 anos, com 20 semanas de gestação, disse sobre a visualização de seu ultrassom: "Me entristeceu no início, mas eu sabia que não poderia sustentar outro filho, e já havia tomado uma decisão." E, surpreendentemente, uma fração significativa das mulheres sentiu emoções positivas. Uma jovem de 18 anos, com nove semanas de gestação, disse que ver seu ultrassom a deixou "meio feliz. Não sei explicar... só me senti assim". E uma jovem de 19 anos, com 23 semanas de gestação, relatou: "Fiquei feliz porque foi bom vê-lo vivo e em movimento." Algumas podem ter respondido positivamente à opção de visualização, e não apenas à visualização em si. Uma mulher de 28 anos, com 10 semanas de gestação, disse que ficou "feliz em ver, quis ver e fiquei feliz por ter essa escolha".

O que nos interessa em tais descobertas é que algumas mulheres optam por ver a imagem; para algumas, é uma forma de aceitar o fato de estarem grávidas. E mesmo que algumas mulheres se sintam mal ao verem a imagem, ainda podem optar por vê-la como parte de sua experiência de gravidez e aborto. Outra descoberta impressionante é que não há relação entre o que elas veem – em seis semanas, um embrião tem menos de 6 milímetros e as partes do corpo não são reconhecíveis, ao passo que às 23 semanas um feto tem tipicamente cerca de 27 centímetros de comprimento e parece totalmente formado – com sua resposta emocional ao verem a imagem. O que parece impactar as mulheres não é o grau de desenvolvimento fetal, mas suas próprias emoções sobre ter engravidado e decidido abortar. Discutiremos em mais detalhes as descobertas acerca de emoções e saúde mental no Capítulo 4, mas por enquanto, neste capítulo sobre acesso a cuidados médicos, podemos concluir que o simples fato de oferecer às mulheres a opção de ver a imagem de ultrassom não cria um grande empecilho ao acesso ao aborto, desde que elas possam optar por ver a imagem e não sintam que é uma punição imposta pelo estado. Em comparação, as leis que exigem várias visitas para visualizar um ultrassom e, em seguida, impõem um período obrigatório de reflexão podem causar muitos prejuízos, não pela visualização do exame em si, mas porque causam demora e aumentam as despesas com o procedimento e o tempo de deslocamento das mulheres.

Aconselhamento estadual

Alguns estados aprovaram leis antiaborto que exigem que os médicos deem informações específicas às pessoas que buscam o procedimento, incluindo algumas notoriamente falsas. No livreto que a lei da Pensilvânia exigia que os provedores de aborto dessem a Nicole, quase um quarto das declarações sobre o desenvolvimento fetal foram consideradas falsas por Callie Beusman em uma investigação para a *Vice News*.[26] O livreto que o Texas exigiu que Amy e Camila recebessem afirmava: "Algumas mulheres relataram graves efeitos psicológicos após o aborto, incluindo depressão, tristeza, ansiedade, baixa autoestima, arrependimento, pensamentos e comportamentos suicidas, disfunção sexual, dificuldades de apego emocional, flashbacks e abuso de substâncias químicas." Essas informações são extremamente enganosas: algumas mulheres podem de fato relatar isso, mas não há evidências científicas concretas de que esses resultados desfavoráveis sejam causados pelo aborto. Além disso, a cartilha insinua que as mulheres que abortam podem ter problemas para engravidar no futuro e maiores riscos de desenvolver câncer de mama, embora nem a infertilidade nem o câncer de mama estejam relacionados ao aborto.[27] Mais de um terço das declarações sobre o desenvolvimento fetal contidas no livreto do Texas eram imprecisas, de acordo com Beusman.[28]

O objetivo declarado dessas leis é garantir que as mulheres compreendam os riscos e as alternativas ao aborto, mas como elas não são obrigadas a discutir os riscos de levar a gravidez adiante e dar à luz, claramente não se trata de uma questão de garantir uma tomada de decisão médica bem-informada. Essas leis podem ser motivadas em parte pela falta de confiança de que um estabelecimento que realize aborto daria informações imparciais acerca dos riscos de aborto ou pela suspeita de que pudessem tentar forçar as mulheres a fazer o procedimento. Além de inserir a opinião de políticos (sem embasamento médico) no aconselhamento em uma clínica, essas leis (em 14 estados) realmente aumentam as despesas e o fardo das viagens, exigindo que as mulheres façam duas visitas à clínica e esperem por um período especificado desde o momento em que recebem o aconselhamento até poderem fazer o aborto.[29]

O Estudo Turnaway nos permitiu analisar os efeitos de tais leis. As mulheres sentem que estão sendo pressionadas na clínica a tomar a decisão de abortar? Esses roteiros de aconselhamento exigidos pelo estado melhoram a experiência das pacientes? Minhas colegas Heather Gould e Sarah Roberts analisaram os dados sobre as experiências das mulheres na clínica – se receberam aconselhamento acerca da decisão de abortar e, em caso positivo, se este as encorajou a fazer o aborto, desencorajou ou fortaleceu a decisão que já haviam tomado previamente.[30] O artigo de Gould sobre aconselhamento mostrou que dois terços das mulheres relataram ter recebido aconselhamento acerca da decisão do aborto. Todas as clínicas relatam perguntar às mulheres sobre sua decisão, para ter certeza de que é unicamente delas. A diferença entre dois terços das mulheres relatarem terem recebido aconselhamento e todas as instalações relatarem abordar o assunto pode ter a ver com o que as mulheres consideram "aconselhamento". Das que afirmaram ter recebido aconselhamento, 99% relataram que o conselheiro informou que apoiaria qualquer decisão que tomassem, 3% relataram que ele as encorajou a fazer o aborto e menos de 1% relatou que ele as desencorajou de fazer o aborto. Quarenta por cento afirmaram que o aconselhamento recebido foi extremamente útil, 28% bastante útil, 17% moderadamente útil, 10% um pouco útil, e apenas 4% relataram que não foi nada útil. Mulheres que receberam aconselhamento em uma clínica onde um roteiro de aconselhamento padronizado era exigido pelo estado foram significativamente menos propensas a considerar o aconselhamento como extremamente ou bastante útil (60%), em comparação com 75% das mulheres que foram a uma clínica sem aconselhamento obrigatório pelo estado. A partir do Estudo Turnaway, concluímos que as leis estaduais de informação não melhoram a experiência de aborto das mulheres.

As mulheres do Estudo Turnaway relataram ter que superar grandes obstáculos exigidos pelas leis estaduais para conseguir abortar. Por exemplo, após o Capítulo 4, você conhecerá a história de Nicole sobre tentar entrar em contato com uma linha direta do estado para obter informações – obrigatórias pela lei de consentimento informado da Pensilvânia. Ela teve a impressão de estar discando para um programa de rádio. "Se não atendessem, você tinha que continuar ligando", disse Nicole. "Eu me senti como se estivesse tentando conseguir ingressos para um show em um programa de rádio. Você fica ligando e imaginando: *Estou na posição 9 na fila... Será que vou conseguir?*" Como várias das outras mulheres perfiladas neste livro, Jessica vivia em um estado que exigia que ela fizesse dois agendamentos separados na clínica de aborto com um intervalo de pelo menos 24 horas entre eles, o que foi um grande desafio, considerando que ela tinha dois filhos pequenos em casa e fundos muito limitados para gastos como combustível para viagens longas.

No próximo capítulo, investigaremos se há necessidade de intervenção do Estado para garantir que as mulheres se sintam confiantes em sua decisão.

Manifestantes

Em muitas clínicas de aborto, o obstáculo final enfrentado pelas mulheres antes de entrar é passar por uma multidão de manifestantes. Eles podem até desencorajar algumas pessoas de fazerem um aborto, mas não tivemos como mensurar isso com o Estudo Turnaway, visto que só recrutamos mulheres que conseguiram entrar na clínica. Parece improvável que os manifestantes continuariam protestando em frente às clínicas se nunca conseguissem dissuadir mulher alguma de entrar. No entanto, o Dr. Ziad Munson, sociólogo, argumenta que o movimento antiaborto cresceu por proporcionar aos apoiadores uma forma de se envolverem, e que muitas pessoas primeiro participam do ativismo pró-vida e só depois se tornam ideologicamente comprometidas com a causa.[31] Assim, ainda que os manifestantes não consigam impedir um número significativo de pessoas de fazer abortos, talvez acreditem possuir um importante propósito na criação de movimentos antiaborto.

Na época em que coletamos dados dos locais de recrutamento do Turnaway, em 2011, a maioria das clínicas do nosso estudo relatou protestos regulares. Pouco menos da metade das mulheres relatou ver manifestantes. Das que viram, um terço apenas os viu, um terço relatou ter sido abordada por eles e outro terço relatou que um manifestante tentou impedir seu ingresso na clínica. Entre aquelas que tiveram contato (vendo, ouvindo ou sendo impedidas de entrar), metade não achou os manifestantes nada perturbadores, um quarto os achou um pouco perturbadores e 16% os acharam bastante ou extremamente perturbadores.

Sue, uma mulher branca de 25 anos do Missouri, teve um aborto negado pouco tempo após ter tido um bebê. Para ela, o simples fato de ir à clínica de aborto foi uma experiência desagradável, e os manifestantes a tornaram muito pior. Sue nos disse: "Eu me lembro das pessoas em frente à clínica naquele dia e de como me xingaram quando entrei. Eu já estava chorando ao chegar lá, além do fato de que eu estava com as emoções à flor da pele. Acho que nunca vou esquecer aquele dia."

Para os ativistas antiaborto que protestavam em frente a uma clínica de Chicago, Adrienne, uma mulher negra de 34 anos, pode ter parecido uma de suas vitórias. Ela não estava esperando os manifestantes quando marcou sua consulta e a presença deles a deixou tão incomodada que ela acabou indo embora. "Eu me lembro [dos manifestantes] no dia da clínica, e eles usavam palavras ríspidas", lembrou Adrienne. "Tinham fotos, pôsteres dizendo: 'você vai matar uma vida, você vai tirar uma vida'... Entrei na clínica, me sentei por um minuto e esperei a enfermeira ou que chamassem meu nome. Então me levantei e fui embora porque realmente não tinha mais certeza naquele momento." Ainda que esses manifestantes e suas palavras possam ter perturbado Adrienne em sua primeira visita à clínica de aborto, isso não mudou sua decisão de fazer o procedimento. "Voltei no dia seguinte e então me senti pronta." A reação de Adrienne aos manifestantes é consistente com os resultados das respostas da pesquisa, em que as mulheres que tiveram dificuldade em decidir se fariam um aborto foram mais propensas a relatar que os manifestantes as deixaram perturbadas.

Também descobrimos que, quanto mais contato os manifestantes tinham com as mulheres (parar, em comparação com apenas ouvir e em comparação com apenas ver), mais chateadas elas ficavam. Dois terços das mulheres que os manifestantes tentaram impedir de entrar na clínica relataram que a presença deles era perturbadora, em comparação com os 36% das que só viram os manifestantes, mas não os ouviram. Uma semana após o procedimento, não houve diferença em como as mulheres se sentiam sobre o aborto, independentemente de ter havido manifestantes na clínica ou de as mulheres terem tido mais ou menos contato com eles. Seria fácil concluir a partir daí que os manifestantes não afetam as emoções das mulheres em relação ao seu aborto. Mas devemos notar que as clínicas com manifestantes ativos relatam perder muito tempo tentando mitigar os danos e acalmar as pacientes. Portanto, em vez de dizer que os manifestantes são completamente ineficazes em fazer com que as mulheres se sintam mal em abortar, pode ser mais correto afirmar que as clínicas são capazes de fornecer o apoio emocional de que as mulheres precisam se estiverem abaladas após encontros com manifestantes nas imediações. É claro que, nesse caso, o custo é em parte arcado pelas clínicas, que devem investir em tempo extra de atendimento para esse fim.

Limites gestacionais

Desde a decisão de *Roe vs. Wade*, em 1973, a Suprema Corte permitiu que os estados proíbam o aborto quando a gestação se aproxime da viabilidade fetal (exceto em casos que comprometam a saúde e a vida das mulheres). Alguns argumentam que um meio-termo entre os direitos das mulheres e os direitos fetais seria proibir o aborto mais cedo na gestação do que na viabilidade fetal. Mesmo alguns defensores e políticos pró-escolha recomendam que os líderes do movimento cheguem a um meio-termo e concordem em não apoiar os direitos ao aborto além de determinado período da gestação.[32]

Certa vez, depois de eu ter dado uma palestra na Universidade da Califórnia em Berkeley sobre o Estudo Turnaway, um pesquisador visitante da Dinamarca se aproximou de mim e compartilhou o que considerava ser uma clara solução para a bagunça que é a política dos direitos ao aborto nos Estados Unidos. Os dinamarqueses já haviam solucionado esse problema, informou ele, exasperado. Por que os americanos estavam tão atrasados? Se as pessoas parassem de defender o acesso a abortos tardios e concordassem em estabelecer um limite mínimo bacana, como o de 12 semanas da Dinamarca, que atualmente atenderia à grande maioria das mulheres norte-americanas que buscam abortos, a controvérsia sobre o tema desapareceria.

O fim da controvérsia me deixaria bastante satisfeita. Não seria bom se pudéssemos concordar em estabelecer um limite e parar de discutir a respeito? Os opositores ao aborto poderiam parar de protestar na porta das clínicas e os legisladores poderiam parar de emitir pretensas restrições em nome da segurança, cujo verdadeiro propósito é fechar as clínicas. Poderíamos até regular o aborto pelo pequeno risco que ele realmente implica, em vez do imperativo político de dificultar o acesso. Se a política deixasse de ser um problema, uma mulher que não desejasse a gravidez e estivesse no início da gestação poderia simplesmente comprar suas pílulas de aborto medicamentoso na farmácia, sem receita médica. E se ela não quisesse usar pílulas ou se quisesse falar com um médico, poderia ir a uma clínica.

Por que um limite gestacional do primeiro trimestre funciona na Dinamarca? Provavelmente porque o país tem o Reino Unido e a Holanda nas proximidades, para onde as mulheres podem se dirigir quando estiverem com mais de 12 semanas de gestação. Assim, a Dinamarca resolve seu problema e sente-se bem, enquanto a presença dos serviços de saúde ingleses e holandeses fornece uma válvula de escape para que as pessoas que buscam abortos além desse limite sejam atendidas sem perturbar o contrato social. Duas outras diferenças separam os Estados Unidos e a Dinamarca. Primeiro, temos uma influência religiosa muito poderosa em nossa política. Não acho que estabelecer um limite de 12 semanas satisfaria os que acreditam que a vida começa na concepção. Em segundo lugar, é muito diferente forçar uma mulher a levar uma gravidez adiante e dar à luz em um país como a Dinamarca, que conta com um ano de licença-maternidade, um sistema público de saúde, cuidados infantis subsidiados e um forte sistema de apoio social.

Quem faz abortos tardios?

Vamos considerar quem realmente estaria se sacrificando se os defensores da legalização do aborto nos Estados Unidos concordassem com uma espécie de pacto com o diabo, em que abandonassem o princípio da autonomia corporal das mulheres em troca do fácil acesso ao aborto precoce, à ordem social e à paz.

A Dra. Katrina Kimport e eu redigimos um artigo descrevendo mulheres que fizeram abortos tardios. Nele, comparamos mulheres que fizeram abortos no primeiro trimestre com as que fizeram abortos com 20 semanas ou mais de gestação. Nossas descobertas me surpreenderam: as mulheres que fazem abortos tardios são semelhantes às que fazem abortos mais cedo na gestação. Não encontramos diferenças por raça, etnia, número de filhos ou abortos anteriores, histórico de saúde mental ou física ou uso de drogas entre os dois grupos. As diferenças comuns que encontramos se relacionam com a idade da mulher, seus recursos econômicos e em qual estágio da gestação ela descobriu estar grávida. As mulheres jovens, por exemplo, estão particularmente em risco de descobrir tardiamente a gravidez – e, portanto, mais propensas a abortos tardios do que as com mais de 25 anos – porque as jovens são mais propensas a ter períodos menstruais irregulares, possuir uma sensação de invulnerabilidade e o desconhecimento do risco e dos sintomas da gravidez. Cinquenta e nove por cento das mulheres que fizeram abortos tardios tinham menos de 25 anos, em comparação com 41% das mulheres que fizeram abortos no primeiro trimestre.

O simples fato de saber que mulheres jovens, mulheres de baixa renda e mulheres sem sintomas de gravidez encontram-se especialmente em risco não nos diz quem são as mulheres que abortam mais tarde. Assim, decidimos olhar para os dados de outra forma, desta vez classificando-as por características como demografia, circunstâncias de vida, saúde e sentimentos sobre a gravidez, para ver se poderíamos esboçar as características das pessoas mais propensas a abortos tardios por outras razões que não a saúde materna ou fetal. Criamos cinco perfis que descrevem 80% das mulheres que fazem abortos com 20 semanas de gestação ou mais: mulheres que criam filhos sozinhas, mulheres que estão deprimidas ou fazem uso de substâncias ilícitas, mulheres que têm conflito com um parceiro do sexo masculino, mulheres que tiveram dificuldade em decidir o que fazer com a gravidez, dificuldade de acesso a cuidados médicos e, por fim, adolescentes que nunca tiveram um filho.

É fácil condenar os abortos tardios, no campo abstrato. É mais difícil quando percebemos que as mulheres reais às vezes se encontram em uma circunstância em que precisam de um aborto. Então, aqui estão cinco perfis de mulheres que fizeram abortos tardios, cada um ilustrado por uma mulher do Estudo Turnaway que se encaixa nesse perfil.

Quase metade (47%) são mulheres que já criam filhos sozinhas. Angel, uma mulher branca de 24 anos de Maryland, estava criando uma filha de 10 meses enquanto procurava emprego. Seu marido fora preso recentemente, deixando-a sem renda familiar. Como Angel explicou, a filha era sua prioridade. Ela percebeu que estava grávida na 22ª semana de gestação, porque após ter dado à luz a filha sua menstruação se tornara irregular. Ela disse: "Eu sabia que não podia continuar [com a gravidez]. Minha filha não tem nem 1 ano." Ela decidiu rapidamente sobre o aborto, mas encontrar uma clínica foi muito mais difícil. A mais próxima que poderia ajudá-la em seu período gestacional ficava a três horas de distância e cobrava 2.700 dólares. Mas, como Angel disse: "Eu estava determinada." Ela pagou 300 dólares do próprio bolso, pegou 400 dólares emprestados com a mãe e recebeu ajuda de três fundos de aborto. Angel fez o aborto com 24 semanas de gestação.

Cerca de um terço das mulheres que abortam tardiamente (30%) têm problemas de saúde mental ou com uso de drogas. Rose, uma nativa americana de 25 anos do Texas, morava com o namorado e estava financeiramente estável quando fez o aborto. Tinha um emprego em tempo integral e boa saúde física. No entanto, também tinha histórico de depressão profunda e transtorno bipolar, para o qual tomava medicação e fazia terapia cognitivo-comportamental. Ela sofreu agressões físicas aos 12 e aos 22 anos, experiências traumáticas que tiveram um impacto negativo duradouro em sua vida. Rose fazia uso de Xanax de forma recreativa cerca de uma vez por semana, além de às vezes usar anfetaminas e exagerar na bebida. Ela não queria filhos. Descobriu a gestação na 19ª semana, enquanto ainda tomava a pílula, e ficou "chocada e nada feliz". Decidir fazer um aborto foi fácil, mas, assim como para Angel, encontrar uma clínica foi muito mais difícil. Rose ligou para quatro clínicas e visitou uma quinta, antes de encontrar uma instalação a quatro horas e meia de sua casa que pudesse realizar seu aborto na 20ª semana de gestação, a um custo de 1.750 dólares.

Quase um quarto das mulheres que fizeram abortos tardios (24%) passavam por problemas com o parceiro ou eram vítimas de violência doméstica. Lesley, uma mulher branca de 34 anos do Tennessee que trabalhava como profissional de saúde, morava com a filha de 8 anos. Durante todos os 11 anos de casamento, seu marido alcoólatra a agrediu fisicamente.

Esse histórico de agressão fez com que ela experimentasse episódios de depressão e apresentasse sintomas de transtorno de estresse pós-traumático (TEPT). Embora tenha descoberto a gravidez cedo, com cinco semanas de gestação, Lesley estava profundamente em conflito se a levaria a termo em um relacionamento abusivo e se permaneceria no casamento. Enquanto tentava decidir o que fazer a respeito da gravidez, Lesley deixou o marido. Após o aconselhamento de um terapeuta particular e com o apoio de duas amigas, ela fez um aborto com 20 semanas de gestação. O procedimento custou 1.700 dólares. Embora se sentisse culpada pelo aborto, afirmou ser a decisão certa para ela, e esperava que em um ano seu divórcio estivesse finalizado e pudesse criar sua filha como mãe solo.

Uma em cada cinco mulheres que abortaram tardiamente (22%) tiveram dificuldades em tomar uma decisão, seguida de dificuldades no acesso a serviços de saúde. Amber, uma mulher negra de 24 anos do Mississippi, tinha dois filhos pequenos. Ela trabalhava em regime de meio período e, como o pai de seus filhos não fornecia pensão alimentícia, raramente tinha dinheiro suficiente. Amber recebia auxílio-alimentação para sua família e estava coberta pelo programa estatal Medicaid. Descobriu que estava grávida de cinco semanas e decidiu, com 14 semanas, fazer um aborto porque, como disse, "eu não tinha como sustentar outra criança. O pai não queria ficar comigo. Eu e ele não iríamos ficar juntos e ele me disse que eu teria que criar o bebê sozinha". Mas o acesso ao aborto foi difícil, sobretudo porque o Medicaid não cobriria o procedimento. Amber ligou para duas clínicas e visitou uma terceira antes de encontrar uma clínica a três horas de sua casa que pudesse realizar o procedimento. Chegar lá foi um desafio, e, quando ela conseguiu uma carona, estava com 20 semanas de gestação e precisava de um procedimento diferente e mais caro, que ela sofreu para pagar. No final, ela recebeu quase 600 dólares de um fundo de aborto, seu ex-namorado pagou 600 dólares e ela completou com 300 dólares. Também gastou 150 dólares em transporte. Embora Amber tente não pensar no aborto, afirmou ter sido a decisão certa para ela.

A última categoria de mulheres que abortam tardiamente são as adolescentes que nunca tiveram um filho (12% das que abortaram tardiamente). Lana, uma latina de 15 anos da Califórnia, só descobriu estar grávida com 21 semanas. Ela era estudante do ensino médio e vivia com a tia e o irmão.

Lana engravidou do namorado, apesar do uso de preservativos. Embora seu namorado quisesse que ela levasse a gravidez adiante, Lana sabia que queria abortar imediatamente por causa de sua idade. Ela explicou: "Eu era jovem demais e tinha acabado de voltar a estudar e colocar minha vida nos trilhos. Eu não teria condições de sustentar um filho." Lana fez o aborto duas semanas depois de saber que estava grávida, com 23 semanas de gestação. Teve que viajar quatro horas para chegar a uma clínica que pudesse realizar o procedimento, cujo custo foi coberto por um seguro público. Após o aborto, disse ter sentido alívio.

Além desses cinco perfis de mulheres que buscam o aborto tardio, quero chamar a atenção para duas características que tornam o acesso ao aborto mais difícil – idade e obesidade. No Estudo Turnaway, descobrimos que as adolescentes descobrem a gravidez mais tarde por razões físicas – porque seu período menstrual é irregular, seus músculos abdominais são mais rígidos e, portanto, as mudanças no corpo aparecem mais tarde – e por razões cognitivas, como estarem menos familiarizadas com os sintomas da gravidez. Elas também têm menos independência e, portanto, menos acesso a dinheiro e transporte. Além de ser um grupo vulnerável em virtude de todos esses fatores, as adolescentes menores de 18 anos estão sujeitas a restrições estatais adicionais. Quase três quartos dos estados norte-americanos exigem que os pais se envolvam na decisão de uma menor de idade de fazer um aborto. Três estados exigem que *ambos* os pais consintam, mas quase um terço das jovens nem sequer vive com os dois pais, como resultado de muitos fatores, incluindo separação, divórcio, encarceramento, morte de um dos pais, deportação e falta de moradia.[33] Alguns estados exigem que as menores de idade apresentem a assinatura dos pais autenticada em cartório ou a certidão de nascimento como comprovação de sua idade.[34] Conforme aponta minha colega epidemiologista, Dra. Lauren Ralph, o objetivo dos requisitos de envolvimento dos pais não é promover a saúde e o bem-estar das jovens, mas colocar obstáculos intransponíveis em seu caminho. Como mãe de adolescentes, devo dizer que o envolvimento dos pais pode parecer uma boa ideia no início – um responsável deve saber o que está acontecendo com seu filho. Mas, no caso do aborto, no qual a falta de acesso a um aborto desejado faz com que a própria criança se torne mãe, os dados me convenceram de que é o momento certo para que a adolescente tome decisões por si mesma. Dois terços das adolescentes contam sobre a gravidez a um dos pais em estados onde não há obrigatoriedade.[35] Os dados sugerem que o terço restante das adolescentes pode ter boas razões para não contar, incluindo a preocupação de serem forçadas a continuar a gravidez, serem expulsas de casa e, em casos raros, serem vítimas de violência.

Além das adolescentes, um grupo que tem dificuldades específicas com o acesso ao aborto é o de mulheres obesas. Conheceremos Sofia após o Capítulo 10. Seu peso corporal se enquadra pouco acima do limiar para a obesidade e ela experimenta boa parte dos desafios extras relacionados ao excesso de peso. A obesidade está associada a períodos menstruais irregulares, o que torna uma gravidez inesperada mais difícil de detectar. E a maior circunferência abdominal pode reduzir a probabilidade de desconfiar de uma gravidez, quando o abdômen da mulher se torna mais firme. Para aumentar essas dificuldades, as clínicas às vezes não estão dispostas a tratar uma paciente obesa porque não têm mesa de exame, medidor de pressão arterial ou outros equipamentos no tamanho adequado, ou porque acham que o procedimento é mais desafiador.[36] Uma mulher negra de 27 anos da Califórnia, que procurou um aborto com 21 semanas de gestação, nos disse: "A primeira clínica a que fui [me rejeitou por causa do meu peso e] não me disse que havia outra opção." A negação de cuidados às mulheres obesas não é rara. Um profissional de um centro de aborto sediado em um hospital me contou que um quarto das pacientes atendidas por eles foram anteriormente rejeitadas por outros provedores de serviços em função da obesidade.

O Estudo Turnaway nos possibilita alguma compreensão acerca das circunstâncias das mulheres que buscam abortos tardios. Temos um sistema que impõe as maiores dificuldades às mulheres que estão mais desamparadas – porque têm menos recursos, descobriram a gravidez tardiamente ou têm menos apoio da família e dos parceiros. Quanto mais tempo é necessário para arrecadar dinheiro, encontrar um provedor ou descobrir como chegar a uma clínica, maior a probabilidade de ter os cuidados negados. Abordar o viés social contra as mulheres que buscam abortos tardios torna-se mais importante à medida que mais estados consideram proibições legais sobre o aborto após 20 semanas de gestação (ou mesmo antes). Em um percentual pequeno dos casos, esse prazo para o aborto pode acelerar a tomada de decisão da mulher. No entanto, nossas descobertas sugerem que várias das razões pelas quais elas demoram a buscar um aborto (por exemplo, descoberta tardia da gravidez, conflito com o homem envolvido) não podem ser resolvidas encurtando-se a janela de atendimento.

É fácil demonizar as mulheres que fazem abortos tardios. Supõe-se que não se cuidaram para evitar a gravidez e, em seguida, demoraram para procurar um aborto. Quando há testemunho público de mulheres que realizaram abortos após a 20ª semana de gestação, quase sempre ouvimos uma mulher cuja gravidez era desejada e cujo feto era portador de alguma anomalia ou cujo estado de saúde se deteriorou subitamente, ameaçando sua vida e a de seu feto. Mas a verdade silenciosa sobre o aborto realizado entre 20 e 24 semanas de gestação é que muitas vezes se trata de um problema de reconhecimento tardio da gravidez seguido por obstáculos reais – financeiros, relacionados ao deslocamento e legais – para obter um aborto. Dificultar o acesso a ele não significa que apenas as mulheres moralmente merecedoras poderão ter acesso ao procedimento. Significa que apenas mulheres adultas sem problemas de saúde física ou mental e que contam com dinheiro e apoio social poderão ter acesso.

Martina

> *"Foi, sem dúvida, a decisão mais difícil que já tive que tomar em toda a minha vida."*

Meu pai é empreiteiro, então nos mudamos bastante por causa do trabalho dele. Tive uma infância muito idílica. Passei a maior parte dela em uma cidadezinha onde todo mundo meio que se conhecia. A cidade tem duas escolas de ensino médio, um Walmart e um pequeno shopping center. Crescemos como uma família de classe média baixa. Nas férias, íamos acampar nos parques nacionais e não passear na Disney. Mas passei muito tempo ao ar livre pescando, acampando, caminhando. Meu pai caçava e ensinou a mim e meu irmão mais novo a caçar. Quando fiquei mais velha, meus pais começaram o processo de divórcio. Isso não impactou necessariamente minha vida. Algumas crianças crescem em casas de pais separados e eu só vivi isso mais tarde. Hoje não tenho mais meu pai na minha vida, o que é uma infelicidade. Foi resultado do divórcio. Acho que ele não se sentia responsável por uma filha adulta. Agora minha mãe trabalha na rede pública de ensino como professora auxiliar.

Minha mãe é da América Central. Ela se mudou para cá para cursar a faculdade bíblica e se tornar missionária. Foi onde conheceu meu pai. Eles acabaram se casando e tiveram filhos. Até os 3 anos, falávamos espanhol em casa. Minha mãe fazia muito mais comida étnica, como tamales, feijão e arroz, mas hoje posso dizer que estamos definitivamente americanizados. Ela abraçou de coração as tradições americanas, como o Natal. Onde ela cresceu, eles tinham muitas das mesmas tradições; não é assim tão diferente. Meus pais tinham os mesmos ideais, são bastante antiquados.

Eu cursava a faculdade. Acho que estava no segundo ano àquela altura e trabalhava como garçonete. Levava o estilo de vida dos universitários – acordava, ia para a faculdade, depois ia trabalhar, passava a noite toda com os amigos e começava tudo de novo no dia seguinte. Eu trabalhava muitas horas por semana, além de cursar a faculdade em tempo integral. Qualquer tempo extra gastava saindo com amigos. Eu ia para a balada na quinta, na sexta e no sábado à noite, mas isso não significava que eu assistia às aulas completamente exausta ou de ressaca ou qualquer coisa assim. Eu tinha um grupinho de amigas. A gente gostava de se arrumar, sair. Prefiro nem pensar nas centenas de dólares que gastei só em bebidas e roupas que nem tenho mais.

Meu objetivo era terminar a faculdade. Eu provavelmente ainda tinha dois anos, talvez dois anos e meio de curso pela frente. Já tinha perdido um semestre porque peguei mononucleose. Faltei três semanas de aulas e acabei trancando todas as matérias. Depois de um certo momento, eles não reembolsam o valor pago pela mensalidade, e é como se você tivesse sido reprovada na disciplina. Acabei sendo expulsa no semestre seguinte porque minhas notas não foram boas o suficiente. Decidi tirar cerca de um ano de folga, então naquela época ainda estava na metade da minha carreira universitária. Meu foco principal era terminar o curso.

Conheci um cara pela internet. Ele não morava na mesma cidade que eu, mas viajava a trabalho e passava para me ver. Saímos algumas vezes e decidimos tentar um relacionamento. Nós dois éramos jovens e, olhando para trás, vejo que não foi a escolha certa. Mas quando você é jovem, você diz: "Ah, esse cara é uma graça e está a fim de mim" e deixa a cautela de lado.

Namoramos por quase um ano. Ele já tinha um filho com outra mulher, o que provavelmente deveria ter sido um alerta para mim. Usávamos camisinha na maioria das vezes, e eu tomava pílula anticoncepcional, então achei que estava tudo bem. O que acabou não sendo o caso. Tenho certeza de que eu não estava sendo tão disciplinada quanto pensava quando tomava meu anticoncepcional naquela época. Eu até tomava a pílula todos os dias, mas pesquisei mais a respeito e definitivamente há uma ciência por trás de tomá-la na mesma hora todos os dias e não variar muito, ainda mais quando você tem um ciclo menstrual prolongado. Sabendo o que sei agora, teria sido muito mais disciplinada – ou teria mudado para outro tipo de anticoncepcional.

Ele era uns dois anos mais novo do que eu e me vi tentando assumir o papel de mãe para o filho dele, mesmo que pensasse "não quero ter um filho agora". Quando passávamos tempo como uma "família", nós três, ele não desempenhava muito bem o papel de pai. Já trabalhei como babá e cuidei de várias crianças pequenas. Eu me perguntava: como é possível que eu me preocupe mais com essa criança do que ele? Era eu quem tinha que dizer "são nove horas, você precisa ir para a cama agora", em vez de deixá-lo correr pela casa até adormecer.

Era uma relação difícil, na qual eu sentia que estava tentando ser uma mãe para o filho dele e permitia que a criança ficasse na minha casa. Chegamos a nos mudar para um apartamento de dois quartos para acomodar a criança.

Quando descobri que estava grávida, foi um choque. Tipo, agora me ferrei. Era "eu" – não era "nós como um casal" estamos ferrados. Era eu que estava ferrada. Esse foi provavelmente um dos momentos em que eu deveria ter percebido, "esse é um relacionamento ruim, dê o fora". Mas não fiz isso. Contei a ele sobre a gravidez e ele disse: "Bom, tenho que trabalhar amanhã. Você quer que eu fique?" Então respondi: "Não precisa. Eu cuido disso sozinha. O simples fato de você estar me perguntando se precisa ficar já diz que vou ter que resolver tudo sozinha, porque você não está nem aí."

Ele era caminhoneiro. Acho que era sábado ou domingo quando fizemos o teste de gravidez e descobrimos. No dia seguinte, ele tinha que ir trabalhar.

Meus pais são superantiquados. Eu sabia que, se eles descobrissem, eu estaria em apuros. Eu sinceramente não sabia o que eles fariam, só tinha certeza de que estaria em apuros. Agora sei que provavelmente não teria sido assim. Acho que essa ideia surgiu do fato de que, quando eu era criança, meus pais me batiam, o que por mim não tem problema. Eu concordo. Mas sempre que me meto em problemas com os meus pais, ainda penso "meu Deus, vou me ferrar". Então minha reação foi muito infantil – "meu Deus, não posso contar para a minha mãe. Ela vai me matar, literalmente". Para ser sincera, não contei a ninguém. Só o meu namorado sabia, e por um longo tempo foi assim.

Ironicamente, minha melhor amiga na época, aquela com quem eu saía quinta, sexta e sábado à noite toda semana, tinha acabado de fazer um aborto tardio. Nem a ela eu consegui contar. Não conseguia contar nem às minhas amigas que eu sabia que tinham passado pela mesma situação. Contei a ela provavelmente uns dois ou três meses depois que aconteceu.

Eu pensava: "Eu fiz isso." Tenho que ser responsável o suficiente para cuidar do problema. Não tenho outra opção. Sabendo que eu não podia – ou pelo menos meu cérebro me dizendo que eu não podia – dizer aos meus pais. Eu sentia que não poderia levar a gravidez até o fim, teria que contar à minha mãe que estava grávida. Achava que não poderia dizer aos meus amigos, porque eles não entenderiam. Não podia falar com minhas amigas que não podiam ter filhos, porque como eu contaria que estava querendo me livrar do meu bebê? Eu tinha uma amiga que deu um bebê para adoção e agora ela tem outros dois filhos. Ela é mãe solo. Como posso dizer a ela que essa não é a opção certa para mim? Eu me senti muito sozinha.

Pensei em adoção, mas ao mesmo tempo levar a gravidez adiante significaria ter que dizer aos meus pais que eu estava grávida. Então também não era uma opção válida. Nunca pensei que me veria numa situação em que teria que fazer um aborto. Cresci em uma casa muito religiosa, e meus pais ensinavam que não deveria haver sexo antes do casamento – eles nem me deixavam dar as mãos ao meu namorado do ensino médio quando ele me visitava em casa. Mas sempre fui mais liberal do que meus pais. É meio difícil manter seus filhos na linha quando eles têm acesso a toda essa tecnologia. Eu sempre soube sobre abortos. Sempre pensei que era uma escolha da mulher. Mas nunca pensei que teria que fazer essa escolha.

Minha experiência na clínica, sinceramente, foi tão boa quanto poderia ter sido. Todos na clínica foram muito amáveis e educados. A clínica fica no centro, em uma rua de mão única. O estacionamento é do outro lado da rua e há manifestantes. Eles sabem que estão num local crucial, porque só há um jeito de chegar lá e que você tem que atravessar a rua. Então essa parte foi difícil. O simples ato de entrar pela porta foi difícil. Mas, assim que entrei, os voluntários foram muito simpáticos. Eles até começaram uma sessão em grupo – havia algumas de nós lá naquele dia. Eu era a única que estava sozinha. Todas as outras mulheres estavam acompanhadas.

Esperei até que fosse a minha vez de ver a médica. Eu estava bem até entrar na sala de procedimentos com ela. Ela era muito legal, mas quando começou a preparar os equipamentos, comecei a chorar e não conseguia parar. Ela disse: "Você está bem?" E eu disse: "Sim. Estou bem, só vou chorar. Só me deixe chorar. Vai ficar tudo bem." Ela foi muito legal. Quando terminou, me levaram para uma sala de recuperação com cadeiras confortáveis. Algo que eles tinham que eu achei incrível eram diários de terapia nos quais você podia escrever. E ninguém tirou os relatos das pessoas que tinham estado lá antes de mim. Eles mantiveram esses relatos.

Folheei alguns diários e li as histórias de outras pessoas. E foi realmente muito útil poder ler essas histórias sobre por que elas fizeram um aborto. E sabe o que mais? A situação de cada pessoa é única. Muitas das razões por trás de um aborto não são o que a gente pensa. Uma história que li era de uma mulher cujo marido não a deixava tomar anticoncepcional e ela ficava grávida continuamente. Como ela tinha dinheiro para pagar pelos abortos, ele não sabia que ela estava sempre fazendo o procedimento porque continuava engravidando. E eles já tinham, tipo, três ou quatro filhos. Ele basicamente pensou que tinha razão, que ela não precisava usar nenhum anticoncepcional porque eles simplesmente não iriam engravidar novamente, sabe? Mas não: ela fez mais três abortos porque ele não a deixava tomar anticoncepcional. Havia outras histórias de mulheres jovens, da minha idade. Havia até a história de uma mãe que teve que trazer a filha. Então foi muito, muito bom ler isso. Eu posso não as conhecer, mas há um monte de outras pessoas que fazem abortos no mundo.

Um ou dois dias depois, eu já estava quase bem, de volta ao normal, pelo menos fisicamente. Mas emocionalmente eu diria que estava bem entorpecida. Eu não conseguia falar com ninguém a respeito, então continuei tocando a vida como de costume. Fui grata por ter a responsabilidade de estudar. Meus pais não estavam contribuindo financeiramente para a minha educação universitária, então eu pensava, estou pagando pelas aulas, e me obrigava a ir. Ter aulas todos os dias foi realmente bom.

Eu ainda estava com o pai do bebê. Isso tudo aconteceu em abril. Só em dezembro romperíamos a relação. Terminei meu curso em maio e nos mudamos para aquele apartamento de dois quartos perto do Dia de Ação de Graças. E então passamos o Natal juntos. Ele acabou me traindo pouco antes de o relacionamento acabar. Foi um relacionamento ruim. O aborto aconteceu nos primeiros três meses em que estávamos juntos, o que também foi uma loucura.

Foi, sem dúvida, a decisão mais difícil que já tive que tomar em toda a minha vida. E tenho que viver com ela. Nos primeiros dois anos eu não aceitei. Apaguei da minha mente o que aconteceu, embora tivesse as entrevistas a cada poucos meses que traziam tudo à tona de novo. Provavelmente, nos primeiros dois ou três anos após o acontecido, minha vida ficou meio vazia.

E agora, à medida que amadureço e aprendo mais sobre mim mesma e minha personalidade e as coisas com as quais me importo e nas quais acredito, eu definitivamente gostaria de ter sido capaz de ser mais aberta quando tudo aconteceu, porque descobri que tenho um grande grupo de apoio. Meus amigos e familiares me amam, não importa o que aconteça. Sou muito sortuda nesse ponto. Sinto empatia pelas pessoas que não têm apoio e ainda precisam passar por isso.

Sempre achei que é uma escolha da mulher. Eu sei que existem alguns caras por aí que levam a sério a responsabilidade de ser pai, mas como não é o corpo do homem, é meio difícil afirmar que a mulher deveria ter o filho para ele. É o corpo da mulher. Ela tem o direito de escolher se vai ou não em frente com a gravidez. Mas agora é difícil olhar para um homem e dizer: "Sinto muito. Não posso te dar um filho."

Não me arrependo do aborto de maneira alguma. Estou onde deveria estar na minha vida. Então sei que tomei a decisão certa para mim. Mas definitivamente sinto que na época eu deveria ter sido mais aberta com meus amigos e familiares. Teria me ajudado a processar muito mais rápido o que aconteceu. Em vez disso, levei cinco ou seis anos para realmente me sentir confiante sobre minha decisão. Quando penso a respeito agora, não me deixo ser engolida pela espiral profunda e escura de "ah, meu Deus, não posso acreditar que isso aconteceu". Agora é como se isso fosse parte da minha vida. Simplesmente aconteceu. Aprendi com a experiência e amadureci.

As pessoas que fazem parte da minha vida vão continuar me amando. Então, isso sem dúvida me ajudou a ser capaz de conversar, sobretudo com minha mãe, sobre algumas outras coisas difíceis que aconteceram, seja financeiramente, emocionalmente ou outros problemas de relacionamento. E até mesmo meu irmão – eu contei a ele também, e ele foi bastante compreensivo. Está em um relacionamento com uma garota, e acho que minha experiência provavelmente o ajudou a pensar, tipo: "Olha, se vamos ser sexualmente ativos temos que ser honestos, sabe? Não quero que o que aconteceu com minha irmã aconteça com você." Eu sinto que ele é cuidadoso com esse tipo de coisa. E acho que minha história o ajudou a ser ainda mais respeitoso com as mulheres e suas escolhas, o que eu acho muito positivo.

Ironicamente, agora todos dizem: "Você é tão forte por ter passado por isso" e "Eu não sei se teria conseguido". E eu respondo: "Bom, você provavelmente conseguiria, se fosse preciso." Alguns dos amigos daquela época dizem: "Por que você não me disse quando tudo aconteceu? Eu teria ficado ao seu lado, embora você talvez não acredite." Mesmo quando conheço novas pessoas, se esse assunto surge, não sinto vergonha. Na verdade, sinto-me empoderada para dizer: "Foi isso que aconteceu comigo e foi assim que lidei com a situação. Se você não consegue aceitar que isso faz parte da minha vida, não seremos bons amigos." Mas eu não me escondo sofrendo, o que acho muito bom.

Eu me formei na faculdade dois anos depois do aborto, o que foi ótimo. E eu precisava ir embora. Mudei para Mineápolis para procurar uma carreira mais ligada ao que estudei, mas não encontrei. Continuei trabalhando como garçonete. Trabalhei no Mall of America, que foi uma experiência boa. E conheci meu parceiro atual. Estamos juntos há dois anos e meio. Ele me apresentou ao *mountain biking* e eu adorei. Fizemos algumas viagens e fomos andar de bicicleta nas Montanhas Rochosas. Fomos para a Califórnia e eu amei, amei, amei. Então decidimos nos mudar. Depois da nossa viagem, economizamos dinheiro por seis meses. Decidimos, além da mudança, que faríamos uma viagem de bicicleta de três meses. Então economizamos a sério. Andamos de bicicleta perto do Parque Nacional de Zion e do Parque Nacional de Arches. E depois fomos para o Wyoming e para a Dakota do Sul. E andamos de bicicleta por três meses seguidos. Aí voltamos para Mineápolis, juntamos nossas coisas e nos mudamos para a Califórnia. Eu amo morar aqui.

Sinto que estou onde deveria estar. Enfim consegui um emprego melhor. Sou subgerente de uma loja aqui. Posso ter levado uns dois, três anos para que a minha vida estivesse onde eu queria. Sinto que meu relacionamento com minha família – minha mãe e meu irmão – está mais forte do que nunca. Há partes da minha vida que foram péssimas. Fui demitida. Vivi com o orçamento apertado. Perdi meu emprego e isso foi uma grande frustração. Mas eu sentia que as oportunidades ainda iriam chegar.

Espero que possamos concordar que é difícil, não importa a sua escolha, e as pessoas só precisam ser solidárias. As mulheres não precisam ouvir que não é a escolha certa. Elas só precisam de apoio. Se todos pudéssemos concordar com isso, seria muito melhor, pois as pessoas não teriam medo de falar sobre o assunto ou de obter ajuda. Se fazer um aborto mudou alguma coisa na minha maneira de pensar, com certeza me tornou ainda mais compreensiva com quem passa pela experiência. Eu vejo que existem outras razões pelas quais algumas mulheres fizeram abortos. E a questão não é se é certo ou errado. É se é certo ou errado para você. Eu sou ainda mais pró-escolha agora porque todo mundo tem circunstâncias diferentes, e é injusto, eu acho, que alguém venha dizer a outra pessoa o que ela pode ou não pode fazer.

Se eu tivesse tido o bebê, teria tentado terminar a faculdade aos poucos, porque já tinha dedicado muito tempo ao curso. Mas provavelmente não estaria morando na Califórnia. Com certeza não estaria na relação em que estou e provavelmente não teria deixado minha cidade natal, por causa do custo de criar uma criança. Talvez até tivesse tido que voltar a morar com minha mãe.

E agora não quero filhos. Acho que sempre tendi mais para esse lado, mas agora está decidido que não quero filhos. Não é necessariamente por causa do aborto; é mais por causa das escolhas de estilo de vida que tenho feito. Por tanto tempo nossa sociedade determinou que você termina o ensino médio, consegue um emprego – ou vai para a faculdade e depois consegue um emprego –, então tem filhos, cachorro, uma casa com quintal, blá, blá, blá. Estou percebendo que esse modelo não vai funcionar para mim. Quero usar todo o meu tempo e recursos para explorar possibilidades, em vez de formar essa família nuclear. Sempre encontro pessoas que dizem: "Ah, você vai acabar mudando de ideia." E eu digo: "Não, tenho certeza – 99,9% de certeza – de que não terei que tomar essa decisão de novo." Há muito tempo eu queria colocar um DIU, mas não estava coberto pelo meu plano de saúde. E então, quando o Affordable Care Act foi aprovado, passou a ser. Assim que descobri isso, coloquei um DIU para não ter mais esse problema. Ao colocar um DIU, estou cimentando minha escolha de estilo de vida: quero explorar, em vez de criar uma família.

Queremos fazer outra viagem de um mês este ano. E talvez até fazer outros esportes radicais porque, como uma mulher no mundo da *mountain bike*, eu sou definitivamente uma minoria. Este ano, a chance de estar no topo de um evento é muito alta e está na minha lista de objetivos participar de alguns desses eventos bastante intensos. Também decidimos que talvez queiramos nos mudar para a América do Sul. Eu quero visitar o Sudeste Asiático e também levar minha mãe de volta para a América Central, para visitar sua cidade natal.

Não acho que o aborto precise significar o fim da vida de uma mulher. Sinto que talvez a nossa sociedade coloque dessa forma, como se a mulher que faz um aborto se tornasse uma mercadoria danificada. Não acho que seja verdade. Sou a prova disso. Eu sou a prova de que fazer um aborto não acabou com o meu desejo de enfrentar desafios. Espero que se possa criar um diálogo encorajador, não encorajador do aborto, mas da vida depois dele. Ter feito um aborto não é algo que define a minha vida. É apenas algo que aconteceu.

Martina, uma latina do Arizona, tinha 22 anos e estava grávida de nove semanas quando fez um aborto.

CAPÍTULO 4

Saúde mental

A história de Martina apresenta a oportunidade perfeita para discutir se o aborto causa danos psicológicos ou emocionais. Sem dúvida, Martina ficou extremamente abalada na época de sua gravidez e do aborto. Temia que seus pais, que se opunham ao sexo antes do casamento, não aprovassem a gravidez e o aborto. Não achava que suas amigas iriam compreender sua escolha – nem as amigas que estavam tentando engravidar, nem a amiga que havia entregado um bebê para adoção, nem mesmo uma amiga íntima que recentemente havia feito um aborto. E a reação do namorado à notícia sobre a gravidez revelou quão pouco ele parecia se importar com ela. Durante anos depois de fazer o aborto, Martina teve dificuldade em lidar com seus sentimentos e afirmou que era como se sua mente estivesse vazia. Ela relatou mais sintomas de depressão uma semana após o aborto do que a maioria das mulheres entrevistadas (relatou cinco sintomas, incluindo sentir-se desesperada, solitária e inútil, enquanto outras mulheres na amostra do primeiro trimestre relataram uma média de dois sintomas). Não ficou claro se sua angústia se devia ao aborto em si, às circunstâncias que a levaram a desejar abortar, à reação das outras pessoas à gravidez ou a seus sentimentos de isolamento social e falta de rede de apoio. Será que a saúde mental de Martina teria ficado melhor se ela não tivesse feito o aborto e levasse a gravidez adiante?

À medida que trilhamos nosso caminho, nenhum de nós sabe o que pode haver no final das estradas não percorridas. Suspeito que, qualquer que seja o caminho que escolhemos, ao olhar para trás queremos sentir que tomamos as melhores decisões possíveis, que tudo aconteceu da melhor maneira. Então, a declaração de Martina de que "não me arrependo do aborto (...). Estou onde deveria estar na minha vida" poderia ser uma racionalização de sua experiência após o fato. A força do desenho do Estudo Turnaway é que, ao olhar para mulheres em posições semelhantes, porém sem a chance de escolher e que percorrem caminhos diferentes, podemos explorar os efeitos de seguir caminhos alternativos. Quando comparamos os resultados de mulheres cujas gestações estavam pouco acima e pouco abaixo do limite gestacional, podemos ter uma ideia do que poderia ter sido – bem como de que maneira a saúde mental das mulheres fica afetada por fazer um aborto ou tê-lo negado. Esse incomparável desenho de estudo nos permite explorar se foi o aborto ou outros fatores que causaram o sofrimento experimentado por mulheres como Martina.

A motivação inicial para o Estudo Turnaway como um todo, afinal, foi responder à pergunta: *O aborto faz mal às mulheres?* Durante décadas e na ausência de dados confiáveis, os opositores do aborto afirmaram que o procedimento causa problemas de saúde mental. Eles até criaram um novo transtorno de saúde mental, a *síndrome pós-aborto*, embora esta não tenha sido aceita por nenhuma associação médica ou de saúde mental. Mais de 2 mil centros de crise da gravidez nos Estados Unidos, na sua maioria dirigidos por grupos evangélicos, tentam desencorajar mulheres com gestações indesejadas de abortar, contando-lhes sobre os supostos danos psicológicos e físicos advindos do aborto.[1] Mesmo na região da baía de São Francisco, tida como mais liberal, ativistas contra o aborto colocaram outdoors proclamando "O aborto faz mal às mulheres" para protestar contra o aniversário da jurisprudência da Suprema Corte em *Roe vs. Wade*, de janeiro de 1973, segundo a qual o direito da mulher de optar por um aborto é protegido pela Constituição.

Essa noção de que o aborto tem consequências de longo prazo para a saúde emocional e psicológica das mulheres permeou nossa sociedade e inspirou políticas que restringem o acesso ao aborto. Na Introdução, discorri sobre a opinião majoritária do juiz Anthony Kennedy no caso *Gonzales vs. Carhart*, julgado pela Suprema Corte em 2007, no qual ele escreveu: "Parece inegável concluir que algumas mulheres se arrependem da escolha de abortar a vida da criança que criaram e sustentaram. Os resultados podem ser a depressão profunda e a perda da autoestima."

A suposição de que a decisão de abortar é inerentemente difícil e dolorosa leva as pessoas a presumir que as consequências de um aborto também devem ser dor e dificuldade. Testemunhei em primeira mão a abrangência dessa visão quando solicitei pela primeira vez que o conselho de revisão institucional (IRB, na sigla em inglês) da universidade analisasse e aprovasse o Estudo Turnaway. Uma das etapas mais importantes para a publicação de um estudo envolvendo seres humanos é obter aprovação ética. A UCSF possui uma grande faculdade de medicina, e muitos dos estudos na universidade são ensaios clínicos – testes realizados para identificar se uma intervenção médica melhora o curso de uma doença. O IRB deve decidir, para cada estudo, se os benefícios potenciais superam os riscos da intervenção, se todos os riscos foram minimizados e se os sujeitos do estudo foram bem informados sobre os riscos e benefícios antes de concordarem em participar. No Estudo Turnaway, nós pesquisadores não tivemos uma palavra a dizer sobre se uma mulher realizou ou não um aborto – os limites gestacionais já em vigor nas clínicas determinaram quem faria um aborto e quem não faria. Assim, qualquer dificuldade resultante da realização ou não de um aborto não seria causada pelo nosso estudo. No entanto, faríamos diversas perguntas às participantes do estudo, algumas delas potencialmente angustiantes. Portanto, era nossa responsabilidade garantir que as mulheres respondessem voluntariamente e soubessem que poderiam desconsiderar quaisquer perguntas que não desejassem responder. Também precisávamos de um plano para o que faríamos caso alguém expressasse a intenção iminente de ferir a si mesma ou aos outros. Nesse caso, estava claro que precisaríamos intervir, ainda que não fossem nossas perguntas que tivessem causado estresse ou motivado o desejo de autoflagelo.

Havia um psicólogo no comitê do IRB que acreditava que o aborto provoca danos à saúde mental e aumenta o risco de as pessoas apresentarem ideação e comportamentos suicidas. Ele receava que as participantes do estudo, em especial as adolescentes, pudessem apresentar comportamentos suicidas como consequência do aborto. Especificamente, declarou que "as adolescentes podem querer se juntar a seus fetos mortos". (Não sei de onde ele tirou essa ideia. Com certeza não foi da literatura científica existente sobre o tema.) Mas era verdade que, ao acompanhar tantas mulheres e contatá-las a cada seis meses, nossos pesquisadores poderiam encontrar mulheres com abalo psicológico grave, por inúmeras razões. Queríamos estar preparados para garantir que nossas participantes fossem amparadas no caso de experimentarem sofrimento psicológico grave. Assim, consultamos um psiquiatra clínico licenciado e decidimos utilizar um protocolo para avaliar o risco de suicídio, fornecer encaminhamentos para a National Suicide Prevention Lifeline (Serviço Nacional de Prevenção ao Suicídio) caso alguém relatasse ideação suicida e intervir se identificássemos alguma mulher em risco iminente de ferir a si mesma. Nesse caso, nosso protocolo exigia que entrássemos em contato com um profissional de saúde mental com quem a participante tivesse um histórico de atendimento ou com um adulto no domicílio que assumisse a responsabilidade pela mulher que procurara abortar. Nosso último recurso, caso nenhum outro adulto estivesse presente, seria chamar a polícia. Parecia a coisa certa a fazer, mas acho que isso não ajuda ninguém no fim, por razões que explicarei abaixo.

Por que o aborto poderia prejudicar a saúde mental das mulheres?

Antes de analisarmos os dados, consideremos as maneiras pelas quais o aborto poderia prejudicar a saúde mental das mulheres. Primeiro, se uma mulher considera abortar algo semelhante a matar um bebê, os sentimentos de culpa e remorso podem causar muita angústia. A maioria das pacientes que realizam um aborto não acreditam que isso seja o mesmo que matar um bebê, mas uma pequena porcentagem acredita. Em um estudo à parte, que conduzi em uma clínica do Meio-Oeste entre mulheres na sala de espera antes de elas falarem com os conselheiros, 4% concordaram com a afirmação: "No meu estágio de gravidez, acho que abortar é o mesmo que matar um recém-nascido."[2] A grande maioria dessas mesmas mulheres também concordou que "o aborto é uma escolha melhor para mim neste momento do que ter um filho". Algumas mulheres com fortes sentimentos antiaborto ainda assim optam pelo procedimento. Aproximadamente uma em cada cinco mulheres no Estudo Turnaway que procuraram abortar achava que o que estavam fazendo era moralmente errado ou deveria ser ilegal.[3]

Algumas mulheres reconciliam suas visões antiaborto caracterizando seus próprios abortos como morais, dadas as suas circunstâncias particulares. Jessica, cuja história vimos nas páginas anteriores, identificava-se como "totalmente antiaborto" antes de ser confrontada com uma gravidez indesejada. Ela concluiu que Deus criou abortos para que servissem a propósitos específicos. Kamali, uma imigrante africana recém-chegada aos Estados Unidos e recém-casada, realizou um aborto porque ela e o marido estavam trabalhando muito e não sentiam que era o momento certo para ter um filho. Ela se sentiu aliviada por fazer o procedimento, mas disse que, dada a sua fé cristã, acredita que abortar seja moralmente errado. "Bom, eu fiz o aborto, mas ainda acho que, embora tenha feito, não é algo certo, a menos que você tenha uma boa razão, porque fui criada assim e esse é o tipo de ensinamento que sempre recebi." Muitas clínicas avaliam as mulheres quanto ao sentimento antiaborto e, se percebem que ele está presente, encorajavam-nas a adiar ou desistir de abortar.[4] No entanto, é justo formular a hipótese de que as mulheres que abortam acreditando que o procedimento é moralmente errado, mesmo em suas circunstâncias específicas, podem sofrer prejuízos à saúde mental em consequência do aborto.

Em segundo lugar, mesmo que não creiam que o aborto é moralmente errado, as mulheres podem experimentar reações negativas de outras pessoas e se sentirem julgadas por sua comunidade ou por pessoas próximas a elas. Uma semana depois de realizar ou ter um aborto negado, mais da metade das mulheres do Estudo Turnaway descreveram a sensação de que receberiam pelo menos "um pouco" de reprovação de pessoas próximas (60%) ou de pessoas da sua comunidade (56%) se estas soubessem que elas haviam buscado o procedimento.[5] Olivia, uma mulher branca de 23 anos que vivia em Minnesota, manteve seu aborto em segredo por essa razão. "Sempre me ensinaram que [abortar] era errado", disse ela. "Acho que o número de pessoas que não sabem sobre [meu aborto] é grande porque foi sempre assim que aprendi, que era errado. Então, eu meio que tive que manter em segredo porque não podia falar com ninguém sobre o assunto. Sabe, sempre foi uma dessas coisas que você simplesmente não faz. Minhas irmãs teriam dito: "Eu fico com o bebê." Ou mesmo meu pai ou os pais do meu namorado diriam a mesma coisa. Por muito tempo foi superdifícil, porque tive que descobrir como guardar isso para mim mesma. E sabendo que havia esse ser humano dentro de mim, a parte mais difícil foi pensar: 'Eu preciso dizer para alguém que poderíamos ter feito outras escolhas, mas essa era a que mais nos convinha.'"

Em terceiro lugar, fisiologicamente, a saúde mental das mulheres poderia ser afetada pela mudança hormonal repentina ocasionada pelo fim da gravidez, as mesmas mudanças que, segundo se acredita, explicam parcialmente a experiência de depressão pós-parto (embora as últimas pesquisas lancem dúvidas sobre o papel das alterações hormonais para prever a depressão pós-parto).[6] Algumas mulheres experimentam sintomas de depressão em resposta às alterações hormonais normais do ciclo menstrual, por isso é possível que tenham reações à queda acentuada do estradiol e da progesterona que acompanham o final da gravidez.

Em quarto lugar, fazer um aborto pode ser solitário. Assim como Martina (que acabamos de conhecer) e Camila (que conheceremos após o Capítulo 7), algumas mulheres não compartilham sua experiência com a família e amigos, ou, se o fazem, parte delas recebe uma reação negativa e estigmatizante. Em nosso estudo, quase um terço das mulheres não disse a ninguém além do homem envolvido que iriam fazer um aborto.[7] Quando se dá à luz, você pode fazer amizade com mulheres na sala de espera do consultório do seu médico, com outros pais no parque, com estranhos no supermercado. Qualquer mãe da vizinhança cujo filho tenha a mesma idade que o seu é uma possível nova amizade, quer vocês tenham algo em comum ou não. O mesmo com certeza não se aplica ao aborto. Até onde eu sei, não existem grupos especiais de amigas que fizeram abortos na mesma época.[8] Agora, pode ser também que as pessoas não precisem de apoio para superar as emoções decorrentes de um aborto tanto quanto precisam de apoio para as demandas contínuas de criar uma criança. Uma total falta de apoio, porém, pode causar angústia e isolamento.

Em quinto lugar, o procedimento em si pode ser desagradável e doloroso, até mesmo emocionalmente traumático. Uma amiga da minha mãe fez um aborto na década de 1970 e relatou que o médico que o realizou disse que queria que doesse para que ela não se metesse naquela situação novamente. Conheço outra mulher que, no meio de um procedimento de aborto de dois dias (o objetivo do primeiro dia é começar a abrir suavemente o colo do útero), começou a sentir cólicas e correu de volta para a clínica. Infelizmente, a clínica ainda não estava aberta. Seu feto e a placenta caíram em sua calcinha no estacionamento de uma clínica trancada sem ninguém para ajudá-la. Ela ficou lá pensando que seu útero tinha acabado de cair de seu corpo e que ela estava prestes a sangrar até a morte. São dois casos isolados, mas mostram que é possível ter uma experiência terrível.

E, por fim, a explicação que considero mais provável para uma gravidez não intencional trazer emoções negativas e causar depressão ou ansiedade: engravidar sem o desejar é um momento em que sua vida parece estar fora de controle. Seu corpo está gerando outra vida contra a sua vontade. Você pode se sentir culpada, achar que cometeu um erro ou se colocou em uma situação ruim, adicionando culpa ao sentimento de desamparo. Perceber que sua vida não é estável o bastante, que seu parceiro ou sua família não oferecem tanto apoio e sua conta bancária não é polpuda para isso pode ser um grande choque. Veremos nas histórias tecidas ao longo deste livro que a reação do parceiro ao ouvir sobre a gravidez é muitas vezes decepcionante para a mulher. Pode ser uma descoberta desagradável perceber que ele não tem a mesma visão de futuro que você.

Por que o aborto poderia não afetar negativamente a saúde mental das mulheres?

Com todos esses argumentos sobre como o aborto poderia prejudicar a saúde mental das mulheres, por quais razões ele *não a prejudicaria*? Primeiro, um aborto é algo que as mulheres escolhem fazer. Se elas pensassem que não seriam capazes de lidar com as consequências, talvez não fizessem essa opção. Elas pesaram suas opções e decidiram que seria melhor interromper a gravidez do que ter um filho. Portanto, ainda que pensem que pode ser difícil lidar com o aborto, presumem que seja melhor do que lidar com um nascimento.[9] Foi o caso de Sydney, uma mulher negra de 30 anos de Illinois, que definitivamente não queria ficar para sempre amarrada ao "namorado verbalmente abusivo" com quem estava quando engravidou. A experiência de aborto de Sydney foi desagradável. Ela estava no segundo trimestre e não gostou que fosse um procedimento de vários dias; pensar no feto dentro dela a perturbou. Foi seu segundo aborto e ela se lembrava do primeiro, aos 21 anos, como sendo "insuportavelmente" doloroso. Mas mesmo essa primeira experiência não a dissuadiu de fazer outro aborto, porque ela sabia que ainda não estava pronta para ser mãe. E diz que depois não se sentiu nem arrependida nem deprimida em nenhuma das vezes. "Ter um filho é algo lindo e maravilhoso. Mas para mim, na época, não era uma coisa boa. Não me arrependo, mas às vezes me pergunto se poderei [ter um filho] quando chegar a hora."

A segunda razão pela qual o aborto pode não prejudicar a saúde mental das mulheres é que há coisas ainda mais graves acontecendo na vida delas além do aborto. Teremos uma noção disso na seção sobre estresse pós-traumático. Existem eventos fortemente associados a danos à saúde mental ao longo da vida: maus-tratos e/ou abuso sexual na infância e violência. Em uma vida longa e complicada, o aborto pode não ser um evento de magnitude suficiente para perturbar o bem-estar psicológico de uma mulher. Esse definitivamente foi o caso de Melissa, que veremos mais adiante neste livro. Essa mãe de quatro crianças estava em situação de pobreza e sofria de depressão e ansiedade no momento em que engravidou de um parente de seu marido encarcerado. Ela não tinha dinheiro suficiente para alimentar seus filhos e teve que levá-los a várias cozinhas solidárias. Ela estava desesperada por um aborto e ficou muito aliviada quando conseguiu fazê-lo. E, para algumas mulheres, abortar parece não causar nenhum impacto emocional, como veremos na história de Nicole, que sucede este capítulo.

Histórico de saúde mental das mulheres do Estudo Turnaway

A premissa do Estudo Turnaway é que o que separa as mulheres que realizaram um aborto daquelas a quem o procedimento foi negado são algumas semanas de gravidez; exceto por isso, elas são semelhantes. Se assim for, quaisquer diferenças que surjam no decorrer dos cinco anos após buscar um aborto provavelmente seriam decorrência de terem realizado o aborto ou este lhes ter sido recusado. Então aqui está o primeiro teste conceitual do estudo. Existem diferenças nos valores basais de saúde mental entre as mulheres que fizeram um aborto e aquelas a quem este foi negado? Em termos de histórico de transtornos de saúde mental, não há diferença entre as mulheres que estavam pouco acima e pouco abaixo dos limites gestacionais: um quarto das mulheres foi diagnosticado com ansiedade ou depressão em algum momento (5% apenas com ansiedade, 10% apenas com depressão e 10% com ansiedade e depressão).[10] Em termos de experiências de violência e trauma, outros conhecidos fatores de risco para futuros problemas de saúde mental, não há diferença entre mulheres pouco acima e pouco abaixo dos limites gestacionais: 14% sofreram violência ou ameaça de violência de um parceiro sexual no último ano, mais de uma em cada cinco tinha histórico de agressão sexual ou estupro, e 26% tinham histórico de abuso sexual ou negligência na infância. E para o que pode ser tanto um sintoma quanto uma causa de problemas de saúde mental, não houve diferenças no relato de uso de drogas ilícitas (14%), consumo excessivo de álcool (24%) ou consumo problemático de álcool (6%) – por exemplo, beber de manhã cedo ou ter desmaios. Tanto Brenda quanto Margot tiveram muitas dessas dificuldades. Ambas viveram anos problemáticos durante a adolescência e foram internadas em instituições traumatizantes. Ambas lidaram mais tarde com problemas relacionados ao abuso de álcool e se relacionaram com homens abusivos. Mas Margot realizou um aborto e Brenda não.

Talvez você se surpreenda com esses números, em parte porque são temas que raramente discutimos orientados por dados. Na verdade, as mulheres que abortam não são diferentes das mulheres em geral. A proporção de mulheres em nosso estudo que usaram drogas, têm histórico de uso crônico de álcool e histórico de depressão é semelhante às estimativas nacionais.[11]

As consequências do aborto para a saúde mental, em comparação com o parto, após uma gravidez indesejada

A psicóloga social Dra. Antonia Biggs, minha colega que escreveu o artigo sobre por que as mulheres abortam, também analisou a maioria dos dados relativos a saúde mental no Estudo Turnaway. O artigo que ela coordenou sobre as tendências de cinco anos nos quadros de depressão e ansiedade das mulheres é merecidamente um dos mais citados do Turnaway.[12] Foi o segundo mais lido do periódico *JAMA Psychiatry* em 2016 e 2017 e foi apresentado em mais de 68 veículos de notícias, incluindo o *The New York Times* e a *Fox News*. Era o documento de que o juiz Kennedy precisava quando lamentou a falta de dados confiáveis uma década antes, e que C. Everett Koop solicitara décadas antes.

Tais dados anulam qualquer ideia de que o aborto causa depressão ou ansiedade. A partir de uma semana após a primeira vez que procuraram um aborto, perguntamos às mulheres a cada seis meses sobre seus sintomas de depressão, ansiedade e estresse pós-traumático usando indicadores valiosos – perguntas de pesquisa que já foram testadas em outros estudos e demonstraram identificar com precisão os entrevistados com determinada condição ou característica. Perguntamos sobre pensamentos suicidas, uso de álcool e drogas, autoestima e satisfação com a vida. No momento da primeira entrevista, oito dias após terem realizado ou não o aborto, as mulheres de ambos os grupos foram igualmente propensas a relatar sintomas de depressão, estresse pós-traumático ou ideação suicida. Mas houve diferenças de curto prazo em outros resultados de saúde mental e bem-estar. Pouco depois de terem um aborto negado, as mulheres apresentaram mais sintomas de ansiedade e estresse e menores níveis de autoestima e satisfação com a vida do que as que realizaram um aborto. Com o tempo, a saúde mental e o bem-estar das mulheres geralmente melhoraram, de modo que, entre seis meses e um ano, não houve diferenças entre os grupos em todos os resultados. Quanto à afirmação de que o aborto causa danos à saúde mental, os danos vêm da negação dos serviços – e não da prestação deles.

O maior sofrimento inicial observado na base de referência pode se dever ao fato de que a experiência de uma gravidez indesejada é perturbadora. Esse abalo pode incluir a percepção de todos os custos extras no âmbito social, emocional e financeiro e os riscos futuros para a saúde associados ao parto e à maternidade, bem como a procura, os deslocamentos e outros obstáculos experimentados ao tentar fazer um aborto. Assim, alguns dos piores resultados de saúde mental entre aquelas que tiveram o aborto negado podem se dever ao estresse dessa frustração.

No entanto, uma vez anunciada a gravidez, nascido o bebê e percebidos ou superados os medos e expectativas quanto ao futuro, a trajetória dos sintomas de saúde mental parece retornar ao que teria sido se a mulher tivesse abortado. Admito que fiquei surpresa com essa descoberta. Esperava que criar um filho não planejado pudesse estar relacionado a depressão ou ansiedade, mas não foi o que encontramos a longo prazo. Levar uma gravidez indesejada a termo não foi associado a danos à saúde mental. As mulheres são resilientes à experiência de dar à luz após uma gravidez indesejada, pelo menos em termos de saúde mental. Isso não significa que não existam casos de depressão perinatal, como Camila descreve ter experimentado pouco antes de seu bebê nascer. Em geral, os sintomas de depressão e ansiedade das mulheres melhoram aos poucos após uma gravidez indesejada, não importa como essa gravidez termine.

Também não encontramos evidências de que o aborto tardio esteja relacionado a um maior risco de danos à saúde mental, em comparação com um aborto feito durante o primeiro trimestre. Mulheres que fizeram abortos tardios relataram estresse e depressão elevados na primeira entrevista (uma semana após buscarem o procedimento) em comparação com pacientes do primeiro trimestre, mas após essa primeira entrevista não houve diferenças nos cinco anos restantes. Ou seja, as mulheres que fizeram abortos tardios apresentaram a mesma frequência de depressão, sintomas e casos de ansiedade, autoestima e satisfação com a vida que as mulheres do grupo do primeiro trimestre. Da próxima vez que disserem que as mulheres ficam especialmente perturbadas ao realizar um aborto tardio, em comparação com se submeterem ao procedimento no primeiro trimestre, saiba que essa afirmação não tem embasamento científico.

A princípio, pode-se pensar que a semelhança entre as mulheres que realizaram um aborto e aquelas a quem este foi negado se deva ao fato de que ambos os grupos estão mal: um grupo está deprimido porque abortou e o outro porque está criando um filho indesejado. Essa ideia, porém, é equivocada. Vejamos a Figura 2, que demonstra a verdadeira trajetória da depressão ao longo do tempo. Os resultados de saúde mental melhoraram entre todos os grupos de mulheres.

Figura 2. Tendências nos sintomas da depressão

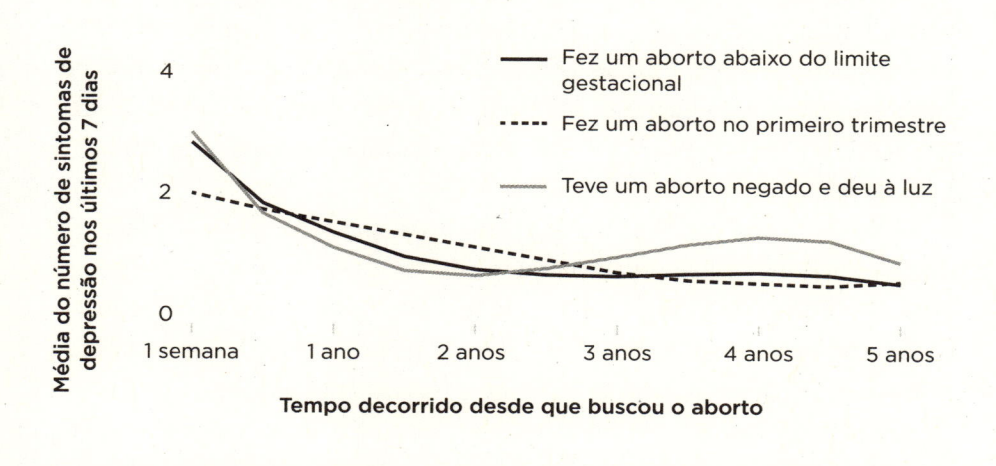

```
                                  ── Fez um aborto abaixo do limite
                                     gestacional
                                  ---- Fez um aborto no primeiro trimestre
                                  ── Teve um aborto negado e deu à luz
```

Eixo Y: Média do número de sintomas de depressão nos últimos 7 dias (0 a 4)
Eixo X: Tempo decorrido desde que buscou o aborto (1 semana, 1 ano, 2 anos, 3 anos, 4 anos, 5 anos)

Adaptado de Biggs, M.A.; Upadhyay, U.D.; McCulloch, C.E. et al. "Women's mental health and well-being 5 years after receiving or being denied an abortion: a prospective, longitudinal cohort study". *JAMA Psychiatry*. Fev. 2017; 74 (2): 169-78.

Ideação suicida

Conforme descrevi antes, coletamos dados sobre a incidência de ideação suicida. Como parte de um conjunto de questionários validados acerca da saúde mental, perguntamos às mulheres se elas tinham pensamentos de encerrar a própria vida e, em outro, se tinham pensamentos de que seria melhor estarem mortas ou se pensavam em se ferir de alguma forma. Se uma mulher respondesse sim a qualquer uma dessas perguntas, interrompíamos a entrevista e iniciávamos um conjunto separado de perguntas, que analisavam se ela estava na iminência de se matar ou de se ferir, para saber se deveríamos intervir.

A Dra. Biggs encontrou uma incidência muito baixa de pensamentos suicidas entre as mulheres do estudo.[13] Nas 7.851 entrevistas, houve 109 vezes em que as participantes do estudo relataram algum pensamento suicida. Em apenas quatro entrevistas as mulheres expressaram possuir um plano concreto para se ferir. Chamamos a polícia para visitar o trailer de uma mulher de língua espanhola no Texas. Ela estava sozinha com três filhos quando nos relatou que tinha um plano para se matar. Essa ligação para a polícia poderia ter piorado sua situação se a intervenção policial tivesse ameaçado tirar a guarda de seus filhos, caso questionassem sua capacidade de criá-los. Felizmente, ela participou das entrevistas subsequentes, sua saúde mental melhorou e ela ainda mantinha a guarda dos filhos ao final do estudo.

Outro episódio ocorreu um dia antes da véspera de Natal, no início do estudo. Uma jovem com histórico de depressão e abuso sexual relatou aos entrevistadores que vinha se cortando. Ela estava sozinha no momento da entrevista, então a colocamos em espera e tentamos falar com o pai para ir até lá ficar com ela. Assumi o lugar do entrevistador e liguei para o pai da participante para dizer que sua filha vinha se machucando. Eu disse a ele que a filha estava participando de um estudo médico no qual fazíamos perguntas sobre saúde mental. Ele imediatamente disse: "Ah, é o estudo em que nos inscrevemos na clínica de aborto?" Ele havia acompanhado a filha até a clínica e sabia de tudo. Ela já estava recebendo tratamento para ideação suicida, então acho que receber uma ligação nossa não mudou nada em seu estado mental.

A terceira mulher havia sofrido um acidente de carro grave e estava experimentando sintomas de transtorno de estresse pós-traumático decorrentes do acidente e da morte da mãe e do filho. E a quarta tinha sintomas de ansiedade e depressão acima dos padrões, enquanto lutava pela guarda dos dois filhos durante um divórcio que envolvia muito ressentimento. Todas as quatro mulheres que relataram ideação suicida tinham histórico pessoal de abuso ou negligência. Todas haviam realizado o aborto que buscaram (duas no primeiro trimestre e duas no segundo) e todas sentiam que o procedimento fora a decisão certa para si mesmas.

Dissemos a todas as mulheres do estudo que elas poderiam não responder a perguntas que as deixassem desconfortáveis. Também dissemos que poderíamos intervir se mencionassem qualquer plano para ferir a si mesmas ou aos outros. Para testar a possibilidade de que mulheres suicidas pudessem simplesmente ter pulado essas perguntas, analisamos quem se recusou a respondê-las. Apenas sete ignoraram uma pergunta de ideação suicida em qualquer uma das entrevistas, uma fração menor de ausência de respostas do que a maioria das perguntas. Todas essas mulheres estavam logo abaixo do limite gestacional ou no primeiro trimestre. A Dra. Biggs conduziu uma análise separada, na qual consideramos que cinco das sete, aquelas com sintomas de depressão, podiam ter tido pensamentos suicidas não relatados. Mesmo incluindo essas cinco mulheres, não houve diferença, entre as mulheres que realizaram um aborto e aquelas que tiveram o aborto negado, na probabilidade de terem pensamentos suicidas nos cinco anos seguintes.

E, por fim, para garantir que tínhamos uma análise completa da ideação suicida, precisávamos ter certeza de que nenhuma das mulheres que não se apresentasse para as entrevistas de acompanhamento havia morrido por suicídio. Assim, após a conclusão de todas as entrevistas, buscavam-se registros de óbito de qualquer mulher do estudo que não tivesse respondido aos questionários em todos os cinco anos de pesquisa. Oito mulheres que se inscreveram no estudo morreram nos cinco anos seguintes. Quatro delas fizeram abortos pouco abaixo do limite gestacional e quatro tiveram o aborto negado e deram à luz. Nenhuma estava no grupo do primeiro trimestre. Nenhuma tinha antecedentes de depressão ou pensamentos suicidas. Duas morreram em acidentes de carro, uma que havia realizado um aborto e outra que teve o aborto negado. Uma mulher que fez um aborto morreu de infarto do miocárdio, e três morreram de causas desconhecidas (uma delas teve o aborto negado e duas fizeram abortos). Se você está acompanhando, vai notar que ainda restam duas mortes para serem explicadas. Falarei mais sobre elas no próximo capítulo – são os resultados mais tristes de todo este estudo – na seção sobre mulheres que morrem após o parto.

Os dados do Estudo Turnaway são claros. Não há evidências de que realizar um aborto aumente as chances de ideação suicida. Neste estudo, o que prediz pensamentos suicidas é um histórico de depressão ou ansiedade e problemas anteriores de abuso de álcool.

Drogas, álcool e tabaco

A Dra. Sarah Roberts, minha colega cujo artigo sobre uso de substâncias psicoativas como motivo para o aborto eu mencionei no Capítulo 2, é uma especialista no tema do uso dessas substâncias na gravidez e, portanto, estava ciente das reduções bem documentadas no consumo de álcool, tabaco e drogas que muitas vezes acompanham a gravidez. No Estudo Turnaway, ela desejava saber se as mulheres que levam gestações indesejadas adiante experimentam as mesmas reduções. Eu estava interessada no que acontece com as mulheres que fazem abortos: se elas aumentam o consumo de álcool ou drogas em resposta ao aborto, como sugerem os grupos contrários ao procedimento.

A Dra. Roberts não encontrou diferenças entre mulheres que realizaram um aborto e mulheres que tiveram o aborto negado no que se refere ao uso de álcool, consumo excessivo de álcool, tabagismo ou uso de drogas no mês anterior à descoberta da gravidez; os dois grupos começaram da mesma forma. Mas, com o tempo, o uso de substâncias psicoativas diferiu substancialmente.[14] Mesmo uma semana depois de buscarem uma clínica, as mulheres a quem foi negado o aborto foram menos propensas a consumir álcool e a beber compulsivamente do que as mulheres que abortaram, não porque as que realizaram o procedimento estavam bebendo mais e sim porque as que ainda estavam grávidas agora estavam bebendo menos (ver Figura 3). Infelizmente, não observamos as mesmas reduções no tabagismo ou no uso de drogas durante a gravidez entre as que tiveram o aborto negado e levaram a gravidez adiante. Entre as mulheres com sintomas de transtorno alcoólico (como desmaiar ou beber logo pela manhã), também não encontramos reduções no uso de álcool entre o grupo que levou a gravidez adiante. Nem as mulheres que realizaram nem aquelas que tiveram o aborto negado apresentaram um aumento nos sintomas de problemas com uso de álcool, tabaco ou drogas ao longo dos cinco anos: os sintomas se mantiveram estáveis. Isso significa que as mulheres não se voltam para essas substâncias para lidar com o aborto. Mas também significa que as mulheres que levam gestações indesejadas adiante e que fumam, usam drogas ou têm problemas com o álcool podem precisar de ajuda para reduzir o uso dessas substâncias, e também pode haver consequências adversas para o bebê.[15]

Figura 3. Tendências no consumo de álcool no último mês

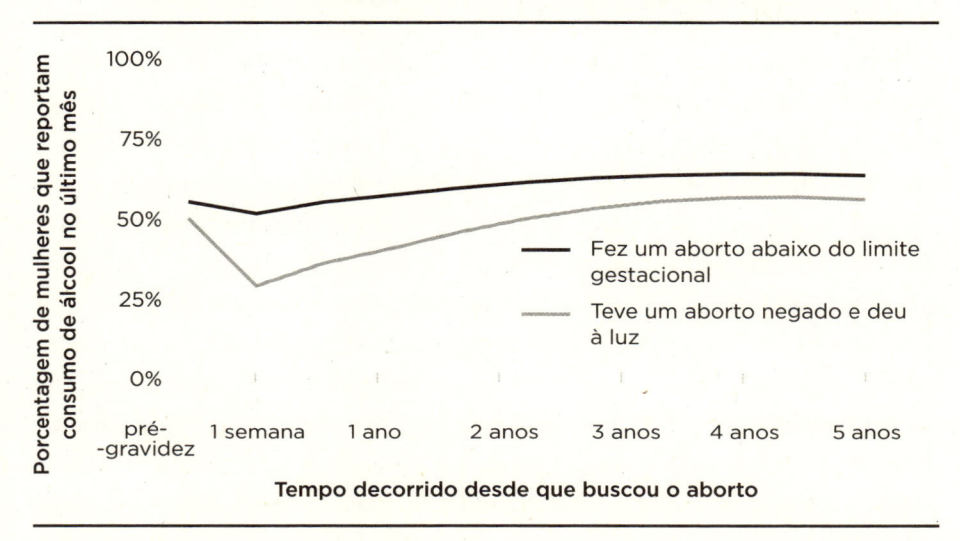

[Gráfico: Porcentagem de mulheres que reportam consumo de álcool no último mês (eixo Y, 0% a 100%) versus Tempo decorrido desde que buscou o aborto (eixo X: pré-gravidez, 1 semana, 1 ano, 2 anos, 3 anos, 4 anos, 5 anos). Duas linhas: "Fez um aborto abaixo do limite gestacional" e "Teve um aborto negado e deu à luz".]

Adaptado de Roberts, S.C.M.; Foster, D.G.; Gould, H.; Biggs, M.A. "Changes in alcohol, tobacco, and other drug use over five years after receiving versus being denied a pregnancy termination". *J. Stud Alcohol Drugs*. Mar. 2018; 79 (2): 293-301.

Autoestima e satisfação com a vida

Em alguns aspectos pensávamos que as mulheres que deram à luz estariam melhor do que as que fizeram abortos. Acreditávamos que as mulheres que deram à luz poderiam sentir maior satisfação com a vida, mesmo que originalmente desejassem abortar. Criar uma criança pode ser um desafio, mas também trazer alegria, uma sensação de realização e reconhecimento da comunidade: as pessoas fazem chá de bebê, mas quase ninguém faz um chá de aborto.[16]

No entanto, a Dra. Biggs não encontrou maior satisfação com a vida entre as pessoas forçadas a levar a gravidez adiante do que entre aquelas que realizaram os abortos desejados.[17] As mulheres a quem o aborto foi negado relataram inicialmente menor autoestima e satisfação com a vida do que as que fizeram o procedimento. Esses sentimentos foram medidos em uma escala de cinco pontos: 1 – nem um pouco, 2 – um pouco, 3 – moderadamente, 4 – bastante e 5 – extremamente. Para a pergunta "Durante a última semana, quão elevada estava sua autoestima?", as médias são 2,6 (entre as mulheres cujo aborto foi negado) contra 2,9 (entre as mulheres que realizaram o aborto). Quanto à satisfação com a vida, "Durante a última semana, quão satisfeita você se sentiu com sua vida?", a média é 3,1 contra 3,3. São diferenças pequenas, mas estatisticamente significativas. Tanto para as mulheres acima quanto para aquelas abaixo do limite gestacional, a autoestima e a satisfação com a vida melhoraram nos anos seguintes, mas no caso das mulheres a quem o aborto foi negado e levaram a gravidez adiante a melhora foi mais rápida, de modo que após seis meses ou um ano estavam semelhantes às mulheres que realizaram o aborto logo abaixo do limite gestacional. As mulheres que tiveram filhos alcançaram as que fizeram abortos nos quesitos satisfação com a vida e autoestima, mas as alegrias da maternidade que antecipei encontrar não elevaram os níveis das mulheres cujo aborto foi negado acima dos daquelas que realizaram um aborto. Também foi mensurado o vínculo emocional da mulher com a criança nascida após a negação do aborto e este vínculo foi comparado com o da criança seguinte nascida das mulheres que realizaram um aborto. Compartilharei esses resultados em mais detalhes no Capítulo 7. Basta dizer aqui que as mulheres relatam um vínculo menor com a criança nascida de uma gravidez indesejada do que com a criança nascida de uma gravidez subsequente e desejada.

Estresse e apoio social

"Estresse percebido" é uma autoavaliação de um indivíduo sobre o grau em que as situações de sua vida são estafantes. O estresse na gravidez está associado a consequências ruins tanto para a mulher quanto para o bebê. Pode-se facilmente imaginar que engravidar quando não se deseja seja bem estressante. Medimos o estresse por meio da Escala de Estresse Percebido: quatro perguntas feitas às participantes do estudo sobre a frequência com que se sentiam sobrecarregadas ou incapazes de lidar com algo. Por exemplo: "Quantas vezes você sentiu que as dificuldades estavam se acumulando tanto que não conseguia superá-las?", ou "Quantas vezes você se sentiu incapaz de controlar o que mais importava em sua vida?"[18]

A Dra. Laura Harris, na época estudante de medicina na UCSF e agora médica no condado de Contra Costa, na Califórnia, liderou essa análise com foco nos primeiros dois anos e meio.[19] Ela descobriu que, na entrevista inicial, as mulheres a quem foi negado o aborto relataram maior estresse na semana anterior do que as mulheres que realizaram o aborto (5,7 contra 4,7 em uma escala de 16 pontos, na qual a maior pontuação indica maior estresse). Entretanto, foi surpreendente descobrir que após seis meses os dois grupos convergiam e os níveis de estresse eram similares nos dois anos seguintes[20] entre as mulheres que realizaram um aborto e aquelas a quem o procedimento foi negado. As mulheres do grupo do primeiro trimestre estavam menos estressadas do que as do grupo que fez um aborto pouco abaixo do limite gestacional da clínica: ou seja, essas são mais evidências das dificuldades em buscar uma clínica capaz de realizar o aborto e do estresse financeiro de pagar pelo procedimento e lidar com as despesas e a logística de se deslocar até lá.

Medimos o suporte social por meio de 12 perguntas sobre a disponibilidade de apoio emocional de amigos, familiares e outros (o quanto as mulheres concordam com afirmações como "Posso falar sobre meus problemas com meus amigos"). Ficamos surpresos ao não encontrar diferenças no apoio emocional entre as mulheres que realizaram abortos e aquelas a quem o procedimento foi negado e deram à luz – nem em uma semana e nem nos cinco anos seguintes. As mulheres pontuaram 3,2 em uma escala na qual 4 representa o maior apoio emocional possível, sem diferenças entre os dois grupos.

Eu gostaria que tivéssemos medido o apoio financeiro e logístico que elas receberam, em vez de apenas o apoio emocional. Suspeito que o suporte prático do parceiro e da família seja fundamental para que as mulheres possam cuidar dos filhos. Esse foi o caso de algumas das mulheres que relataram suas experiências neste livro, incluindo Brenda (cuja mãe a ajudou a cuidar do bebê até acabar adotando a criança), Camila (cujo marido a apoiou com as despesas e cuja tia lhe deu um emprego flexível), Melissa (cuja família ajudou imensamente com seu quinto filho, permitindo que ela voltasse à escola) e Sofia (cuja mãe não sabia sobre sua primeira gravidez, mas ajudou bastante com a segunda). Conforme já observamos antes, as mulheres que experimentam uma gravidez indesejada e buscam as clínicas são desproporcionalmente de baixa renda (metade possui renda abaixo da linha da pobreza). E veremos no Capítulo 6 que a negação do aborto exacerba essas dificuldades financeiras. Quando se poderia esperar que a família apoiasse uma mulher que tenha um filho após uma gravidez indesejada, não vemos evidências disso – por exemplo, tendo mais chances de viver com membros adultos da família a longo prazo.

Transtorno de estresse pós-traumático

O Estudo Turnaway apresenta a oportunidade de verificar se as mulheres que abortam experimentam mais sintomas de transtorno de estresse pós-traumático (TEPT) do que as que levam uma gravidez indesejada adiante. Qualquer procedimento médico pode ser uma experiência traumática – e o aborto não é exceção. Ouvimos diversos relatos de mulheres que consideravam que os cuidados que receberam foram gentis ou atenciosos, bem como os de algumas com opinião contrária. É também possível que a experiência de engravidar quando não se deseja seja traumática por si só – sem falar nas 11 gestações inclusas no estudo que foram causadas por estupro. Uma mulher que desejava um filho, mas não tinha o apoio social nem os recursos para criá-lo, talvez se sinta abandonada por seu parceiro, amigos ou família.

Existem testes de triagem para TEPT usados em clínicas médicas para identificar pacientes que precisam de ajuda. Utilizamos o teste Triagem e Cuidados Básicos de TEPT. A pergunta começa com: "Em sua vida, você já teve alguma experiência tão assustadora, terrível ou perturbadora que, no mês passado, você..." e então lista quatro sintomas de TETP: "teve pesadelos ou pensou a respeito quando não queria; tentou muito não pensar a respeito ou mudou sua rotina para evitar situações de gatilho; ficou o tempo toda alerta, vigilante ou tendo sobressaltos; ou se sentiu entorpecida e desapegada dos outros?" Se uma mulher dissesse sim, perguntávamos qual evento era tão perturbador e a data em que ocorreu, bem como a idade da entrevistada na época do trauma. Minhas colegas Antonia Biggs e Brenly Rowland (então entrevistadora do Estudo Turnaway e agora estudante de medicina da UCSF) codificaram de forma independente os eventos em temas amplos, incluindo gravidez, experiências de violência, problemas de relacionamento e outros fatores. Elas determinaram quem apresentava algum sintoma (se respondesse sim a qualquer um dos quatro itens), quem estava em risco de um caso clinicamente significativo de TEPT (se respondesse sim a três ou quatro dos itens) e quem identificou a gravidez, aborto ou nascimento como a fonte dos sintomas.

A Dra. Biggs descobriu que quase duas em cada cinco mulheres (39%) neste estudo relataram algum sintoma de TEPT e que 16% estavam em risco de desenvolver TEPT.[21] Na entrevista inicial, uma semana depois de terem buscado um aborto, não houve diferença nos sintomas, quer a mulher tenha realizado ou não o procedimento. Assim, não parece que ele possa ser uma das principais causas do TEPT, uma vez que as mulheres são igualmente propensas a ter sintomas do transtorno, tenham realizado um aborto ou não. O que as participantes do estudo relataram como a principal causa dos sintomas de TEPT? Eventos verdadeiramente terríveis. Entre as 139 mulheres em risco de TEPT (que exibiam três ou mais sintomas), 44% relataram violência, abuso ou atividade ilegal, como a mulher cujo parceiro abusivo a estrangulou e a deixou em coma por duas semanas. Ou a mulher que, quando adolescente, foi trancada em um quarto, estuprada e espancada por três dias. Uma em cada seis mulheres (17%) relatou problemas de relacionamento não violento, como o uso de drogas pela mãe ou a prisão do marido. Outra em cada seis (16%) relatou morte não violenta ou doença de um ente querido, como por HIV ou câncer. Sete por cento mencionaram razões médicas, incluindo problemas de saúde mental e uso de drogas, como a mulher que disse: "Sou muito alérgica, quase morri uma vez. Eu nunca sei se as pessoas ao meu redor vão me socorrer", e a mulher que relatou: "Quase morri usando drogas." Por fim, 5% das mulheres em risco de TEPT relataram problemas em torno da guarda ou do cuidado com os filhos, como a que disse: "Meus filhos estão em um orfanato; minhas visitas a eles são muito dolorosas." Ou a que relatou: "Fui molestada quando era mais nova, por isso temo pela minha filha."

Muitas pessoas no estudo têm vidas bastante difíceis, com eventos traumáticos e circunstâncias desafiadoras que poderiam facilmente ofuscar a experiência de uma gravidez indesejada ou aborto. Ainda assim, 19% daquelas que relataram quaisquer sintomas de TEPT declararam que a gravidez atual (aquela que as qualificou para participar deste estudo) era a fonte de seu estresse. Não encontramos diferença, entre as mulheres que realizaram ou não o aborto, no relato da gravidez como causa de seus sintomas. No geral, 14% das que estavam em risco de TEPT no início do estudo relataram a gravidez ou o aborto como causa. O que as mulheres queriam dizer quando relataram a gravidez como causa dos sintomas de TEPT? Algumas (19) simplesmente responderam "o aborto" – sem descrever se a causa de seu estresse foi a necessidade de realizar um aborto, o procedimento em si, a tomada de decisão ou alguma outra razão. Poucas mulheres (3) especificaram que decidir fazer um aborto foi a fonte de seus sintomas, como uma que disse: "A decisão de fazer o aborto. O fato de saber que existia um bebê e que ele não vai estar aqui." Algumas mulheres (20) atribuíram os sintomas de TEPT à experiência da gravidez, como nesta fala: "Descobri que estava grávida porque ficava nervosa e enjoava." Para quatro mulheres, foi a reação de outras pessoas ao aborto, como a que observou: "Minha prima era contra porque não podia ter filhos. Ela me disse coisas horríveis sobre o aborto"; para três participantes do estudo, foi o fato de ser lembrada da gravidez: "Ver crianças pequenas me faz sentir culpada, como se eu tivesse feito algo errado." Cinco mulheres relataram que o estupro que causou a gravidez era a fonte de seus sintomas, e uma relatou que seu sofrimento foi ter o aborto negado. Verificamos que a gravidez como fonte de trauma se ameniza em todos os grupos de mulheres do estudo ao longo do tempo. A descoberta de que os sintomas do TEPT eram semelhantes, quer as mulheres tenham ou não abortado, sugere que são as circunstâncias em torno da gravidez e não o procedimento abortivo ou o estigma/culpa internalizados sobre o aborto que causam os sintomas do transtorno. O aborto, entretanto, é um evento pessoal e as reações das mulheres variam. A experiência pode causar sintomas de TEPT em circunstâncias raras, mesmo que, como é o caso deste estudo, a grande maioria (92%) das mulheres que fizeram um aborto e relatam sintomas de TEPT indiquem que o procedimento foi a decisão certa para elas.

Resposta emocional ao aborto e à negação do aborto

Mesmo que as mulheres não experimentem piora da saúde mental, conforme mensurado em diagnósticos clínicos ou sintomas de depressão ou ansiedade, prevíamos que elas ainda assim poderiam apresentar reações emocionais por terem tido uma gravidez indesejada e feito um aborto. Portanto, perguntamos às mulheres sobre seis emoções: quatro negativas (arrependimento, raiva, tristeza e culpa) e duas positivas (alívio e felicidade). Na primeira entrevista, comparamos as emoções das mulheres uma semana após terem, ou não, realizado o aborto. Antes do Estudo Turnaway, não existiam dados confiáveis sobre se as reações emocionais das mulheres variavam de acordo com o estágio da gravidez em que elas se encontravam ao buscarem as clínicas – as mulheres se sentiriam pior em relação a um aborto tardio do que a um aborto realizado até o primeiro trimestre? Além disso, não sabíamos muito sobre o impacto emocional de ter um aborto negado, pois ninguém havia estudado as pessoas nessa situação.

Avançamos na avaliação das emoções ligadas ao aborto, em relação a como tinham sido estudadas no passado. Primeiro, desejávamos saber como as mulheres se sentiam sobre sua gravidez, independentemente do aborto. Se perguntarmos a alguém: "Como foi abortar?", podemos ouvir: "Foi terrível", quando na verdade o que realmente queriam dizer é: *Foi terrível precisar de um aborto, mas, como eu estava em tal situação, o aborto não foi tão ruim.* Ou então: *A situação era difícil, e abortar me fez sentir muito pior.* Portanto, perguntamos às mulheres quais emoções sentiram sobre a gravidez nos últimos sete dias e, separadamente, o que sentiram em relação ao aborto. Em segundo lugar, perguntamos sobre as seis emoções de forma independente. Assim, era possível ouvir que se sentiram ao mesmo tempo tristes e felizes, arrependidas e aliviadas. Por fim, também perguntamos às que não conseguiram fazer o aborto como se sentiram quando este lhes foi recusado. Minha colega, a epidemiologista Dra. Corinne Rocca, analisou esses dados.[22]

O que as mulheres sentiram sobre sua gravidez uma semana depois de buscar o aborto? Ao menos "um pouco" de tristeza (74% das mulheres), arrependimento (66%) e culpa (62%). Pouco menos da metade relatou sentir raiva (43%). Não houve diferenças nos sentimentos sobre a gravidez entre as mulheres que realizaram o aborto e aquelas a quem este foi negado – com uma exceção. Perguntávamos o que elas sentiam uma semana depois de terem realizado o procedimento ou de este lhes ter sido negado e, naquele momento, aquelas a quem o aborto foi negado foram mais propensas a sentir felicidade sobre a gravidez do que as que abortaram (60% contra 27% para aquelas pouco abaixo do limite gestacional). No entanto, o fato de que as mulheres cujo aborto foi negado ainda eram menos propensas a relatar felicidade sobre a gravidez do que arrependimento e tristeza me diz que não podemos afirmar que as que relataram felicidade estavam inteiramente felizes por terem engravidado.

Em contraste com as emoções sobre a gravidez, as emoções em torno do aborto – ou de este ter sido recusado – diferiram significativamente uma semana depois entre as mulheres que abortaram e aquelas a quem o aborto foi negado. A emoção mais comum após o aborto foi alívio (90%), enquanto a emoção mais comum uma semana depois de ter o aborto negado foi tristeza (60%), seguida de arrependimento (50%), alívio (49%), felicidade (43%) e raiva (42%).

Talvez não seja surpreendente verificar que algumas mulheres foram mais propensas a sentir emoções negativas sobre ter feito um aborto do que outras. Em geral, encontramos poucas diferenças por idade, raça, etnia e escolaridade na reação emocional. Ao longo dos cinco anos do estudo, as mulheres que relataram ter mais dificuldade em decidir abortar, as que consideravam o aborto malvisto em suas comunidades e as que contavam com menos apoio social foram as que mais sentiram emoções negativas.

A Dra. Rocca, que liderou essa análise das emoções após o aborto, também é especialista em mensurar como as mulheres se sentem sobre a gravidez antes e depois de ela ocorrer. Ela não vê as gestações como sendo inteiramente intencionais ou não intencionais; acredita que as mulheres podem ter uma variedade de sentimentos matizados ou complexos sobre a gravidez, que abrangem um espectro de intencionalidade. Uma das medidas do quanto as gestações são ou não "intencionais" é a London Measure of Unplanned Pregnancy (Medida de Londres de Gravidez Não Planejada, LMUP na sigla em inglês); veremos mais a respeito no Capítulo 7, sobre os filhos.[23] Quanto às emoções das mulheres, descobrimos que, quanto mais planejada é a gravidez (com base na LMUP), mais provável é que elas experimentem emoções negativas após o aborto. Assim, uma mulher que talvez desejasse ter outro filho, mas não pudesse arcar com os custos de criá-lo, poderia vivenciar mais tristeza e culpa após o aborto do que uma mulher que definitivamente não desejava engravidar.

Ao contrário das suposições de muitas pessoas sobre como deve ser difícil fazer um aborto tardiamente, conforme demonstrado não encontramos diferenças nas emoções que as mulheres sentem sobre o aborto tendo como base o fato de ele ter sido feito no primeiro trimestre ou mais tarde na gravidez. Penso que a maioria das pessoas acharia isso bastante surpreendente, porém devemos lembrar que a maioria das mulheres que abortaram tardiamente não passaram meses sofrendo para tomar essa decisão. Pelo contrário: muitas tinham acabado de descobrir que estavam grávidas. (Claro que isso não se aplica a mulheres que têm gestações desejadas e posteriormente descobrem anomalias fetais graves ou riscos elevados para a saúde e acabam enfrentando uma decisão trágica. Contudo, reitero mais uma vez que não estudamos as mulheres que buscavam abortar por essas razões.)

Alguns oponentes ao aborto argumentam que o procedimento provavelmente causa efeitos emocionais prejudiciais que talvez não sejam sentidos logo após o procedimento, e sim mais tarde, após certo tempo. Nosso estudo pôde observar como as emoções expressas uma semana após a busca pelo aborto se alteraram ao longo de cinco anos. A maioria esmagadora das mulheres que fizeram um aborto expressou uma intensidade decrescente de *todas* as emoções – tanto negativas quanto positivas – ao longo do tempo, com os maiores declínios ocorrendo no primeiro ano. Após cinco anos, apenas 14% das mulheres relataram sentir tristeza, 17% culpa e 27% alívio, sendo que o alívio continuou sendo, disparado, a emoção mais comumente sentida cinco anos após o aborto.[24]

A resposta emocional mais comum sobre ter feito um aborto é nenhuma. Ao longo do tempo, dois terços das mulheres dizem não experimentar mais nenhuma, ou poucas, emoções sobre o aborto. Com base em uma escala em que 0 significa "nunca" e 4 significa "o tempo todo", as respostas à pergunta "Com que frequência você pensa sobre o aborto?" demonstram uma diminuição ao longo do tempo. Aos seis meses, a média equivalia a pensar no aborto "às vezes" (1,8). Após três anos, a média foi "raramente" (1,2). É possível que as mulheres do Estudo Turnaway pensem mais sobre seus abortos do que as não participantes no estudo, uma vez que, como parte das entrevistas, a cada seis meses nós as lembrávamos sobre o procedimento. Como Amy disse, ela só pensa em seu aborto "quando vocês me ligam".[25]

Não nos surpreendeu que algumas mulheres do estudo tenham expressado algumas emoções negativas sobre o aborto. Sentir-se mal não indica uma patologia clínica. Emoções negativas podem significar uma reação normal a um evento ou à tomada de uma decisão difícil. Se encontrássemos aumentos nas emoções negativas ao longo do tempo, isso sim seria preocupante – indicando que as mulheres estavam tendo dificuldade em lidar com o aborto, ou que tinham mudado de ideia. Mas, ao contrário, encontramos emoções negativas decrescentes e, na realidade, uma diminuição na intensidade de todas as emoções e pensamentos menos frequentes sobre o aborto ao longo do tempo.

Relatos de que o aborto foi a decisão certa entre as que abortaram

E, por fim, aqui está a estatística mais famosa do Estudo Turnaway. A ideia de que as mulheres se arrependem de abortar exerceu uma influência poderosa na legislação e nas políticas públicas. O juiz Kennedy defendeu uma lei que proíbe o aborto tardio com a justificativa de que "algumas mulheres se arrependem de abortar". Como vimos, a ideia de que as mulheres provavelmente se arrependerão de interromper a gravidez faz parte da justificativa de diversas restrições ao aborto: períodos obrigatórios de espera entre buscar um aborto e conseguir fazê-lo, livretos de informações à paciente, visualização de ultrassom e consentimento dos pais (no caso de adolescentes). Antes do Turnaway, não sabíamos com que frequência as mulheres realmente se arrependiam de abortar. Algumas de fato se arrependem, como Kaya, uma participante que completou uma entrevista detalhada cinco anos depois de se inscrever no estudo. Kaya cresceu em uma reserva de povos originários americanos e mais tarde mudou-se para Oklahoma. Ela disse à nossa equipe que acha que ter feito um aborto em 2008 permitiu que ela tivesse um terceiro bebê em um momento melhor em sua vida, mas também relatou sentir muito arrependimento e não o recomenda a outras mulheres. "Eu realmente me arrependi depois", disse Kaya. "Liguei para minha prima logo em seguida e chorei com ela pelo telefone. Eu disse que era horrível e nunca mais faria um aborto novamente." Existem sites e organizações sociais que fornecem ajuda a mulheres que sofrem por terem feito um aborto. Provavelmente foi com base em depoimentos de mulheres arrependidas de seus abortos, apresentados à Suprema Corte como *amicus brief* (relatório apresentado por partes interessadas que não fazem parte da ação, com o intuito de influenciar a corte), que Kennedy obteve a ideia de que as mulheres se arrependem.[26] Pelo menos ele afirmou que os dados não representam todas as mulheres que buscam abortar.

A Dra. Rocca constatou que, em todas as entrevistas ao longo dos cinco anos após o aborto, 95% das mulheres relataram que o aborto foi a decisão certa para elas.[27] Em uma análise estatística com ajuste aos valores basais das mulheres e à perda gradual de acompanhamento de algumas participantes, descobrimos que a probabilidade de dizer que o aborto foi a decisão certa aumentou gradualmente ao longo dos cinco anos.

Talvez se deseje saber quem foram as mulheres que, com o tempo, acreditaram que abortar foi a decisão errada. O grupo de mulheres mais propensas a afirmar que o aborto foi a decisão errada foram as que relataram alto estigma sobre o aborto em suas comunidades, ou seja, acreditaram que as pessoas de sua comunidade as recriminariam se soubessem que elas haviam abortado. O outro grupo menos propenso a achar que havia tomado a decisão certa foi, não surpreendentemente, as mulheres que disseram em nossa primeira entrevista que a decisão de fazer um aborto foi "muito difícil". No entanto, ao longo do tempo, até as mulheres que relataram que a decisão foi muito difícil se viram cada vez mais propensas a dizer que o aborto foi a decisão certa para elas, aproximando-se bastante do nível de confiança de decisão das mulheres para quem a decisão não foi difícil (Ver Figura 4).

Figura 4. Porcentagem de mulheres que realizaram um aborto e relatam que foi a decisão certa, segundo a dificuldade de decidir abortar

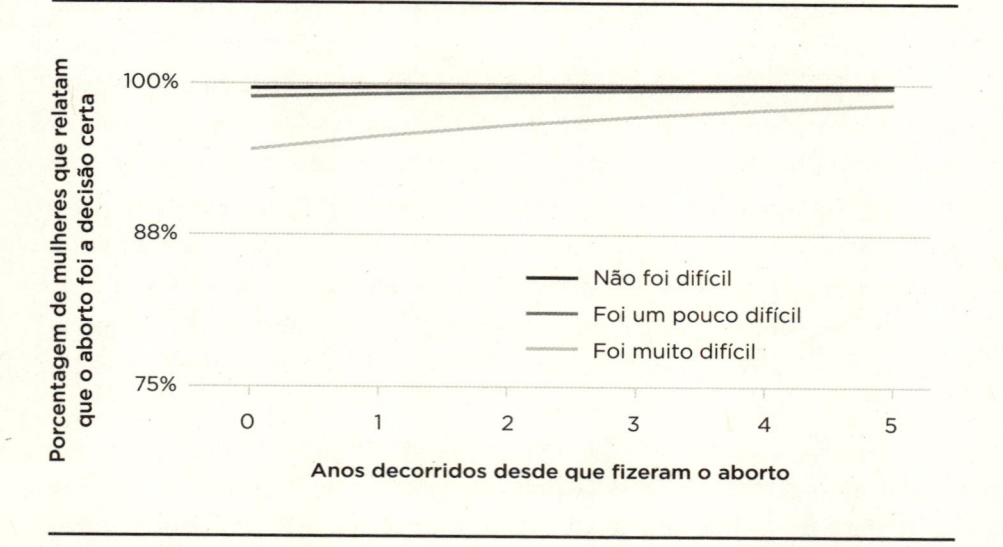

[Gráfico: eixo Y "Porcentagem de mulheres que relatam que o aborto foi a decisão certa" variando de 75% a 100%; eixo X "Anos decorridos desde que fizeram o aborto" de 0 a 5. Linhas: Não foi difícil; Foi um pouco difícil; Foi muito difícil.]

Adaptado de Rocca, C.H.; Samari, G.; Foster, D.G.; Gould, H.; Kimport, K. "Emotions and decision rightness over five years after abortion: an examination of decision difficulty and abortion stigma". *Soc Sci Med*. 2 jan. 2020: 112704.

O Estudo Turnaway fornece fortes evidências de que a grande maioria das mulheres não sente dificuldades em lidar com o aborto e que, de modo consistente ao longo do tempo, acredita que a escolha de interromper a gravidez foi certa para si.

Relatos de desejar ter feito um aborto entre aquelas a quem o procedimento foi negado

Como as mulheres se sentem sobre o aborto lhes ter sido negado? Inicialmente, mal. Com o tempo, porém, a maioria das mulheres que levaram a gravidez indesejada adiante se reconciliou com sua nova realidade, sobretudo depois do nascimento dos filhos. Uma semana após o aborto lhes ter sido negado, 65% das participantes relataram que ainda desejavam ter feito o procedimento; após o nascimento, apenas 12%. Por volta do primeiro aniversário da criança, 7%. Em cinco anos, esse número caiu para 4%.[28] Quem são as mulheres que fazem parte desse pequeno percentual que têm o filho, mas mesmo assim gostariam de ter abortado? A Dra. Rocca não encontrou entre elas diferenças por idade, raça, etnia ou número de filhos existentes. Ao contrário: foram as mulheres que contaram com menos apoio da família e dos amigos e as que tiveram facilidade em decidir abortar que apresentaram maior probabilidade de continuar desejando ter feito o procedimento.

As mulheres que mais experimentaram abalos emocionais foram as que entregaram a criança para adoção. Elas eram muito mais propensas a desejar terem podido abortar do que as que decidiram criar a criança. No momento da recusa do aborto, 90% das mulheres que posteriormente entregaram a criança para adoção relataram que ainda desejavam ter abortado (em comparação com 63% que, mais tarde, escolheram criar a criança). Após cinco anos, 15% das mulheres que escolheram a adoção, em comparação com 2% das mulheres que criaram a criança, ainda relataram desejar ter feito o aborto. Mais descobertas sobre a tomada de decisão de adoção serão discutidas no Capítulo 7. Entretanto, acredito ser justo afirmar que as mulheres que escolheram entregar a criança para adoção podem ter enfrentado circunstâncias diferentes, e entre essas não existia a opção de criar a criança. Não criar um filho significa que a mulher não precisa conciliar o que pode ser um grande conflito interno entre o amor que sente pelo filho e seu desejo anterior de abortar. Ela pode se sentir mais livre para continuar desejando ter feito o aborto.

Algumas mulheres enxergam a experiência de ter o filho como totalmente positiva – é o caso de Camila, que veremos após o Capítulo 7, que diz, sobre ter tido um aborto negado: "Eu não consigo imaginar minha vida sem ter escolhido ficar com meu filho – sem ter acatado a decisão da clínica." Por outro lado, há mulheres como Brenda, que conheceremos após o Capítulo 9, que até podem ter preferido abortar, mas conseguiram ver aspectos positivos após o aborto lhe ter sido negado.

Conclusões sobre a saúde mental depois de ter feito o aborto ou ter tido o procedimento negado

O Estudo Turnaway documentou as trajetórias de sintomas e diagnósticos de depressão, ansiedade, TEPT, ideação suicida e abuso de álcool e drogas em mulheres cinco anos após terem realizado ou não um aborto. Constatamos que, a curto prazo, as mulheres a quem foi negado o aborto apresentaram pior saúde mental – maior ansiedade e menor autoestima – do que as mulheres que abortaram. Os resultados a longo prazo são surpreendentes, não importa de que lado se esteja do debate sobre o tema. A longo prazo, não há diferença nas taxas de depressão, ansiedade, TEPT, autoestima, satisfação com a vida, abuso de drogas ou de álcool entre mulheres que abortam e aquelas a quem o procedimento é negado. Isso *não ocorre* porque ambos os grupos estão mal. Na verdade, a saúde mental melhora consistentemente para ambos os grupos de mulheres. Tal melhora ao longo do tempo nos diz que a experiência de engravidar e descobrir que não se conta com apoio social e material para sustentar um bebê pode ser profundamente angustiante. Mas, tanto para as mulheres que abortam quanto para as que levam a gravidez indesejada adiante, a saúde mental apresenta melhoras. As mulheres são resilientes. Elas não costumam dizer que desejam abortar por medo do que uma gravidez indesejada possa causar à sua saúde mental. E a saúde mental raramente parece sofrer, mesmo quando o aborto lhes é negado.

Sim, alguns eventos causam danos para o resto da vida, porém normalmente o aborto não está entre eles. O que se relaciona à maior probabilidade de exibir problemas de saúde mental a longo prazo? Os maiores preditores são um histórico de problemas de saúde mental e um histórico de eventos traumáticos, como abuso e negligência na infância.

As mulheres experimentam uma série de reações emocionais ao aborto, incluindo-se aí um pequeno subconjunto de mulheres que dizem lamentar sua decisão. A preocupação de que elas possam vir a experimentar emoções negativas ou se arrepender não me parece suficiente para imaginar que o governo deva intervir e tomar decisões pelas mulheres. Não acho que seja papel do governo exigir tempo extra para pensar nessa decisão, sobretudo porque os períodos de espera obrigatórios encarecem e dificultam a experiência para mulheres e provedores. As mulheres devem ter o direito de tomar as próprias decisões pessoais, inclusive aquelas de que possam se arrepender. A ideia de que negar a uma pessoa a autonomia para tomar decisões seja pior do que a possibilidade de que elas se arrependam é o que Katie Watson, bioeticista da Universidade Northwestern, chamou de "dignidade do risco", conforme escreveu em um ensaio no *JAMA: The Journal of the American Medical Association*.[29]

> A dignidade do risco é um conceito articulado na década de 1970 para desafiar o impulso dos médicos de restringir as escolhas das pessoas com deficiência, a menos que os bons resultados estejam garantidos, e é uma abreviação para o fato de que não há oportunidade de sucesso sem o direito ao fracasso. A dignidade do risco nos lembra que a superproteção também é prejudicial. O status moderno dos pacientes americanos enquanto tomadores de decisão autônomos se ampara na premissa fundamental da bioética: permitir que adultos competentes corram riscos e arrisquem a dor em busca de uma vida melhor. A premissa não declarada da alegação de arrependimento do aborto é que o arrependimento é ruim – o arrependimento prejudica os pacientes de alguma forma, e os pacientes devem ser protegidos contra danos –, mas não se pode ter as duas coisas. Ainda que o arrependimento decisório seja prejudicial, o remédio regressivo de eliminar ou reduzir a autoridade decisória competente dos adultos é pior.

A próxima mulher cuja história veremos quebra todos os tabus sobre emoções e arrependimentos do aborto. Ela não segue nenhuma narrativa esperada sobre o arrependimento que as mulheres sentiriam sobre ter engravidado. Nicole não expressa sentimentos pelo seu embrião. Isso obviamente foi algo que surpreendeu a equipe da clínica de aborto, pois essa postura a fez conversar com três conselheiros antes de realizarem o procedimento. Não acredito que a atitude de Nicole seja típica; sua história, porém, ajuda a ilustrar a gama de respostas emocionais que as mulheres têm ao experimentar uma gravidez indesejada.

Nicole

> "Estou feliz por ter feito o aborto, só não queria ter passado pela situação de ser obrigada a fazê-lo."

Como cresci numa cidade universitária em Ohio, fui exposta a uma atmosfera de festas, bebida e todos os idiotas que fazem parte dela. Quando cheguei à maioridade eu bebia, mas não ficava bêbada, porque já tinha visto todas as maluquices que os universitários fazem.

Cresci em um grupo de reconstituição histórica. Em alguns fins de semana íamos a um evento com várias outras pessoas. Era legal porque o grupo sempre tinha as melhores fantasias de Halloween. Isso realmente nos diferenciava das outras crianças. Criávamos coisas com nossas próprias mãos, fazíamos vários tipos de trabalho e éramos autossuficientes. A família da minha mãe achava isso muito legal. O lado dela da família é cheio de acadêmicos. Há uma quantidade enorme de cientistas que participam de reconstituições históricas. Não há tantos historiadores como se poderia pensar, porque não nos preocupamos tanto com a fidelidade aos detalhes. Gostamos de confortos como cozinhar com gás e usar tênis. Sapatos históricos machucam muito.

Meu pai foi embora quando eu era bem pequena. Há diferentes razões para isso, mas não tenho certeza do que aconteceu. Durante a maior parte da minha infância, fui criada pela minha mãe. No verão eu ia para a casa dos meus avós. Geralmente eu via meu pai nos fins de semana e no verão, mas durante vários momentos da minha vida não me lembro de onde ele esteve. Sempre que ele voltava para a cidade, fazia o possível para passar algum tempo comigo.

Minha mãe me colocou em uma escola católica e, por causa da forte presença científica na minha vida, eu fazia um monte de perguntas de que eles não gostavam. Na casa da vovó, eu sabia que não deveria fazer algumas dessas perguntas, porque não acabaria bem.

Entrei na faculdade e comecei um relacionamento que realmente não era nada saudável. Eu só queria ter um namorado. Comecei a sair com um rapaz chamado Charles. Uma das minhas amigas me disse que ele era meio louco, mas eu não levei a sério. Depois de um tempo, ele de fato começou a parecer meio louco ao telefone, mas àquela altura eu já havia até assinado um contrato conjunto de celular com ele. Senti que estava presa a ele pelos próximos dois anos, mas pensei que conseguiria lidar com isso.

No início, foi um relacionamento à distância. Estávamos um em cada lado do estado. Ele era muito possessivo, superciumento e descontrolado. Terminamos por um mês e comecei a sair com outra pessoa, mas depois voltamos. Ele achou que eu o tinha traído, mesmo que tivéssemos terminado. Aí, alguns meses depois, fui morar com ele. Naquele verão eu engravidei. Por algum tempo, torci para que a minha menstruação estivesse atrasada porque eu estava estressada, pensando que talvez ela voltasse e tudo ficaria bem.

Eu não queria acreditar de jeito nenhum que estava grávida, mas então comecei a passar muito mal de manhã. Aí acabei aceitando o meu destino. O que realmente me levou a aceitar foi ter ido passar o fim de semana na casa da minha mãe, e ela olhar para mim e perguntar: "Você está grávida?" "Não", respondi. Ela continuou pegando no meu pé o fim de semana inteiro, até que finalmente cedi e disse a ela que minha menstruação estava atrasada havia algum tempo. Ela disse que não ia contar ao meu pai nem ao meu padrasto porque eles iam acabar com o meu namorado.

Sou péssima em marcar consultas médicas. Nem sei por quê. Teria sido muito mais barato se eu tivesse ligado e resolvido mais cedo, porque eles poderiam simplesmente me dar uma pílula. Eu fingia que não estava grávida, mas quando minha mãe se envolveu isso não foi mais possível, porque ela ficou me cobrando para garantir que eu resolveria o problema antes que se tornasse algo permanente. Meus pais não gostavam de Charles. Eu queria me livrar da gravidez, só não sabia como seria o procedimento e estava com muito medo. Queria muito que o problema desaparecesse sozinho, porque sabia que seria caro.

Felizmente, na época eu era dependente do plano de saúde da minha mãe e fui a uma ginecologista. Fizeram um teste e o resultado foi: "Sim, você está grávida." Ela me disse o que era preciso fazer para me livrar da gravidez. Àquela altura eu sabia que não queria passar o resto da minha vida amarrada àquele homem por causa de uma criança. Eu ainda estava na faculdade. Não via nenhuma razão para continuar a gravidez. Charles tentou me convencer a desistir algumas vezes. Ele sabia que eu não gostava muito de crianças, mas pensou, "Agora que estamos grávidos, talvez você mude de ideia". Mas eu pensava: "Não, é uma péssima ideia. Preciso acabar com isso."

Só pude pagar pelo aborto porque liguei para o meu ex-namorado, com quem eu falava de vez em quando e que também não gostava de Charles. Ele me transferiu o dinheiro e, se não tivesse feito isso, eu realmente não sei o que teria acontecido. Ele tinha dito que, se eu precisasse de qualquer coisa, bastava pedir. Quando percebi que precisava de algumas centenas de dólares para me livrar da gravidez, sabia que ele seria uma opção segura para pedir sem que meus pais surtassem. Porque minha mãe não teria me dado esse dinheiro sem que meu padrasto percebesse e dissesse: "Por que você deu 400 dólares a ela?" Teria sido complicado pedir a outra pessoa.

Eu não queria entregar a criança para adoção porque já há crianças suficientes nesses programas. Não precisa haver mais uma. Por isso, e por causa da minha asma e tudo o mais. Eu mal consigo respirar; não quero passar para alguém todos os meus problemas médicos. Acho que isso é meio cruel, ainda mais quando há tantas crianças que precisam de um lar. Se eu aceitar cuidar de uma criança, vou pegar uma que precise de uma família e não trazer mais uma ao mundo.

Minha mãe ficou chateada com o que aconteceu, sobretudo porque eu era dependente dela no plano de saúde e poderia ter tomado anticoncepcional, mas não fui ao médico para pedir a receita, então ela não ficou muito satisfeita.

Quando enfim fui à minha médica, ela me deu um monte de informações. Disse que havia um lugar em Pittsburgh que faria o aborto. A única dificuldade era que na Pensilvânia você tem que fazer um telefonema e tem que ser durante determinadas horas do dia em que o médico pode aconselhar a mulher a não fazer um aborto. Se não atendessem, você tinha que continuar ligando. Eu me senti como se estivesse tentando conseguir ingressos para um show em um programa de rádio. Você fica ligando e diz: "Estou na posição nove da fila? Será que vou conseguir?" Essa foi a parte mais chata do processo para poder ir até a clínica.

Foi durante o verão. Eu estava trabalhando em uma parada de descanso da estrada. Quando precisei pedir folga para ir à clínica, conversei com a única gerente com quem me sentia à vontade. Eu disse: "Ei, isso está acontecendo, e preciso resolver." E ela falou: "Tudo bem. Tire o tempo que precisar. Eu cuido do resto. Só peça um atestado médico genérico." Ela era a única no meu trabalho que sabia sobre minha situação, mas disse que ia cuidar de tudo na parte gerencial, para que os outros gerentes não achassem estranho ou viessem perguntar por que de repente eu precisei de vários dias de folga. Ela foi muito prestativa nesse sentido.

Na clínica eles foram muito legais. Pareceram um pouco chocados por eu não estar estressada, ou pelo menos não tão estressada quanto esperavam. Acho que, na maioria das vezes, eles lidam com mulheres que abortam porque precisam, não porque foi sua decisão desde o começo. Também falaram com um cara com quem eu estava saindo, que precisou mais do apoio do que eu. Entendi por que precisei falar com todas essas pessoas e fazer todas essas coisas antes que pudessem enfim sugar aquilo para fora. Eles foram muito legais a esse respeito. Só que foi irritante para mim, tipo, tirem logo isso de mim, enfiem um aspirador e arranquem essa coisa e me deixem ir para casa.

Houve muita conversa sobre meus sentimentos e sobre diferentes coisas que poderiam acontecer psicologicamente. Uma das discussões eu achei relevante, sobre os efeitos colaterais médicos e como meus hormônios reagiriam nos dias seguintes. E como cuidar de mim mesma nos próximos dias. Tive que conversar com três psicólogos diferentes antes de finalmente me deixarem fazer o aborto. Não sei se todo mundo tem que ver todos os três ou se foi porque eu estava tipo, tranquila, só queria fazer o aborto, e pensaram que eu estava tentando esconder meus sentimentos. Boa parte das outras garotas que estavam lá pareciam realmente estressadas com toda a situação.

Eu sou muito covarde, então pedi que me apagassem, e a última coisa de que me lembro é falar com a anestesista. Eu disse a ela que tenho asma. E ela disse: "Não tem problema. Eu tenho um inalador bem aqui comigo." Então ela me sedou... deixou tudo pronto para que eu fosse sedada. Vi o monitor que estava ligado ao feto. Parecia um amendoim. Lembro de ter ficado um pouco surpresa com o médico porque ele enfiou o aparelho lá dentro sem nem avisar nada. Falei: "Uau, doutor, primeiro você tem que convidar a dama para jantar." E nós meio que brincamos um pouco. Eles foram muito engraçados até eu apagar. Então acordei em uma cadeira e estava usando uma fralda, porque acho que sai um monte de coisa depois.

Por causa de tudo o que aconteceu e dos picos loucos de hormônios, fiquei novamente muito apegada a Charles depois do procedimento e voltei com ele, mesmo que àquela altura ele estivesse sendo verbal e até fisicamente abusivo comigo. Ele havia largado o emprego logo depois que fiz o aborto porque queria estar em casa comigo, e ele nunca, nunca mais conseguiu um emprego depois disso.

Eu também estava cursando uma disciplina no verão e foi muito estressante. Também foi muito estressante porque Charles pensava que eu estava saindo com outra pessoa quando estava no campus estudando. Eu não podia estudar no apartamento porque ele fumava e minha asma estava péssima. Não havia circulação de ar no lugar, então eu sentia dificuldade para respirar o tempo todo. E, se eu tentasse estudar no apartamento, ele sempre queria fazer sexo, ou se ele estivesse assistindo algo na TV, me chamava para ir ver o que quer que fosse que estava passando e quando eu chegava lá, é claro, já tinha terminado. Então eu não conseguia estudar.

O semestre depois da gravidez foi muito irritante porque eu trabalhava até as dez da noite e tinha que estar na faculdade às oito da manhã e só queria estudar e ir dormir. Ele aparecia aleatoriamente e, se eu não cedesse, acabávamos brigando. Eu lutava até ficar esgotada. Depois de um tempo começou a ficar muito ruim sempre que eu não queria dormir com ele. Charles dizia todas as coisas que os homens abusivos dizem, tipo: "Ah, você sabe que ninguém vai te amar como eu. Você é um lixo."

Meus pais realmente não sabiam o que estava acontecendo e eles ainda não sabem tudo o que ele fez comigo, então isso também gerou muita pressão no meu relacionamento com eles. Minha mãe telefonava, mas raramente vinha me visitar. Meu padrasto e eu não conversamos muito. Foi só o meu pai que se manteve ativo na minha vida e estou muito feliz por isso. Porque, no final, isso ajudou muito quando eu decidi: "Não, cansei de ficar aqui com você. Preciso dar o fora." Isso foi mais ou menos um ano depois da gravidez e dois anos depois do início do relacionamento.

Minha melhor amiga, Hannah, descobriu que o namorado a estava traindo. Então voltei para casa para ajudá-la. Enquanto eu estava em casa e perto dos meus amigos de novo e longe dele, percebi o quanto me sentia mais feliz. Comecei a pensar sobre como terminar, porque sentia que estava presa naquela situação. Eu achava que todo mundo tinha me abandonado – que ninguém queria lidar comigo e com aquela situação com Charles. Foi ao voltar para casa que percebi que não, eu ainda tinha um monte de amigos.

Algum tempo depois, voltei e arrumei várias das minhas coisas no apartamento. Eu tinha que trabalhar e disse ao meu gerente que precisava ir para casa e sair daquela situação horrível e ele foi muito compreensivo e me deu um monte de caixas. Enquanto Charles estava fora, arrumei o restante das minhas coisas e fui embora. Quando ele voltou para casa eu já tinha partido.

A última notícia que tive foi que ele empurrou a garota com quem começou a sair, mas ela não deixou barato e chamou a polícia. Não falo com ele há anos.

Comecei a sair com todos os meus amigos que não podia ver por causa do Charles. Um amigo meu morreu no Oriente Médio protegendo os outros soldados que estavam com ele. Ele foi a única vítima naquele incidente. Não pude ir vê-lo enquanto ele veio para casa naquele verão, porque se eu tivesse dito: "Ei, vou visitar meu amigo do outro lado do estado", isso não teria acabado bem.

No final daquela primavera, voltei para casa. Decidi fazer uma pausa nos estudos. Era para ser meu último ano lá. Mas minhas notas começaram a cair porque eu estava bastante deprimida com o que tinha acontecido ao meu amigo. No semestre seguinte, tentei continuar, mas não consegui.

Alguns meses depois, comecei a sair com um cara, James, mas não estava levando a sério. Eu tinha acabado de sair de um relacionamento. Não queria nenhum compromisso. Ainda estou com ele. No outono passado, mudamos para o Colorado para cursar uma escola de tecnologia. Sabíamos que era uma coisa muito arriscada naquele momento. Estávamos juntos havia três anos! Não tínhamos dinheiro para morar juntos na época, então eu morava com meus pais e ele com os pais dele. As únicas férias que nós dois tiramos foi quando viajamos para visitar a escola por uma semana.

Não sabíamos como seria morar juntos, mas íamos nos mudar para o outro lado do país. Sabíamos que era arriscado. Mas realmente gostamos do jeito da escola, e quando viemos visitar, nos divertimos muito juntos. Acabamos de atingir nossa marca de quatro anos. É incrível.

No Colorado eu consigo respirar. Só tenho um pouco de pigarro. Consigo sentir o cheiro das coisas. Estou muito mais saudável. Não estou na minha melhor forma física, mas meus pulmões estão mais saudáveis. Não vivo mais grudada ao meu inalador.

Por causa dos créditos que transferi da universidade anterior, vou me formar aqui no ano que vem. Fomos a uma feira de carreiras na semana passada. Conheci um cara de uma grande empresa da indústria de tecnologia. Ele me deu um monte de dicas. James e eu jantamos com ele e ele é incrível, muito legal. Muitas coisas legais aconteceram na semana passada.

Estou me sentindo um pouco estafada, e a escola oferece terapeutas gratuitamente. No final do semestre de verão, comecei a fazer terapia, porque... parece estranho dizer isso, mas, quando Robin Williams morreu, meu mundo meio que desmoronou. Sugeriram que eu me consultasse com essa terapeuta porque a comédia é uma das coisas que sempre me ajudaram a superar as dificuldades, e Robin Williams especificamente me ajudou a superar muita coisa. Descobrir que ele não está mais entre nós meio que me derrubou um pouco. Mas estou tendo sessões com ela e me sinto muito melhor. Na verdade, vamos começar a trabalhar com tudo o que aconteceu com Charles. Tenho um pouco de medo de fazer isso, mas sei que preciso e que, enquanto é de graça, deveria fazê-lo.

Toda essa experiência de aborto é algo que eu uso para ajudar outras garotas com quem falo a caírem na real. Há uma garota agora que está em um relacionamento emocionalmente abusivo. Ainda não é fisicamente abusivo, mas algumas coisas eu considero sinais de alerta. Eu disse a ela que um homem assim me engravidou. Para mim foi tranquilo ter feito um aborto, mas se para você não for, esse bebê vai te amarrar a esse cara para o resto da sua vida.

Alguns dos meus amigos sabem. Mas meu pai ainda não sabe que isso aconteceu. Uma vez ele estava assistindo ao noticiário e eu olhei para ele e falei, "Se você descobrisse que eu fiz um aborto, ficaria muito furioso comigo?" E ele disse: "Sim, eu ficaria muito bravo com você." Então pensei: "Ah, tudo bem. Não vou contar ao meu pai." Ninguém na família além da minha mãe sabe que aconteceu.

Eu fico chateada por ter passado por isso, mas estou muito feliz e orgulhosa de mim mesma por ter feito o aborto e não ter cedido ao que Charles queria. Estou feliz por ter feito o aborto, só não queria ter passado pela situação de ser obrigada a fazê-lo.

Parecia um amendoim. Na aula de ética, falamos sobre quando algo é considerado uma vida. Sempre achei que é quando tem uma personalidade. Eu realmente não estou interessada em ter ou mesmo criar filhos. Sempre quis ter uma fazenda cheia de cavalos e ambas as coisas são muito caras. Prefiro os cavalos. James quer filhos e esse é o único aspecto em nosso relacionamento que me deixa um pouco incomodada, porque eu não quero. Ele não quer me pressionar a assumir um compromisso contra minha vontade, e eu não quero impedi-lo de ter filhos. Não sei se estamos apenas passando algum tempo juntos até ele se mandar e construir uma família. Ele acha que pode me convencer de que ter filhos seria incrível. Mas agora eu trabalho na biblioteca local, no laboratório de informática deles, e não gosto das crianças. Eu as aturo, mas não gosto delas.

Quero me formar até o final de maio. Em parte, porque é quando meu crédito estudantil termina, então tenho que me formar. E quanto a objetivos de vida, há algumas empresas que acho que seriam realmente incríveis para se trabalhar, mas o meu sonho de verdade sempre foi ter uma fazenda com cavalos. Estou muito esperançosa porque na feira de carreira todos pareceram gostar de mim. Todos com quem meu consultor de carreira conversou disseram que gostaram de falar comigo. Tudo parece estar melhorando agora. Sinto como se tivesse conseguido.

Nicole, uma mulher branca de Ohio, tinha 20 anos e estava grávida de 10 semanas quando fez um aborto.

CAPÍTULO 5

Saúde física

Os governos estaduais dos Estados Unidos promulgaram 555 restrições ao aborto desde que o Estudo Turnaway começou a recrutar mulheres, em 2008.[1] Conforme vimos, algumas dessas restrições – períodos obrigatórios de espera, requisitos de visualização de ultrassom, roteiros de aconselhamento escritos pelo estado – podem ter a intenção de garantir que as mulheres estejam totalmente informadas quando decidirem interromper uma gravidez, que se sintam confiantes sobre essa decisão. É claro que a necessidade de tal ajuda do estado na tomada de decisão não está enraizada em evidências. O que os dados do Turnaway mostram, conforme discutido no capítulo anterior, é que pouquíssimas mulheres se arrependem da decisão de abortar. A justificativa para outras restrições se fundamenta na promessa de que melhorarão a segurança do procedimento. Entre as leis de segurança do aborto estão aquelas que exigem que um médico tenha prioridade para internar a paciente em um hospital próximo, de modo que possa prestar atendimento às pacientes em caso de emergência. Um acordo como esse é difícil de obter e cumprir, uma vez que muitas vezes requer um certo volume de pacientes que necessitem de internação hospitalar. Outra lei supostamente justificada pela segurança do aborto exige que as clínicas adotem a infraestrutura de centros cirúrgicos ambulatoriais, com corredores mais amplos e salas de recuperação especializadas.[2] Existe a necessidade de mais leis para aumentar a segurança do aborto?

Se você já viu filmes como *Foi apenas um sonho*, de 2008, no qual a personagem de Kate Winslet está profundamente infeliz grávida de um terceiro filho, você pode ser perdoado por pensar que o aborto é perigoso (alerta de spoiler: as coisas não vão bem para a personagem de Winslet). Uma em cada seis mulheres morre depois de fazer um aborto – quer dizer, só se o aborto acontecer *na televisão*.[3] Mas você não precisa assistir a filmes fictícios ou programas de TV para ter essa impressão; entrevistas com defensores de ambos os lados do debate sobre o aborto enfatizam seus perigos. As pessoas que defendem o aborto legal remontam à era pré-*Roe*, quando havia enfermarias hospitalares inteiras tratando mulheres por sepse depois de elas terem buscado atendimento por pessoas não treinadas ou tentado autoinduzir um aborto com instrumentos não estéreis, como cabides. Aqueles que se opõem aos direitos ao aborto afirmam que a mortalidade após o aborto legal ainda é alta e precisa de regulamentação governamental.

Então vamos rever os fatos sobre os riscos de realizar um aborto.

Minha colega Dra. Ushma Upadhyay estudou complicações após o aborto no programa Medicaid do estado da Califórnia (Medi-Cal). A Califórnia é um dos 15 estados que cobre o aborto para mulheres de baixa renda, não importando por que elas queiram realizá-lo.[4] A Dra. Upadhyay descobriu que ocorreram complicações em 2% dos abortos – um índice menor do que o risco de extração do siso (7%), amigdalectomia (8%–9%) e parto (29%).[5] O risco de uma complicação grave após um aborto – necessitando de transfusão de sangue ou hospitalização – é inferior a 0,25%. Ou seja, uma complicação grave a cada 436 abortos. O risco de uma complicação menor – como sangramento ou uma infecção tratável – é de 1 em 53. E quanto às mortes por aborto? A Dra. Upadhyay baseou-se em dados de 54.911 procedimentos realizados na Califórnia entre 2009 e 2010. Não houve mortes depois da realização de abortos pagos pelo Medi-Cal nesses anos. A taxa de mortalidade por aborto foi zero. Um estado, mesmo um estado grande, não é uma amostra grande o suficiente para estudar mortes relacionadas ao aborto, porque elas são muito raras.[6] Então, vamos analisar os dados nacionais dos Centros de Controle e Prevenção de Doenças ao longo de oito anos (1998–2005). A Dra. Elizabeth Raymond e o Dr. David Grimes descobriram que uma mulher em 160 mil morre como consequência de um aborto, ao passo que uma mulher em 11,3 mil morre em decorrência de complicações no parto. Uma mulher nos Estados Unidos tem 14 vezes mais probabilidade de morrer por levar uma gravidez adiante do que por fazer um aborto.[7]

A gravidez não é uma doença, mas é uma grande mudança corporal que está associada a riscos muito graves. O sistema circulatório da gestante se vê sobrecarregado, produzindo 50% mais sangue do que o normal, com mudanças radicais nos sistemas hormonais e no metabolismo.[8] Fisicamente, todos os órgãos e músculos abdominais precisam se mover para acomodar um útero de mais de 5 quilos. As articulações da pélvis e da coluna relaxam para permitir que a pélvis se abra o suficiente para deixar a cabeça do bebê passar. E aqui estamos falando apenas das gestações que transcorrem normalmente. Embora haja esforços em andamento para reduzir essa taxa, um terço dos partos envolve uma cirurgia de grande porte, a cesariana.[9] Um em cada quatro nascimentos nos Estados Unidos está associado a alguma complicação grave, incluindo trauma obstétrico e laceração (8%), infecção (6%), hemorragia (4%), diabetes gestacional (4%), pré-eclâmpsia grave (3,4%) e eclâmpsia (pressão alta na gravidez que pode evoluir para convulsões perigosas) (0,1%).[10] Para mulheres com condições crônicas de saúde, a gravidez é ainda mais complicada. A lista de condições agravadas pela gravidez enche páginas e páginas dos livros de medicina. O fato de que as mulheres com frequência escolhem engravidar e se entusiasmam com isso não deve nos cegar para o fato de que a gravidez é algo arriscado.

Sintetizando a literatura científica sobre segurança do aborto, as Academias Nacionais de Ciências, Engenharia e Medicina publicaram um relatório resumindo os dados em 2018, seu primeiro documento sobre a segurança do aborto desde 1975.[11] O relatório das Academias Nacionais descobriu que "as evidências clínicas demonstram claramente que os abortos legais nos Estados Unidos – seja por medicação, aspiração, dilatação e curetagem ou indução – são seguros e eficazes. Complicações graves são raras."[12] O relatório apontou que o aborto tardio está associado a maiores riscos do que os abortos feitos no primeiro trimestre. Eles escrevem: "O risco de uma complicação grave aumenta com as semanas de gestação. À medida que o número de semanas aumenta, passam a ser necessários procedimentos cada vez mais invasivos e também graus mais profundos de sedação." Portanto, isso deixa em aberto a questão de como um aborto tardio se compara ao parto. Como todas as estatísticas nacionais que comparam partos e abortos incluem apenas gestações desejadas, não se sabia, antes do Estudo Turnaway, como os riscos relativos a partos e abortos se comparam no contexto de uma gravidez indesejada.

Às vezes, as mulheres abortam para interromper gestações desejadas – são as histórias trágicas de mulheres com problemas de saúde que ameaçam sua vida ou cujos fetos possuem anomalias graves. Alguns desses abortos ocorrem em circunstâncias nas quais a saúde da mulher já está comprometida, de modo que os resultados de saúde física podem ser piores do que nos abortos de gestações indesejadas. Pensamos que o risco do parto também poderia ser diferente no caso de gestações não intencionais (em comparação com gestações planejadas), por dois motivos. Primeiro, as mulheres com boa saúde podem ser mais propensas a optar por engravidar e, uma vez grávidas, podem ser mais propensas a escolher dar à luz do que as mulheres com condições crônicas de saúde. Devemos lembrar que, no Estudo Turnaway, uma em cada 20 mulheres que buscaram abortar o fizeram por não se sentirem saudáveis o suficiente para prosseguir com a gravidez e dar à luz.[13] Ao limitar a comparação a mulheres com gestações indesejadas, podemos comparar os riscos relativos ao parto contra os do aborto para mulheres que estão grávidas e não querem estar. Em segundo lugar, as mulheres que não querem engravidar não tomam suplementos vitamínico-minerais pré-natais, não recebem cuidados médicos nem se abstêm de drogas ou álcool em preparação para a gravidez. Cerca de metade das mulheres do estudo que tiveram o aborto negado só perceberam que estavam grávidas no segundo trimestre. Uma vez que a falta de cuidados pré-natais ou preparação para a gravidez coloca as mulheres em risco de resultados piores, acreditávamos que as mulheres que dão à luz uma criança indesejada pudessem apresentar resultados piores do que aquelas que dão à luz uma criança desejada.

O Estudo Turnaway nos dá a chance de investigar questões sobre gravidez, aborto, nascimento e saúde. O desenho do estudo – comparando as mulheres de ambos os lados do limite gestacional – tem uma vantagem adicional, na medida em que cria um conjunto de dados de mulheres mais adiantadas na gravidez do que a maioria das mulheres que buscam abortar. Portanto, temos uma grande amostra de mulheres que fizeram um aborto no final do segundo trimestre para verificar como o risco de um aborto tardio se compara com o de um aborto realizado no primeiro trimestre. De acordo com descobertas do relatório das Academias Nacionais, o aborto é mais seguro quanto mais cedo ocorrer na gravidez. Isso porque, no início da gravidez, a mulher tem a opção de tomar remédios (conhecida como aborto medicamentoso)[14] ou realizar um procedimento simples, no qual um clínico usa um pequeno vácuo tubular para esvaziar o útero (chamado aspiração manual intrauterina ou AMIU). Os remédios do aborto medicamentoso podem ser usados até a 10ª semana de gravidez e são ainda mais seguros do que alguns medicamentos comumente usados, como Tylenol, aspirina e Viagra.[15] Os abortos tardios, definidos como abortos após 20 semanas, representam pouco mais de 1% de todos os abortos realizados nos Estados Unidos.[16] Entretanto, requerem habilidade e treinamento especiais para serem realizados e estão associados a maior risco em virtude do aumento da dificuldade técnica do procedimento, da necessidade de dilatação do colo uterino e do aumento do fluxo sanguíneo para o útero à medida que a gravidez evolui.[17] Muitos dos riscos da gravidez à saúde aumentam à medida que a gestação evolui, seja qual for o risco do procedimento. Portanto, se alguém for forçado a adiar o aborto, poderá, nesse intervalo, desenvolver problemas de saúde perigosos, como a pré-eclâmpsia.[18]

Antes de chegarmos aos resultados do Estudo Turnaway, vamos verificar o desenho do estudo, cujo recrutamento de mulheres pouco acima e pouco abaixo dos limites gestacionais produziu grupos comparáveis de mulheres no tocante ao estado de saúde. Oitenta e um por cento das mulheres do estudo relataram que sua saúde estava boa ou muito boa antes de engravidar, sem diferenças significativas entre as mulheres, independentemente de terem abortado no primeiro trimestre, no segundo trimestre ou de o aborto lhes ter sido recusado. Não houve diferenças na ocorrência de acidentes com risco de vida (17%) ou doença grave ou lesão (14%). Antes da gravidez, os grupos de mulheres estavam em iguais condições de saúde. As diferenças que verificamos na saúde física ao longo do tempo, portanto, provavelmente se devem à experiência de gravidez, aborto, parto e criação de filhos.

Riscos de aborto versus *nascimento*

A epidemiologista de saúde reprodutiva do Ibis, Dra. Caitlin Gerdts, com o apoio da doutoranda em enfermagem Loren Dobkin e da médica e professora da Universidade da Califórnia em Davis, Dra. E. Bimla Schwarz, conduziu a análise dos dados do Estudo Turnaway sobre os resultados de gestações, abortos e nascimentos.[19] Nossas entrevistadoras perguntaram a cada mulher se experimentou algum efeito colateral ou problema de saúde diretamente relacionado à gravidez, ao aborto ou ao nascimento. Curiosamente, para todos os três grupos de estudo – mulheres que fizeram abortos no primeiro trimestre, as que fizeram abortos logo abaixo do limite gestacional de uma clínica e as que tiveram o aborto negado e deram à luz –, uma proporção semelhante, em torno de 10%, relatou efeitos colaterais e complicações.

No entanto, esses efeitos colaterais e complicações não foram equivalentes. As mulheres que abortaram relataram dor (5%), cólicas (3%), sangramento (2%) e náuseas/vômitos (2%) após o procedimento. No caso das mulheres que deram à luz, as complicações foram bem mais graves: pré-eclâmpsia (2%), anemia, perda sanguínea com necessidade de transfusão, eclâmpsia, fratura da pelve, infecção, hemorragia pós-parto e retenção da placenta. Quando essa equipe de cientistas categorizou se as complicações relatadas eram fatais, descobriu que 6,3% das mulheres que deram à luz relataram condições potencialmente fatais, em comparação com 1,1% das mulheres que abortaram pouco abaixo do limite clínico gestacional e 0,5% das mulheres que fizeram um aborto no primeiro trimestre. Perguntamos às mulheres se houve um período após o aborto ou o parto no qual elas se viram fisicamente incapazes de realizar atividades diárias, como caminhar, subir degraus ou fazer compras. Os dias de atividade limitada também refletem o maior risco do parto: as mulheres que deram à luz relataram uma média de 10,1 dias de atividades limitadas, em comparação com cerca de três dias entre os grupos de aborto precoce e tardio.

Riscos de aborto e nascimento a longo prazo

Uma das descobertas mais importantes do Estudo Turnaway tem a ver com os efeitos a longo prazo do aborto em comparação com os do parto. Poucos estudos comparam as consequências a longo prazo para a saúde do aborto e do parto no caso de mulheres que experimentam uma gravidez indesejada. Minha colega Dra. Lauren Ralph analisou os dados sobre esses efeitos.[20]

Para essa análise, ela dividiu a amostra de aborto estritamente por estágio da gestação (primeiro trimestre, segundo trimestre) em vez de por grupo de estudo, a fim de aproveitar ao máximo os dados sobre mulheres que fizeram abortos tardios.[21]

Ao longo dos cinco anos, alguns resultados na saúde foram semelhantes entre as mulheres que fizeram abortos e aquelas que deram à luz. Não foram encontradas diferenças em relação à ocorrência de asma, hipertensão não gestacional, diabetes ou dores abdominal, pélvica e lombar crônicas. Além disso, uma pequena má notícia para todas nós que gostaríamos de culpar o fato de ter tido filhos por nossa crescente circunferência abdominal: descobrimos que a taxa de obesidade era a mesma entre as mulheres que fizeram abortos e aquelas que deram à luz. (Minha mãe costumava provocar minha irmã e eu: "Nunca tive cabelos grisalhos antes de ter vocês." A desvantagem de ser cientista é que agora eu sei que culpar meus filhos pelo tamanho do meu jeans é igualmente ilógico.)

Quando houve diferenças nos resultados de saúde entre as mulheres que fizeram um aborto e aquelas a quem este foi negado, tais discrepâncias foram em prejuízo das mulheres que deram à luz. As mulheres às quais o aborto foi negado e que levaram a gravidez indesejada adiante apresentaram maior probabilidade de terem dor de cabeça crônica: 23% de dores de cabeça crônicas ou enxaquecas entre as mulheres que deram à luz, em comparação com 17% a 18% das mulheres que abortaram. As mulheres a quem foi negado o aborto também foram ligeiramente mais propensas a relatar dor nas articulações. Ao realizar uma avaliação mais geral da saúde, quando pedimos às mulheres que avaliassem sua saúde física em uma escala de cinco pontos (de muito ruim a muito boa), as mulheres que fizeram um aborto demonstraram uma ligeira melhora ao longo dos cinco anos, porém aquelas que deram à luz se viram cada vez mais propensas a relatar um estado ruim de saúde. Após cinco anos, 20% das mulheres que fizeram um aborto no primeiro trimestre e 21% das mulheres que fizeram um aborto no segundo trimestre relataram saúde ruim ou apenas satisfatória. Entre as mulheres que tiveram o aborto negado, 27% disseram que sua saúde era apenas satisfatória ou ruim (ver Figura 5). Essa diferença pode parecer modesta, mas é extremamente importante. A pergunta sobre a autoavaliação da saúde geral demonstrou ser um forte preditor de saúde e mortalidade futuras.[22]

Figura 5. Tendências na autoavaliação de saúde física – satisfatória, ruim ou muito ruim

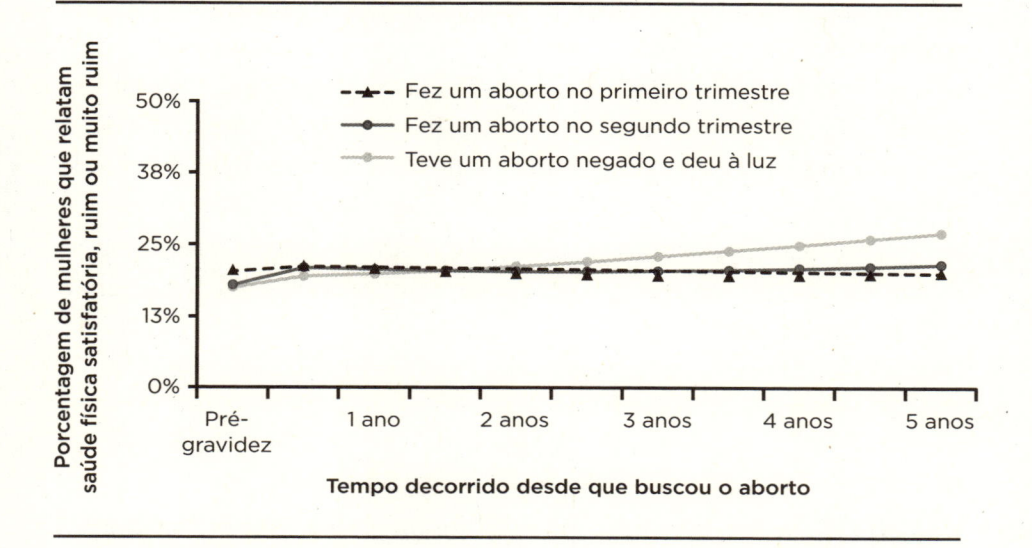

```
Legenda:
--▲-- Fez um aborto no primeiro trimestre
──●── Fez um aborto no segundo trimestre
──── Teve um aborto negado e deu à luz
```

Eixo Y: Porcentagem de mulheres que relatam saúde física satisfatória, ruim ou muito ruim (0%, 13%, 25%, 38%, 50%)
Eixo X: Tempo decorrido desde que buscou o aborto (Pré-gravidez, 1 ano, 2 anos, 3 anos, 4 anos, 5 anos)

Adaptado de Ralph, L.I.; Schwarz, E.B.; Grossman, D.; Foster, D.G. "Self-reported physical health of women who did and did not terminate pregnancy after seeking abortion services: a cohort study". *Ann Intern Med.* 2019; 171(4): 238-47.

Um dos riscos de levar uma gravidez adiante é o de hipertensão gestacional – aumento da pressão arterial que pode levar à pré-eclâmpsia e até à morte. A hipertensão gestacional e a pré-eclâmpsia também aumentam o risco de desenvolver doenças cardiovasculares posteriores.[23] As mulheres que tiveram o aborto negado apresentaram maior probabilidade de desenvolver hipertensão gestacional nos cinco anos subsequentes – 9,4% das que deram à luz, em comparação com 4,2% das que tiveram um aborto no segundo trimestre e 1,9% das mulheres no primeiro trimestre. À primeira vista, esse achado não surpreende, uma vez que as mulheres que tiveram o aborto negado permaneceram grávidas por muito mais meses após a negação do aborto. Mas, conforme veremos no Capítulo 7, muitas mulheres têm gestações nos cinco anos seguintes, de modo que a gravidez estudada não foi a única oportunidade de desenvolver hipertensão gestacional. Ter hipertensão gestacional em uma gravidez coloca as mulheres em maior risco de tê-la em gestações subsequentes.

Portanto, a negação do aborto pode colocar as gestações subsequentes em maior risco.[24]

É interessante observar que ao longo dos cinco anos do estudo não encontramos diferenças nos problemas crônicos de saúde, na dor crônica e na autoavaliação geral da saúde entre as mulheres que fizeram um aborto no primeiro trimestre e as que o fizeram no segundo trimestre. Considerando que os procedimentos de aborto tardio são mais difíceis de realizar e estão associados a um maior risco de complicações do que um aborto precoce (por aspiração ou uso de medicamentos), ficamos agradavelmente surpresos por não encontrar consequências residuais para a saúde a longo prazo.

Óbitos

Os riscos de seguir com uma gravidez foram claramente demonstrados pelas mulheres em nosso estudo. Um dia, recebemos uma ligação terrível de uma mulher pedindo para retirarmos a filha do estudo. Sua filha havia morrido aos 20 e poucos anos, dias após o parto, de uma infecção que fora do contexto da gravidez raramente é fatal. Sua mãe nos ligou depois de descobrir o formulário de consentimento do Turnaway quando organizava as coisas da filha. Surpreendentemente, essa mulher não foi a única em nosso estudo a morrer após levar adiante uma gravidez que teria preferido interromper.

Concluída a coleta de dados para todo o estudo, foram revisados os registros públicos, buscando óbitos adicionais entre as mulheres que não concluíram os cinco anos de entrevistas. Queríamos documentar se alguma dessas mortes poderia ter resultado de complicações de saúde física ou problemas de saúde mental decorrentes da gravidez. Em nossa busca, encontramos outra morte materna trágica – uma mulher que morreu de eclâmpsia logo após o parto, apenas três meses após o aborto lhe ter sido negado. Se ela tivesse chegado à clínica de aborto cinco dias antes, teria sido capaz de interromper sua gravidez e poderia ter tido uma longa vida pela frente. O bebê sobreviveu e agora está órfão, assim com os demais filhos da mulher.

Tal nível de mortalidade materna é chocante. Essas duas mortes se traduzem em uma taxa de mortalidade materna de cerca de 1 em cada 100 mulheres que dão à luz no Estudo Turnaway. Por comparação, a taxa de mortes maternas por nascidos vivos nos Estados Unidos é de 17 por 100 mil (0,017%).[25] Portanto, a taxa de 1% no nosso estudo é astronômica, 100 vezes maior do que as taxas de morte materna no país. Claramente, há uma grande margem de incerteza em torno dessa taxa de mortalidade de 1% porque a morte é um evento bastante raro. Para chegar a uma taxa de mortalidade definitiva, o ideal seria estudar centenas de milhares de partos. Mas isso destaca o fato de que levar uma gravidez a termo e fazer o parto é arriscado, muito mais arriscado do que abortar. Todo o estresse de levar uma gravidez indesejada adiante – e talvez a falta de apoio social que fez com que a gravidez fosse indesejada desde o começo – pode aumentar substancialmente o risco de morte para as mulheres que preferem um aborto.

Não encontramos mortes decorrentes do aborto em nosso estudo. Quatro óbitos ocorreram em mulheres que realizaram um aborto pouco abaixo do limite clínico gestacional. Esses óbitos não estavam relacionados a nenhum risco físico decorrente da gravidez ou do aborto; ocorreram aos sete meses, um ano e meio, três anos e cinco anos após a mulher ter realizado o procedimento. Os óbitos cujas causas pudemos determinar se deveram a eventos exteriores, como acidentes de carro e infartos cardíacos, extremamente improváveis de serem consequências do aborto. Todas essas mortes de mulheres jovens que deveriam ter a vida inteira pela frente são trágicas. Por esse motivo, sinto ainda mais fortemente que é importante deixar as pessoas viverem a vida que querem viver e não insistir para que as mulheres adiem seus sonhos em nome de um futuro incerto.

Conclusões sobre saúde física

A maior ironia sobre a natureza cada vez mais restritiva do aborto nos Estados Unidos reside no raciocínio frequentemente utilizado para defender tais leis: o de que elas servem para proteger as mulheres. Políticos e grupos de interesse da direita religiosa nos dizem que o aborto é perigoso. Afirmam que o aborto pode matar as mulheres, de imediato ou mais lentamente na forma de câncer de mama ou ideação suicida.[26] Essa é a premissa declarada por trás de literalmente centenas de restrições ao aborto aprovadas por todo o país na última década. As evidências mostram que a verdade é o contrário disso. O aborto não apenas é um procedimento médico seguro; sua alternativa – seguir com a gravidez e dar à luz – é bem mais arriscada.

Atualmente, os Estados Unidos enfrentam uma crise de mortalidade materna – mortes relacionadas à gravidez e ao parto. As tendências estão indo na direção errada em comparação com quase todos os outros países, e a situação é ainda pior para as mulheres não brancas. A mortalidade materna é agora duas vezes maior do que em 1987, com 17 mortes para cada 100 mil nascidos vivos no país.[27] As chances de mulheres negras e nativas americanas morrerem de complicações decorrentes da gravidez e do parto são três vezes maiores do que as das mulheres brancas. Por quê? Em grande parte, como consequência do racismo e da discriminação sistêmicos e institucionais, que podem assumir a forma de médicos e profissionais de saúde ignorarem os sintomas graves e as queixas de dor das pacientes.[28] Claro, não são apenas as mulheres não brancas grávidas cujos sintomas muitas vezes são ignorados. Jessica é branca, mas vemos que os sintomas de suas gestações anteriores também foram desrespeitados.

Kiara, que conheceremos em seguida, tem uma história que leva perfeitamente ao próximo capítulo, mostrando como o acesso aos serviços de aborto pode moldar uma trajetória de vida – a maneira pela qual relacionamentos futuros, crianças e carreiras dependem de se ter controle sobre quais gestações levar adiante e quais abortar. Como diz Kiara: "Se eu não tivesse abortado, a calma e a força e tudo o que sinto agora... acho que não estariam aqui. Sinto que minha vida ainda seria caótica e meio louca. Eu não acho que teria sido possível me reencontrar com meu marido e me casar com ele se eu tivesse tido o segundo filho."

Kiara

> *" O aborto me mostrou a força interior que eu tenho. "*

Morei em quase todos os estados. Morei em Nova York duas vezes. Morei em... ah, estou tentando pensar em todos os estados nos quais morei. Kentucky, Oregon, Califórnia, Nova Jersey, Flórida, Havaí, Dakota do Norte, Colorado, Virginia. Meu pai era militar. Aí minha mãe se casou de novo e meu padrasto também era militar. Então viajamos bastante.

Quando eu era mais nova, era sempre divertido para mim no verão. Nós nos preparávamos para nos mudar e recomeçar em outro lugar. Então, no final do ensino fundamental e indo para o ensino médio, pensei, beleza, já morei em todos os lugares e gostaria de sossegar. As mudanças passaram a ser mais uma dor de cabeça e um aborrecimento do que uma aventura. Eu disse a mim mesma que não me mudaria tanto quando fosse adulta, que iria me estabelecer em algum lugar, iria ficar em um lugar só. Mas isso ainda não aconteceu. Eu tendo a ficar entediada e começo a procurar um lugar novo.

Sou a mais velha de três irmãos. Sou bastante ligada a eles. Pelo fato de a diferença de idade entre nós ser tão grande, eu tendo a ser a irmã-mãe e eles me procuram pedindo conselhos ou querendo saber como conversar com a mamãe e o papai sobre algum tema. Mas minha mãe sempre foi presente.

Meu pai e minha mãe se separaram e minha mãe se casou de novo. Meus irmãos vieram depois desse novo casamento. Sempre houve estrutura em nossa vida. Minha mãe e eu estávamos falando sobre isso outro dia, e sempre foi empolgante e barulhento viver em uma família grande. Temos muitas memórias boas e engraçadas. Sempre fazíamos o jantar juntos, sobretudo aos domingos. Eu tive uma infância muito boa.

Fomos criados com ideais cristãos, então celebrávamos o Natal e o Dia de Ação de Graças e todas essas coisas, mas não era super-rigoroso.

Quando engravidei da minha filha, decidi me mudar de Kentucky e voltar para Nova York para ficar perto da minha mãe. Fiquei com ela durante toda a gravidez e durante os primeiros 18 meses de vida da minha filha. Então, quando ela completou 18 meses, entrei na cozinha e anunciei: "Vou voltar para o Kentucky para tentar resolver as coisas com o pai da minha filha. Me mando daqui a 30 dias."

Não deu certo, mas decidi ficar no Kentucky estudando e trabalhando só porque eu estava confortável e o custo de vida é bastante baixo. Eu podia estudar e ainda sustentar minha filha sem passar tantas dificuldades financeiras quanto passaria se voltasse para Nova York.

Quando minha filha tinha quase 3 anos, eu estava namorando um homem que era horrível em todos os sentidos. A relação era física e psicologicamente abusiva. Ele me perseguia. Eu já estava prestes a terminar com esse namorado, mas aí descobri que estava grávida. Fiquei arrasada. Eu me lembro de sentar no sofá com minha colega de quarto e simplesmente chorar e chorar. Só me lembro de nós duas olhando uma para a outra e dizendo, o que vamos fazer? *Eu vou dar um jeito*, pensei. *Não tem como eu ter esse filho*.

Minhas duas opções eram ter ou não o bebê. Mas tinha que ser uma decisão imediata. Eu sempre fui uma daquelas pessoas que segue os próprios instintos. Meu primeiro instinto foi interromper a gravidez, e eu fui em frente. Eu sabia que tomar essa decisão seria o jeito de sair daquele relacionamento, virar essa página e seguir em frente sem ter que olhar para trás nem ter quaisquer amarras me segurando. A situação era péssima. Eu continuava tentando ser uma boa mãe para a minha filha e percebi que não queria de forma alguma continuar ligada àquele homem pelos próximos muitos anos da minha vida. Eu mal dava conta de ser mãe solo com apenas um filho, que dirá dois.

A clínica ficava a uma hora e 15 minutos de onde eu morava. Percebi que era para lá que eu precisava ir. Com tudo o que estava acontecendo com a escola e o trabalho, eu sabia que não poderia passar por uma gravidez inteira e depois entregar o bebê para adoção. Havia coisa demais sobre as minhas costas.

Eu tinha uma colega de quarto. Nosso acordo era que eu pagava o aluguel e ela cuidava da casa e da minha filha enquanto eu trabalhava e estudava. Minha educação era em tempo integral. Estava matriculada na escola de artes culinárias, quase terminando, e na época trabalhava como bartender. Eu trabalhava muitas horas por semana para pagar as despesas, além de ir à escola. Minha colega de quarto basicamente me disse que estaria ao meu lado me apoiando fosse lá o que eu decidisse fazer. Ela realmente não me deu nenhuma opinião própria, só disse que me apoiaria na minha decisão.

Liguei para a clínica, e eles me perguntaram de quanto tempo eu estava. Marcamos uma consulta e eles disseram qual seria o custo e o que eu precisava pagar. Como era longe da minha casa, eles queriam que eu tivesse certeza de que tinha tudo comigo, porque obviamente não poderia ir e depois voltar. Acho que o telefonema inicial só foi difícil porque eu sabia que iria em frente com a minha decisão.

Por causa da minha educação religiosa, tive uma confusão de sentimentos sobre interromper a gravidez. Fiquei um pouco em conflito. Eu me lembro de que, quando estava grávida da minha filha, disse a mim mesma que a próxima vez que ficasse grávida seria nas circunstâncias certas, casada e pronta para ter um segundo filho. Ligar para marcar essa consulta e perceber que não acontecera dessa forma me deixou muito triste e decepcionada comigo mesma por causa do que eu ia fazer. Tudo meio que se desviou do caminho certo por causa de uma decisão impensada.

Eu tinha parado de tomar a pílula por uns dois dias. A cartela tinha acabado e eu tinha que ir até a farmácia comprar mais. Foi apenas um lapso de avaliação. Eu pensei que ficaria tudo bem. Só que não ficou.

A equipe da clínica foi muito prestativa; todos com quem conversei foram muito calorosos e agradáveis. Não me lembro de ter nenhum mau pressentimento sobre alguém na clínica ou mesmo sobre a própria clínica. O procedimento em si foi um pouquinho doloroso. Acabei tendo que ir por conta própria; dirigi eu mesma e fiquei lá sozinha. Eu me lembro de me sentir muito solitária. Então, acho que depois do procedimento em si, sentada na sala de recuperação, eu me senti meio entorpecida. Foi no final da hora e meia de carro de volta para minha casa que a tristeza me atingiu de uma só vez e tive de encostar o carro para chorar e me acalmar.

As emoções que senti no caminho de casa foram um pouco de tudo: alívio de que a situação havia acabado e de saber o que eu teria que fazer para me afastar do relacionamento em que estava; tristeza por interromper a gravidez; e um pouco de raiva, porque eu estava sozinha, porque meu então namorado tinha me decepcionado. Mas também um pouco de... não sei se alívio é a palavra certa... um reconhecimento de que, embora isso fosse difícil e embora a situação fosse muito complicada, passar por ela sozinha e saber que ele me decepcionara mais uma vez cimentou a certeza de que eu estava tomando a decisão certa.

Desde o início, mesmo sabendo o que ia fazer, eu o avisei. "Ei, estou avisando que estou grávida; é isso que vou fazer." Ele me deixou tomar as rédeas: "Faça o que você quiser." Então, duas semanas antes da minha consulta, liguei para ele e disse: "Ei, essa é a situação. Isso é o que eu vou fazer. Eu tenho o dinheiro para pagar. A única coisa que preciso de você é que me acompanhe até lá. Você nem precisa pagar a gasolina. Eu dirijo. Só gostaria que você estivesse lá comigo." Eu me lembro que ele respondeu: "Está bem, está bem." Então, dois dias antes da consulta, enviei uma mensagem para lembrá-lo: "Ei, a consulta é em dois dias. Só quero ter certeza de que você vai estar lá. Você precisa que eu vá te buscar ou nos encontramos na minha casa?"

Não recebi nenhuma resposta nos dois dias anteriores, nenhuma resposta na véspera. Mesmo na manhã da consulta, pensei, isto é algo sério e importante. Ele não vai simplesmente não aparecer. Só que ele não apareceu. Eu literalmente esperei até o último minuto, sabendo a que horas eu precisava estar lá para a consulta. Ele não ligou, nem mandou mensagem. Não tive notícias dele. Minha colega de quarto havia se oferecido para ir comigo, só que ela também tinha que ficar com a minha filha, então não havia escolha. Fiquei pensando: "Eu tenho que ir. Preciso ir. Não tenho mais ninguém para ir comigo, então tenho que ir e fazer isso sozinha." Dirigi com tanta raiva! Foi o sinal de que havia tomado a decisão certa. Ele não poderia estar lá.

Ele não teve sequer a decência de enviar uma mensagem de texto e dizer: "Olha, não vai dar para eu ir", ou "Olha, você precisa encontrar outra pessoa para te acompanhar". Ele me deixou lá esperando, sozinha. Naquele momento eu pensei: "Esta é a melhor decisão porque se ele não pode nem estar aqui e me acompanhar na consulta, como seria se eu tivesse o bebê?"

Ainda acho que foi a melhor decisão. Nunca tive qualquer dúvida ou indecisão sobre interromper a gravidez. Se eu tivesse que voltar no tempo e fazer tudo de novo, faria o mesmo.

Mudei de Kentucky para o Novo México. Reencontrei um velho amigo e nos casamos. Acabamos de ter um filho. Estou olhando para ele agora. Ele tem 3 meses. Hoje sou uma dona de casa, o que adoro, porque perdi muito do tempo com a minha filha por estar trabalhando e estudando. Então agora eu posso levá-la e pegá-la na escola, posso ser a mãe representante da classe e passar tempo com meu filho. Esse é um resumo dos últimos cinco anos.

Certamente a vida em si se tornou mais calma. Aprendi muito sobre mim mesma – quão forte posso ser e todas as coisas que posso superar. O aborto me mostrou a força interior que eu tenho. Lidar com o aborto, sair da relação abusiva – e sair intacta e ainda ser a pessoa que sou – foi a coisa mais importante. Finalmente estou vivendo a vida que eu sempre quis.

Minha filha está crescendo, trocando dentes e todas essas coisas. Poder ser uma mãe que fica em casa é uma sensação ótima. Passei tanto tempo vivendo no automático, sem parar, que acho que o mais importante para mim é me sentir bem por não ter que acordar para ir trabalhar. Trabalhei duro até dois dias antes de dar à luz. Eu trabalhava em tempo integral, mais de 45 horas por semana. Sempre trabalhei sem parar.

Percebi que, sim, sou dona de casa, este é o meu trabalho, e não há problema nisso. Vamos nos sentar e relaxar hoje e tudo bem. Foi necessário me ajustar um pouco. Sinto que estou constantemente preocupada, tipo, tenho que lavar a roupa, tenho que lavar a louça, tenho que fazer isso e aquilo. Meu marido diz: "Relaxe. Acalme-se. Você dá 110% em tudo." Mas tudo bem. Já se passaram quase quatro meses, e eu agora penso: "Tudo bem, posso ir com calma." Mas não quero ser relapsa ou me sentir preguiçosa. Então sempre estou procurando algo para cuidar, para fazer.

Minha filha me ajudou muito. Quando éramos só nós duas, eu sempre quis poder olhá-la nos olhos e fazê-la se orgulhar de mim, não importa se eram situações das quais ela sabia ou não. Eu me levantava todos os dias e me forçava a continuar e melhorar. Ela sempre foi minha força motriz.

Ela tinha 3 anos na época [do aborto], e tem pouca lembrança de qualquer coisa daquela época, o que é fantástico. Ela sempre foi a vozinha que sussurrava: "Você tem que se levantar. Tem que colocar um pé na frente do outro. Tem que pegar aquele turno extra. Você tem que continuar." Isso foi por ela e sempre será.

Acredito firmemente que tudo acontece por uma razão. Sinto que eu precisava saber – a fim de seguir em frente e me casar e trazer qualquer um para um novo relacionamento – que eu posso ficar sozinha e que sou forte. Então, sim, provavelmente teria sido mais fácil se eu tivesse procurado meus familiares ou algum amigo e superado as coisas de forma diferente. Mas é fácil olhar para trás e querer mudar as coisas. Como eu disse, eu tomaria a mesma decisão. Provavelmente faria tudo da mesma forma.

Quanto a este novo bebê, meu marido e eu não estávamos tentando ativamente, mas também não estávamos nos precavendo. Na verdade, aconteceu tão rápido que pensei que era para ser. Acho que você nunca está totalmente pronta. Sempre diz: "É o momento certo; vamos ter um filho." E quando engravida pensa: "Uau. Tudo bem, vamos lá." Então acho que o momento foi tão bom quanto poderia ser.

Minha vida é muito mais calma e estruturada agora. Eu fui capaz de desfrutar dessa gravidez. Não que eu não tenha gostado da gravidez da minha filha. Mas a que foi interrompida, não havia como apreciá-la. Teria sido mais um fardo do que uma bênção. O aborto foi uma parte mínima da minha vida, mas também foi muito importante. Após o aborto, eu de fato me comprometi a tomar a pílula. Não queria cometer mais erros. Não queria ter que me colocar de novo naquela situação nem tomar aquela decisão novamente. Mesmo com minha educação religiosa, sinto que minha posição sobre o aborto é que ele existe para o caso de se cometer um erro. Em casos de estupro ou algo assim e em casos de um erro.

Na minha opinião, um erro é fazer uma vez e depois nunca mais fazer de novo, porque é um erro. Um erro também se torna um aprendizado. Se você continuar cometendo o mesmo erro repetidamente, não será mais um erro. É um hábito, e eu só queria ter certeza de que não seria um hábito.

Foi uma virada de chave para mim. Fiquei mais seletiva sobre quem namorava, quem deixava entrar no meu círculo, quem deixava me afetar, tudo por causa dessa relação e desse aborto. Foi um momento supermarcante para mim.

Ainda enfrento alguma turbulência no que diz respeito aos valores religiosos. É algo com que terei que lidar na próxima vida, no Juízo Final. Mas, por causa de todo o bem que vem disso e por causa de tudo, eu sinto que é algo – e esta é apenas a minha crença – pelo qual serei perdoada e pelo qual fui perdoada. Eu pedi perdão.

Pensei muito sobre o aborto imediatamente depois de ter feito. Aí segui em frente quando fiz as pazes com o que aconteceu e continuei seguindo em frente desde então. Não penso mais muito sobre isso. Se o tema surge ou se as pessoas pedem minha opinião, eu generalizo, sem ser pessoal. Isso me faz parar e refletir, mas não fica na minha cabeça o tempo todo.

Se eu não tivesse abortado, a calma e a força e tudo o que sinto agora... acho que não estariam aqui. Sinto que minha vida ainda seria caótica e meio louca. Não acho que teria sido possível me reencontrar com meu marido e me casar com ele se eu tivesse tido o segundo filho. Às vezes fico um pouco triste porque penso na pessoa que eu era naquele momento e em tudo o que estava acontecendo. Foi um momento muito difícil e solitário, não apenas por causa do aborto em si, de estar sozinha, mas por aquele momento específico. Eu às vezes ainda fico um pouco brava comigo mesma por ter me permitido passar por aquilo. E me sinto aliviada por saber que tomei a decisão certa e porque fui capaz de tomá-la, porque era algo que estava disponível para mim. Sempre achei que a vida é preciosa, uma dádiva. Não acho que [o aborto] mudou minha perspectiva. Isso só me fez ser mais solidária com outras que passaram por essa situação, enquanto antes eu só pensava: "O quê? Como você pôde fazer isso?" Quando estamos na mesma situação, é um pouco diferente. Mas isso só expandiu minha visão para as pessoas e suas situações, não necessariamente mudou minha visão sobre a própria vida.

Eu gostaria de ter mais um filho no futuro. Se acontecer, ótimo. Se não acontecer, ótimo também. Pessoalmente, agora meu objetivo é garantir que minha filha termine a escola, que ela esteja bem adaptada e que esse carinha durma a noite toda.

Se não tivermos outro filho, assim que meu menor estiver na pré-escola, eu provavelmente gostaria de voltar a estudar para terminar meu bacharelado. Mesmo que tivéssemos outro filho, seria algo que eu ainda iria perseguir. É algo que eu quero e vou fazer, mas está tão longe no futuro que penso que tudo vai acontecer no seu devido tempo.

Quero trazer a mesma alegria, os risos e as brincadeiras que tive na minha infância para a minha família, para que eles experimentem isso. Isso fica com você. Fica com você conforme envelhece e continua a impulsioná-lo para a vida. Eu tive uma ótima infância e educação e quero passar isso para os meus filhos, para que eles possam passar isso para os filhos deles e darem continuidade ao ciclo. Tudo começa a partir daí.

Kiara, uma mulher negra do Kentucky, tinha 26 anos e estava grávida de 13 semanas quando fez um aborto.

CAPÍTULO 6

A vida das mulheres

Em 1973, a Suprema Corte dos Estados Unidos estabeleceu, com base na privacidade, que o aborto é um direito constitucional. Sendo cientista e não advogada, por muito tempo pensei que "privacidade" nesse contexto significava que uma adolescente teria o direito de esconder sua gravidez de vizinhos intrometidos. Ou que uma mulher não precisava revelar a seus sogros que ela e o marido não usavam preservativos com regularidade.

Acontece que não é isso o que significa privacidade no meio jurídico. A Constituição americana define limites sobre quais decisões podem ser tomadas pelo governo e quais são reservadas a cidadãos privados. Em *Roe vs. Wade*, a maioria dos juízes da Suprema Corte determinou que a reprodução é um assunto *privado*, a ser decidido pelos cidadãos do país e não pelo governo. É um direito fundamental. Privacidade, nesse contexto, significa a liberdade de não sofrer intromissão do governo.

A privacidade é, até o momento, o argumento jurídico mais bem-sucedido no que diz respeito aos direitos reprodutivos. No entanto, as mentes legais propuseram outros argumentos bastante poderosos, entre eles a proteção igualitária, ou seja, a ideia de que todos devem ser tratados igualmente nos termos da lei. A decisão da Suprema Corte de 1992 *Planned Parenthood vs. Casey* (Parentalidade planejada contra Casey) não citou a cláusula de proteção igualitária, mas a opinião da maioria declarou que "a capacidade das mulheres de participar igualitariamente na vida econômica e social da Nação viu-se facilitada por sua capacidade de controlar sua vida reprodutiva".[1]

A juíza Ruth Bader Ginsburg, da Suprema Corte, é uma crítica de longa data de *Roe vs. Wade*, caso que foi decidido vinte anos antes de ela ingressar na Corte, em 1993. Não é que ela se oponha à legalização do aborto: ela apenas discorda do que, certa vez, chamou de "justificação incompleta" da decisão por parte da Corte. Em 1984, enquanto exercia o cargo de juíza no Tribunal de Apelações dos Estados Unidos para o Circuito do Distrito de Columbia, Ginsburg proferiu uma palestra a estudantes de direito durante a qual alegou que, em relação a *Roe*, a Corte deveria ter se concentrado em argumentos constitucionais centrados na igualdade e na discriminação sexual.[2] Ginsburg disse na palestra, publicada pela *North Carolina Law Review*: "O conflito, entretanto, não é apenas entre os interesses de um feto e os interesses de uma mulher, de um ponto de vista reducionista, nem tampouco a questão primordial acerca do controle do Estado em oposição ao controle privado do corpo de uma mulher por um período de nove meses. Igualmente na balança encontra-se a autonomia de uma mulher no tocante a toda a sua trajetória de vida."

Isso nos leva às descobertas centrais do Estudo Turnaway, que nos permitiram analisar de que maneira o acesso ao aborto afeta a trajetória da vida de uma mulher. Há boas razões para se pensar que ter um filho quando não se está preparada – digamos, quando se está em um relacionamento abusivo ou lutando para sustentar filhos já existentes – pode fazer uma grande diferença na trajetória de vida de alguém. A maioria das mulheres (70%) que buscam um aborto tem entre 15 e 30 anos. É nessa faixa etária que decidimos quem somos. As decisões que tomamos – estudar, aprender um ofício, seguir uma carreira, constituir um relacionamento amoroso, ter filhos, criar um novo sonho de vida – reverberam pelo resto da vida.

Mesmo sem uma gravidez indesejada, os primeiros anos da vida adulta trazem desafios substanciais, como fica patente nas histórias das mulheres cujas vidas intercalam os capítulos deste livro. Algumas se encontram em situações difíceis, criando filhos pequenos enquanto os maridos estão na cadeia (Jessica e Melissa) ou se sentindo presas em relacionamentos abusivos, mesmo quando um futuro mais brilhante e independente acena mais adiante (Brenda, Kiara e Nicole). Para outras, os obstáculos para se formar na faculdade foram significativos, incluindo um acidente de carro (Jessica), mononucleose (Martina), asma grave (Nicole) e namorados que parecem impedir ativamente seus estudos (Nicole e Sofia). Algumas estão apenas no início da vida adulta, inseguras sobre as oportunidades que podem estar à frente (Jada e Sofia).

Este capítulo trata de como receber ou não a permissão para abortar afeta a empregabilidade, a educação, as aspirações de vida, as conquistas e até as opiniões das mulheres em relação à legalidade do aborto. Devemos lembrar que as principais razões declaradas por elas para realizar um aborto se relacionam tanto às suas circunstâncias de vida (se elas têm os recursos, a condição de vida e o apoio social para ter um filho) quanto às suas trajetórias (se suas esperanças e seus sonhos para o futuro se veriam frustrados caso tivessem que levar uma gravidez indesejada adiante).

Algumas das maiores diferenças encontradas no Estudo Turnaway entre as mulheres que conseguiram realizar um aborto e aquelas a quem o procedimento foi negado encontram-se neste capítulo: aumento na pobreza; redução de empregabilidade por anos a fio; diminuição do escopo dos planos aspiracionais; e anos tentando criar um filho sem meios suficientes para arcar com as despesas de alimentação, moradia e transporte, em lugar de investir em outros objetivos de vida.

Descobrimos que as mulheres que conseguem realizar um aborto permanecem em um trajeto consistente, continuando no trabalho e nos estudos e planejando o futuro, a exemplo de Ariela aos 19 anos. Ariela, uma latina que estava entre as 31 mulheres que participaram das entrevistas aprofundadas deste estudo, realizou um aborto no segundo trimestre em São Francisco. Estava grávida de gêmeos e foi uma decisão dolorosa. Mas também foi a mais acertada para ela. Ariela tinha grandes planos que teriam sido interrompidos caso tivesse tido filhos naquele momento. Mas, o mais importante, ela se sentia despreparada para criar um filho – que dirá dois. "Desisti de duas vidas por mim", Ariela diria mais tarde à nossa equipe de pesquisa. "Eu sabia que não conseguiria sustentá-los e não tinha educação formal, e isso é uma motivação para mim. Quer dizer, desisti deles para ter um emprego melhor, coisa que tenho hoje, para que eu pudesse estudar (hoje estou no meio do meu curso universitário) e ter uma vida melhor, e acho que estou me saindo bem." De fato, após o aborto, Ariela terminou a faculdade, teve um filho quando se sentiu preparada e cinco anos depois tinha planos de estudar Direito.

São as trajetórias das mulheres a quem foi negado o aborto que muitas vezes sofreram um desvio. Amina, outra mulher que deu uma entrevista aprofundada, imigrou da África para os Estados Unidos sozinha aos 16 anos. Seus pais adotivos eram "ok", disse ela à nossa equipe, mas Amina não contava com nenhuma rede de apoio familiar quando engravidou, alguns anos depois. Sua gravidez estava adiantada demais para conseguir realizar o aborto que desejava. Na época, Amina já criava um filho e mal conseguia o suficiente para o sustento. Escolheu abortar para melhorar a própria vida e a do filho, mas a clínica se recusou a realizar o procedimento. Dois anos mais tarde, o pai desse novo bebê a abandonou, e Amina se viu sozinha com duas crianças pequenas, dando duro, vivendo à base de programas de auxílio-alimentação do governo, mal conseguindo pagar as despesas e ainda sem acesso à educação superior, o que era seu sonho ao procurar a clínica de aborto. "Eu estava tentando estudar para me tornar alguém, mas não pude por causa da gravidez", disse Amina. Ter o aborto negado "afeta substancialmente minha vida, porque não consegui concluir os estudos como eu desejava".

Planos de um ano

Uma vez a cada seis meses, os entrevistadores do Estudo Turnaway telefonavam para as participantes da pesquisa para lhes fazer mais de uma centena de perguntas. Algumas eram relativas ao aborto que elas fizeram ou tentaram fazer ao mesmo tempo que se inscreviam para participar do estudo. A maioria, porém, dizia respeito aos desdobramentos de suas vidas. Tais pesquisas abrangentes podiam durar de 30 minutos a mais de 1 hora. As últimas perguntas eram abertas e sempre as mesmas: "De que maneira você acha que sua vida estará diferente daqui a um ano?", seguida por: "De que maneira você acha que sua vida estará diferente daqui a cinco anos?"

Alguns estudos anteriores já haviam avaliado o impacto do aborto na vida das mulheres, comparando-as com base em um mesmo objetivo predefinido – por exemplo, formar-se no ensino médio. Um famoso estudo realizado no final dos anos 1980, conduzido pela Dra. Laurie Zabin da Universidade Johns Hopkins, rastreou quase 400 adolescentes afro-americanas em Baltimore para determinar se a realização de um aborto ou a gravidez levada adiante afetara a capacidade de essas jovens se formarem no ensino médio. Naquela época, a resposta foi sim. Dois anos após a gestação, 90% das adolescentes que optaram por abortar tinham se formado ou seguiam estudando. Esse mesmo número se reduzia a 69% entre as adolescentes que haviam escolhido dar à luz.[3] No Estudo Turnaway, fizemos algo diferente. Em vez de medir o sucesso de todas as mulheres segundo o mesmo objetivo, deixamos que elas mesmas nos contassem seus planos e depois perguntamos se conseguiram realizar o que haviam se proposto a fazer.

Devemos lembrar que uma das principais razões para querer realizar um aborto, relatada por uma em cada cinco mulheres, é que levar a gravidez adiante interferiria em suas oportunidades futuras. Grande parte das demais razões relatadas – não ter dinheiro suficiente, não ter o parceiro certo, não estar preparada para ser mãe – também sugere que ter um filho dificultaria a realização de seus sonhos.

Minha colega, a Dra. Ushma Upadhyay, realizou um estudo para avaliar de que maneira realizar um aborto afeta a capacidade de concretizar um plano de vida de um ano.[4] A equipe analisou 1.304 planos de um ano relatados pelas participantes do estudo uma semana depois de elas procurarem realizar o aborto. Categorizamos todas as respostas por perspectiva, determinando se os planos declarados eram aspiracionais ("conseguir um emprego melhor"), neutros ("as crianças serão mais velhas") ou negativos ("provavelmente terei menos dinheiro"). A seguir, comparamos esses dados após um ano, para ver se a vida dessas mulheres havia mudado da maneira como elas haviam previsto.

As mulheres que buscam realizar um aborto têm muitos planos para o ano seguinte – em média quase dois planos por mulher. A maioria desses (80%) eram aspiracionais. Isso se evidencia nas 10 mulheres cujos perfis destacamos neste livro. No ano em que Amy interrompeu sua gravidez no Texas, ela tinha 28 anos. Ela e o marido haviam acabado de comprar uma casa e planejavam em breve matricular a filha em uma escola particular do ensino fundamental. Nesse mesmo ano, no Arizona, a mononucleose levou a melhor sobre Martina, de 22 anos, obrigando-a a repetir um semestre da faculdade. Ela estava determinada a se formar nos próximos dois anos: "Meu objetivo era terminar a faculdade." Na Louisiana, Jessica, de 23 anos, após fazer o aborto que desejava desesperadamente, planejava se divorciar do marido abusivo.

Cerca de 17% dos planos eram neutros. No oeste do Texas, a equipe da clínica de aborto informou a Camila, de 22 anos, que sua gravidez estava adiantada demais para que ela pudesse abortar ali. Disseram que ela poderia tentar em Albuquerque, mas ela optou por ter o bebê, comunicando à nossa equipe de pesquisa um plano pragmático, desprovido de sentimentos positivos ou negativos: "Esta é a sua nova vida, e é simplesmente o que vai acontecer."

Apenas 2% dos planos de um ano eram negativos, sendo um pouco mais comuns entre as participantes do estudo a quem foi negado o aborto (8% contra 1% entre as que conseguiram realizar o aborto desejado). A gravidez de Brenda, de 24 anos, por exemplo, estava adiantada demais quando ela tentou fazer um aborto na Califórnia e de repente encontrou-se indefinidamente presa ao seu parceiro violento. "Enfim, eu não tinha grana, nem nenhuma perspectiva de trabalho", disse Brenda. "Porque ninguém contrata uma merda de grávida de quatro, cinco meses. As pessoas simplesmente não fazem isso. Então fiquei totalmente dependente dele do ponto de vista financeiro. E foi péssimo."

A probabilidade de ter um plano aspiracional para o ano seguinte também era muito menor entre as mulheres a quem foi negado o aborto (56%) do que entre aquelas que conseguiram realizá-lo (86%). Ou seja, ter o aborto desejado negado faz com que as mulheres reduzam o escopo dos seus planos para o ano seguinte, ao mesmo tempo que permite que aquelas que conseguiram realizar o aborto definam mais planos aspiracionais para o ano à frente. O Estudo Turnaway também descobriu que a natureza do plano de uma mulher variava de acordo com o fato de ela ter ou não levado adiante uma gravidez indesejada. Em comparação com as que puderam abortar, as mulheres a quem foi negado o aborto estavam mais propensas a estabelecer planos de um ano relacionados aos filhos (como "dar uma boa vida aos meus filhos") e menos propensas a mencionar planos de emprego (como "encontrar um novo emprego") ou planos de relacionamento (como "quero me casar"). As mulheres modificam seus planos e reduzem drasticamente o escopo dos planos não relacionados aos filhos em função de lhes ter sido negado o aborto que desejavam. A Figura 6 mostra os tipos de planos e aspirações entre as mulheres que buscavam realizar um aborto, no Estudo Turnaway.

Figura 6. Planos de um ano no momento em que se procura o aborto

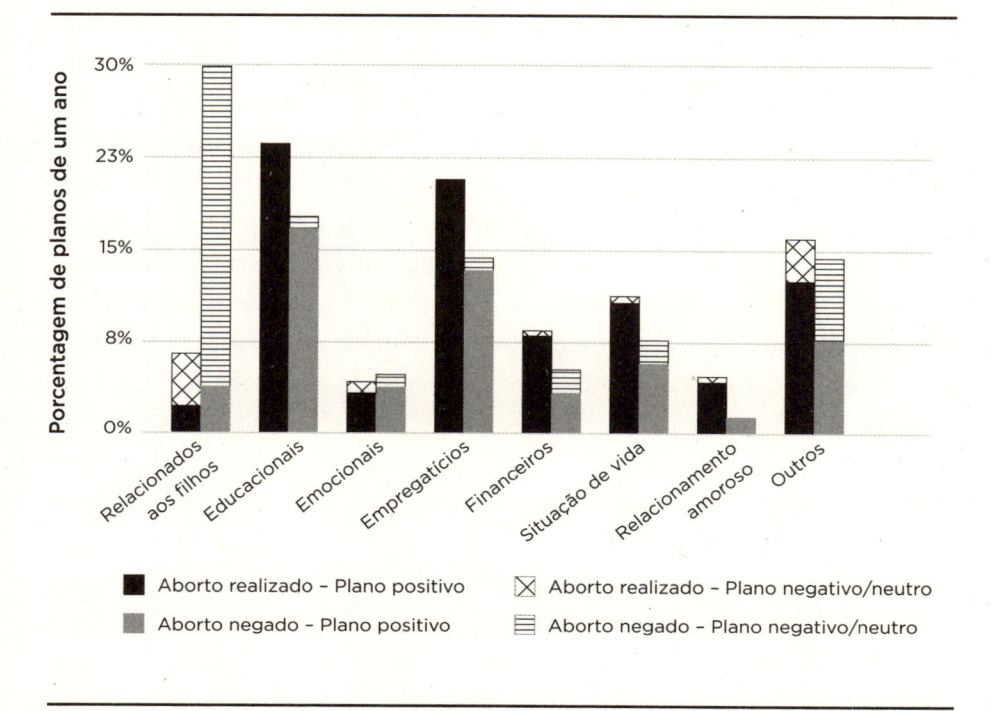

[Gráfico de barras mostrando porcentagem de planos de um ano (eixo Y de 0% a 30%) para as categorias: Relacionados aos filhos, Educacionais, Emocionais, Empregatícios, Financeiros, Situação de vida, Relacionamento amoroso, Outros.

Legenda:
- ■ Aborto realizado – Plano positivo
- ⊠ Aborto realizado – Plano negativo/neutro
- ▨ (cinza) Aborto negado – Plano positivo
- ☰ Aborto negado – Plano negativo/neutro]

Adaptado de Upadhyay, U.D.; Biggs, M.A.; Foster, D.G. "The effect of abortion on having and achieving aspirational one-year plans". *BMC Women's Health*. 2015; 11(1): 102.

Quem realizou seus planos aspiracionais um ano depois? Entre os mais de mil planos aspiracionais de que tomamos conhecimento, 87% puderam ser aferidos com os dados coletados pelo estudo. Eram planos específicos e concretos, como ganhar mais dinheiro, continuar os estudos, conseguir um emprego em tempo integral, mudar-se ou ter a própria casa. No tocante aos planos que eram tanto aspiracionais quanto mensuráveis, as mulheres do estudo realizaram quase metade (47%) das metas de um ano. A probabilidade era maior de realizarem planos relacionados aos filhos (89%) e planos financeiros (73%), e menor de realizarem planos educacionais (31%) e de relacionamento (18%). Não identificamos diferenças na realização de planos aspiracionais entre as mulheres que conseguiram realizar o aborto desejado e as que não. No entanto, uma vez que aquelas a quem foi negado o aborto eram menos propensas a terem planos aspiracionais, a probabilidade de realizá-los era por conseguinte também menor. A probabilidade de definir e realizar algum plano aspiracional era muito maior entre as mulheres que conseguiram realizar o aborto desejado (48%) do que entre aquelas a quem o procedimento foi negado (30%).

O que nos dizem todos esses dados? Que a fase da vida em que muitas mulheres buscam realizar um aborto é fundamental: é o momento em que elas estão definindo metas de vida e tomando decisões importantes. Tal como Martina, elas possuem grandes planos para o futuro e estão determinadas a melhorar de vida. Martina cumpriu a promessa que fez a si mesma, formando-se na faculdade em dois anos. Não estando amarrada a ninguém e com um diploma debaixo do braço, ela deixou o Arizona em busca de uma carreira e uma vida melhores, o que encontrou poucos anos depois. As mulheres a quem foi negado o aborto tendem a reduzir suas expectativas financeiras e profissionais, pois sabem que ter um filho – ou mais um filho – afetará sua trajetória de vida. As mulheres sabem que levar uma gravidez indesejada adiante limitará suas demais conquistas.

Vejamos o exemplo de Sue, uma mulher branca do Missouri que participou das entrevistas aprofundadas. Ela tinha acabado de ter um bebê quando, aos 25 anos, viu-se novamente grávida e em pânico. Ela e o parceiro optaram pelo aborto, pois achavam que não seriam capazes de sustentar financeiramente dois bebês ao mesmo tempo. Além disso, Sue tinha planos. O primeiro filho interrompera sua educação universitária, porém ela planejava voltar para a faculdade e conseguir o diploma. Quando descobriu que a gravidez estava adiantada demais para conseguir realizar o aborto que desejava em Illinois, e em seguida descobriu que ambos os filhos pequenos têm autismo, mudou de planos e acabou encontrando um emprego que lhe permitia estar com os filhos e não precisar se preocupar com creches. Deixou os sonhos em suspenso. "Eu gostaria de voltar a estudar, mas não sei como isso se encaixaria no meu dia a dia", disse ela à nossa equipe. "Então provavelmente é algo que terei que fazer mais tarde, ou então apenas uma disciplina por vez, ou algo assim. Um dia eu gostaria de voltar à faculdade e me formar, mas (...) isso pode acontecer ou não."

Atitudes em relação à moralidade e legalidade do aborto

Antes de examinarmos como os desdobramentos da vida das mulheres variam segundo o fato de terem ou não conseguido realizar o aborto desejado, vamos analisar se tal experiência mudou sua opinião quanto a se outras mulheres em situações semelhantes às suas deveriam ter acesso a serviços de aborto. No Estudo Turnaway, descobrimos que a atitude das participantes em relação à legalidade do aborto é mais favorável do que a do público em geral. Nas entrevistas, perguntamos: "Você acredita que o aborto é moralmente errado?" e "Como você descreveria sua visão política em relação ao aborto: a favor de que as mulheres tenham o direito legal de abortar; a favor de que as mulheres tenham o direito legal de abortar, porém apenas em situações especiais, como estupro ou incesto; ou contra o direito legal de abortar, seja qual for a situação?" Apenas 3% das mulheres em nossa amostra se opuseram ao direito legal ao aborto independentemente da situação; porcentagem muito inferior aos 15%–20% do público geral que declara essa opinião.[5] No entanto, foi fascinante constatar que ainda há bastante ambivalência relatada em relação à moralidade do aborto. Minha colega, a Dra. Katie Woodruff, descobriu que, seis meses depois de procurar abortar, quase todas as mulheres apoiavam a legalidade do aborto em todas (80%) ou algumas (18%) situações; por outro lado, 20% também consideravam o aborto moralmente errado.[6] Esse número, ainda assim, é notavelmente inferior aos 47% de americanos que julgaram o aborto moralmente errado nas pesquisas mais recentes.[7]

As mulheres a quem foi negado o aborto eram mais propensas a dizer que se tornaram menos solidárias ao direito ao aborto do que as mulheres a quem foi permitido realizá-lo (21% contra 9%), ao passo que as que abortaram eram mais propensas a dizer que se tornaram mais favoráveis ao direito ao aborto (33% contra 6%). Contudo, ao fazermos a mesma pergunta quatro anos e meio depois, cerca de 95% das mulheres a quem fora negado o aborto apoiavam o direito legal de interromper a gravidez. Muitas mulheres, tanto as que conseguiram o aborto quanto aquelas a quem este foi negado, relataram que a experiência as tornara mais solidárias com outras mulheres na mesma situação. Um exemplo é Kiara, cujo relato vimos anteriormente, e que assim refletiu cinco anos depois de realizar um aborto no segundo trimestre: "Sempre achei que a vida é preciosa, uma dádiva. Não acho que [o aborto] mudou minha perspectiva. Isso só me fez ser mais solidária com outras que passaram por essa situação." Ariela expressa uma opinião similar cinco anos após sua experiência: "[Isso] mudou minha visão em relação ao aborto. No começo eu achava que ninguém deveria ser autorizado a abortar, com exceção das mulheres que foram estupradas. (...) Mas, quando eu estava ali com um monte de garotas que também fariam um aborto no mesmo dia, eu meio que entendi por que as mulheres decidem passar por isso. Não é porque elas querem: é porque, algumas vezes, elas precisam. Algumas vezes, isso permitiria que tivessem uma vida melhor, porque não seriam capazes de se sustentar tendo um filho."

Curiosamente, as atitudes em relação à moralidade do aborto estão entre os poucos resultados em que raça e etnia pareceram fazer diferença. A probabilidade de as latinas que abortaram afirmarem que o aborto foi a decisão certa era menor do que a das não latinas, tanto poucos dias após o procedimento quanto anos mais tarde.[8] Da mesma forma, as latinas que fizeram abortos eram um pouco mais propensas a experimentar emoções negativas, incluindo arrependimento, e apresentavam maior probabilidade de se oporem ao direito ao aborto. As mulheres afro-americanas tinham menor tendência a perceber o estigma da comunidade em torno do aborto do que as mulheres brancas, mas também apresentavam maior tendência a achar que o aborto é errado e a se opor ao direito ao aborto.[9] Entretanto, tanto em relação às emoções quanto ao estigma em torno do aborto, as amplas diferenças por raça ou etnia explicam muito pouco sobre qualquer experiência individual de aborto vivida por uma mulher.

Bem-estar econômico autodeclarado

Conheceremos Melissa após este capítulo, mas o que vale a pena observar aqui é que, quando essa mulher de 26 anos vinda do estado da Geórgia engravidou em 2010, estava desempregada, deprimida e tentando desesperadamente sustentar e criar quatro filhos sozinha. O marido estava na cadeia, mas Melissa jamais pediu auxílio do governo porque não queria que ele fosse a julgamento para pagar a pensão alimentícia quando fosse libertado.

Assim, ela ia de um sopão comunitário a outro. Ficou aliviada quando conseguiu fazer o aborto. Não tinha a menor ideia de como sustentaria uma quinta criança naquele momento e naquelas circunstâncias.

Não ter renda suficiente para sustentar um filho, ou para sustentar mais um filho, é a razão mais comumente relatada para se desejar interromper uma gravidez. A escassez monetária pode ser tanto o principal motivo que leva uma mulher a optar pelo aborto quanto uma razão entre muitas. Seja como for, dado o alto custo de criar uma criança nos Estados Unidos, desejar ter dinheiro suficiente é compreensível. A maioria das mulheres que procuram realizar um aborto já estão passando por dificuldades financeiras. Pouco mais da metade daquelas em nosso estudo que buscavam abortar viviam, como Melissa, abaixo do nível de pobreza na época em que buscaram o procedimento, um dado consistente com os números nacionais sobre pobreza entre as pessoas que fazem abortos nos Estados Unidos.[10] Três quartos relataram não ter dinheiro suficiente para pagar pelas despesas básicas, como comida, moradia e transporte. Descobrimos que a probabilidade de as mulheres que buscavam um aborto logo no início da gravidez (como Amy, cuja história sucedeu o Capítulo 1) terem baixa renda era menor, provavelmente porque ter dinheiro facilita e muito cobrir os custos de buscar por uma clínica, financiar o procedimento e se deslocar até o local. Não ter dinheiro suficiente para criar um filho muitas vezes significa também não ter dinheiro para pagar pelo aborto. Esse era certamente o caso de Melissa. "Entrei em pânico no começo, e depois em depressão, porque pensava que não teria a menor chance de pagar por um aborto e que, portanto, estava ferrada." No fim, um amigo acabou ajudando Melissa, mas muitas mulheres em circunstâncias desesperadas não têm a mesma sorte. E, conforme vimos no Capítulo 2, uma das principais causas da demora em procurar um aborto é a tentativa de arrumar o dinheiro para pagar por ele. Torna-se um círculo vicioso, em que a demora torna o procedimento mais caro, o que por sua vez torna necessário mais tempo para conseguir mais dinheiro. No fim, o aborto pode acabar sendo negado por exceder os limites do período gestacional da clínica de aborto.

Sempre que começávamos uma nova análise para o Estudo Turnaway, como saúde física, saúde mental e, neste caso, bem-estar econômico, começávamos por verificar se no quesito em questão a situação das mulheres a quem o aborto foi negado por sua gravidez exceder o limite gestacional da clínica era semelhante, no início do estudo, à situação daquelas cuja gravidez estava no limite da idade gestacional e que, portanto, conseguiram abortar. Eu conduzi a análise dos resultados econômicos e descobri, logo de cara, que esses dois grupos eram na verdade diferentes desde o princípio. A probabilidade de as mulheres a quem foi recusado o aborto relatarem estar desempregadas na nossa primeira entrevista, uma semana depois de procurarem abortar, era maior: 60% das mulheres a quem foi negado o aborto, em comparação com 45% das que conseguiram fazê-lo. Além disso, elas também apresentavam tendência maior de viver com outros membros adultos da família, como os próprios pais (49% contra 36%).[11]

Algumas dessas diferenças talvez se devam ao fato de termos medido os valores basais uma semana após a negação do aborto, de modo que elas talvez tivessem se mudado para a casa dos pais e parado de trabalhar em preparação para ter o bebê. No entanto, como os dois grupos realmente pareceram diferir nos valores basais, eu não poderia simplesmente analisar se eles diferiram ao longo do tempo ou não. Era preciso determinar se as diferenças ao longo do tempo entre as mulheres que conseguiram realizar o aborto e aquelas a quem o procedimento foi negado eram maiores do que o esperado, dadas as diferenças iniciais. Com a ajuda de Maria Glymour, professora de bioestatística na UCSF, examinamos mudanças na composição do agregado familiar, emprego, rendimento, auxílio social e adequação de renda.[12]

Quando o aborto é negado a uma mulher, seu lar aumenta de tamanho à razão de uma pessoa no momento do nascimento porque, conforme relatei no Capítulo 4, poucas mulheres optam por entregar a criança para adoção. Contrariando as expectativas, levar a gravidez adiante não afeta significativamente a probabilidade de a mulher ir morar com o homem envolvido, como veremos no Capítulo 8. A curto prazo, a tendência é que as mulheres a quem foi negado o aborto morem com outros membros adultos da própria família. Com o tempo, elas gradualmente terminam o relacionamento com os pais dos filhos e se afastam dos outros membros da família, de modo que, ao final dos cinco anos, a tendência é estarem criando as crianças sozinhas. O que vemos nesses dados é que o ônus de criar uma criança muitas vezes recai somente sobre as mulheres, em vez de ser compartilhado com um parceiro ou sustentado por toda a família estendida.

Entre as mulheres que realizaram abortos, a porcentagem das que tinham emprego em tempo integral aumentou gradualmente, de 40% no momento do aborto para 50% cinco anos depois. Entre as mulheres a quem foi negado o aborto, apenas 30% tinham um emprego em tempo integral após seis meses. Esse número parece baixo, mas na verdade não é. Devemos lembrar que elas haviam dado à luz recentemente. Algumas das mulheres que pararam de trabalhar por volta da época do parto o fizeram contra sua vontade. Sue, a mulher de 25 anos do Missouri, teve um aborto negado e relatou: "Uma semana antes de eu tirar a licença-maternidade fui despedida, então isso foi meio traumático, porque eu, grávida de oito meses, estava agora desempregada. Então foi muito difícil e acho que só consegui realmente voltar a trabalhar quando meu bebê já tinha uns 6 meses."

Demorou quatro anos para as mulheres a quem o aborto foi negado e deram à luz alcançar a taxa de empregabilidade das mulheres que estavam quase no limite gestacional e que conseguiram abortar. Esses anos de emprego, estável ou instável, podem exercer um impacto significativo na situação econômica das mulheres e de suas famílias.

Certamente foi esse o caso de Olivia, uma mulher branca de 23 anos de Minnesota que havia desistido da faculdade para poder trabalhar e criar seu bebê de 8 meses. Quando ela engravidou novamente, estava trabalhando como gerente para um negócio de varejo e achava que não conseguiria alcançar seus objetivos profissionais naquele momento com um novo filho. Portanto, interrompeu a gravidez. "Bom, eu fiquei naquela empresa (…) por 10 anos, para ter sucesso no meu cargo", explicou Olivia. "Podia viajar a trabalho com frequência, sabe, porque com apenas um filho eu tinha flexibilidade. Pude crescer na carreira, ser muito bem-sucedida e treinar pessoas em diferentes estados." Alguns anos depois do aborto de Olivia, ela e seu parceiro se sentiram preparados, tanto financeira quanto emocionalmente, para ter um segundo filho. Estavam planejando comprar uma casa e tinham uma quantia suficiente para pagar uma boa entrada e, com sorte, evitar um financiamento gigantesco. "O momento foi perfeito", disse Olivia sobre a segunda criança. "A única razão pela qual eu senti isso foi por termos dinheiro, e, além disso, uma reserva, para o caso de alguma emergência. Ao passo que antes eu não tinha nem um centavo no bolso."

Para compensar a perda de salário, algumas mulheres a quem o aborto é negado recebem auxílio do governo. Uma em cada seis mulheres (15%) a quem o aborto foi recusado, em comparação com 1 em cada 12 (8%) que o realizaram, estavam recebendo auxílios sociais dentro de seis meses, diferença que permaneceu significativa até a entrevista realizada ao final de cinco anos. O uso de auxílio-alimentação é maior (44% contra 33%) entre as mulheres a quem o aborto é negado. Metade das mulheres nessa última situação, em comparação com apenas 8% das mulheres que conseguiram realizar o aborto, participaram do Special Supplemental Nutrition Program for Women, Infants, and Children (Programa Especial de Nutrição Suplementar para Mulheres, Lactentes e Crianças – WIC), um programa de nutrição para novas mães. Foi o caso de Sue, a mulher do Missouri a quem foi negado um aborto. Ela teve acesso ao WIC enquanto estava grávida e disse que o programa a ajudou demais com recomendações médicas e a detectar precocemente o autismo em seus filhos. Por um ano, não verificamos outras diferenças quanto ao uso do WIC entre as mulheres que receberam e aquelas a quem foi negado um aborto, o que provavelmente reflete a curta duração da elegibilidade da WIC após o parto.

Houve pouca diferença na renda total, familiar ou pessoal, antes e depois da gravidez, tanto no caso das mulheres que receberam quanto daquelas a quem foi negado o aborto. Isso deve significar que os ganhos recebidos com auxílios do governo compensam as perdas de salário – porém a comparação é enganosa, porque a mesma renda agora precisa sustentar mais pessoas no domicílio, no caso das mulheres a quem o aborto foi negado. Imagine tentar criar um bebê, com todas as novas despesas a ele associadas – fraldas, creche, roupas, móveis, brinquedos, fórmulas e/ou suprimentos para extração de leite materno (especialmente se a mulher tiver que voltar a trabalhar em breve) –, com a mesma renda que antes já era insuficiente para dar conta de si mesma. Um dos resultados de ter o aborto negado é o aumento da incidência de pobreza. Seis meses depois que as participantes do estudo interromperam suas gestações ou deram à luz, 61% das que não puderam abortar viviam abaixo do nível de pobreza, em comparação com 45% das que puderam realizar o aborto (ver Figura 7). Elas apresentam tendência significativa a continuar em situação econômica precária ao longo dos quatro anos seguintes. Em todas as entrevistas, desde a de seis meses até a de cinco anos depois de procurarem realizar o aborto, a probabilidade de as mulheres a quem o procedimento foi negado relatarem não ter dinheiro suficiente para pagar pelas despesas básicas (como comida, moradia e transporte) é maior do que a das mulheres que o realizaram.

Figura 7. Tendências na pobreza doméstica ao longo de cinco anos, após a realização ou a negação de um aborto

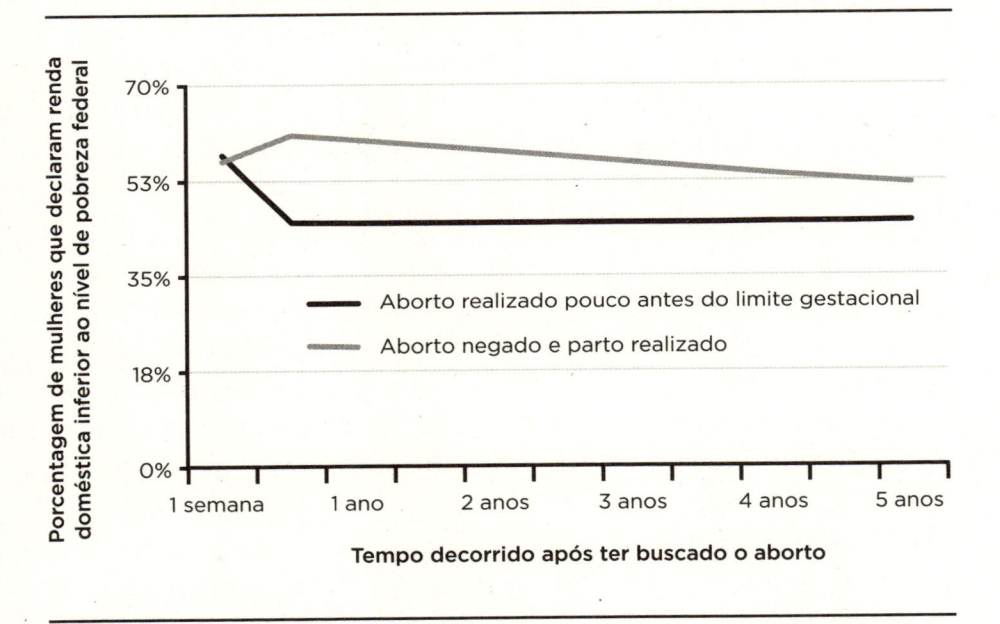

[Gráfico: Porcentagem de mulheres que declaram renda doméstica inferior ao nível de pobreza federal (eixo Y: 0%, 18%, 35%, 53%, 70%) em função do tempo decorrido após ter buscado o aborto (eixo X: 1 semana, 1 ano, 2 anos, 3 anos, 4 anos, 5 anos). Linhas: "Aborto realizado pouco antes do limite gestacional" e "Aborto negado e parto realizado".]

Adaptado de Foster, D.G.; Biggs, M.A.; Ralph, L.; Gerdts, C.; Roberts, S.; Glymour, M.M. "Socioeconomic outcomes of women who receive and women who are denied wanted abortions in the United States." *Am J Public Health*. Mar. 2018; 108(3): 407–413.

A trajetória socioeconômica das mulheres a quem foi negado o aborto, em comparação com a de mulheres que o realizaram, mostra que as primeiras enfrentam mais dificuldades, mesmo considerando-se as diferenças de valores basais. As diferenças na maioria das situações econômicas decorrentes, como pobreza e emprego, convergem aos poucos ao longo dos cinco anos, à medida que as mulheres voltam a trabalhar em tempo integral e as crianças passam a frequentar a escola; no entanto, como veremos na próxima seção, algumas ramificações desse período de escassez podem ser duradouras. As políticas públicas que impedem as mulheres de interromper uma gravidez indesejada resultam em dificuldades econômicas que perduram por anos.

De que maneira poder ou não fazer um aborto afeta o endividamento, o crédito e as oportunidades econômicas das mulheres?

Logo depois que meu artigo sobre os efeitos de se realizar ou não um aborto sobre a empregabilidade, a renda e a pobreza das mulheres foi publicado no início de 2018 no *American Journal of Public Health*, recebi um e-mail da Dra. Sarah Miller, uma economista que eu não conhecia, da Universidade de Michigan. Ela havia lido o nosso artigo e teve uma ideia brilhante. Sugeriu que relacionássemos os dados das mulheres do Estudo Turnaway com os dados contidos nos relatórios de crédito. Diferentemente do meu artigo sobre os efeitos econômicos, que analisou a percepção subjetiva das mulheres sobre a própria segurança financeira, o relatório de crédito é uma medida objetiva: trata-se de um histórico detalhado da utilização de crédito de uma pessoa e inclui informações como dívidas pendentes, históricos de reembolso, falência e a frequência com que alguém deixou de pagar um empréstimo. Ele é gerado por uma agência de crédito, que desconhece se a mulher acabou de ter um filho e a opinião dela sobre sua capacidade de sustentar a família. Os dados dos relatórios de crédito são convertidos em pontuações de crédito (escores), que afetam as oportunidades econômicas futuras das mulheres – suas chances de alugar um apartamento, financiar a compra de um imóvel ou obter um empréstimo comercial, por exemplo.

Uma vantagem dos relatórios de crédito é que poderíamos coletar dados de anos anteriores ao ano em que as mulheres do estudo engravidaram e acompanhá-los ao longo de cinco anos completos depois disso, mesmo que elas parassem de participar das pesquisas telefônicas. A única desvantagem é que nem todo mundo possui registro de crédito. As pessoas normalmente aparecem nos registros das agências de crédito quando adquirem um cartão de crédito pela primeira vez ou pagam uma conta de consumo em seu nome.

Passamos por um protocolo complexo para proteger a identidade das mulheres no estudo, que envolveu a solicitação de dados de 50 mil mulheres aleatórias que não tinham nenhuma relação com o estudo, de modo que a agência de crédito não tivesse como saber quem era participante ou não. Forneci a cada mulher um número de identificação e mantive um registro de quais identificações pertenciam às pessoas do estudo. O departamento responsável enviou então as informações de crédito com os novos números de identificação. Enviei o conjunto de dados (desprovidos de nomes ou outros identificadores) para a Dra. Miller e informei quais registros representavam as mulheres do estudo (em oposição às 50 mil mulheres aleatórias) e se cada uma havia feito ou não um aborto. Quatro em cada cinco mulheres com 20 anos ou mais tinham pontuação de crédito (escore) antes de participar do Estudo Turnaway. A Dra. Miller contou com a ajuda de sua colaboradora frequente, a economista Dra. Laura Wherry, da UCLA, na análise dos dados. Elas descobriram que a situação das mulheres que realizaram e a daquelas a quem foi negado o aborto eram na verdade muito semelhantes nos três anos anteriores à gravidez e à sua participação no estudo. Isso é importante porque a força do Estudo Turnaway decorre das semelhanças basais entre as mulheres que realizaram e aquelas a quem foi negado o aborto, permitindo-nos atribuir essa diferença no desenrolar de suas vidas ao fato de elas terem conseguido ou não realizar um aborto. Como observado antes neste capítulo, um dos resultados em que as mulheres pareciam diferir uma semana após terem realizado ou recebido a negação do aborto era emprego. Esses dados objetivos de vários anos anteriores à gravidez indicam que, na realidade, mesmo no nível econômico basal, os dois grupos eram semelhantes.

A Dra. Miller e a Dra. Wherry separaram os dados dos relatórios de crédito em dois tipos-indicadores, um que exibia dificuldades econômicas, como falências, baixos escores de crédito e inadimplência, e outro que mostrava oportunidades econômicas, como altas pontuações de crédito e altos limites de crédito. Elas descobriram que não ter conseguido realizar o aborto desejado aumentava o valor das contas em atraso em 1.750 dólares em média, um aumento de 78% em relação ao valor pago por contas em atraso antes da gravidez, constantes nos relatórios de crédito. No decorrer dos cinco anos após buscarem realizar o aborto, o número e o valor das contas vencidas permaneceram basicamente os mesmos no caso das mulheres que abortaram. A incidência de péssimos eventos financeiros constantes em registros públicos (como despejos, falências e condenações judiciais por não pagamento de contas) também aumentou significativamente, cerca de 81%, no caso das mulheres a quem foi negado o aborto. As diferenças de crédito e eventos financeiros persistiram por diversos anos após a gravidez indesejada (ver Figura 8, que mostra as tendências na pontuação média de crédito de ambos os grupos). Pode-se observar que, logo após o parto, as mulheres a quem foi negado o aborto experimentaram um abalo em sua situação econômica e não conseguiram alcançar o mesmo patamar daquelas que conseguiram abortar, nem mesmo cinco anos depois.[13]

Figura 8. Tendências nas pontuações de crédito (escores) antes e depois da gravidez indesejada

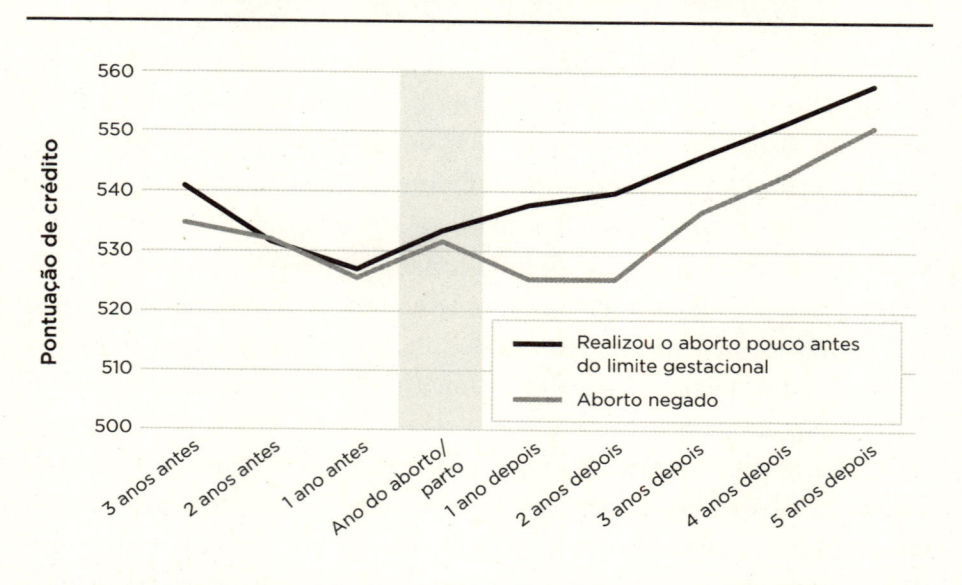

Adaptado de Miller, S.; Wherry, L.R.; Foster, D.G. "The economic consequences of being denied an abortion". National Bureau of Economic Research, trabalho em andamento de n. 26.662. Publicado em jan. 2020.

O uso desses relatórios objetivos de situação econômica mostra que ter um aborto negado aumenta drasticamente as chances de dificuldades financeiras, em comparação com conseguir realizar o procedimento. Essa lacuna persiste nos cinco anos seguintes. Não encontramos a mesma lacuna, no entanto, em medições de oportunidades econômicas – altos escores de crédito, financiamento imobiliário ou limites de crédito – das agências de crédito, embora esses indicadores positivos tenham sido bastante baixos em ambos os grupos. Esses dados indicam que, apesar de realizar um aborto não necessariamente aumentar as oportunidades econômicas, muitas vezes impede que as mulheres experimentem as piores situações econômicas, como falência e inadimplência.

Como realizar ou não um aborto pode afetar o nível de escolaridade das mulheres?

Minha colega, a epidemiologista Dra. Lauren Ralph, possui interesse especial em analisar como o aborto e a gravidez precoce afetam o bem-estar de adolescentes e jovens adultas. Há uma pergunta não respondida sobre se ter filhos cedo – enquanto ainda se está na adolescência ou se tem 20 e poucos anos – afeta o nível educacional de uma mulher e sua renda ao longo da vida. Definitivamente, estudos têm mostrado que as mães adolescentes se saem pior em alguns aspectos, incluindo os índices de conclusão do ensino médio ou receber salários mais elevados. Isso, contudo, não significa que a maternidade precoce por si só cause pobreza ou obrigue as mulheres jovens a abandonar os estudos. Pode ser que as mulheres jovens com menos oportunidades tendam a escolher tornarem-se mães nessa idade.[14] Com o Estudo Turnaway, parecia que tínhamos uma oportunidade perfeita para saber se levar uma gravidez indesejada adiante ou realizar um aborto afeta o nível de escolaridade de uma mulher, visto que todas as mulheres do estudo estavam grávidas contra a sua vontade.

No momento da inscrição no Estudo Turnaway, um terço das participantes estava estudando, sem diferenças entre as que realizaram ou aquelas a quem foi negado o aborto. No entanto, em comparação com aquelas que haviam conseguido abortar, as mulheres a quem o aborto foi negado eram mais propensas a buscar se formar no ensino médio (40% contra 24% entre as que continuavam estudando), em oposição a buscarem um diploma superior. Isso provavelmente se deve à diferença média de idade entre aquelas a quem foi negado um aborto e aquelas que o fizeram (as mulheres a quem o aborto foi recusado eram 1,5 ano mais jovens, em média). Ao longo dos cinco anos que o Estudo Turnaway acompanhou cada mulher, um terço das participantes que estavam na escola se formou (34%) e pouco mais de um terço abandonou os estudos (38%). Para nossa surpresa, não se verificaram diferenças na probabilidade de uma mulher se formar ou desistir de estudar por conta de ter realizado ou não um aborto. Entre as formadas, as participantes a quem foi negado o aborto tendiam menos a completar um curso de ensino superior, como faculdade ou escola técnica (27%), do que as que conseguiram abortar (72%), mas também eram menos propensas a buscar tal grau de escolaridade no início do nosso estudo. Nossa descoberta de que realizar o aborto em comparação com dar à luz não é algo que esteja significativamente associado à chance de uma mulher se formar ou desistir dos estudos é ao menos em parte explicada pelas diferenças dos diplomas que elas buscavam no momento em que procuraram realizar o aborto. Ou seja, as mulheres que realizaram e aquelas a quem o procedimento foi negado apresentaram a mesma tendência a concretizar as próprias metas educacionais, mas, por causa das diferenças do grau de escolaridade que buscavam, aquelas a quem foi negado o aborto receberam um diploma de grau mais baixo do que as que abortaram, ao longo do período do estudo.[15]

A semelhança que encontramos nos índices de diplomação é surpreendente. Eu gostaria de pensar que a explicação para isso é que as escolas estão fazendo um grande esforço para manter as mulheres grávidas e com filhos na escola, fornecendo creches, horários flexíveis e estrutura para amamentação. Houve um tempo em que, assim que a barriga de uma garota começava a crescer, ela tinha que abandonar a escola por temerem que sua presença estimulasse outras garotas a engravidar também. Hoje, leis federais e estaduais impedem que os distritos escolares discriminem estudantes e funcionárias grávidas e exigem que eles acolham alunas e funcionárias que amamentam.[16] Embora atualmente haja exemplos dispersos de ótimos programas para manter as garotas grávidas na escola, esses esforços eficazes ainda não são generalizados.[17] E, nos últimos anos, diversos programas fecharam as portas por falta de verba.[18] É possível que outro estudo, com mais participantes de cada nível de escolaridade, encontre diferenças nos níveis de conclusão de curso em cada nível escolar entre as mulheres que conseguem realizar um aborto, em comparação com aquelas a quem o aborto foi negado. O Estudo Turnaway, porém, não as identificou.

De que maneira realizar ou não um aborto pode afetar os planos quinquenais das mulheres?

É preciso lembrar que, ao final de cada pesquisa, perguntávamos às mulheres como elas imaginavam suas vidas tanto dali a um quanto dali a cinco anos. A Dra. Molly McCarthy, então doutoranda pela Universidade de Nebraska, entrou em contato comigo para saber se poderia usar os dados do Turnaway em parte de sua tese de doutorado em saúde pública. Eu lhe forneci um conjunto de dados anonimizados (ou seja, ela não teria como saber quais mulheres tinham conseguido permissão para abortar e quais não) contendo as respostas abertas aos planos quinquenais fornecidas no início da pesquisa. A Dra. McCarthy classificou os planos por tipo e dividiu-os em aspiracionais ou não. Então criou uma forma de mensurar se, entre os quase 2 mil planos de cinco anos, cada mulher havia conseguido realizar o que desejava, valendo-se das próprias respostas dadas pelas mulheres na pesquisa.[19]

As mulheres descreveram 1.864 planos, dos quais a esmagadora maioria era aspiracional (91%) – um percentual ainda maior do que os 80% relativos aos planos de um ano que a Dra. Upadhyay classificou como aspiracionais. As mulheres que antecipam algumas dificuldades de curto prazo têm, no entanto, esperança de que dali a cinco anos realizarão algo positivo.

Os planos aspiracionais das mulheres que os possuíam eram bastante variados – 18% estavam relacionados a emprego; 16% a filhos; 15% tinham a ver com formação educacional; 12%, com relacionamentos amorosos; 11% estavam relacionados à situação de vida; 11% tinham a ver com aspectos ligados ao bem-estar emocional, como se sentir mais feliz; 7% estavam relacionados à saúde financeira; e 10% diziam respeito a outros planos. Ao comparar a codificação da Dra. McCarthy contendo os planos de cinco anos com o conjunto de dados completo, não encontramos diferenças no tipo de metas de cinco anos (por exemplo, educação, emprego, filhos, relacionamentos) entre as mulheres que haviam conseguido ou não realizar um aborto. Olivia, que conseguiu abortar, tinha o objetivo de longo prazo de ser proprietária de um restaurante, ao passo que Tamara, que não conseguiu abortar, sonhava em abrir uma escola sem fins lucrativos.

De modo consistente com nossa análise dos planos de vida de um ano das mulheres, descobrimos que as mulheres a quem fora negado o aborto eram menos otimistas em relação ao futuro. No entanto, olhando cinco anos à frente em vez de apenas um ano, a diferença entre quem recebera permissão para realizar o aborto e quem não a recebera era muito menor. No caso dos planos quinquenais, 83% das mulheres a quem o aborto foi negado relataram algum plano aspiracional, em comparação com 91% das mulheres que realizaram o aborto desejado quase no limite clínico da idade gestacional e de 93% das mulheres que o fizeram no primeiro trimestre. Em comparação, lembremos que a diferença entre as mulheres que estavam um pouco acima e as que estavam um pouco abaixo do limite gestacional foi de 56% contra 86% no caso dos planos de um ano.

No caso da maioria dos planos aspiracionais de cinco anos (85%), conseguimos coletar dados por meio de nossas pesquisas para determinar se o objetivo fora alcançado. Verificamos que mais da metade (56%) desses planos foram alcançados até o final do estudo. Não encontramos diferença entre as mulheres que haviam conseguido abortar e as que não no tocante à realização dos planos aspiracionais de cinco anos. As mulheres a quem foi negado o aborto reduziram bastante o escopo de seus planos de um ano e apenas ligeiramente o de seus planos de cinco anos, em comparação com as mulheres que conseguiram realizar o aborto. Nosso estudo descobriu que, em geral, as mulheres sentem-se otimistas quanto a seus planos de curto e longo prazo; no entanto, aquelas que não conseguem realizar o aborto desejado tendem a estabelecer metas menos ambiciosas do que as mulheres que conseguem.

Destiny, uma mulher afro-americana de 30 anos da Flórida, demonstra como pode ser difícil levar a cabo os ajustes para se ter um filho, mas também como, ao longo de vários anos, é possível alcançar seus objetivos. Ela enfrentou desafios significativos ao longo dos cinco anos seguintes à negação do pedido de aborto, entre eles "superar a falta de moradia", como ela mesma diz, enquanto lutava para encontrar um lugar para morar, incluindo um mês durante o qual ela foi obrigada a se hospedar em uma série de hotéis com seus dois filhos. No entanto, ela também nos contou o que alcançara. "Meu filho agora tem 5 anos. Nós nos mudamos do interior para a capital. De atendente de caixa, passei a administrar meu próprio negócio em tempo integral. Portanto, não foi tão ruim assim." Ela inclusive continuou estudando. Quando procurou realizar o aborto, estava a meses de conseguir um diploma de tecnóloga. Cinco anos depois, concluíra o bacharelado e estava prestes a iniciar um programa de mestrado.

Conclusões sobre a vida das mulheres

O Estudo Turnaway mostra que as mulheres a quem foi negado o aborto reduzem o escopo de seus planos de curto prazo e sofrem dificuldades econômicas durante anos. Quando as mulheres grávidas dizem não serem capazes de sustentar um filho, ou mais um filho, vemos essas preocupações concretizadas nas vivências daquelas a quem o aborto é negado. Levar uma gravidez indesejada adiante resulta em redução da capacidade de conseguir um emprego em tempo integral ao longo de aproximadamente quatro anos; aumento na necessidade de receber auxílio do governo, que perdura até as mulheres serem excluídas dos programas de assistência; aumento da pobreza doméstica, que dura no mínimo quatro anos; maior probabilidade de não terem renda suficiente para arcar com custos de alimentação, moradia e transporte, que persistia ao longo dos cinco anos do estudo; e, por fim, ao final dos cinco anos, maior chance de acabarem criando filhos como mães solo, sem apoio familiar. Esses resultados econômicos negativos são perceptíveis tanto nos próprios relatos das mulheres a quem o aborto foi negado quanto nos relatórios das agências de crédito, na forma de dívidas, falência e redução de crédito.

Obviamente, nem todas as gestações não planejadas são ruins. Algumas são surpresas felizes. A gravidez pode ser um desafio significativo, uma chance de reconsiderar prioridades e planos. Mas, quando a mulher explicitamente não deseja ter um filho, como é o caso da maioria das participantes do Estudo Turnaway, tal perspectiva pode ser simplesmente amedrontadora. Como ouviremos de Brenda, após o Capítulo 9: "A gravidez é uma coisa incrivelmente assustadora, ainda mais quando não se pode confiar na pessoa com quem você está." Gestações indesejadas levadas adiante podem resultar em mulheres presas a circunstâncias que não são nada divertidas ou românticas e prejudicar as chances de terem controle sobre o próprio futuro. As descobertas do Estudo Turnaway em relação a planos financeiros e de vida sustentam fortemente a afirmação da juíza Ginsburg de que o aborto diz respeito "à autonomia em relação a toda a trajetória de vida de uma mulher". Veremos outras dimensões da vida de uma mulher nos capítulos subsequentes sobre filhos e relacionamentos; ali também percebemos que o aborto apresenta questões mais amplas do que o debate quanto ao controle do governo sobre a decisão em relação à gravidez ou quanto ao status legal da vida de um feto.

Minha esperança é de que passemos a pensar os temas de gravidez e aborto no contexto da vida real das mulheres, e não apenas como alimento para o debate político. É importante entender as vidas complicadas que essas mulheres levam, as demandas concorrentes que dominam seu tempo, recursos e afetos. Perguntar às mulheres sobre seus planos de vida revela sua resiliência e otimismo, o desejo de melhorar de vida – de abrir um salão de beleza ou um café, formar-se em Psicologia, Direito Criminal ou outra carreira, ou se destacar em um esporte dominado por homens. As mulheres que parecem enfrentar as maiores dificuldades – com aborto, adoção e maternidade – viram-se sozinhas, às vezes tendo parceiros que estão encarcerados ou servindo o Exército, e afastadas de suas famílias por reprovação da gravidez, do aborto ou da parentalidade. O apoio oferecido pelo governo, pelos empregadores, pela comunidade e pela família para mães em dificuldades é altamente insuficiente para impedir que mulheres e crianças se vejam em situações de privação e pobreza.

A seguir, conheceremos Melissa, que tinha 26 anos e estava criando quatro crianças sozinha ao descobrir que estava grávida de um homem que não era o pai de seus filhos. Ela é o exemplo perfeito de uma mulher que decide abortar para cuidar dos filhos que já possui. Mais tarde, porém, decide levar adiante uma gravidez não intencional subsequente, quando as condições de sua vida melhoram – principalmente o apoio prático da família estendida.

Melissa

> *" Eu sabia que era o certo a fazer. Não havia por que trazer outra criança para aquela vida. "*

Minha cidade natal fica na Geórgia. Como minha mãe se casou algumas vezes, nós nos mudávamos bastante. Meu pai foi preso diversas vezes. A última durou a maior parte da minha infância; ou seja, na realidade ele quase nunca esteve presente para mim. Do meu pai, tudo o que sei é que era alcoólatra. E aparentemente se envolveu com drogas, o que o levou à sua primeira condenação.

Meus avós moravam em uma cidade próxima, e eu sempre acabava indo parar lá. Era bem pequena, e minha avó era dona de um restaurante. Todo mundo conhecia todo mundo; não havia segredos. Minha avó por parte de pai trabalhava na área da saúde, e foi ela quem me criou por um bom tempo. Minha mãe me deixava lá com ela sempre que estava de mudança entre uma casa e outra ou tinha problemas com seus namorados ou um de seus maridos.

Minha avó materna tinha uma ótima casa, onde ela quase nunca ficava; então, quando eu estava lá, a gente ia comer no restaurante dela; nunca havia comida em casa. Mas ela compraria qualquer coisa que você quisesse. A mãe do meu pai cuidava de mim – estava sempre cuidando de cada necessidade que eu tinha, enquanto ela cozinhava e limpava e interagia sempre comigo.

Eu amo os meus avós. A mãe do meu pai era como uma mãe para mim. Ela teve um AVC quando eu era adolescente. Ficou de cama por anos e meu avô cuidou dela o tempo todo, em vez de colocá-la em uma casa de repouso.

A primeira vez que vi meu pai como adulta foi quando eu estava em trabalho de parto com Eva. Ela tem 1 ano agora. O médico estava rompendo minha bolsa, eu olhei para cima e um cara entrou pela porta bem na minha frente. Foi a primeira vez que o vi em muitos anos. Dá para perceber que ele esteve afastado de qualquer convívio social, porque fica muito ansioso perto das pessoas, meio retraído. Mas ele mora bem longe hoje em dia. Como só preciso vê-lo de vez em quando, não tenho que lidar com todos os problemas mentais que ele tem hoje. Sou grata por isso, mas, ao mesmo tempo, às vezes queria que ele tivesse mais interação com minha filha.

Quanto à minha mãe, não sei qual é o real diagnóstico médico dela. Eu sei que ela fez uma histerectomia na casa dos 30 anos. E fica deitada na cama, deprimida – o tipo de depressão de ter que ligar e pedir ajuda, pedir para alguém ir buscá-la porque não quer estar viva. Fui filha única até a adolescência, quando ela teve meu irmão. Então, durante toda a minha vida, fomos só eu e minha mãe. Eu passei por tudo que ela passou, todos os casamentos e divórcios. Ela era uma boa mãe. Nunca ficava deprimida e deitada na cama naquela época – foi só quando eu fiquei mais velha e saí de casa. Quando eu a estressei: provavelmente isso ajudou a deixá-la nesse estado.

Chris e eu nos casamos jovens. Minha mãe não gostava dele, e ele não ficava muito tempo em nenhum emprego. Eu achava que podia lidar com tudo e conquistar o mundo, então arrumei um emprego, mas continuei estudando. Logo após nosso casamento eu não apenas estava na escola como também estava grávida. E tive Jacob – acho que, quando ele completou 6 meses, eu estava fazendo 16 anos.

Antes dos 20, comprei minha casa própria. Trabalhava como gerente-assistente em um pet shop, o que durou alguns anos. Eu mal conseguia ver Jacob. Coloquei-o na creche até que Chris parou de ir buscá-lo. Eu chegava em casa e pensava, cadê o Jacob? Chris não tinha ido pegá-lo. Então eu tinha que dirigir 24 quilômetros de volta para pegar meu filho... Tudo o que Chris não estava fazendo começou a pesar e me estressar. Acho que simplesmente envelheci rápido em pouco tempo. Eu ainda nem era adulta, era apenas uma adolescente, assumindo tudo isso. Nosso casamento durou alguns anos, até que por fim eu simplesmente dei um basta e percebi que estava travando uma batalha perdida.

O próximo namorado que tive, quando Chris e eu nos separamos, era um cara que me batia. Ele usava drogas, e minha mãe o odiava. Depois desse relacionamento, fiquei com outro cara que me batia, porque quando você anda com um certo tipo de gente, é isso que encontra. Acho que minha mãe temia por mim. Ela vinha, tentava me arrastar e me levar para casa, mas eu recusava e dizia que estava bem. E, sabe, com dois olhos roxos não dá para fingir para sua mãe que está tudo bem. Isso durou uns cinco anos. Por fim ela parou de tentar me convencer e decidiu se afastar, dizendo que ia rezar por mim. Deixei de vê-la por um tempo.

Nesse ínterim, eu tive Joshua, Michael e Billy. Eu me envolvi com o pai deles, Carlos, mas ele foi preso duas vezes. Então passei as gestações sozinha – tipo, tive Joshua e ele saiu da cadeia. Engravidei de Mike; Carlos foi preso. Quando dei à luz a Mike, Carlos já estava preso de novo, porque pegou apenas uns meses naquela primeira vez. Daí, quando engravidei do Billy, Carlos foi preso por dois anos. Portanto, dei à luz esses três meninos, enquanto o Jacob, meu mais velho, estava morando na casa da avó dele. Ou seja, tive quatro filhos sozinha, com meu homem na cadeia.

A essa altura, minha mãe nem sequer abria a porta para mim. Eu podia bater na porta, mas ela dizia: "Você que teve todos aqueles filhos, então agora vá cuidar deles, porque eu é que não vou criar mais ninguém." Ainda lembro disso quando falo com ela agora. Um dos ex-maridos da minha mãe... eu me lembro dele secando meu cabelo e outras coisas assim quando eu era pequena. Ele secava meu cabelo e tocava violão. A família dele ficou ao meu lado todo o tempo. Sempre que eu precisava de alguma coisa, eles diziam: "Venha ficar aqui com a gente." Eu achava que eles eram loucos. Eu não vou me mudar para um lugar a 320 quilômetros de distância, era o que eu sempre pensava. Mas alguns anos atrás foi exatamente o que eu fiz. Eu estava numas de, sabe, algo precisa mudar. E me mudei para lá, e eles me ajudaram. Acolheram meus filhos como se fossem deles. Estou falando de Natais, aniversários, trabalhos escolares. Tudo o que uma família faria, o que uma família unida faria, essas pessoas fizeram para mim, e eles nem sequer são meus parentes de sangue.

Quero ser sincera numa coisa. Quando engravidei de Eva, assim que descobri que estava grávida, surtei. E, na hora, entrei em depressão. Eu não queria sair da cama. Não sabia o que fazer. Cheguei a marcar outro aborto, mas dois parentes do meu padrasto apareceram na minha casa, e disseram: "Nós vamos ajudá-la; você não precisa fazer isso; você não precisa fazer aquilo." Porque eles são completamente contra o aborto. "Por que não marcamos uma consulta médica? Talvez seja aquela menininha que você quer. Sabe como é, você teve todos esses meninos; talvez seja uma menina." Então marcamos uma consulta médica, mas ainda assim liguei na clínica para ter certeza de que ainda poderia fazer o aborto mesmo se esperasse mais um tempo, e garantiram que sim, que eu poderia. Nós fomos à consulta, e no primeiro ultrassom deu para ver que era uma menina.

Bem, esses parentes não sabiam que eu já tinha feito um aborto. Foi bom saber que eu teria apoio, mas o lance é que estou criando todas essas crianças e conheço meus limites. Eu sei que, quando já estou sobrecarregada, a última coisa que preciso é de mais coisas. Eu sabia disso. Mas, ao mesmo tempo, eles me tranquilizaram, dizendo que seria mais fácil porque eles estariam lá e que eu quis uma menina a minha vida toda, então eu fui em frente. O timing não foi muito bom, mas podia ser minha única chance. Esses familiares tomam conta de Eva para mim todos os dias. Estou na faculdade, fazendo as disciplinas obrigatórias. Tenho que ir às aulas a semana toda e eles cuidam dela de graça todos os dias. E então meus filhos voltam da escola, e se o pai deles não tiver chegado em casa do trabalho ainda, meus parentes vêm e pegam cada um deles. É um esforço conjunto.

Consegui ligar as trompas desta vez, porque em todas as outras vezes, no passado... No meu segundo filho, disseram que eu era muito nova; no terceiro me disseram que eu não tinha assinado os documentos dentro do prazo para ligar as trompas. Que eu teria que esperar trinta dias ou coisa do tipo. Acabei adiando e nunca fazendo. No quarto filho, acho que aconteceu a mesma coisa, eu não tinha assinado a papelada ou sei lá o quê. Sempre me diziam que eu não poderia ligar as trompas. Mas desta vez, já no primeiro dia que botei o pé naquele consultório médico, eu disse: "Vocês precisam agendar uma laqueadura para mim. Eu não consigo nem colocar todos os meus filhos no meu carro!" E o que eles fizeram? Eles me fizeram esperar duas semanas depois de ter tido Eva para fazer a laqueadura. Tive que voltar, tomar anestesia e fazer tudo de novo. Mas eu fui. Me fizeram assinar a papelada no consultório, mas por algum motivo o consultório médico não levou os documentos ao hospital Saint Mary, e eles falavam como se os documentos tivessem se perdido ou algo assim. Eu surtei com aquelas pessoas. Eu pensava, tipo, isso não pode estar acontecendo, não é possível. Eu já passei por isso vezes demais. Não sei se é porque eu estava no Medicaid; talvez eles não quisessem pagar pelo procedimento. Mas eu diria que é melhor do que pagar pelo parto de mais 15 filhos, certo? Obviamente, se eu fosse capaz de controlar esse negócio, já teria controlado.

Joshua, Michael e William têm o mesmo pai. Quando me inscrevi para participar desse estudo, ele estava preso. Nesse meio-tempo, um parente de Carlos vinha me visitar o tempo todo. Eu trabalhava e voltava para casa para as crianças, trabalhava e voltava para as crianças. Ele era o único a aparecer – o único que vinha ver como estávamos, o único a nos ajudar, o único a trazer presentes de Natal e de aniversário. Então uma hora eu acabei deixando-o se aproximar. E nós nos engraçamos. Acabei engravidando, mas só contei a ele quando estava no consultório esperando para marcar meu aborto. Ele pediu que eu saísse de lá, mas estava desempregado e não era melhor do que o pai dos meus filhos quando foi preso. Então não havia a menor chance de eu escutar qualquer coisa que ele tivesse a dizer. Mas perguntei se ele me ajudaria a pagar pelo aborto, e ele disse que não. Eu tinha um amigo que percebeu como eu estava deprimida e veio me visitar um dia, e me deu a grana para fazer aquilo, então ali estava eu.

Eu morava só com meus filhos. Nem pensava em fazer faculdade. Naquele momento da minha vida, tudo o que eu fazia era me sentir mal e esperar pelo pai dos meus filhos. Trabalhei um tempo em uma central de atendimento, mas foi só por cerca de um ano e meio. Minha vida era basicamente ficar presa no apartamento o tempo todo. Com as crianças. Era bastante deprimente.

Fiquei com vergonha por ter sido com alguém da família, sabe? Então essa era a minha maior preocupação. Além do fato de eu mal conseguir cuidar dos filhos que tinha. Quer dizer, na maior parte do tempo eu não tinha emprego. Nunca pedi assistência social nem nada. Também não queria cobrar do Carlos uma pensão alimentícia que ele não poderia pagar quando saísse da cadeia. Isso tornaria as coisas mais difíceis e eu não queria que ele achasse que eu estava contra ele. Eu ia a três, quatro sopões diferentes e lutava para sustentar aquelas crianças. Eu não queria mais filhos. Então entrei em pânico no começo, depois em depressão, porque pensava que não teria a menor chance de pagar por um aborto e que, portanto, estava ferrada. Foi horrível.

Imagina se eu tivesse tido aquele bebê e então Carlos saísse da prisão e eu tivesse que dizer a ele de quem era? Se eu não dissesse a ele de quem era... que diabo, seriam todos parecidos, são da mesma família. Não tinha jeito, não mesmo. Ah, teria sido horrível. Imagina se eu tivesse ido a uma reunião familiar? Carlos provavelmente teria me deixado; provavelmente não teria voltado para casa. E como eu explicaria uma adoção? "Você estava grávida, não é? Cadê a criança?" Não, eu não podia fazer isso. Eu estaria sempre pensando que existe um filho meu correndo por aí. Esse pensamento me consumiria pelo resto da vida.

Não me lembro com quantas semanas eu estava quando fiz o aborto. Gostaria de dizer que saiu por 800 dólares, mas eles me deram uma espécie de desconto. Acho que pagamos 500 e pouco. Eu era a pessoa mais feliz do mundo no dia em que fiz o aborto. Estava morrendo de medo, mas não tinha nenhum pensamento do tipo: "E se eu me arrepender?" ou "Será que é a coisa certa a fazer?". Porque eu sabia, sem sombra de dúvida, que era o certo a fazer. Não havia por que trazer outra criança para aquela vida.

Foi um cara chamado Robert, um homem velho. Meus filhos o chamam de vovô. Foi ele quem me deu o dinheiro. Ele foi o único com quem conversei a respeito. Procurei no Google a clínica de aborto. Ele me levou de carro. Saiu do trabalho, me deu o dinheiro e me levou até lá. Porque ele conhecia todas as pessoas envolvidas. Havia umas senhoras na frente da porta da clínica, sabe, pregando. Protestando, eu acho. Tentando orar por mim. Eu aceitei e orei com elas, mas acho que a gente sabe o que é certo e errado no fundo do nosso coração, e eu não acho que Deus me julgaria, considerando a situação em que eu estava.

Na clínica, foram todos excelentes. Ninguém me criticou. Eram muito profissionais; não me deram nenhuma dor de cabeça. Não tentaram me convencer a desistir, mas me deram todas as informações de que precisava caso quisesse mudar de ideia. Eu achava que quando acordasse sentiria dor e teria um sangramento absurdo e tudo aquilo que haviam me falado sobre possíveis efeitos colaterais, mas não foi bem assim. Não tive cólicas abdominais como esperava. E acho que só sangrei por três dias. Então tudo correu muito bem.

A propósito, o cara de quem eu engravidei, o David? Hoje ele é viciado em drogas. Não tem emprego. Sofre de doença mental. Tem 40 anos e mora com a mãe. Não teria sido bom. A decisão que tomei não o teria mudado. Ele não teria sido um pai melhor. David nunca falou da gravidez comigo nem com qualquer outra pessoa da família. Graças a Deus. A mãe dele já me perguntou se William podia ser filho dele. Acho que ela pensou isso porque estávamos nos engraçando quando Carlos estava preso, e pensou que talvez houvesse uma chance, porque vinha e trazia presentes de aniversário para Billy. Eu disse a ela: "Não, não tem como, me desculpe. Tenho certeza absoluta." Eu amo a mãe de David. Não me importaria se ela estivesse na minha vida, mas não rolou.

Não escrevi cartas para Carlos na cadeia. Só escrevi cartas para ele perguntando que nome daríamos a Billy. Ele veio com uns nomes malucos e incompreensíveis. E eu, cara, não, desculpe por ter perguntado. Porque durante toda a minha vida a única interação que eu tinha com meu pai era quando ele me mandava cartas. E esperava que eu respondesse. Eu raramente respondia porque sentia raiva de ele não estar ali comigo. Seria como viver aquilo tudo de novo. Eu não queria que meus filhos passassem por isso. Então eu disse a ele: "Não vamos te escrever cartas. Se você quiser estar em nossa vida, é melhor ficar longe de encrenca e dar um jeito de sair daí."

Quando Carlos saiu da cadeia, voltou a usar. Foram anos e anos daquela mesma merda, repetidamente. Ele me traiu com todo mundo e mais um pouco. Ele se afundou demais nas drogas. E nunca estava em casa. Uma coisa eu te digo: durante a maior parte do nosso relacionamento, era bastante óbvio que eu estava grávida. Mas ele simplesmente me deixava. Simplesmente sumia e me deixava por dias a fio. Minha mãe tinha me dado um carro, e ele pegava meu carro e sumia por dias. Eu não estava financeiramente estável e não poderia melhorar de vida. Ver meus filhos passarem por isso e vê-lo passar assim por cima de mim? Isso tinha que parar. Então esse era o "x" da questão. Eu disse a ele: "Estou fazendo minhas malas. Vou me mudar para lá com minha família. Você pode vir comigo ou pode ficar aqui nesta vida miserável sozinho. Mas, seja lá o que escolher, não vai ter onde morar." Porque o apartamento era meu. E ele começou a chorar e me disse que estava pronto, também, e que faria qualquer coisa que precisássemos fazer, que estava pronto para mudar de vida. Ligamos para meus parentes; eles vieram nos pegar. Deixamos tudo o que tínhamos lá. Tudo, menos uma mochila cheia de roupas; que foi a única coisa que eu trouxe. E eles vieram; na verdade, já tinham vindo apanhar as crianças porque eu havia ligado para eles semanas antes e contado a loucura que estava na minha casa e que eu não aguentava mais, então eles já tinham vindo pegar as crianças. Depois vieram nos pegar, semanas depois. Nós viemos para cá, e desde então tem sido ótimo.

Coloquei Carlos em uma reabilitação ambulatorial intensiva, na qual ele ficou por seis meses. Arranjei um emprego no primeiro dia em que nos mudamos para cá. Eu trabalhava o tempo todo. Não havia nenhum motivo, nenhuma razão lógica para eu continuar com esse homem. Exceto que agora eu posso dizer sinceramente o que acho que estava passando pela minha cabeça: eu achava que poderia dar um jeito nele. Achei que poderia tirá-lo das drogas; que poderia fazê-lo mudar de vida. Foi irracional da minha parte ter pensado isso, mas hoje ele está melhor. Ele está no mesmo emprego há três anos e não poderia ser melhor com as crianças. Ele interage com nossos filhos mais do que eu, na verdade.

Carlos é quem leva as crianças ao parque; ele que faz o café da manhã para eles. Não tenho certeza se é porque ele os ama muito e quer ser um pai melhor ou se é porque está esperando que eu me forme, pois sabe que vou ganhar muito dinheiro. Mas seja como for, não importa, hoje ele é uma pessoa bem diferente. Acho que isso também tem muito a ver com homens depois dos 30, sabe. Antes dos 30, acho que nenhum deles é realmente bom. Mas agora ele tem quase 40 anos, e está se dando conta de que realmente não tem muito tempo para compensar tudo o que fez. Basicamente a coisa começa assim que o despertador toca de manhã. Eu tenho que estar lá às seis horas, então saio de casa às cinco. Eu saio e ele arruma as crianças para a escola. Eu só saio da faculdade às cinco, então ele volta para casa do trabalho por volta das duas e meia ou três horas, e as crianças chegam de ônibus faltando quinze para as quatro, eu acho. E ele vai fazer o jantar. Ele faz todas as coisas que uma mãe deveria fazer. É o que ele faz.

Quando nos mudamos para esta cidade, tivemos muita dificuldade para encontrar um emprego para ele por causa do seu histórico de condenações. Além disso, ele não tinha carteira de motorista. Foi só no ano passado que eu finalmente consegui que ele fizesse o exame de direção. Então eu fui para a cidade no lugar dele e fui perguntar a um homem que tinha uma fazenda e vários negócios. Deixei a inscrição para um emprego em uma de suas firmas, e o homem foi até o meu trabalho e me disse que se Carlos precisava de um emprego, ele tinha um a oferecer, que era para levá-lo lá na segunda-feira. Eu disse a Carlos, e ele trabalha lá desde então. Faz um monte de trabalho agrícola e qualquer tipo de trabalho de manutenção e restauração.

Não sei quando me matriculei na faculdade, mas demorei dois anos para terminar as disciplinas do ciclo básico. E fui aceita em um curso de quatro anos. Recebi minha carta de aceite, o que foi uma grande conquista, porque foi a primeira vez que me inscrevi em um curso de graduação. Todos os dias eu quero desistir, e todos os dias acho que não vou aguentar. Mas até agora me saí muito bem em todas as provas. Meu primeiro filho tirou a carteira de motorista e está estudando. Se eu me formar dentro do prazo previsto, ele e eu vamos nos formar ao mesmo tempo, ele no ensino médio e eu na faculdade.

Se eu conseguir terminar a faculdade, acho que ficaremos bem. Tenho quatro exames na quarta-feira. Estou meio cabreira, mas me esforçando, dando conta de um dia de cada vez. Só quero ser capaz de sustentar meus filhos. Se eu for aprovada neste programa, vou tentar entrar no próximo, que vai durar apenas mais um ano. E, em vez de tecnóloga, serei bacharel. Isso me permitiria assumir um cargo de gestão, se eu quisesse. Quero atuar na área de trabalho de parto e pediatria. Porque eu vivi muito nessa situação, e consigo me identificar.

Faz toda a diferença ter um sistema de apoio por trás de você. Onde eu morava antes não tinha interação familiar, a família de lá era muito negativa – mãe com depressão, pai alcoólatra, familiares dependentes de drogas. O fato de cada homem com quem você namorou ser viciado em drogas, ter problemas de abuso e coisas assim, é um monte de negatividade. Acho que fez toda a diferença no mundo fugir daquela cidadezinha, onde eu conhecia todo mundo e todo mundo era tão negativo. Me afastar e poder recomeçar – não ter todo aquele estigma deixou minha vida muito mais fácil. Tudo o que as pessoas daqui sabem sobre mim é que eu trabalho duro e que estou sempre de bom humor. Não sabem nada sobre o meu passado. Isso foi o que realmente me ajudou a mudar minha vida. Sempre fui uma dessas pessoas que diziam: eu posso fazer isso. Posso fazer isso sozinha. Posso lidar com qualquer coisa. Eu sou muito teimosa e obstinada, o que me impediu de avançar, porque nunca pedi ajuda. Então vim para cá e essas pessoas, a única coisa que elas querem é ajudar. Eu não poderia ter pedido mais.

Sabe como as pessoas falam que você vai se arrepender de ter feito um aborto? Eu nunca penso nisso. Eu me sinto culpada por não me sentir culpada. Não quero que pensem que não tenho coração, não sou assim... de forma alguma. É que isso só não me impacta negativamente. Se eu não tivesse abortado, acho que não teria conseguido fazer nada. Acho que toda a minha vida seria um caos. Eu sou grata simplesmente por isso ter sido uma opção. Se tivessem dificultado esse aborto, isso não teria mudado apenas minha vida, teria mudado a vida de toda a minha família. Nunca fui muito crítica em relação a qualquer pessoa que tenha feito um aborto. Às vezes eu penso: "Ah, meu Deus, elas talvez devessem parar de abrir as pernas." Quem sou eu para falar! Posso dizer que tive três filhos com o mesmo cara e me vi em uma situação em que me sinto feliz por não ter criticado, porque isso pode acontecer com qualquer um.

Quando eu era criança, não queria filhos. Eu não me imaginava como mãe. E então, quando me casei, eu queria ter apenas um. Queria que fosse uma menina. Tive o primeiro filho, e aí você descobre que ama seu filho, não importa o que aconteça; não importa se é menino ou menina. Você pensa, não há como eu amar alguém no mundo mais do que eu amo este bebê aqui. Aí você tem outro. E se preocupa quando está grávida, vou amar esse como amo aquele? De jeito nenhum; você não quer isso. Então você tem o segundo e você os ama de um jeito totalmente diferente. Não há nenhuma quantidade maior de amor por um ou pelo outro; é impressionante. No fim das contas, ter um novo filho não muda o que você sente em relação a qualquer outro em particular; são todos pessoas muito diferentes.

Eu não me arrependo de nada do que fiz. Se eu pudesse, não teria feito nada diferente. Acho que todas as dificuldades do passado fizeram de mim a pessoa que sou hoje e me tornaram capaz de lidar com o que eu lido hoje.

Melissa, uma mulher branca da Geórgia, tinha 26 anos e estava grávida de 13 semanas quando fez um aborto.

CAPÍTULO 7

Filhos

A vida das mulheres – sua saúde mental e física, suas aspirações e segurança financeira – não é a única afetada pelo acesso aos serviços de aborto. Tanto nacionalmente quanto no Estudo Turnaway, mais da metade das mulheres que abortam são mães, e seu desejo de cuidar dos filhos que já têm é uma das principais razões para interromper uma nova gravidez. Suas gestações indesejadas às vezes vêm logo em seguida a um parto, ou arriscam perturbar o tênue equilíbrio diário de cuidar de crianças pequenas. Além das diversas mulheres que já estão criando filhos, há aquelas que querem muito ser mães no futuro, mas ainda não estão prontas para criar e sustentar uma criança. Por esses motivos, talvez não surpreenda que realizar ou ter um aborto negado pode trazer consequências para os filhos — os que já existiam no momento da gravidez indesejada; os nascidos por causa de uma gravidez indesejada; e aqueles ainda por nascer de uma futura gravidez potencialmente mais desejada. Ter um aborto negado afeta negativamente o desenvolvimento e a segurança financeira dos filhos existentes, o vínculo emocional com a criança nascida dessa gravidez e a chance de no futuro ter uma gravidez mais desejada.

Tem gente que acredita que a gravidez é um castigo, o preço a ser pago por fazer sexo ou não usar métodos contraceptivos.[1] Para quem pensa que a gravidez é um castigo a se pagar pelo descuido ou promiscuidade e que as mulheres não deveriam poder abortar para contornar as consequências, os resultados apresentados a seguir são especialmente importantes. Já documentamos os aspectos físicos e econômicos, bem como as dificuldades sociais enfrentadas por mulheres a quem foi negado um aborto. Este capítulo mostra os efeitos negativos mensuráveis também sobre seus filhos.

Filhos existentes

Por que uma gravidez indesejada levada adiante pode afetar o bem-estar das crianças existentes em uma família? Quando os recursos — dinheiro, tempo, atenção dos pais – são fixos, quanto mais filhos houver, menos cada um deles receberá.[2] Quando não há o suficiente para todos, mais uma boca para alimentar, mais um corpo que se deve cuidar e proteger, e mais uma mente para ajudar a desenvolver pode ser mais do que os pais podem dar conta. Além disso, as circunstâncias em torno de uma gravidez indesejada podem comprometer a saúde física ou mental da mãe, dificultando que ela consiga tomar conta de mais filhos. Essa era a situação de Jessica: sua gravidez apresentava sérios riscos à sua saúde, seu casamento estava à beira do colapso e seus filhos, uma criança pequena e um bebê, dependiam principalmente dela. O pai dos filhos havia sido preso novamente e não era alguém que Jessica considerava confiável. "[O aborto] era simplesmente um sacrifício que tive que fazer", Jessica nos disse. "Se não o tivesse feito, talvez eu não estivesse aqui hoje. Ou meus filhos poderiam estar em lares adotivos." Ou a de Kiara, cujo novo namorado começou a persegui-la na época em que ela engravidou. Ela temia pela segurança de sua filha de 3 anos, fruto de um relacionamento anterior, caso permanecesse para sempre ligada ao namorado atual e abusivo. "A situação era péssima", disse Kiara. "Eu continuava tentando ser uma boa mãe para a minha filha e percebi que não queria de forma alguma continuar ligada àquele homem pelos próximos muitos anos da minha vida."

Fora do escopo de um estudo como o Turnaway, não é fácil determinar os efeitos que uma gravidez indesejada levada adiante pode exercer sobre filhos já existentes. Uma família com poucos recursos materiais ou emocionais pode não querer ter mais um filho. Na medida em que a falta de recursos afeta negativamente os filhos existentes, talvez o que de fato afete o bem-estar das crianças seja a situação financeira da família e não se a gravidez é desejada ou não. Em outras palavras, as mesmas circunstâncias familiares que fazem uma mulher desejar evitar uma gravidez também podem prejudicar as crianças já existentes.[3]

Outro grande desafio ao determinar os efeitos de uma gravidez sobre as mulheres e as crianças é definir o que significa "não intencional". Não planejar uma gravidez com antecedência não significa que o casal não esteja feliz por estar esperando um filho. No entanto, pesquisas anteriores buscaram medir a intenção de engravidar, interessadas em saber se a mulher desejava ou não engravidar no momento da concepção. Misturar em uma mesma coleta as surpresas felizes com os desastres totais dificulta determinar os efeitos de se levar adiante uma gravidez que a mulher explicitamente não desejava. Somando-se a essa complicação, em muitos estudos anteriores os pesquisadores pediam às mulheres que relatassem a intenção de ter a criança *depois* que esta já havia nascido. A probabilidade de uma mulher relatar que o filho era indesejado numa família que prosperou mesmo com essa gravidez inesperada pode ser menor do que a de uma mulher numa família em que tudo desandou. Em outras palavras, a probabilidade de classificar uma gestação como planejada pode aumentar se o resultado foi melhor do que o esperado, criando assim uma falsa relação entre a intenção da gravidez e os efeitos desta sobre a criança.

Fizemos as coisas de maneira diferente no Estudo Turnaway. Escrevi um artigo no qual comparamos a saúde, o desenvolvimento e o bem-estar do filho caçula de mulheres cujo aborto foi negado com os mesmos dados do filho caçula de mulheres que conseguiram fazer o aborto.[4] São crianças que já tinham nascido quando sua mãe procurou fazer um aborto. Uma semana depois de procurar esse serviço, quase não houve diferenças nas características entre as crianças e as mães pertencentes ao grupo que realizou o aborto ou no grupo a quem o procedimento foi negado – em termos de idade, raça, educação ou estado civil da mãe; e de idade, ordem de nascimento, desenvolvimento ou saúde da criança. As mulheres que conseguiram abortar e aquelas a quem o aborto foi negado tinham rendas similares, mensuradas de modo objetivo – pela razão entre a renda e o nível de pobreza. Ambos os grupos situavam-se, em média, no nível de pobreza, algo consistente com os dados nacionais, que mostram que as mulheres que procuram realizar um aborto têm renda desproporcionalmente baixa.[5]

No entanto, elas apresentavam medidas diferentes em relação à pobreza subjetiva: uma semana depois de procurar realizar um aborto, 96% daquelas a quem este foi negado, contra 83% das que puderam realizar o procedimento, relataram que não tinham como arcar com despesas básicas como alimentação, moradia e transporte. O fato de quase todas as mulheres a quem foi negado o aborto relatarem não poder arcar com as despesas básicas pode simplesmente refletir o fato de que elas já estavam antecipando os custos de uma criança adicional.

Embora os dois grupos de crianças existentes fossem bastante semelhantes na época em que suas mães buscaram realizar o aborto, com o passar do tempo os filhos já existentes das mulheres que puderam abortar e os das mulheres a quem o aborto foi negado se diferenciaram em duas áreas: bem-estar financeiro e alcance dos marcos de desenvolvimento. De modo consistente com o que aferimos em nossa análise sobre as consequências econômicas do aborto na vida das mulheres, quando é negado um aborto desejado à mãe de uma criança, a criança tem mais probabilidade, nos próximos quatro anos, de viver na pobreza (72% contra 55%); morar em um lar que recebe auxílio dos programas de governo (19% contra 10%); e viver com adultos que não têm condições de arcar com os custos de alimentação, moradia e transporte (87% contra 70%), em comparação com crianças cujas mães abortaram – embora inicialmente os dois grupos de crianças fossem iguais.

Outra área na qual vemos diferenças mensuráveis no bem-estar dos filhos já existentes em decorrência de suas mães terem ou não conseguido realizar o aborto desejado é o alcance dos marcos de desenvolvimento. Utilizamos uma ferramenta chamada Avaliação Parental do Desenvolvimento: Marcos de Desenvolvimento (PEDS:DM, em inglês).[6] Trata-se de perguntas sobre seis áreas do desenvolvimento infantil: desenvolvimento motor fino, desenvolvimento motor grosso, linguagem receptiva, linguagem expressiva, autoajuda e socioemocional. Para cada área, perguntamos à mãe se a criança atingiu um marco adequado à idade. Por exemplo, perguntávamos à mãe de uma criança de 9 meses se seu filho era capaz de reconhecer o próprio nome. Perguntávamos à mãe de uma criança de 2 anos se esta conseguia apontar para partes do próprio corpo, quando solicitado. Esses são exemplos de marcos de linguagem receptiva.

As crianças cujas mães abortaram apresentavam maior probabilidade de atingir tais marcos de desenvolvimento do que as crianças cujas mães tiveram o aborto negado (77% em comparação com 73% dos marcos alcançados). Não sei a causa dessa pequena porém significativa diferença. Talvez as dificuldades materiais da família impeçam o desenvolvimento das crianças, reduzindo a quantidade de comida disponível ou causando insegurança habitacional. Talvez as tensões da mãe para criar um filho adicional afetem o crescimento do filho imediatamente mais velho, reduzindo a quantidade de tempo e atenção que ela possui para se dedicar ao desenvolvimento dessa criança. Por fim, é possível que uma mãe que esteja ocupada tentando cuidar de um novo bebê seja simplesmente menos capaz de relatar os marcos de desenvolvimento dos filhos mais velhos. Nesse caso, a diferença observada pode ser por falta de conhecimento materno e não por falha da criança em atingir os marcos.

As mulheres escolhidas aleatoriamente para as entrevistas aprofundadas oferecem algumas pistas sobre o que ocorre com os filhos já existentes quando uma mulher leva adiante uma gravidez indesejada e traz uma nova criança para a família. "No começo, eu estava indo bem", disse-nos Julia, uma latina de 26 anos que teve o aborto negado em Illinois. "Eu tinha meu trabalho, meus filhos e tudo o mais. Achei que deveria abortar pelo simples fato de que, de uma hora para outra, tudo desabou. Perdi o emprego, as contas começaram a se acumular. Então eu não tinha mais condições de ter outro filho. Eu já tinha quatro; como poderia ter outro sem um emprego estável?" A falta de dinheiro e de tempo pode fazer uma mulher sentir que não está preparada para ter outro filho, além de dificultar os cuidados com os filhos já existentes, caso ela não consiga interromper a gravidez indesejada.

A criança nascida da gravidez indesejada

O que acontece com as crianças nascidas de uma gravidez que suas mães desejavam interromper? Em primeiro lugar, devo enfatizar que uma gravidez indesejada não significa que a criança resultante seja indesejada. Como relatamos no Capítulo 4, uma semana depois de seu pedido de aborto ter sido negado, quase dois terços das mulheres relatam ainda desejarem o aborto. No entanto, seis meses depois, quando todas já tinham dado à luz, apenas uma em cada oito (12%) ainda gostaria de ter feito o aborto. Cinco anos depois, apenas uma em 25 (4%) seguiram dizendo que gostariam de ter abortado.

Com o tempo, a maioria das mulheres a quem o aborto foi negado relatou estar feliz por ter tido o bebê. Jenny, uma mulher branca de 26 anos da Califórnia, começou a chorar ao pensar que sua filha de 6 anos poderia não estar em sua vida. "Ela é tudo para mim", disse. Sue, do Missouri, expressou um amor igualmente intenso por seu segundo filho, que ela concebeu meses depois de dar à luz o primeiro. Foi um momento muito difícil para ela e sua jovem família, mas, no fim das contas, ela se sente "aliviada por ter acontecido o que aconteceu". "Todas essas coisinhas fofas e peculiares que ele faz, e como ele me faz sorrir e as coisas que eu teria perdido, todas essas coisas... fico arrasada ao lembrar que cheguei a pensar nisso [fazer um aborto]", disse Sue. Novamente, como nossos dados quantitativos mostram, a maioria das mulheres não escolhe abortar por não querer um filho nem por não gostar de crianças. Na realidade, muitas escolhem abortar porque têm as necessidades dos filhos em mente. Fazem essa opção porque sentem que o momento ou a situação não é ideal ou pode até ser prejudicial para um futuro filho, ou para seu filho ou filhos atuais. Mas, quando essas mulheres são informadas de que não podem fazer o aborto, a maioria acolhe de braços abertos a nova criança.

No entanto, encontramos diferenças significativas entre o bem-estar das crianças nascidas da gravidez indesejada e o das crianças nascidas posteriormente das mulheres que haviam feito o aborto desejado. As crianças nascidas depois que uma mulher conseguiu realizar um aborto constituem o grupo de comparação ideal. Uma das razões mais comuns mencionadas por elas para desejar interromper a gravidez era "não é o momento certo", perdendo apenas para não ter dinheiro para sustentar uma criança. Portanto, eu me perguntei se, ao terminar aquela gravidez, as mulheres tiveram a oportunidade de ter outro bebê em um momento melhor e, em caso positivo, se aquele momento mais oportuno se traduziria em melhores resultados para a criança. No Estudo Turnaway, refiro-me à criança nascida da gravidez indesejada (que a mulher procurou abortar) como o "filho índice" e à criança nascida de uma gravidez posterior ao aborto como o "filho subsequente". A comparação dos dois grupos de crianças nos permite ver se a possibilidade de ter filhos quando o momento e as circunstâncias são mais acertados para a mulher se traduz em uma melhora da situação geral da criança.

Primeiro, o que não foi diferente: os resultados do parto. Semelhante às médias norte-americanas, 10% dos filhos índice nasceram prematuros, 8% nasceram com baixo peso e 13% precisaram passar algum tempo na unidade de terapia intensiva neonatal. Entre as crianças que não eram o primogênito, houve uma taxa extraordinariamente alta (17% dos filhos índice e 3% dos filhos subsequentes) de nascidos dentro do intervalo de 21 meses após um filho anterior. (A Organização Mundial da Saúde recomenda 24 meses entre um parto e outro.[7]) Devemos lembrar que muitas das participantes do nosso estudo não perceberam que estavam grávidas porque haviam dado à luz recentemente. Foi o caso de Sue, de 25 anos, que ainda estava amamentando o primeiro filho quando descobriu que estava grávida de 25 semanas.[8] Embora os intervalos curtos entre os partos sejam um fator de risco para maus resultados de nascimento, não encontramos particularmente maus resultados de nascimento (como baixo peso ao nascer, prematuridade ou problemas de saúde no momento do nascimento) entre os filhos índice de nosso estudo, alguns com idade muito próxima do irmão ou da irmã mais velhos.[9] Como visto no Capítulo 4, as mulheres que tiveram o aborto negado reduziram a ingestão de álcool, porém não o uso de drogas. As que apresentavam problemas em relação à bebida (por exemplo, beber em excesso ou beber logo pela manhã) tiveram dificuldade em reduzir esses comportamentos. Felizmente, a exposição a substâncias durante a gravidez, que certamente pode causar danos fetais, não resultou em piores resultados de parto em nosso estudo.

O que descobrimos é que, quando as mulheres conseguem fazer um aborto e ter um filho mais tarde, a probabilidade de as gestações subsequentes serem planejadas é muito maior do que a da gravidez índice (24%, em comparação a menos de 1% das gestações índice).[10] Veja a Figura 9. A mãe tem, em média, três anos a mais (27 contra 24 anos) no momento do parto subsequente, em comparação ao parto índice. A família tem mais recursos econômicos – os filhos subsequentes vivem em famílias nas quais a renda é 32% acima dos níveis federais de pobreza, em comparação com os filhos índice que, em média, vivem no nível de pobreza. Observemos que 32% acima do nível de pobreza não significa uma vida de luxo. Em valores reais em dólares, estamos falando de uma família de quatro pessoas vivendo com 33.132 dólares anuais em vez dos 25.100 dólares do nível da pobreza.[11] Na verdade, tanto as famílias dos filhos índice quanto as dos subsequentes relatam terem se valido de auxílio do governo. A grande diferença é que as mães de filhos índice tendem mais a relatar não terem como arcar com as despesas básicas de vida (72% contra 55% para filhos subsequentes).

Os filhos subsequentes eram mais propensos do que os filhos índice a serem criados em lares nos quais a mãe tinha um companheiro (49% contra 35%). Não sabemos ao certo se esses homens são os pais biológicos das crianças porque não perguntamos, mas é provável que a maioria seja. Permitir que as mulheres realizem um aborto quando desejado aumenta a chance de criarem seus filhos subsequentes com um parceiro masculino.[12]

Como as mulheres se sentem em relação aos filhos de uma gravidez indesejada, em comparação com os de uma gravidez posterior que escolheram levar adiante? No início da vida da criança, as mulheres a quem o aborto foi negado relatam sentir-se menos ligadas emocionalmente aos novos bebês do que as mulheres que fizeram o procedimento e tiveram um bebê mais tarde. Utilizamos uma série de perguntas conhecidas como Questionário de Vínculo com o Bebê Após o Parto (PBQ – Postpartum Bonding Questionnaire) para aferir a ligação materna com crianças menores de 18 meses.[13] As mulheres a quem foi negado o aborto pontuaram significativamente menos nessa escala de vínculo materno do que as que realizaram o procedimento e tiveram outro filho posteriormente. Por exemplo, as mulheres a quem o aborto foi negado tendiam menos a concordar com a afirmação "Eu me sinto feliz quando meu filho ri ou sorri" e mais com "Sinto-me presa como mãe". As respostas de 9% das mulheres a quem o aborto foi negado atingiram o limite da escala que indica vínculo ruim com o filho índice, em comparação com 3% com os filhos subsequentes. Portanto, a curto prazo, descobrimos que as mulheres se sentem menos ligadas emocionalmente ao filho nascido de uma gravidez indesejada do que ao filho nascido após terem feito um aborto.

Figura 9. Intencionalidade das gestações: partos por mulheres a quem foi negado um aborto em comparação com partos subsequentes por mulheres que puderam abortar

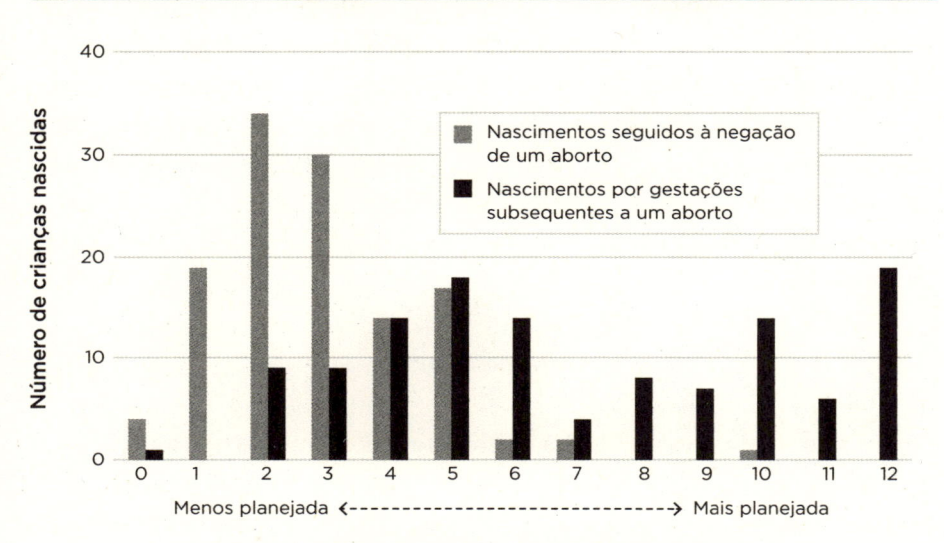

Eixo Y: Número de crianças nascidas
Eixo X: Medida de Londres para Gravidez Não Planejada (Menos planejada ← → Mais planejada)

Legenda:
- Nascimentos seguidos à negação de um aborto
- Nascimentos por gestações subsequentes a um aborto

Adaptado de Foster, D.G.; Biggs, M.A.; Raifman, S.; Gipson, J.; Kimport, K.; Rocha, C.H. "Comparison of health, development, maternal bonding, and poverty among children born after denial of abortion vs after pregnancies subsequent to an abortion". *JAMA Pediatr.* 2018; 172(11): 1.053-60.

Embora esses dados sejam obviamente relevantes, não significam, de maneira alguma, que uma mulher que não queria ter um filho será incapaz de criar um relacionamento amoroso e saudável com essa criança, mesmo que isso não aconteça de imediato.[14] Mas, de fato, a descoberta ressalta haver circunstâncias adversas para a criança quando uma mulher dá seguimento a uma gravidez contra a sua vontade. A literatura científica sobre desenvolvimento infantil mostra uma associação entre um vínculo fraco entre mãe e filho e o desenvolvimento físico/cognitivo e psicológico das crianças a longo prazo.[15] No Estudo Turnaway, as mulheres muitas vezes analisaram o próprio estado mental e emocional para determinar o que seria uma situação propícia para ter um novo filho. Olivia, por exemplo, afirmou que não ter interrompido aquela gravidez inesperada teria sido "perigoso" para toda a sua família, incluindo o filho bebê. "Provavelmente a pior coisa para aquela criança teria sido vir a este mundo, porque ela jamais teria o apoio necessário. Eu não tinha estabilidade mental para ter aquele filho", afirmou Olivia. "Hoje eu tenho um filho de 1 ano e consigo me sustentar e sustentar meus filhos; sei que foi o momento certo." Mais raras são mulheres como Martina, cuja gravidez indesejada e posterior aborto a fizeram perceber que nunca gostaria de ser mãe, o que sugere um potencial vínculo ruim com a criança caso ela tivesse dado seguimento à gravidez.

Adoção – a opção menos popular

Dadas as dificuldades financeiras e emocionais enfrentadas para criar o filho índice, fiquei surpresa com quão poucas mulheres que desejavam abortar decidiram entregar o filho para adoção ao não conseguirem realizar o aborto. Como elas mesmas já haviam antecipado e como demonstrou o Estudo Turnaway, houve uma piora em muitos aspectos mensuráveis na vida delas com a tentativa de cuidar de uma criança que não estavam preparadas para ter. Então, por que mais mulheres não entregam os filhos para adoção?

Perguntamos às mulheres a quem foi negado o aborto se pensavam em entregar o filho para adoção. Uma semana depois de receberem a negativa, 14% consideraram essa opção. Minha colega, a Dra. Gretchen Sisson, socióloga, descobriu que mesmo quando o aborto não é mais possível, a grande maioria escolhe não entregar o filho para adoção.[16] Menos de uma em cada 10 mulheres a quem foi negado o aborto (9%) entregou o filho para adoção. Nas entrevistas aprofundadas, pedimos às mulheres (tanto as que puderam fazer o aborto quanto as que tiveram o procedimento negado) que nos relatassem, em suas próprias palavras, o processo de tomada de decisão, incluindo se consideraram entregar a criança para adoção. Quando as mulheres optam pelo aborto, não desejam continuar a gravidez e dar à luz. Porém, quando o procedimento deixa de ser uma opção, a grande maioria daquelas que inicialmente tinham escolhido abortar opta pela maternidade, e não pela adoção.

As mulheres que inicialmente haviam considerado a adoção e optaram em vez disso por serem mães muitas vezes o fizeram por terem recebido mais apoio familiar do que esperavam. Ou, como Sue, antecipavam que sentiriam um vínculo com a criança após ela nascer. "Eu pensei de fato em desistir desse filho", disse Sue, "mas sabia o quanto tinha me apegado [ao meu primogênito], e que simplesmente não tinha como passar por todo o processo, ver o bebê e depois abrir mão dele." Ou então previam a culpa que sentiriam caso entregassem a criança para adoção. Era comum ouvirmos as mulheres dizerem que não suportariam a ideia de ter uma criança solta no mundo sem que elas a conhecessem nem tivessem qualquer controle sobre como ela estava sendo cuidada. Algumas mulheres expressaram o medo de que as crianças um dia as localizassem e as confrontassem, talvez com uma acusação de abandono. Camila, cuja história leremos a seguir, sentira-se rejeitada pelos pais quando criança e isso a motivou a escolher ser mãe depois que a clínica lhe negou o aborto. "Meus pais, acho que me amavam, mas apesar disso era difícil para eles, sendo tão jovens. Eles queriam ser livres. Então ficavam alternando e me deixando na casa de um ou do outro, e eu me sentia um fardo o tempo todo. Eu não queria que meu filho se sentisse assim", disse Camila. "Eu sentia que não era forte o suficiente para entregar um filho para adoção."

Algumas mulheres expressaram preocupação sobre a reação das pessoas quando, depois de as encontrarem grávidas, não as vissem com filhos. Por fim, mulheres como Nicole, a jovem branca de 20 anos de Ohio cuja história conhecemos depois do Capítulo 4, relataram achar que já existiam crianças suficientes precisando de um lar e que não seria certo contribuir para esse problema. "Eu não queria entregar a criança para adoção porque já há crianças suficientes nesses programas", disse Nicole. "Não precisa haver mais uma."

As duas mulheres de nossas entrevistas qualitativas que entregaram o filho índice para adoção tiveram gestações indesejadas subsequentes em algum momento no decorrer dos cinco anos do estudo. Uma optou por abortar ao ter outra gravidez indesejada. A outra é Sofia, cuja história se encontra neste livro, que decidiu levar a gravidez adiante e ser mãe da criança. As duas mulheres relataram estarem satisfeitas por terem decidido entregar o filho para adoção na primeira gravidez, mas optaram por agir de forma diferente na gravidez indesejada subsequente. Há também Amy, cuja história está apresentada no início deste livro; ela e seu jovem marido inicialmente haviam entregado a filha para adoção, mas depois mudaram de ideia e recuperaram a criança. Essa experiência os fez descartar a possibilidade de uma adoção no caso da gravidez indesejada subsequente.

A adoção claramente não é uma solução fácil para o problema de uma gravidez indesejada entre as mulheres que preferiram abortar. Poucas escolhem esse caminho, e as que de fato o fazem apresentam os maiores índices de arrependimento e de emoções negativas em relação à gravidez.

Uso de anticoncepcionais

Analisemos nossos dados em relação a como o fato de conseguir realizar um aborto, em comparação a tê-lo negado, afeta o uso de anticoncepcionais. Trata-se de algo relevante para o próximo conjunto de descobertas, sobre gestações posteriores intencionais ou indesejadas. Conforme descrito no Capítulo 2, alguns métodos contraceptivos estão associados a um menor risco de gravidez do que outros, mas todos os métodos são mais eficazes do que não usar nenhum. Será que ter acesso ao aborto torna as mulheres mais descuidadas na prevenção de futuras gestações? Abortar ou levar adiante uma gravidez indesejada aumenta a determinação de evitar uma gravidez não planejada no futuro? O Estudo Turnaway oferece uma oportunidade para testar essas ideias.

A questão sobre o uso de anticoncepcionais após um aborto em comparação com seu uso após um parto se complica pelo acesso a planos de saúde. Os métodos anticoncepcionais mais eficazes são caros, caso seja necessário pagar do próprio bolso. Uma das maneiras pelas quais supomos que as mulheres a quem foi negado um aborto poderiam ter se saído melhor seria com um plano de saúde (uma vez que o Medicaid cobre a maioria dos partos feitos por mulheres sem plano de saúde particular e de baixa renda, nos Estados Unidos), e descobri que isso era realmente verdade.[17] A probabilidade de possuir plano de saúde após seis meses era maior entre as mulheres que deram à luz depois de terem um aborto negado do que entre aquelas que conseguiram abortar (76% contra 66%), mas as primeiras não conseguiram manter essa vantagem após um ano e meio. Após o nascimento da criança, uma mulher cujo parto foi coberto pelo Medicaid normalmente recebe no mínimo dois meses de cobertura de seguro-saúde, que pode usar para cobrir os custos de contracepção. Tal período de cobertura especial do seguro inexiste após um aborto, é claro. Nos Estados Unidos, o parto é quase sempre coberto pelo seguro-saúde público (Medicaid) no caso das mulheres de baixa renda, porém o aborto, por lei, não costuma ser. No caso de mulheres que contam com o plano de saúde do governo e que residem em um dos 33 estados nos quais o plano não tem permissão para cobrir abortos, é extremamente difícil até conseguir cobertura para contracepção no momento de um aborto.[18] A cobertura de serviços contraceptivos pelos planos de saúde públicos e particulares, mesmo que tais serviços fossem prestados no momento de um aborto, seria uma forma eficaz de ajudar as mulheres a prevenir uma futura gravidez indesejada. Além da dificuldade que muitas mulheres enfrentam para arcar com os custos de métodos anticoncepcionais, algumas clínicas de aborto não disponibilizam todos os métodos contraceptivos. Noventa e seis por cento das clínicas nas quais realizamos o recrutamento distribuíam anticoncepcionais; mas apenas 80% ofereciam uma ampla gama de métodos – incluindo os que se pode comprar sem receita médica, como preservativos; os que necessitam de prescrição, como a pílula; e os que são implantados por um médico no corpo da mulher, como DIUs e implantes. Outras ofereciam menos opções.[19]

A Dra. Heidi Moseson, então doutoranda em epidemiologia pela UCSF e hoje associada da Ibis Reproductive Health, analisou dados de uso de contraceptivos relatados por mulheres no Estudo Turnaway.[20] Ela descobriu que, um ano depois de buscar um aborto, a ampla maioria das mulheres estava utilizando algum método contraceptivo – 86% das mulheres que fizeram o aborto e 81% das mulheres a quem este foi negado. Essas pequenas diferenças se mantiveram ao longo dos quatro anos seguintes. Houve, no entanto, diferenças importantes nos tipos de anticoncepcionais utilizados. Quatro anos depois, as mulheres a quem o aborto foi negado tendiam mais a ter feito a laqueadura (17%, em comparação com 6% entre as mulheres que abortaram), ao passo que as que abortaram tendiam mais a usar métodos de barreira ou métodos hormonais, como pílula, adesivo e anel (43% contra 28%). Pouco mais de um terço das mulheres de ambos os grupos utilizaram métodos anticoncepcionais reversíveis de longa duração (LARCs, na sigla em inglês), como o DIU e o implante. É um índice muito alto de uso de LARCs, o dobro da população em geral. Geralmente as mulheres que realizaram um aborto tendiam mais a usar algum método contraceptivo do que aquelas a quem este foi negado, porém entre elas a tendência de ligar as trompas era menor. Assim, embora se soubesse por meio de pesquisas anteriores que as mulheres que fazem um aborto correm alto risco de realizar novos abortos no futuro, consideramos que isso não se deva à falta de motivação para usar anticoncepcionais, pelo menos em comparação com as mulheres a quem o aborto foi negado.[21] Talvez, na realidade, tenha a ver com o fato de serem biologicamente muito férteis (capazes de engravidar), além de terem acesso deficiente a métodos contraceptivos menos caros.

Futuras gestações

Muitas das mulheres do Estudo Turnaway desejavam ter filhos mais tarde (ou outros filhos, caso já os tivessem). Ao compararmos o bem-estar de crianças nascidas após a negação de um aborto – filhos índice – e o de crianças nascidas em um momento posterior – filhos subsequentes –, vemos que este último grupo se sai melhor em termos de bem-estar financeiro e vínculo materno. Também apresentam maior tendência a habitar um lar no qual vivem dois responsáveis. Mas o que impede uma mulher a quem é negado um aborto de ter o filho índice e, mais tarde, outro filho de modo mais planejado? Se você for contra o aborto, talvez pense que as mulheres devam levar todas as gestações adiante, mas desfrutem particularmente dos filhos que chegam em circunstâncias mais favoráveis. Bem, vejamos os dados para verificar como levar uma gravidez indesejada adiante afeta futuras gestações.

Ficou claro em nosso estudo que o aborto não causa infertilidade. Na realidade, descobrimos que as mulheres que fazem abortos apresentam um risco particularmente alto de engravidar novamente. Das 956 mulheres do estudo, 39% tiveram pelo menos uma gravidez adicional nos cinco anos seguintes, com uma média de 1,5 gestação no período. Dessas, 15% foram claramente planejadas, 39% vistas pelas mulheres de forma ambivalente e 46% não intencionais.

A Dra. Upadhyay demonstrou que ter uma gravidez subsequente se relacionava ao fato de ter tido acesso ao aborto desejado – 44% das mulheres que fizeram aborto, contra 32% daquelas a quem este foi negado, tiveram uma gravidez subsequente.[22] O índice de gravidez foi maior entre as que fizeram um aborto e permaneceu mais elevado ao longo de todos os cinco anos do estudo. Pode surpreender saber que muitas mulheres que abortam desejam ter (mais) filhos no futuro.[23] A Dra. Upadhyay mostrou que as mulheres que abortaram apresentavam uma taxa mais alta de gravidez *planejada* (7,5% ao ano) nos cinco anos subsequentes do que as mulheres que tiveram o aborto negado após o parto do filho índice (2,2% ao ano).[24] Nos primeiros dois anos, a tendência a tentar engravidar era maior entre as mulheres que haviam abortado do que entre as que haviam acabado de ter um filho (o que faz sentido, dadas as demandas de cuidar de um bebê). Depois disso, os dois grupos se assemelharam no quesito desejo de engravidar, porém as mulheres que haviam feito o aborto tinham mais condições de ter a gravidez desejada.[25]

Diferentemente de nossos achados sobre futuras gestações *planejadas*, a Dra. E. Angel Aztlan-Keahey, então pós-graduanda em enfermagem na UCSF, não encontrou, nas pesquisas para sua tese de doutorado, nenhuma diferença na incidência de gestações *indesejadas* subsequentes entre as mulheres que haviam feito um aborto e aquelas a quem este foi negado.[26] Um terço (34%) das mulheres no estudo tiveram pelo menos uma gravidez indesejada no momento da concepção. Também não houve diferença estatística no resultado das gestações não intencionais – 29% das mulheres de ambos os grupos abortaram a gravidez não planejada subsequente.

O resultado é que, nos cinco anos seguintes, as mulheres que haviam feito o aborto tendiam mais a ter uma gravidez planejada do que as mulheres a quem este foi negado. Permitir que as mulheres abortem quando desejam aumenta as chances de elas engravidarem mais tarde, quando estiverem prontas e preparadas para serem mães. Vimos a história de Olivia, que, por ter conseguido abortar depois do primeiro filho com o marido, teve um filho planejado, a quem os dois poderiam sustentar. Margot, uma mulher branca de 30 anos de Washington, disse: "Bom, antes de mais nada fiquei sóbria – o que automaticamente tornou aquele momento melhor para ter um filho."

Conclusões sobre como as crianças são afetadas pela realização e pela negação do aborto

O aborto não é algo que diz respeito apenas aos direitos da mulher contra os direitos do embrião ou do feto; diz respeito também a se as mulheres são capazes de ter filhos quando não estão preparadas para isso. Todos se preocupam com o bem-estar das crianças, e este estudo mostra que, quando as mulheres têm a capacidade de decidir se levam ou não uma gravidez adiante, seus filhos se beneficiam. Isso inclui tanto os filhos que elas já tinham no momento da gravidez indesejada – lembramos mais uma vez que 60% das mulheres que buscam abortar já são mães – quanto seus futuros filhos.

Ter um bebê quando não se está preparada leva a maus resultados tanto para a mulher quanto para os filhos. A probabilidade de elas conseguirem sustentar financeiramente o filho que chega é menor, e de terem pouco vínculo emocional com o filho, maior. Conseguir realizar esse aborto aumenta as chances da mulher de ter uma gravidez desejada no futuro, em melhores circunstâncias.

A próxima história que veremos é a de Camila. Ela tinha um estilo de vida festeiro, mas a experiência de ter um aborto negado a faz "andar na linha". De muitas maneiras, trata-se da fantasia de qualquer conservador social. Mas a história dela é incomum, pois Camila não experimenta uma baixa de renda ao levar a gravidez indesejada adiante, o que verificamos entre as mulheres no estudo. A maioria (no estudo e no mundo) não acaba se casando com homens que ganham centenas de milhares de dólares por ano. Mas alerto contra atribuir o casamento e o sucesso material subsequente dela a ter continuado a gravidez. Ela poderia ter ficado com Diego mesmo depois de ter feito um aborto. Conforme abordaremos no Capítulo 8, não verificamos nenhuma diferença na probabilidade de permanecer em um relacionamento com o homem envolvido, quer o aborto tenha sido feito ou negado. Se ela pudesse ter esperado para ter um filho, talvez não tivesse se separado de sua família ou tido seu primeiro filho sob dificuldades materiais e psicológicas. Também é importante observar que Camila já havia feito um aborto antes; toda a experiência dela de conhecer esse homem no Texas e mais tarde ter um filho planejado poderia não ter ocorrido sem a trajetória de vida possibilitada pelo aborto inicial.

Camila

" Sempre digo que, ao dar a vida ao meu filho, salvei a minha própria. Tornar-se mãe é algo que simplesmente te abre e te muda. "

Eu sou de Nova Jersey. Moro numa comunidade de classe média, um pouco mais agitada. Mas é um lugar bonito. Quando nasci, meus pais eram jovens demais e eu me mudei muito. Frequentei provavelmente de 10 a 12 escolas entre os anos finais do ensino fundamental e o ensino médio. Meu pai morava em Nova Jersey. Minha mãe, no Texas. Num ano eu morava com minha tia, no outro com minha avó, e no outro com minha outra tia.

Eu era bem louca quando tinha 21 anos. Eu devia estar estudando, mas larguei tudo e arrumei um emprego numa farmácia. Conheci minhas duas melhores amigas e morávamos as três juntas. Eu me divertia com elas, trabalhando e ganhando dinheiro – meio que descobrindo a mim mesma. Bom, fui visitar uma amiga em El Paso, no Texas. Saímos para comer e Diego serviu meu bife. Eu não sou muito atirada, mas fui muito atirada com ele. Falei: "Depois do seu turno, por que você não vem se sentar aqui com a gente?" Eu e minhas amigas estávamos só tomando uma cerveja no balcão. Ele veio e tivemos um lance que foi tipo amor à primeira vista. Eu me apaixonei e me mudei para El Paso. Aconteceu super-rápido.

Tivemos nosso primeiro Natal e engravidei em janeiro. Só que eu não sabia que estava grávida, porque continuava menstruando. Era muito leve, mas eu menstruava. Minha menstruação era tão maluca que não desconfiei de nada até começar a ter outros sintomas, por volta dos quatro meses. Eu pensei que poderia dar um jeito [fazendo um aborto]. Não sabia que existia, tipo, um estatuto de restrições. Eu nem sabia realmente o que era um aborto. Já tinha feito um antes, mas nunca tinha pensado muito a respeito, nunca tinha lido nada sobre o assunto nem pesquisado no Google. A única coisa que eu sabia é que me faria não ter um filho. Era quase como se o cérebro não computasse que era uma vida e que estava dentro de você. Lembro que senti muito medo, mas também pensei: "Ah, eu vou conseguir dar um jeito nisso. Vai ficar tudo bem. Não é o fim do mundo." Eu não diria que me envergonho desse sentimento, porque eu era inocente. Não sabia valorizar a vida como todo mundo deveria.

Em maio procurei fazer um aborto. Um dos principais motivos foi porque eu mal conhecia o Diego, não fazia nem um ano que estávamos juntos. Sim, eu pensei nisso [na adoção], mas por outro lado – eu sei que é muito estranho – sabe aqueles livros de adoção ou aqueles programas de adoção na TV? Eu assistia a essas coisas e sempre sentia uma tristeza imensa pela criança. Não importava se a mãe voltava ou não, eu sentia um vínculo... Simplesmente não conseguia me imaginar [fazendo isso]. E uma coisa importante para mim era a minha família. Meus pais, acho que me amavam, mas apesar disso era difícil para eles, sendo tão jovens. Eles queriam ser livres. Então ficavam se mudando ao sabor do vento e me deixando na casa de um ou do outro, e eu me sentia um fardo o tempo todo. Eu não queria que meu filho se sentisse assim. [A adoção] nunca foi uma opção. Eu sentia que não era forte o suficiente para entregar um filho para adoção.

Ter um filho com alguém era assustador. Diego é um cara legal. Ele é maravilhoso. Quando o conheci, ele era um garoto. Acho que tinha acabado de completar 21 anos. Ele é um ano mais novo que eu e tinha dois empregos na época. Trabalhava no Walmart, além de servir mesas naquele restaurante. Mas não era o suficiente; não ganhávamos o suficiente.

Na clínica, foram todos muito gentis. Eu me lembro de não terem sido esnobes nem agressivos, porque, você sabe, estamos no Texas, e as coisas realmente chegam a isso às vezes. Eu amo o Texas e o jeito daqui, mas as coisas podem, sim, ficar feias. Eu esperava que fossem me dizer: "Como assim, você está com cinco meses?" Mas não. Eles me deram todas as informações necessárias se eu quisesse seguir em frente. Foram muito prestativos. Isso facilitou as coisas. Emocionalmente, você sente choque e depois raiva, e aí pensa, tipo, o que vou fazer? Uma descrença. E aí precisa tomar uma decisão. Vai fazer as malas e ir para Albuquerque? Ou vai ter esse filho? Isso muda sua vida. Ela salta para o próximo capítulo. Esta é a sua nova vida, e é simplesmente o que vai acontecer. Uma sensação de paz tomou conta de mim. Não deixei ninguém negativo se aproximar. Tive uma conversa com meus avós, minha mãe e meu pai, com todos eles. Todos me disseram para ir a Albuquerque fazer um aborto. El Paso me rejeitou, mas dava para ir a Albuquerque com uma gestação mais avançada. Eles me pressionaram muito, e depois disso cortei relações com eles por mais ou menos um ano. Não vi ninguém até Gabriel estar com 5 meses. Foi a parte mais difícil – me afastar da minha família, não ter ninguém que me apoiasse por ter decidido não ir para Albuquerque. Fiquei irada com meus pais. Achei que não mereciam estar na minha vida. A coisa se resumiu então, na verdade, apenas a Diego e os avós dele. A solidão de estar só comigo mesma e com meus pensamentos, acho que isso é algo que te fortalece, ainda mais diante do baque de descobrir que você vai ter um filho.

Diego disse: "Faça o que você quiser fazer." Ele seria solidário, me daria qualquer coisa, faria qualquer coisa, mas não queria sair de El Paso. Eu não conhecia El Paso, mas não tinha certeza se desejava criar meu filho ali, porque não existe muito o que fazer. Não era uma localização privilegiada. Fica no deserto. E não é muito bonito. Eu não queria começar uma família lá, mas ele, sim. Então fomos em frente. Ele é muito tranquilo. E determinado. Tem coisas que ele não aprova, como beber durante a gravidez. Mas eu não ia beber. Ele é aberto de verdade em relação a qualquer decisão que eu tomo; não bate o pé em nenhuma opinião. Ele me apoia demais. Não ajuda muito no dia a dia com as crianças, mas trabalha demais, e por muitas horas, e é um grande provedor... é um bom homem.

Naquela época, a gente morava em um apartamento. E estava tudo bem, mas eu tinha dois empregos. Financeiramente, não íamos tão bem. Vivíamos de salário em salário, levando as coisas.

Diego não bebe. Não fuma, o que é ótimo – nem maconha nem cigarro. Eu tinha acabado de sair de uma vida de farra, inconsequência e drogas. Quando me mudei para El Paso com ele, decidi que não faria nunca mais. Parei de vez, depois de levar essa vida por quatro ou cinco anos. Acho que demora um tempo até você sair completamente dessa. Ele me acalmou e me fez ver a vida de um jeito um pouco diferente, amá-la e valorizá-la um pouco mais.

Depois que cortei todo mundo, mergulhei dentro de mim. Eu me levantava todas as manhãs, tomava uma xícara de chá e sentia meu bebê crescer. Estava superfeliz, até que veio o último mês. Pouco antes de o bebê nascer, fiquei muito triste. Arrasada. O médico disse que era depressão. Foi tão ruim que queriam que eu tomasse Prozac. Eu peguei a receita, mas não tomei o remédio. Não queria aquilo para o bebê. Sabia que ele já estava desenvolvido e provavelmente não iria lhe fazer mal, mas não consegui. Acho que eu me sentia triste por estar sozinha. Um mês depois tive Gabriel e tudo aquilo sumiu. Foi como se nunca tivesse acontecido. A coisa mais estranha do mundo.

O bebê estava atrasado, então tivemos que agendar uma indução. Eu me sentia animada. Eu tinha fraldas, mas só o mínimo. Tinha macacõezinhos, mas só o mínimo. Não tínhamos muito dinheiro. Não fiz chá de bebê porque não conhecia ninguém em El Paso. Não contei para minha família, então ninguém me enviou nada. Foi muito apertado, até o último centavo. Acho que ter o Gabriel naquela situação, e me sentir tão pequena diante de tudo, ainda assim foi a melhor experiência da minha vida. Dar à luz, mesmo sozinha. Até então eu nunca tinha me sentido tão conectada com algo ou alguém como com Gabriel. Por muito tempo éramos só eu e ele, todos os dias.

Eu não saía de casa. Passei três meses sem dirigir. Diego me levava a todos os lugares que eu queria depois que tive o bebê. Eu estava superapaixonada pelo Gabriel. Só queria ficar em casa sozinha com ele. Foi a coisa mais estranha... Eu me senti quase como um animal hibernando com seu filhote. Foi maravilhoso. Sair de uma depressão tão grande, tão avassaladora – eram crises de choro sem motivo. Um desequilíbrio químico total. Depois que tive Gabriel, eu me sentia superfeliz. Tinha aquele bebê recém-nascido, e era maravilhoso. Éramos só eu e ele, melhores amigos para sempre na nossa casinha.

Quando Gabe tinha 18 semanas, comecei a trabalhar para a tia-avó do Diego num café. Acabei comprando o café em 2012 e virei empreendedora. Aquilo foi imenso. Eu não tinha feito faculdade, tinha parado de estudar. Eu me senti realizada. Ampliei os negócios, comprei outro prédio vizinho e montei um café cristão. Gabe foi criado ali. Seu ônibus escolar o apanha e o traz da escola até lá. É tudo maravilhoso. Sempre digo que o café é como um bar sem álcool. Você entra, senta e me conta da sua sogra, ou da sua irmã, ou do que quer que seja. E sabe que o assunto não vai sair dali. É terapêutico ouvir todo mundo, conversar. Acho que é o melhor remédio para qualquer problema. Passar um tempo junto das pessoas. O isolamento não é uma boa estratégia quando se passa por certas coisas. Quando se tem um propósito e sabe que sua família é forte, você consegue seguir em frente.

Não falei com ninguém até aquele mês de março. Gabe tinha 5 meses quando fui fazer uma visita em Nova Jersey. Minha avó já tinha me ligado e mandado mensagens. Até que ela deixou um áudio dizendo: "Se você não me ligar, eu vou até aí ver vocês." E eu finalmente liguei. Ela disse que estava arrependida e que deveria ter me apoiado. Tive uma conversa com todos eles, exceto meu pai. Até hoje não nos falamos. De todos os meus relacionamentos, o com meu pai é o único que não foi retomado de um modo mais saudável. Eu fico muito feliz por eles me apoiarem agora. Mas demorou um pouco.

Teve um ano em que eu e Diego tivemos uma briga horrorosa. Foi um acúmulo de coisas. Ele trabalhava de 14 a 16 horas por dia. Agora ele é advogado – um avanço e tanto para quem antes trabalhava num restaurante. Eu queria o divórcio. Tinha a sensação de que estava tudo caótico e que ele vinha agindo de um jeito péssimo. Eu não queria desperdiçar minha vida. Queria ser feliz. Queria que ele fosse feliz. Mas superamos essa crise. Nunca traímos nem magoamos um ao outro. Acho que eram apenas todas as coisas exteriores das quais eu simplesmente não gostava. Não gostava de El Paso nem de algumas coisas que ele fez ou disse. Quando nos livramos de tudo isso, exceto morar em El Paso, as coisas realmente mudaram.

Engravidei no ano passado. Foi maravilhoso. Foi um grande Natal, o melhor de todos. Nove meses depois, ela nasceu. Eu diria que minhas duas maiores conquistas foram o café e ter a minha filha. São os dois marcos da minha vida. Eu vinha tentando engravidar desde que Gabe tinha 3 anos – acho que passei uns dois anos e meio pensando a respeito, depois mais três tentando, e desde então tínhamos perdido dois bebês. Gabriel veio num piscar de olhos; achávamos que nunca teríamos problema para engravidar. Quando perdemos o primeiro, eu estava de apenas oito semanas. Parecia uma menstruação bem forte. O segundo estava de 14 semanas e admito que foi difícil. Eu perdi aquele bebê. Foi um grande desafio para mim, mas eu tinha muito a fazer. Eu trabalhava no café, seis dias por semana. Levava Gabe aos sábados, e ele ia para a escola de segunda a sexta-feira. Levantar de manhã, arrumar o filho, ir para o trabalho, voltar para casa, dar comida para os cachorros, fazer o jantar, alimentar seu marido, arrumar as roupas para o dia seguinte, ir para a cama. Essas repetições cotidianas que te mantêm ocupada. Manter-se ocupada com coisas externas, não ficar remoendo toda a história, simplesmente estar junto das pessoas. Mas tentamos de novo.

Teve um ano em que moramos em três lugares diferentes, um apartamento, uma casinha e depois um trailer. Quando tive meu filho, eu era muito pobre. A gente apenas sobrevivia; não éramos casados nem nada. E agora Diego ganha mais de 250 mil dólares por ano, e eu não tenho nenhuma preocupação.

Se o café fechar, não teremos dor de cabeça financeira. Isso não vai nos impactar. Vivemos com bastante conforto. Diego trabalha demais, como trabalhava há cinco anos. Mas a minha vida é maravilhosa. Ter filhos deu muito significado a ela. E é tão gostoso! Não sei ao certo se antes eu não amava a vida; eu só não sabia valorizá-la quando era mais jovem, quando só pensava em farra e coisas do tipo.

Você vive por si mesma, até que um dia você entra em trabalho de parto – no meu caso, dois – e é como se você tivesse feito tudo aquilo por aquela coisinha, você fica encantada. Gabe vai fazer 6 anos este ano. Eu o amo por tudo o que ele fez por mim. Ele realmente me tornou uma pessoa melhor. Ele me fez desacelerar e pensar na vida quando estou dirigindo. Antes eu dirigia como a Batwoman e agora dirijo como uma velhinha com um adesivo "Bebê a bordo" colado no carro. Toda a dinâmica muda. Tudo.

Ainda bem que aconteceu, porque acho que eu teria morrido levando aquela vida maluca, me drogando e sendo louca e imprudente. Quando não dirigia bêbada, fumava maconha, usava metanfetamina ou qualquer outra coisa disponível – o que quer que minhas amigas tivessem, não importava. Não sou de nenhuma religião específica, mas quando você se torna mãe acontece algo com você que te muda.

É uma história maravilhosa que realmente não se ouve muito por aí. Cada dia é como se fosse o último para nós. Diego vai trabalhar às 10 horas para podermos ficar deitados na cama como uma família. Gabriel vem para o nosso quarto todas as manhãs, e o bebê já está lá. Todas as manhãs tentamos estabelecer esse vínculo com nossos filhos e um com o outro. Todos nós temos um trabalho a fazer. Todos nós temos um ao outro no fim do dia.

Quero poder vestir bem meus filhos e mandá-los para uma boa escola, poder comprar coisas bacanas para os dois. Quero ser capaz de prover a ambos igualmente e dar muito a eles. Se eu tiver mais filhos, não vou poder dar tudo o que eu gostaria, e não apenas materialmente. Quero estar em sintonia com meus filhos, tanto mental quanto emocionalmente. Quero poder dar a atenção que eles tanto precisam.

Voltei a estudar. Vou aprender para trabalhar numa empresa com meu tio. Eu diria que estou fechando o café – encerrando esse capítulo. E escrevendo um novo. Definitivamente, adoro trabalhar com negócios. Se eu pudesse, no futuro, adoraria abrir e vender empresas. No momento, meu objetivo é simplesmente alimentar meus filhos, fazer com que sejam felizes e que cheguem à aula de natação a tempo. É minha única meta agora. Mas sim, eu diria que tenho alguns objetivos relacionados ao empreendedorismo.

Não consigo imaginar minha vida sem ter escolhido ficar com meu filho – sem ter seguido com a decisão da clínica. E gostaria que toda mulher tivesse uma experiência boa como a minha, rezo para que isso aconteça. Tudo foi para o melhor. Eu realmente acredito que quando uma porta se fecha, outra se abre.

Minha opinião sobre o aborto mudou com o tempo. Muitas garotas já fizeram. Acho que quase todas as mulheres da minha família realizaram no mínimo um. E nunca foi um problema. Nunca foi um problema até eu vir para o Texas e tudo isso acontecer, e as pessoas serem tão contra o aborto. Discutem sobre se é uma vida já na concepção ou somente ao nascer. Sempre digo que, ao dar a vida ao meu filho, salvei a minha própria. Tornar-se mãe é algo que simplesmente te abre e te muda. E não há nada que se possa fazer a respeito.

Camila, uma latina do Texas, tinha 22 anos e estava grávida de 18 semanas quando lhe foi negado o aborto.

CAPÍTULO 8

Homens

As descobertas do Estudo Turnaway e as histórias deste livro deixam claro que os homens desempenham um grande papel na vida das mulheres que buscam um aborto. Pode-se argumentar, como Gabrielle Blair, a mórmon mãe de seis filhos, que os homens – com suas "ejaculações irresponsáveis" – devem ter responsabilidade significativa pela gravidez indesejada.[1] Afinal, argumenta Blair, os meios mais imediatamente disponíveis para prevenir a gravidez – o coito interrompido e, de maneira mais eficaz, o uso do preservativo – dependem de os homens assumirem a responsabilidade.

Os homens também desempenham um importante papel na tomada de decisão – às vezes estando envolvidos na decisão e às vezes *sendo a razão* pela qual as mulheres optam pelo aborto. Descobrimos que poucos homens envolvidos nessas gestações indesejadas anseiam por ter uma família ou são capazes de aceitar as responsabilidades de cuidar de uma. Voltemos a Jessica, da Louisiana. Aos 23 anos, ela teve um aborto logo após dar à luz seu segundo filho e descobrir que tinha esclerose múltipla – uma doença neurológica – e também hiperemese gravídica (náuseas e vômitos graves durante a gravidez), o que pode tornar a gravidez e o parto arriscados para a mãe e o bebê. Jessica não podia confiar no marido para criar os filhos se algo acontecesse com ela, pois ele vivia voltando para trás das grades. O estado de saúde dela estava bem ruim logo após o nascimento do novo bebê, e ela disse que o marido a visitou apenas duas vezes durante sua internação de três semanas no hospital. O que era ainda mais preocupante, ele visitou o filho e o bebê recém-nascido apenas duas vezes nessas três semanas. Eles haviam deixado as crianças com um parente. Essas memórias influenciaram a escolha de Jessica de abortar a terceira gravidez. Ela não podia confiar nele como pai ou marido e acabou pedindo o divórcio durante uma das passagens dele pela prisão.

Em nosso estudo, foi incomum encontrar discordâncias entre homens e mulheres sobre o que fazer com uma gravidez não planejada. Simpatizo com o homem que perde a discussão sobre a tomada de decisão a respeito da gravidez. Deve ser terrível para um homem que quer ter um filho quando a mulher não quer, ou quando ele não quer um filho de jeito nenhum e a mulher quer. Mas, como diz Martina, já que o corpo da mulher sustenta a gravidez e exige seus recursos físicos e emocionais, é a mulher quem deve decidir. Em resposta à falta de poder na decisão, alguns homens se afastam. Mas este estudo demonstra que, na maioria das vezes, os parceiros masculinos desempenham papéis diretos e indiretos na tomada de decisão e no acesso aos cuidados.

Antes de chegar às nossas conclusões, preciso reconhecer que não perguntamos aos homens, como parte do Estudo Turnaway, como eles se sentiram sobre a negação ou a realização de um aborto por parte de sua parceira, nem acompanhamos a evolução dos homens ao longo do tempo. Este capítulo contém relatos das mulheres sobre os próprios relacionamentos e suas impressões sobre as opiniões dos parceiros envolvidos no momento da tomada de decisão sobre o aborto.[2] Para contatar e entrevistar diretamente os homens, teria sido necessário o consentimento deles para participar do estudo. Mesmo que tivéssemos tentado recrutar parceiros masculinos nas salas de espera das clínicas de aborto, que foi onde recrutamos as mulheres, o subconjunto de homens que as acompanham não teria sido representativo de todos os homens envolvidos em gestações indesejadas. As experiências deles com a gravidez não intencional e o aborto são claramente um tópico importante e que vale a pena ser investigado mais a fundo.

O papel dos homens na tomada de decisão

A grande maioria dos homens realmente participa na decisão sobre o que fazer com uma gravidez não planejada. Descobrimos que quatro em cada cinco (83%) ficam sabendo sobre a gravidez quando a mulher ainda está decidindo o que fazer. Cerca de 7% descobrem depois de o fato estar consumado. Os 10% restantes não são informados sobre a gravidez nem sobre o aborto, em casos raros (1% das mulheres) porque a mulher não tem certeza de quem é o pai do bebê (incluindo mulheres que foram estupradas por um desconhecido).

Quando o homem envolvido na gravidez soube no momento da tomada de decisão, 43% das mulheres relataram que ele não tinha certeza do que queria fazer ou deixou que ela decidisse. Quase um terço (31%) das mulheres relatou que o homem queria que ela fizesse um aborto.[3] Cerca de um quarto (26%) das mulheres relatou que o homem queria que ela levasse a gravidez adiante e criasse o filho. Nicole nos disse que seu namorado abusivo "tentou me convencer a desistir [do aborto] algumas vezes". Entre os homens, assim como entre as mulheres, a adoção não parece ser uma escolha popular. Menos de 1% (0,7%) queria que a mulher levasse a gravidez adiante e deixasse outra pessoa criar a criança.

Uma das histórias mais preocupantes que ouvimos de um homem tentando influenciar uma mulher a ter seu bebê vem de Sydney. Ela nos disse que seu namorado verbalmente abusivo adulterou o método contraceptivo que usavam e a engravidou intencionalmente e contra a sua vontade. "Eu e ele não estávamos de acordo", disse Sydney. "Naquela época, quando engravidei, estávamos usando camisinha e, uma noite, acho que ele decidiu furar a camisinha, tirá-la ou algo assim... pode ter escorregado, ou ele pode ter tirado. Eu não tenho ideia do que realmente aconteceu, porque ele estava tentando me engravidar. Ele queria que eu tivesse o filho dele e eu ficava dizendo que não, eu não estava pronta para isso." Ela optou por não contar a ele que estava grávida e que iria fazer um aborto. Caso contrário, disse ela, "teria sido um caos".

Ao ocultar sua gravidez até que fosse interrompida, Sydney intuiu que a discordância com o homem envolvido pode retardar significativamente as mulheres de fazer um aborto. Quase uma em cada cinco mulheres (18%) relatou que tais discussões ou discordâncias atrasaram o aborto. Muitas vezes, nessas histórias, vemos que a falta de apoio masculino à gravidez ou o fato de não assumirem a responsabilidade confirmavam a decisão das mulheres de abortar. Além disso, o fracasso dos homens em ajudar as mulheres a acessar os serviços de aborto sugeriu a essas mulheres que o homem em questão não era confiável o suficiente para ser pai. Essas questões aparecem nas histórias de Sofia e Martina.

Sofia, uma californiana de 19 anos que conheceremos depois do Capítulo 10, queria um aborto porque o namorado não a apoiava e não estava satisfeito com a perspectiva de se tornarem pais juntos. No dia em que descobriu que estava grávida, ela sangrava excessivamente e estava assustada, mas nos disse que ele se recusou a levá-la ao pronto-socorro. No final, Sofia estava com a gravidez muito avançada para fazer o aborto e teve que levá-la adiante. No entanto, ela disse que estava considerando as necessidades dele quando decidiu colocar o bebê para adoção. "Eu não queria forçá-lo a ser pai."

E você lembra o que aconteceu quando Martina, cuja história conhecemos após o Capítulo 3, disse ao namorado que estava grávida? Ele a lembrou que precisaria trabalhar fora da cidade no dia seguinte. "Você quer que eu fique?", Martina se lembra dele dizendo. "Então eu respondi: 'Não precisa. Eu cuido disso sozinha. O simples fato de você estar me perguntando se precisa ficar já diz que vou ter que resolver tudo sozinha, porque você não está nem aí.'" O namorado já era pai e Martina estava longe de se impressionar com suas habilidades parentais durante o breve período de relacionamento. Mas a total falta de urgência ou de interesse da parte dele quando Martina anunciou que estava grávida de seu filho foi a gota d'água. Ela sabia que ele não seria um pai confiável para essa criança, e ela não queria enfrentar a dificuldade de ser mãe solo aos 22 anos.

Homens como razão para desejar abortar

A Dra. Karuna Chibber, cientista de saúde pública que na época era minha colega na UCSF, analisou o papel dos homens na tomada de decisão das mulheres sobre o aborto.[4] Ela descobriu que quase um terço das mulheres do Estudo Turnaway (31%) relatou que sua razão para desejar abortar tinha a ver com o seu respectivo parceiro. Vamos detalhar: um terço das mulheres naquele subconjunto disse que sua relação com o pai do bebê não era boa o suficiente. Foi o caso de Margot, que brigava frequentemente com o namorado alcoólatra e "verbalmente desagradável". Um quarto delas disse que seu parceiro não iria ou não poderia sustentar a criança, o que era o caso de Jessica, bem como de Ariela, que amava o namorado, mas tinha acabado de ingressar na faculdade e temia que ele não conseguisse ser um bom pai naquele momento de sua vida. Uma em cada cinco mulheres que indicaram o parceiro como motivo para o aborto disse que ele era simplesmente o homem errado para se ter um bebê – por exemplo, porque ele já era casado, estava encarcerado ou fazia uso de substâncias ilícitas. Melissa não queria ter um bebê com o parente do seu marido encarcerado, uma decisão com a qual ela permanece satisfeita anos depois.

Levar uma gravidez adiante pode resultar em uma conexão de longo prazo com o homem envolvido na gravidez, situação que muitas gostariam de evitar. Margot relatou que sentiu que o aborto a ajudou a se livrar de um problema. Logo depois do aborto, seu ex-namorado alcoólatra acabou indo para trás das grades por dirigir bêbado e ferir gravemente outra pessoa. "Eu me senti meio que grata por não ter tido um filho com ele, porque senão eu teria ficado presa a ele pelo resto da vida; relação com filho é para sempre." E temos também o caso da Jenny, que engravidou aos 20 anos depois de transar duas vezes com um vizinho. Quando ela procurou um aborto, a gravidez já estava muito avançada. Logo depois da chegada do bebê, Jenny e o homem envolvido se separaram e ele foi condenado a 25 anos de prisão por abuso sexual de crianças; não sabemos se a vítima foi o bebê ou outra criança. Ela obteve ordens de restrição contra ele, que agora está fora de suas vidas. Jenny se casou com outra pessoa e diz que sua filha chama seu novo marido de "papai". Ela se sente grata por ter tido a filha, mas não gosta de estar ligada ao homem que a engravidou.

Entre as 31 mulheres que participaram de entrevistas qualitativas e em profundidade, duas disseram que seus ex-namorados as pressionaram a abortar. Guadalupe atesta que, quando tinha 18 anos, seu então namorado insistiu para que ela fizesse o aborto, buscou as informações necessárias e a levou até a clínica. Jovem imigrante da Cidade do México que já era mãe de uma criança e não tinha apoio familiar, Guadalupe disse que se sentiu impotente diante da forte oposição do namorado à gravidez. Adrienne tinha 34 anos e vivia em Chicago com a filha quando descobriu que engravidara depois de reencontrar um antigo namorado. Ela queria o bebê. Ele não o queria e a estratégia para deixar clara sua forte oposição era ligar para ela todos os dias e lhe dizer para fazer um aborto. "Eu realmente não quero o bebê. Espero que você morra", ela se lembra dele dizendo. No entanto, apenas uma mulher em todo o nosso estudo relatou que a pressão do parceiro para realizar o aborto foi sua *única razão* para fazer o procedimento. Uma das principais justificativas para as leis de envolvimento dos pais – leis que exigem que as mulheres jovens informem ou até obtenham permissão de um dos pais antes de fazer um aborto – é que envolver os pais pode proteger uma mulher jovem da pressão coercitiva de um parceiro mais velho.[5] No entanto, neste caso, a mulher relatando coerção de um homem não era uma adolescente, ela tinha 30 anos. O estudo que conduzi em uma grande clínica no Meio-Oeste mostrou que, quando as mulheres jovens relatam terem sido pressionadas a fazer um aborto, é com muito mais frequência um pai do que um namorado quem está fazendo a pressão.[6]

Relacionamentos violentos

Brenda passou o início de seus 20 anos sem dinheiro, bebendo e tentando escapar de um relacionamento violento com "um babaca", como ela diz. Ele batia nela. Ela revidava. Eles se separavam. Ela acabava se cansando de dormir no carro e voltava para um relacionamento que sabia que não era bom para ela. E então... "Quando descobri que estava grávida, meu Deus. Fiquei horrorizada. Absolutamente horrorizada", disse Brenda. "Eu não queria ter um filho com aquele homem." Mas, conforme descrevi no Capítulo 2, Brenda descobriu a gravidez tarde demais e várias clínicas de aborto a rejeitaram.

Leremos a história completa de Brenda em suas próprias palavras após o Capítulo 9. Tendo já lido a história de Nicole, 20 anos, após o Capítulo 4, sabemos que a de Brenda não é a única gravidez concebida em um relacionamento violento. O namorado de Nicole desejava controlá-la. Ele a impediu de estudar e de respirar ar puro, pois fumava constantemente no apartamento apesar da asma crônica dela. Ele regularmente a obrigava a fazer sexo, valendo-se de abuso emocional e físico. "Ele aparecia aleatoriamente, e se eu não cedesse, acabávamos brigando", descreveu Nicole. E, como lemos depois do Capítulo 2, o marido de Jessica, além de ser um pai ausente, abusava fisicamente dela.

Uma pequena minoria de mulheres que buscaram o aborto (2,5%) em nosso estudo citou o abuso do parceiro como a principal razão para abortar, um índice muito semelhante ao que se encontra entre pacientes de aborto em nível nacional.[7] No entanto, o dobro desse número havia experimentado violência recente. Na época em que procuraram uma clínica de aborto, uma em cada 20 mulheres do Estudo Turnaway relatou que o homem envolvido na gravidez a havia empurrado, agredido, esbofeteado, chutado, sufocado ou ferido fisicamente nos últimos seis meses. E uma em cada 30 relatou medo de sofrer tal violência em seus relacionamentos. Você pode notar que as relações abusivas são mais comuns entre as 10 mulheres perfiladas neste livro do que entre as pacientes de aborto em geral. Não selecionei as histórias com base nisso. Busquei as vozes mais fortes e uma variedade de experiências e perspectivas. Para mulheres como Brenda, Nicole e Jessica, que engravidaram de um homem violento, seu desejo de fazer um aborto é por não quererem se amarrar a um parceiro abusivo nem expor as crianças à violência do parceiro. Isso também se aplicou a Shawna, uma mulher branca do Oregon que participou de uma das entrevistas qualitativas em profundidade. Aos 33 anos, Shawna era mãe solo de uma filha e tinha um relacionamento muito recente. De repente ela engravidou e, depois de passado o choque, sabia que queria ter o bebê. Ela sentiu que poderia lidar com isso, financeira e emocionalmente. Mas então ela contou ao parceiro. "E no segundo em que ele surtou e eu vi quem ele era de verdade, fiquei tão assustada que literalmente liguei no dia seguinte e marquei uma consulta." Mais tarde, ele mudou de ideia e queria que ela tivesse o bebê, mas seu comportamento volátil assustou Shawna. "Eu pensei, ele vai matar meu filho ou vai me matar em algum momento, e não é seguro para nenhum de nós... Estar amarrada a um homem assim e ter um filho dele teria sido um pesadelo." Ela teria outro filho com outra pessoa no ano seguinte, dizendo à nossa equipe: "Não é que eu não quisesse mais filhos; eu só não queria ter um filho com ele."

No momento da busca pelo aborto, não houve diferença nas experiências de abuso entre as mulheres que realizaram o procedimento em comparação com aquelas a quem o procedimento foi negado. Mas para as mulheres que fizeram o aborto, houve uma redução dramática na incidência de violência que não foi experimentada por aquelas cujo aborto foi negado. Nicole levou cerca de um ano após o aborto para deixar seu namorado abusivo. Mas quando acabou, acabou. Pouco depois do aborto de Jessica, seu marido voltou para a cadeia – para seu alívio. Ela procurou a ajuda de um programa universitário de assistência jurídica que auxilia vítimas de violência doméstica e pediu o divórcio. E quanto a Brenda? Depois que ela teve o aborto negado, seu namorado parou de bater nela, mas apenas durante a gravidez. Ela queria colocar o bebê para adoção, mas o namorado foi contra. Depois que o bebê nasceu, a violência voltou. "Cheguei a ir a uma entrevista de emprego com um maldito olho roxo", disse Brenda.

Minha colega, a Dra. Sarah Roberts, que você deve se lembrar de também ter analisado os dados sobre o uso de substâncias na gravidez, descobriu que, após dois anos e meio, as mulheres a quem foi negado um aborto eram mais propensas a sofrer violência do homem envolvido na gravidez do que as mulheres que realizaram o procedimento.[8] A explicação é que as mulheres a quem é negado um aborto têm contato contínuo com o homem envolvido, mesmo que não estejam em um relacionamento romântico com ele, e leva anos para se desvencilharem. Enquanto isso, elas continuam expostas ao risco de violência. Como diz a Dra. Roberts, a negação do atendimento abortivo pode resultar em mulheres permanecendo com parceiros violentos.

O que acontece com o relacionamento?

Com base em nossos dados, a maioria dos homens envolvidos em gestações que as mulheres procuraram interromper não ansiavam por assumir o papel de pai. E muitos tinham uma ligação romântica muito tênue com a mulher. Sofia, que conheceremos depois do Capítulo 10, teve um relacionamento difícil com um homem com quem não pôde contar para pegar uma carona para o hospital quando estava sangrando. Quando ela ligou do pronto-socorro para dizer que estava grávida, ele desligou na cara dela. Ao ligar de volta mais tarde, ele a incitou a fazer um aborto. No momento da concepção, 4 em cada 5 mulheres do estudo (80%) tinham uma relação amorosa com o homem envolvido. Apenas uma semana depois que as mulheres buscaram um aborto, um quarto desses relacionamentos havia terminado, ou seja, apenas 3 em cada 5 (61%) ainda estavam em um relacionamento.

Uma vez que relacionamentos românticos ruins levam as mulheres a buscar o aborto, não surpreende que ocorra a dissolução dos relacionamentos ao longo do tempo. Dois anos após a busca pelo procedimento, pouco menos de 2 em cada 5 mulheres (37%) ainda estavam na relação que concebeu a gestação, e em cinco anos, este número cai para quase 1 em cada 4 (26%). Não encontramos nenhuma evidência de que o aborto é o evento que faz com que os casais se separem; é o relacionamento ruim que leva à decisão de interromper a gravidez. Claro, há exceções entre as mulheres que entrevistamos. A mãe solo Kiara, de quem você ouviu falar antes, estava querendo deixar o namorado. A relação ficou assustadora – ele começou a persegui-la, segundo relatos dela. Mas foi a gravidez inesperada e sua decisão imediata de abortar e cortar laços que a ajudaram a sair do relacionamento. "Eu sabia que tomar essa decisão seria o jeito de acabar com tudo, virar essa página e seguir em frente sem ter que olhar para trás nem ter quaisquer amarras me segurando." A interrupção da gravidez também encerrou o relacionamento de Shawna com o namorado. Ela não apenas o considerava impróprio como pai como agora ainda sentia que ele ameaçava a segurança dela e de seu filho. Na maioria das vezes, como nossas histórias indicam, o rompimento só acontece mesmo meses depois, como ocorreu com Jessica, Martina e Nicole.

Você pode pensar que levar a gravidez adiante e ter um bebê juntos manteria os casais em um relacionamento. Na verdade, os relacionamentos se dissolvem mesmo quando a gravidez continua e a mulher cria o filho. Lembre-se de Amina, uma de nossas participantes de entrevista qualitativa sobre a qual falei no Capítulo 6. O namorado de quem Amina engravidou ficou com ela por dois anos depois que o bebê nasceu. Mas a relação não era boa, e ela disse que ele não tinha interesse em ser pai. Para o Estudo Turnaway, a professora de políticas públicas Dra. Jane Mauldon, da Universidade da Califórnia, Berkeley, analisou os relacionamentos das mulheres nos dois anos e meio após terem buscado um aborto. Ela não encontrou diferença significativa em estar em um relacionamento romântico de dois anos (40% entre aquelas que tiveram o aborto negado e 39% entre aquelas que fizeram o procedimento logo abaixo do limite gestacional). Nesses dois anos, pode ter havido uma dissolução mais lenta da relação entre aquelas cujo aborto foi negado, mas aos dois anos, não há mais nenhuma diferença. A Dra. Mauldon também não encontrou diferenças significativas nas taxas de casamento ou na qualidade do relacionamento para mulheres que ainda estavam com o parceiro envolvido na gravidez. Apenas 3% das mulheres que tiveram o aborto negado se casaram nos dois anos seguintes. Coincidentemente, 3% daquelas que eram casadas no momento em que engravidaram se divorciaram durante esse período.[9]

O que fica claro é que levar a gravidez adiante resulta em mulheres tendo contato contínuo, se não um relacionamento romântico, com o homem envolvido na gravidez. A Dra. Mauldon descobriu que, uma semana depois de buscar um aborto, 90% das mulheres mantiveram contato com o homem, sem diferença significativa para os grupos de aborto negado ou realizado. No entanto, após dois anos, 79% das mulheres que tiveram o aborto negado ainda estavam em contato com o homem, em comparação com 68% das que fizeram um aborto pouco abaixo do limite. Minha colega, a Dra. Ushma Upadhyay, analisou novamente os relacionamentos uma vez que os cinco anos completos de dados foram coletados e descobriu que em nenhum momento houve uma diferença significativa entre as mulheres que fizeram o aborto e aquelas a quem o procedimento foi negado na probabilidade de que ainda estivessem em um relacionamento romântico com o homem envolvido na gravidez.[10]

A Dra. Upadhyay indicou que nossas métricas de relacionamentos românticos reunidos durante os dois primeiros anos de coleta de dados não foram suficientes. Eles se concentraram apenas no relacionamento com o homem envolvido na gravidez e não em relacionamentos românticos subsequentes com homens ou mulheres. Dada a rápida dissolução dos relacionamentos, esse foi um sério descuido. Então, a partir da marca de dois anos, adicionamos perguntas sobre se as mulheres estavam em um relacionamento romântico com alguém e a qualidade desse relacionamento. Uma vez que essas perguntas não estavam nas primeiras entrevistas, não temos dados para conhecer a trajetória completa, mas podemos dizer se houve diferenças após os primeiros dois anos.

O que a Dra. Upadhyay encontrou: não houve diferenças nas taxas de relacionamentos amorosos entre as mulheres que fizeram um aborto e aquelas a quem o procedimento foi negado – ambos os grupos tinham igual probabilidade de estar em um relacionamento. No entanto, aquelas que fizeram um aborto tinham uma probabilidade maior de dizer que seu relacionamento era "muito bom" até três anos e meio depois do procedimento. Entre as que fizeram um aborto, 47% estavam em um relacionamento muito bom em dois anos. Entre as mulheres cujo aborto foi negado, apenas 28% tinham um relacionamento muito bom em dois anos.

Então, o que tudo isso nos diz? Forçar as mulheres a levar adiante as gestações indesejadas não é, ao que parece, uma boa estratégia para garantir relacionamentos e famílias fortes. No capítulo anterior sobre crianças, mostramos que as crianças nascidas após a negação do aborto provavelmente não serão criadas por dois pais romanticamente envolvidos. Esse foi o caso do filho de Brenda, que no final acabou não morando com nenhum dos pais, graças a muitos incidentes de violência doméstica que exigiram visitas da polícia e do Serviço de Proteção à Criança. Brenda disse que teria terminado as coisas muito mais cedo se tivesse conseguido abortar. "Fiquei com [meu ex-namorado] por muito mais tempo do que pretendia porque tivemos um filho juntos – um vínculo. Aí a coisa se transformou em algo como, ah, estamos juntos há tanto tempo que já não sei mais ficar sem você, de ambas as partes. Por isso durou muito mais do que deveria. Quer dizer, acho que se eu não tivesse descoberto que estava grávida e que o filho era dele, provavelmente teria acabado ali. Teríamos nos separado de vez no ano em que entrei para este estudo."

Proporcionar abortos aumenta a chance de as mulheres encontrarem relacionamentos mais saudáveis e felizes no futuro. Tal foi a sorte de Guadalupe, que disse à nossa equipe que o homem de quem ela engravidou em 2009 a pressionou a fazer um aborto. "Então conheci meu parceiro atual, que me ensinou que os homens não são todos iguais", disse ela. "Ele me mostrou isso; ele me deu a oportunidade de ver que eu poderia ter uma segunda chance. Com ele eu tenho um filho de 2 anos... Para mim foi uma bênção estar grávida de novo. Desta vez, planejada e com um parceiro que realmente desejava ter uma família comigo."

Homens solidários

Nossos entrevistadores do Estudo Turnaway ouviram muitas histórias de homens que se comportavam de forma cruel e violenta. Também ouvimos muitas histórias de homens sendo atenciosos, gentis e solidários, tanto aqueles envolvidos na gravidez quanto outros homens na vida das mulheres, que lhes deram a ajuda financeira e/ou emocional de que precisavam para ter acesso ao aborto ou, se este lhe fosse negado, para lidar com a adoção ou com a maternidade. O namorado de Sofia pode não ter dado a ela o apoio de que precisava – devemos lembrar que ele não a levou ao hospital quando ela estava sangrando profusamente –, mas o melhor amigo dela sim. Ele acompanhou Sofia à clínica de aborto e, depois que o aborto foi negado, foi a única pessoa a quem ela confidenciou seus planos de entregar o bebê para adoção. "Ele estava lá ao meu lado quando assinei os papéis para a adoção", contou Sofia. "Estava lá quando tive que escolher os pais. Quando fui para o hospital, foi ele que me levou quando eu estava entrando em trabalho de parto." Anos mais tarde, mesmo depois de suas vidas tomarem direções diferentes, eles sempre se reconectam no aniversário da criança que ela entregou para adoção. "Ele é um anjo para mim", disse Sofia sobre seu amigo, observando que ela não poderia ter passado por aquele desafio em sua vida sem ele.

Os amigos do sexo masculino também desempenharam um papel importante na vida de outras mulheres entre as dez perfiladas neste livro. Melissa estava lutando para alimentar seus quatro filhos enquanto batalhava para abortar a gravidez concebida com o parente do marido encarcerado. Seu amigo – um senhor mais velho que seus filhos apelidaram de "vovô" – notou seu desespero. Ele não só pagou pelo procedimento como também a levou até a clínica. Nicole não tinha como pagar o aborto de que precisava para romper os laços com seu agressor. Quando pediu ajuda a um ex-namorado, ele lhe transferiu centenas de dólares.

A história de Camila pode soar como um conto de fadas – um jovem casal em dificuldade aceita que não pode fazer um aborto e dá uma reviravolta, se casa e tem uma vida boa. Eles deixaram de enfrentar dificuldades financeiras para viver mais do que confortavelmente. Camila descreveu seu parceiro como "determinado" e um pouco desinteressado quando se trata de parentalidade, mas acima de tudo um provedor amoroso. Eles tiveram outro filho depois do inesperado primeiro. "Eu diria que ele me apoia muito e me apoiou quando tive o [primeiro] bebê", disse ela. "Não ajuda muito no dia a dia com as crianças, mas trabalha demais, e por muitas horas, e é um grande provedor... é um bom homem."

Para mim, a maior história de redenção é a do homem na vida de Melissa. Seu marido parece ter sido o pior parceiro possível – traidor, usuário de drogas, não confiável, desonesto e cruel. Mas depois de sair da cadeia e concordar em se mudar para uma nova cidade, ele se transformou. Tornou-se um pai responsável, o que permitiu que Melissa cursasse a faculdade. Note, no entanto, que ele não era o homem envolvido na gravidez que ela abortou. Em relação a esse homem, Melissa tem certeza de que fez a coisa certa porque, mesmo que tivesse tido o bebê, "isso não o teria mudado. Ele não teria sido um pai melhor". Acima de tudo, o marido de Melissa é um exemplo para todos os homens que parecem irresponsáveis. Sua mudança foi um grande choque para Melissa. "Não havia nenhum motivo, nenhuma razão lógica para eu continuar com esse homem", disse ela. "Exceto que agora eu consigo dizer sinceramente o que acho que estava passando pela minha cabeça: eu achava que poderia dar um jeito nele. Achei que poderia tirá-lo das drogas; que poderia fazê-lo mudar de vida. Foi irracional da minha parte ter pensado isso, mas hoje ele está melhor. Ele está no mesmo emprego há três anos e não poderia ser melhor com as crianças."

Conclusões sobre homens e aborto

No Estudo Turnaway, a grande maioria dos homens envolvidos sabia sobre a gravidez antes do aborto, mas poucos queriam que ela fosse levada adiante. Há um consenso generalizado entre os homens para a decisão das mulheres de interromper uma gravidez. Apenas um quarto deles queria que a mulher tivesse o bebê, e a preferência pela adoção ao aborto era extremamente rara. Descobrimos que os homens são muitas vezes a razão por que as mulheres escolhem fazer um aborto, às vezes explicitamente porque a relação não é firme o suficiente para sustentar uma criança. Portanto, não surpreende que a relação com o homem envolvido se dissolva lentamente. No entanto, ao contrário do que muitos presumiriam, não faz diferença para a chance de um relacionamento amoroso contínuo se a mulher termina a gravidez ou tem um bebê. Para 1 em cada 20 mulheres que vivenciam maus-tratos por parte do homem envolvido na gravidez, a negação do aborto e o parto aumentam a duração do contato contínuo, com o resultado de que a incidência de violência é maior entre as mulheres a quem é negado um aborto em comparação com aquelas que fazem o procedimento. Uma gravidez levada adiante com o homem errado ou que acontece no momento errado tem reverberações para os relacionamentos futuros da mulher. A longo prazo, ter um aborto negado reduz a chance de as mulheres estarem em um relacionamento muito bom anos mais tarde, mais uma evidência do papel do aborto ao permitir que as mulheres estabeleçam seu próprio curso de vida.

Agora voltaremos para Jada, que tinha 19 anos e morava em Illinois quando fez um aborto no segundo trimestre. Como as outras mulheres que citamos neste capítulo, Jada considerou seu relacionamento com o homem de quem engravidou como um fator importante para sua decisão.

Jada

> *"Fiquei supertriste, desapontada e magoada. Mesmo se quisesse ter a criança, coisa que sabia que não conseguiria, sabia que o pai seria ele, e que eu a criaria basicamente sozinha."*

Nasci e morei na zona sul de Chicago até mais ou menos os 18 anos, quando me mudei para a zona norte. Cresci num lar de mãe solo, ou seja, só com minha mãe. Meu pai estava presente, mas não tanto. E agora moro com minha mãe e minha tia.

Como o lugar onde cresci é uma área urbana, existe algo de bom, mas é mais conhecido pela criminalidade. Na época, não era tão ruim quanto hoje. Estudei em uma escola particular da região. Eu não era muito exposta à criminalidade. Eu ouvia falar a respeito no jornal ou no noticiário. Há vários clubes da Boys & Girls, ligados a uma organização sem fins lucrativos que promove o bem-estar social de crianças e jovens com vários programas sociais infantis. E todos os anos acontecem diversos desfiles dos quais as crianças podem participar, bem como as diferentes escolas de ensino médio. Então tem coisa boa, só que a área é mais conhecida pelo crime. As pessoas gostam de focar no que é negativo.

Minha mãe me criou. Ela trabalha na polícia. Meu pai também. Ele não era um pai ruim, mas simplesmente não estava muito presente, porque tinha outros filhos e também porque se casou de novo. Minha tia morava na esquina, tipo, não dava nem dois minutos de distância a pé. Então éramos próximas. Foi por isso que ela se mudou para a zona norte conosco. A gente estava tentando sair da região porque lá foi piorando com o passar do tempo.

Eu já morava na zona norte de Chicago na época em que engravidei, mas ainda estava com o cara com quem eu andava quando morava na zona Sul. Então era um vaivém constante. Tipo, ele vinha visitar ou eu ia visitá-lo.

Eu o conheci no ensino médio, e nosso relacionamento era simplesmente... bem, imaturo demais. Ficamos juntos por quase dois anos entre idas e vindas. Acho que eu pensava que fosse um lance sério, mas agora, olhando para trás, não era tão sério. E não fazíamos sexo seguro, o que não foi lá muito inteligente da minha parte. Mas como eu estava apaixonada, não estava nem aí. Nem passou pela minha cabeça que eu poderia engravidar. Foi simplesmente algo que aconteceu. Mesmo quando eu já estava grávida, eu vivia em negação.

Meus amigos me perguntaram durante um tempão se eu estava grávida, porque acho que perceberam as mudanças em mim, só que eu não via nada. E quando finalmente recebi a confirmação da gravidez, foi meio que um alívio saber e me preparar para descobrir o que fazer.

Na mesma hora eu soube sem a menor dúvida que faria um aborto. Não pensei em nenhuma outra opção, como adoção ou ter o bebê. Escolhi imediatamente o aborto. E olha que não cresci com pessoas que abortaram. Quer dizer, não era uma coisa sobre a qual eu tinha conhecimento. Era simplesmente como se não existisse outra opção.

Em uma semana eu descobri a gravidez e fiz o aborto. Eu estava com quase 20 semanas, mas nem fazia ideia, tal era a minha negação. Eu sabia que não tinha muito tempo para decidir. Se quisesse fazer o aborto, teria que ser na mesma hora. Se esperasse mais algumas semanas, provavelmente seria obrigada a parir um bebê e a dar um jeito de cuidar da minha vida e da de outra pessoa.

Eu meio que lidei sozinha com a situação toda. Eu tinha plano de saúde por causa do meu pai, então precisei pedir a ele o cartão. Mas não contei o motivo. Tive que ir atrás das informações do plano e depois procurar clínicas que fizessem o aborto. Como eu não fazia ideia de quando tinha engravidado, precisei fazer um chute de com quantas semanas eu estava. A única ajuda que recebi foi o seguro do meu pai, mas tudo o mais, tanto procurar por aí e telefonar para as clínicas, eu fiz sozinha.

Não falei para ninguém da decisão porque eu já tinha certeza do que queria fazer. Eu tinha uma amiga que sabia. Ela descobriu que eu estava grávida porque no dia em que decidi fazer um teste de gravidez, ela foi junto comigo e descobrimos juntas. Ela não falou muito no assunto. E para ser sincera eu nem lembro da conversa. A decisão foi toda minha.

Não sei como é o processo para as outras pessoas, mas para mim foi bastante fácil. Eu simplesmente fui atrás dos lugares, liguei, dei a eles as informações, depois eles ligaram de volta, marcaram uma data e pronto. Fui tratada... foi decente. A espera foi longa, mas todos foram legais comigo. Tudo correu numa boa, sem nenhuma dificuldade.

O dia do aborto foi bem emocionante para mim porque, durante todo o tempo em que estive grávida, eu não tinha noção. Não senti nenhum sintoma, nenhum sinal, nada. Mas no dia em que fui fazer o aborto, comecei a sentir uns chutes. Foi como se alguém estivesse me dizendo para não fazer aquilo. Mas eu simplesmente tinha que fazer. Não havia volta. Foi um processo de dois dias, no total, então a coisa meio que... se arrastou.

Quando fiz o aborto, não estávamos mais juntos. Nem contei para ele. Na época eu não sabia que ele andava metido com coisas ilegais, mas depois que terminamos me contaram que ele vinha fazendo umas coisas não muito bacanas. Fiquei supertriste, desapontada e magoada. Mesmo se quisesse ter a criança, coisa que sabia que não conseguiria, sabia que o pai seria ele, e que eu a criaria basicamente sozinha. Além disso, não queria decepcionar minha mãe; ela foi um fator que pesou na minha decisão.

A pior parte é o efeito colateral emocional. Tipo, você se dá conta do que fez. Eu não tinha absolutamente nenhuma conexão com aquela gravidez, por isso é que foi tão fácil para mim. Descobri e pronto. Estou feliz por ter feito o que fiz. Não sou um monstro, tinha noção de que parte daquilo era errado. Mas foi algo que eu simplesmente precisei fazer para ter uma vida melhor.

Então, essa foi a parte emocional, saber que eu podia ter tido um filho. Mas não tive. E agora, e se eu não puder mais ter filhos? Porque me explicaram que pode haver complicações depois de um aborto e você pode não conseguir mais engravidar e que, à medida que você vai ficando mais velha, seu corpo muda.[11] Você pode desenvolver certas coisas. É uma paranoia.

Eu ainda acho que foi a decisão certa. Foi a decisão certa porque eu mesma ainda era uma criança. Não tinha estabilidade financeira nenhuma. Não seria muito inteligente da minha parte trazer uma criança a este mundo para enfrentar dificuldades comigo e colocá-la em uma posição na qual ela passaria necessidade. Não seria justo. Eu podia escolher entre passar por dificuldades com um filho e não ter que passar por isso. Eu não queria ser egoísta.

Nunca conversei com minha mãe a respeito. Jamais.

No momento estou trabalhando para a prefeitura, como despachante, então é um bom lugar para estar agora. É tipo uma carreira, mas ainda quero voltar a estudar e quem sabe aprender a fazer outra coisa. Só quero um diploma. Não tenho certeza, ainda estou tentando descobrir. Mas não estou namorando. Estou apenas tentando viver a vida enquanto ainda posso.

Ainda moro no mesmo lugar que morava no início da pesquisa. Com minha mãe e minha tia. Espero no ano que vem conseguir me mudar, ter minha própria casa. Esse é o objetivo.

Sou meio desconfiada em relação aos homens. Tipo, não sou mais tão ingênua. Acho que fiquei um pouco mais esperta. Quer dizer, simplesmente não faço sexo sem proteção. Nem mesmo naquela época eu fazia sexo sem proteção com qualquer um. Mas, mesmo quando eu estiver em um relacionamento sério, vou continuar fazendo sexo seguro até que os dois se sintam prontos para trazer uma criança a este mundo. Eu faço sexo seguro o tempo todo e pronto. Sou muito mais cuidadosa a respeito de com quem vou para a cama e com quem me relaciono.

Estou mais feliz agora. Mais madura, mais eu mesma. Sei o que quero da vida e com quem quero e com que tipo de homem quero viver. E tenho objetivos. Quero ter minha própria casa, se der tudo certo no ano que vem, e voltar a estudar. E quero abrir um negócio, quem sabe daqui a cinco anos, ser financeiramente estável e ficar mais próxima da minha família e viajar.

Quero um homem que seja do tipo família, financeiramente estável, seguro, e o que mais? Carinhoso, solidário, esse tipo de homem.

Meu pai acabou descobrindo, e isso meio que fez a gente se aproximar quando finalmente conversamos a respeito. Ele ficou meio triste, mas sua principal preocupação era com os meus sentimentos, e eu disse a ele que estava bem, então tocamos as coisas a partir daí. Eu me aproximei mais da minha família depois disso.

E a vida seguiu. Não houve nenhuma mudança dramática nem nada, porque nada disso perturbou a vida de ninguém a não ser a minha. Não ficamos batendo nessa tecla. Tudo com que precisei lidar, lidei sozinha. Não dividi com todo mundo.

Eu tinha um diário. Escrevi no meu diário e depois ouvi música. É assim que eu lido com tudo o que acontece na minha vida que seja trágico, doloroso ou feliz; seja lá o que for, escrevo a respeito e escuto música. É. Foi isso que eu fiz.

O aborto me tornou uma pessoa mais emotiva. Acabei me tornando supersensível a vários acontecimentos da vida. E quando se trata de crianças, agora é diferente quando estou junto de bebês ou vejo bebês na TV.

Às vezes bate uma tristeza. Eu me sinto anestesiada ou sem emoção, mas simplesmente procuro não pensar a respeito. Vejo alguém com um bebê e penso algo como: "Ah, eu poderia ter tido um bebê." São momentos aleatórios, apenas. Mas não é sempre. Não estou tentando me fazer entrar em depressão.

Tento pensar positivamente, só isso, porque já se passaram cinco anos. Eu sofri, e fiquei deprimida, e fiquei emotiva. Já senti tristeza. Agora apenas toco a vida, e torço para engravidar de novo no futuro e recomeçar.

Foi um processo natural. Não foi uma depressão profunda. Foi só, sabe, uma reação natural. Que eu superei. Não durou muito, talvez algumas semanas. Aquela parte inicial da coisa, do tipo, ah, acabei de fazer um aborto; mas depois procurei não pensar mais no assunto.

Você tem que ter cuidado com quem vai para a cama e para quem você se entrega. É o que tento dizer às minhas priminhas. Tipo, tomem cuidado porque vocês podem arrumar algo que não se pode devolver. E podem engravidar. Por acaso, foi tudo conveniente para mim. Eu tinha seguro. Foi super-rápido. Mas eu poderia estar em uma situação em que não aconteceria dessa maneira e eu seria obrigada a ter o bebê.

Eu ia dar uma olhada nos diferentes cursos para ver se volto a estudar. Ia pesquisar para saber o que preciso fazer para abrir meu próprio negócio. Mas isso vai ficar quem sabe para o ano que vem. Não agora. Ainda preciso descobrir se é o que eu realmente quero fazer, porque é um investimento, e não estou a fim de entrar e depois não terminar. Eu tinha vontade de abrir um salão de unha, de cabelo, de depilação, esse tipo de coisa. Queria abrir esse tipo de salão.

Só espero que eu consiga encontrar um homem ou um homem consiga me encontrar, e que ele me ache adequada para ser sua esposa e que seja um marido adequado. E que possamos ter filhos. É assim que eu quero que minha vida seja. Mas Deus é quem sabe. Então não vou nem pensar e planejar minha vida, sabendo que tudo pode acontecer a qualquer momento.

Tenho muitas esperanças. Estou otimista em relação a tudo. E procuro não pensar de forma negativa sobre as coisas porque simplesmente não faz sentido ser sempre negativa.

Jada, uma mulher negra do Illinois, tinha 19 anos e estava grávida de 23 semanas quando fez um aborto.

CAPÍTULO 9

Reações e reflexões acerca do Estudo Turnaway

Se você já ouviu falar do Estudo Turnaway antes de ler este livro, talvez tenha visto – quem sabe no *The New York Times*, na Fox News ou em dezenas de outros veículos de notícias nacionais e internacionais – nossos resultados mais ansiosamente esperados, de que o aborto não prejudica a saúde mental das mulheres. Publicamos essa evidência na prestigiosa revista médica *JAMA Psychiatry* em fevereiro de 2017, tarde demais para Koop, que morreu quatro anos antes, aos 96 anos.[1] Talvez você já tenha ouvido falar da estatística frequentemente citada de que 95% das mulheres que fizeram abortos sentiram que era a decisão mais acertada para elas, um fato conhecido apenas por causa do Estudo Turnaway.[2] Desde que começamos a publicar resultados do estudo, recebemos muita atenção da mídia – foram mais de 360 artigos e reportagens. A maioria se concentrou na raridade dos problemas de saúde mental e das emoções negativas após o aborto.

Comparativamente, pouca atenção tem sido dada às descobertas sobre os danos advindos de se negar o aborto a alguém: o prejuízo econômico, os efeitos da negação do aborto tanto sobre os filhos existentes quanto sobre os filhos futuros das mulheres, e as consequências duradouras para a saúde física de se levar adiante uma gravidez indesejada (incluindo duas mulheres do estudo que morreram após lhes ter sido negado o aborto).[3] Tal relativa falta de atenção é particularmente surpreendente, pois, nessas áreas, encontramos diferenças significativas a longo prazo entre as mulheres que realizaram e aquelas a quem foi negado o aborto. Enquanto nossos líderes, legisladores e jornalistas especulam com regularidade sobre as mortes causadas por abortos sem segurança, ignoram as mortes no parto. Acredito que as consequências da negação do aborto receberam menos atenção do que os artigos sobre as consequências emocionais e psicológicas do procedimento porque o suposto dano à saúde mental que este causaria já fazia parte das discussões nacionais. A mídia e a sociedade demoram para apresentar ideias mais complexas que mudem o panorama da discussão. Continuamos discutindo se o aborto prejudica as mulheres, e não se a falta de aborto prejudica as mulheres e as crianças. Espero que este livro nos ajude a ver o outro lado da questão.

Um artigo do Estudo Turnaway em particular atraiu atenção imerecida. Jornalistas e ativistas antiaborto se detiveram em uma frase na introdução do artigo que publiquei com a socióloga Dra. Katrina Kimport na revista *Perspectives on Sexual and Reproductive Health*, intitulado "Quem procura abortos em ou depois de 20 semanas?".[4] Os acadêmicos podem acompanhar a frequência com que seus artigos são citados ou mencionados pela mídia. Eu poderia ficar orgulhosa de afirmar que este é agora um dos artigos mais influentes do Estudo Turnaway, se considerarmos o número de citações e menções na mídia, exceto que muitas pessoas que citam a frase estão interpretando-a deliberadamente de forma errada. A frase em questão é a única evidência que vi sendo citada para embasar a alegação de que a maioria dos abortos no terceiro trimestre não é feita por motivos de anomalia fetal e saúde materna, com o pressuposto subjacente de que as demais razões são mais frívolas. Infelizmente, para os que sustentam essa posição, não é disso que se trata a frase e, até onde eu sei, esse pressuposto não é verdadeiro. Quer saber como é liderar uma equipe de cientistas por mais de uma década, produzir dados sutis e importantes sobre o impacto do aborto em mulheres e crianças e então ver a maior atenção da mídia se voltar para uma frase usada para provar uma afirmação falaciosa?

É muito, mas muito frustrante.

Então deixe-me esclarecer as coisas. Na introdução desse artigo, escrevemos: "Porém os dados sugerem que a maioria das mulheres que procuram interrupções tardias não o estão fazendo por motivos de anomalia fetal ou de risco de vida." As introduções dos artigos científicos descrevem aquilo que é já conhecido acerca de um tópico; não contêm as conclusões do estudo em questão. No artigo, definimos "aborto tardio" como aquele realizado com 20 semanas de gestação ou mais. O objetivo era descrever quem seria afetado pelas hoje onipresentes proibições de 20 semanas, focando em mulheres que realizam abortos no segundo trimestre de gestação.

Os dados sobre mulheres que abortam no segundo trimestre não dizem absolutamente nada sobre abortos realizados no terceiro trimestre. Novamente, o número de abortos cai de forma acentuada a cada semana de gravidez – 90% dos abortos ocorrem nas primeiras 13 semanas de gestação e apenas 1,3% após 20 semanas.[5] Na introdução do artigo, explicamos que as mulheres do nosso estudo representam a grande maioria daquelas afetadas pelos banimentos de 20 semanas, ainda que o estudo inclua umas poucas mulheres que abortaram no terceiro trimestre. Por quê? Porque o número de mulheres com 20 a 25 semanas de gestação (sobre as quais agora sabemos muito a respeito) supera e muito o das com 26 semanas ou mais (sobre as quais ainda pouco sabemos). Mesmo que todas as mulheres no terceiro trimestre abortassem por conta de anomalias fetais e indicações relativas à saúde materna, nossa afirmação continuaria sendo verdadeira acerca das mulheres que abortam após as 20 semanas, simplesmente porque as mulheres no terceiro trimestre constituem uma pequena fração daquelas que realizam abortos após 20 semanas.

Portanto, o objetivo de tal declaração era afirmar que, caso os estados aprovem os banimentos de 20 semanas, a maior parte das mulheres afetadas não serão as que podem receber uma exceção de "vida ou saúde" porque desejam realizar um aborto por motivo de anomalia fetal ou de risco à vida; serão como as mulheres do nosso estudo. Descobrimos que os limites gestacionais afetarão desproporcionalmente as adolescentes, as mães solo, as mulheres com problemas de saúde mental e usuárias de substâncias, as mulheres que sofrem violência doméstica e aquelas cujo aborto se viu postergado em decorrência das diversas barreiras existentes para se obter um aborto precoce. Infelizmente, não há nenhum sinal de que os colunistas conservadores que citaram aquela frase do nosso artigo tenham entendido qualquer outra escrita ali.

Outras pessoas, que podem de fato ter lido nossos artigos acadêmicos sobre o Estudo Turnaway, levantaram críticas que é importante que sejam abordadas.

Objetividade do estudo

Em primeiro lugar, os críticos politicamente motivados por posições antiaborto sugeriram que minha universidade e eu somos tendenciosos demais para produzir dados válidos. A Universidade da Califórnia, em São Francisco, é uma das melhores faculdades de medicina e universidades de pesquisa do mundo. Além disso, é um importante centro de treinamento e pesquisa sobre aborto. Pouquíssimas universidades estudam o aborto, e quando uma delas se torna conhecida por se especializar em um tema, atrai financiadores, professores e alunos interessados no assunto. Os pesquisadores do UCSF Bixby Center for Global Reproductive Health consideram o aborto um tema de estudo importante e legítimo. O Bixby Center conduz pesquisas clínicas sobre contracepção e aborto, além de capacitar médicos para fornecer procedimentos voltados ao planejamento familiar, como colocação de dispositivos intrauterinos e abortos. Também integro um grande grupo de pesquisa de ciências sociais dentro do UCSF Bixby Center chamado Advancing New Standards in Reproductive Health (Novos Padrões Avançados em Saúde Reprodutiva), mais conhecido por sua sigla. O ANSIRH estuda modelos de prestação de serviços para melhorar o acesso ao planejamento familiar e como as restrições ao aborto afetam pacientes, práticas e segurança. Nós da UCSF nos beneficiamos de contar com tantos especialistas nas proximidades. Nosso departamento produz pesquisas de ponta sobre uma ampla gama de tópicos, de infertilidade e miomas até câncer cervical e a ciência básica das células de levedura.

Tenho doutorado pela Universidade de Princeton em demografia, que, formalmente, constitui o estudo das estatísticas sobre nascimentos, mortes e migração. Na prática, é uma área na qual se pode estudar sexo, contracepção, casamento, educação, emprego, pobreza, raça, saúde, parentalidade – tudo aquilo que é mensurável e possui relevância para a compreensão da vida humana.

Acontece que a pesquisa que fiz ao longo da minha carreira na UCSF, onde comecei como estatística e agora sou professora titular, provavelmente contribuiu para a prevenção de dezenas e possivelmente centenas de milhares de abortos. Em nossa análise do Family PACT, o programa de planejamento familiar do estado da Califórnia no final de 1990 e início dos anos 2000, meus colegas e eu demonstramos que fornecer métodos anticoncepcionais para mulheres e homens de baixa renda que os desejavam resultou em uma economia de milhões de dólares tanto para o governo federal quanto para o estadual em despesas médicas causadas pela gravidez.[6] Meu trabalho demonstrando o custo-benefício da contracepção em um programa existente no mundo real provavelmente ajudou a convencer o governo federal a subsidiá-lo, transformando-o de um programa estadual politicamente vulnerável em uma extensão consolidada do Medicaid. O governo federal então passou a apoiar programas semelhantes em 25 estados, impulsionados pelas nossas estimativas de custo-efetividade dessas práticas. O Instituto Guttmacher, uma instituição privada de pesquisa em saúde reprodutiva, estima que tais programas de planejamento familiar evitaram mais de 2 milhões de gestações indesejadas – incluindo mais de 700 mil abortos – nos Estados Unidos por ano.[7]

Também sou responsável pela pesquisa que mostra que quando as mulheres recebem um suprimento anual de contraceptivos orais são muito menos propensas a engravidar – e portanto menos propensas a realizar um aborto – do que quando são obrigadas a retornar a uma clínica ou farmácia a cada mês ou a cada três meses para reabastecimento.[8] Realizei esse estudo porque o governo do estado da Califórnia estava buscando reduzir custos e considerou que fornecer um suprimento anual poderia ser um desperdício caso as mulheres não utilizassem todos os comprimidos entregues. No entanto, graças ao meu trabalho, a Califórnia decidiu continuar permitindo o fornecimento anual. E, posteriormente, 19 estados aprovaram projetos de lei (cujos patrocinadores citaram minha pesquisa) que agora permitem o fornecimento anual de contraceptivos.[9] Com certeza, é preciso muita gente – lobistas, legisladores, profissionais de saúde, jornalistas, entre outros – para aplicar as novas evidências científicas em práticas médicas e políticas públicas. Não é como se num dia publicássemos dados em uma revista médica respeitada e, no dia seguinte, todos os cuidados médicos já se baseassem nessas novas evidências. Mas meu trabalho contribuiu para reduzir a necessidade de realizar abortos.

Ainda assim, o fato de minha pesquisa provavelmente ter prevenido abortos não me coloca na frente antiaborto. Meu principal objetivo não foi prevenir abortos, embora eu fique muito feliz por meu estudo ter evitado a necessidade de parte deles. Porém, quando alguém acredita que precisa interromper uma gravidez, eu apoio o seu direito. Da mesma maneira, quando alguém engravida sem querer e deseja ter o filho, mesmo que o parceiro ou um pai ou mãe se oponham, eu apoio o seu direito. As duas situações ocorreram na minha própria família.

    Minha equipe e eu projetamos este estudo para que fosse rigoroso e objetivo. Eu desejava medir todos os efeitos de se realizar um aborto e de ouvir um não quando se quis fazê-lo. Ao elaborar as perguntas da pesquisa, eu me coloquei no lugar de alguém preocupado com os malefícios do aborto, porque era importante para o estudo abordar tais preocupações. Portanto, não hesitei em perguntar sobre as dificuldades pelas quais uma mulher pode passar após realizar o procedimento – na verdade, perguntamos mais sobre emoções negativas do que positivas (tanto que uma mulher nos disse que não responderia a mais perguntas, a menos que o entrevistador garantisse que não usaríamos aquelas informações para tirar o direito de as mulheres realizarem um aborto). Dado o quanto o aborto é comum nos Estados Unidos, se ele prejudicasse as mulheres, eu gostaria de saber. Da mesma forma, sei que criar filhos é difícil e gratificante e queria entender como esse equilíbrio muda se a gravidez é indesejada. Perguntamos especificamente sobre a satisfação com a vida, na esperança de detectar um sentimento maior de realização capaz de ajudar as mulheres a transcender as dificuldades diárias que muitas novas mães sentem ao cuidar de um bebê.

Representatividade do estudo

A outra crítica ao Estudo Turnaway levanta a dúvida sobre ele constituir ou não uma amostra representativa. Uma das formas de se ganhar um viés é com uma baixa taxa de participação. Cerca de um terço das mulheres que abordamos concordou em participar do estudo. Das 3.045 que as equipes de funcionários das clínicas abordaram, apenas 1.132 (37,5%) concordaram em saber mais sobre o estudo por meio de uma ligação telefônica da equipe da UCSF, assinaram o termo de consentimento e se inscreveram. Pouco abaixo de mil (956) realizaram uma entrevista inicial uma semana depois.[10] A preocupação de que as mulheres que concordaram em participar não representem as experiências de todas as que realizam abortos é legítima.

Uma das razões pelas quais as mulheres podem ter recusado participar da pesquisa é que era algo bastante exigente. Estávamos pedindo que elas concedessem entrevistas por telefone que duravam de 30 minutos a uma hora, a cada seis meses, ao longo de cinco anos. E desejávamos obter todas as suas informações de contato, incluindo números de telefone, endereços de e-mail, endereços residenciais e até mesmo nomes e números de outras pessoas que poderíamos contatar caso a mulher estivesse inacessível. Não foi surpresa que nem todas estivessem prontas para tamanho comprometimento e exposição. Nossos índices de participação se assemelham aos de outros estudos longitudinais, porém isso não diminui de todo a preocupação.[11] Pode ser que uma mulher que sentiu muita vergonha de abortar não quisesse ser lembrada desse fato nem desejasse que mais ninguém soubesse que ela havia abortado. (Na verdade, pouquíssimas das perguntas nas pesquisas de acompanhamento tratam do aborto em si, porém as mulheres não tinham como saber disso logo de cara.) Uma mulher a quem foi negado um aborto pela clínica onde foi recrutada pela nossa equipe talvez não desejasse perder tempo assinando o nosso termo de consentimento porque tinha muito mais urgência em procurar outro lugar para fazer o aborto. Por outro lado, uma mulher que vinha enfrentando dificuldades para processar seu aborto ou que sofria por ser obrigada a continuar a gravidez, como Sofia, que será apresentada mais tarde, talvez desejasse falar com alguém a respeito, e as chances de participar da pesquisa poderiam ser maiores.

Não acredito que nossa taxa de participação tenha sido indevidamente afetada pelo tema – que as mulheres tenham se recusado a participar por não desejarem integrar um estudo relacionado ao aborto. A taxa de participação não variou em termos de se a mulher realizou o aborto ou se este lhe foi negado. Porém, variou tremendamente de acordo com o local de recrutamento. Os três principais locais tiveram a participação de dois terços ou mais de todas as mulheres elegíveis que atenderam. Os cinco últimos, menos de um quarto.[12] A diferença não ocorreu porque clínicas localizadas em regiões mais liberais tiveram maior recrutamento do que aquelas localizadas em áreas conservadoras. Atribuo a discrepância por clínica inteiramente à dedicação e ao carisma do pessoal que abordava as mulheres. Por exemplo, Tammi Kromenaker, nossa pessoa de contato enérgica e entusiasmada da clínica em Fargo, Dakota do Norte, disse às mulheres que as pesquisas costumam recrutar apenas em clínicas nos litorais e que aquela era a grande oportunidade de elas verem suas experiências serem representadas. Sua clínica apresentou uma das maiores taxas de participação.

Já conduzi pesquisas de uma só entrevista nas salas de recepção de clínicas de aborto nas quais não pedimos informações de contato e em que 80% das mulheres concordaram em participar.[13] Então acredito que a menor participação no Estudo Turnaway seja mais uma função do entusiasmo dos recrutadores e da vontade das mulheres de disponibilizar suas informações de contato e se comprometerem com entrevistas repetidas ao longo dos anos do que a uma relutância em participar de um estudo relacionado ao aborto. Testamos se nossos resultados mudavam quando limitávamos os dados apenas às clínicas com mais de 50% de participação. Verificamos que as descobertas eram as mesmas, embora às vezes percamos significância estatística porque o número de observações é menor. As clínicas que apresentaram maior índice de recrutamento contavam com funcionários que realmente abraçaram a ideia de as pacientes participarem da pesquisa: Califórnia, Geórgia, Kentucky, Nova York (até a metade, quando a pessoa de contato inicial saiu) e, claro, Dakota do Norte.

Contamos com algumas maneiras de verificar como potenciais vieses de participação podem ter influenciado o estudo. Comparemos nossa amostra a dados de pesquisas nacionais sobre mulheres que realizam abortos obtidos nos Centros de Controle e Prevenção de Doenças (Centers for Disease Control and Prevention) ou no Instituto Guttmacher. Será que a nossa amostra é de mulheres mais velhas, mais jovens, mais pobres ou menos instruídas do que as mulheres que realizam abortos nacionalmente? Fiquei aliviada ao descobrir que a resposta é não. As mulheres do Estudo Turnaway correspondem quase exatamente ao perfil demográfico das mulheres que buscam realizar abortos nacionalmente. Porém, tive dúvidas se a reação emocional delas ao aborto poderia afetar sua concordância em participar deste estudo. Para checar isso, comparei nossos resultados aos de um estudo separado no Meio-Oeste, no qual as mulheres que procuram abortos relatam, nos formulários de admissão clínica, como se sentiam em relação à sua decisão. Novamente, uma das estatísticas mais comentadas do Estudo Turnaway é que 95% das mulheres da nossa pesquisa relataram que abortar foi a decisão mais acertada. Isso reflete o que encontrei nesse estudo separado com mais de 5 mil mulheres que procuraram realizar um aborto ao longo de um ano em uma grande clínica no Meio-Oeste. Noventa e quatro por cento delas dizem: "Tenho certeza de que desejo abortar", ao passo que 95% indicaram que "Abortar é uma opção melhor para mim neste momento do que ter um filho".[14] Até onde sabemos, as atitudes em relação ao aborto entre as nossas participantes guardam grande semelhança com as amostras de estudos nos quais não havia possibilidade de viés de seleção.

Outra crítica diz respeito a se as mulheres a quem é negado o aborto e levam a gravidez adiante são representativas daquelas que poderiam perder o acesso ao aborto se o procedimento se transformasse num ato ilegal. Das mulheres cujo aborto foi inicialmente rejeitado, 30% procuraram outro lugar e fizeram o aborto. As comparações deste livro, exceto o estudo acerca de relatórios de crédito, foram realizadas apenas com as mulheres que levaram a gravidez adiante. Pode ser que 70% das mulheres a quem o aborto foi recusado e tiveram seus filhos simplesmente não desejassem tanto realizar um aborto quanto as 30% que abortaram. Isso parece ser em parte verdadeiro no caso de Camila, que optou por não viajar 500 quilômetros até Albuquerque para fazer um aborto e considera que ter seu filho foi uma escolha e não uma decisão forçada. O estudo talvez estivesse subestimando os danos da negação do aborto e acompanhando apenas mulheres que não desejavam tanto assim abortar. Reduzimos esse problema até certo ponto excluindo das análises longitudinais todas as mulheres de uma das clínicas (aquela na qual o limite gestacional era o mais baixo, 10 semanas) onde quase todas as mulheres que tiveram o aborto negado o fizeram em outro lugar – isso fez a proporção das que seguiram com a gravidez após terem o aborto recusado ir a até 80% em todos os demais locais de recrutamento. Mesmo sem os dados desse local, as mulheres que abortaram em outra clínica depois de terem o aborto negado estavam em um estágio menos avançado de gestação do que as que levaram a gravidez adiante, e, portanto, viajar para outra localidade ainda era uma opção. Do meu ponto de vista, a validade do estudo está em se as mulheres que fizeram o aborto e aquelas que seguiram com a gravidez após este lhes ter sido negado eram semelhantes. Em termos de planejamento de gravidez e dificuldade para decidir realizar um aborto, elas são iguais.

 Tendo abordado essas críticas à pesquisa, gostaria de observar que o Estudo Turnaway é muito forte em uma série de frentes metodológicas. Seu escopo é amplo, em termos de número de mulheres participantes e cobertura geográfica. As mulheres deste estudo refletem de perto o que sabemos sobre quem procura realizar um aborto nos Estados Unidos. Retivemos 95% das participantes ao longo de todas as entrevistas. Além disso, a probabilidade de elas permanecerem no estudo não foi afetada pela forma como se sentiam em relação à própria gravidez ou à decisão de fazer um aborto. O projeto do estudo foi um sucesso: as mulheres que haviam realizado o aborto e as que tiveram seus abortos negados eram notavelmente semelhantes na primeira entrevista. Suas vidas divergiram a partir de então de maneiras que eram diretamente atribuíveis ao fato de terem feito um aborto ou não. Quarenta e um pesquisadores de nove universidades e quatro institutos de pesquisa de todo o país analisaram os dados do Estudo Turnaway, o que confere crédito às conclusões dele extraídas.

Propósito do estudo

A crítica final é sobre o propósito do estudo. Há pessoas de ambos os lados do debate que não acham relevante se o desenrolar da vida das mulheres é melhor ou pior se elas fazem um aborto ou se este lhes é negado. Para quem acredita que o aborto é uma questão de autonomia corporal, uma mulher deve ter o direito de interromper sua gravidez, independentemente de haver ou não um futuro melhor para ela e seus filhos. Quando declaro que todas as preocupações que levam as mulheres a decidir não levar uma gravidez adiante são confirmadas pelas experiências daquelas a quem o aborto é negado, para esses críticos é como se eu estivesse pedindo às mulheres para justificarem sua decisão. Por outro lado, havia uma colega da UCSF que era contra o aborto e me disse o seguinte, antes mesmo de eu começar a coletar os dados: "Não importa o que você descubra, abortar continua sendo errado." Ela intuiu que levar adiante uma gravidez indesejada traria maiores dificuldades para as mulheres, porém isso não afetava sua crença de que abortar é imoral. Para esses dois grupos de pessoas, digo que este estudo é sobre a vida de mulheres e crianças e como elas se veem afetadas pelo acesso aos serviços de aborto. Não estou tentando entrar em nenhuma discussão moral ou política, embora as pessoas, é claro, tragam suas próprias crenças e perspectivas para a questão do aborto. Mas é importante que nossas opiniões se fundamentem em uma compreensão precisa da realidade. O propósito do Estudo Turnaway é fornecer, da forma mais concreta possível, um entendimento de como a gravidez indesejada e o aborto afetam a vida das mulheres e dos seus filhos.

Antes de começar a pesquisa, também ouvi da parte de alguns céticos que a vida das mulheres que procuram abortos com gestação mais avançada já era tão caótica que, quer conseguissem fazer o aborto ou não, a vida delas continuaria sendo miserável. Os dados comprovaram que essas pessoas estavam definitivamente erradas. Sim, existe uma quantidade desproporcional de mulheres de baixa renda entre aquelas que procuram abortos tardios (cerca de dois terços estão abaixo do nível de pobreza, em comparação com metade das mulheres que fazem abortos no primeiro trimestre). Mas sob todos os demais aspectos – como motivos para fazer um aborto, processo de tomada de decisão sobre a gravidez e aspirações de vida – as mulheres que realizavam abortos com gestação mais avançada se assemelham àquelas que o fazem no início da gravidez. Isso porque a principal causa da demora para realizar o aborto é a lentidão para perceberem a gravidez, seguida por desafios logísticos agravados por não possuírem seguro-saúde nem recursos para cobrir os custos do procedimento e do deslocamento até a clínica. Descobrimos que tanto as mulheres que abortam precocemente quanto as que abortam mais tarde estabelecem planos ambiciosos e têm a mesma probabilidade de realizá-los. Talvez haja relativamente poucas que procuram realizar um aborto após as 20 semanas de gestação (cerca de 1,3%, nacionalmente), mas, para elas, o fato de fazer o aborto ou tê-lo negado exerce grandes efeitos em suas trajetórias de vida e no bem-estar de suas famílias.

Descobertas inesperadas do estudo

Não fiquei surpresa ao constatar que não há danos para a saúde mental após a realização de um aborto. Trata-se de algo consistente com diversos estudos de alta qualidade – com base em dados de registro da Dinamarca, estudos de coorte prospectivos do Reino Unido e da Holanda e estudos longitudinais nacionais realizados nos Estados Unidos. A maioria desses estudos não contou com um grupo de comparação composto por mulheres que levaram adiante suas gestações igualmente indesejadas. Eles mostraram que os problemas de saúde mental ocorrem em uma taxa semelhante antes e depois de um aborto, e que as mulheres que abortam não apresentam maior risco de problemas de saúde mental do que outras mulheres.[15]

O único estudo que incluiu pessoas a quem o aborto foi negado, uma pesquisa com 13 mil mulheres com gravidez não planejada recrutadas entre 1976 e 1979 no Reino Unido, descobriu que as mulheres a quem o aborto foi negado não corriam maior risco de ter transtornos mentais graves subsequentes (conforme relatado por seus médicos) do que aquelas que nunca buscaram realizar um aborto, após os ajustes para histórico anterior de saúde mental.[16]

No Estudo Turnaway, fiquei surpresa por não termos de fato encontrado maior satisfação com a vida entre as mulheres que tiveram o aborto negado e optaram por criar o filho. Tenho uma teoria sobre o motivo. Criar um filho é difícil e, embora possa trazer alegria, a alegria pode ser afetada pelas dificuldades adicionais decorrentes de ter um filho em circunstâncias bem abaixo das ideais. Enquanto isso, as mulheres que abortaram não ficam sentadas pensando no aborto que fizeram. Na verdade, raramente pensam nisso, a menos que alguém ligue para elas a cada seis meses fazendo perguntas a respeito. Em vez disso, elas vão atrás de outras coisas que querem fazer, o que às vezes inclui ter um filho em melhores circunstâncias mais tarde. Correr atrás dessas outras aspirações aparentemente oferece àquelas que fizeram o aborto níveis de satisfação com a vida semelhantes aos das que levaram adiante a gravidez indesejada.

Nossa descoberta mais inesperada e verdadeiramente trágica é o alto nível de mortalidade materna entre as mulheres a quem o aborto foi negado. Eu não esperava encontrar nem uma única morte materna em um estudo com mil mulheres, dado que a taxa de mortalidade materna nos Estados Unidos é da ordem de 1,7 por 10 mil.[17] A mortalidade materna é três vezes maior entre as mulheres afro-americanas (4,2 por 10 mil) do que entre as mulheres brancas, mas as diferenças de acesso e qualidade dos cuidados por raça/etnia não explicam nossos achados.[18] Nenhuma das duas mulheres que morreram era afro-americana. Mas não é difícil imaginar que os estressores sociais e a discriminação que afetam a vida das mulheres afro-americanas também sejam fatores para mulheres de outras raças/etnias que enfrentam o estigma e o isolamento depois de seguirem com uma gravidez que elas não se sentem capazes de suportar.

Minha história familiar de aborto e gravidez indesejada

Consigo me identificar com as descobertas do Estudo Turnaway, ainda que não tenha uma experiência própria de aborto para contar. Tive um alarme falso de gravidez no início do relacionamento com meu marido. Fizemos sexo quando eu (equivocadamente) pensei que era um momento seguro do mês. Lembro a sensação de pavor de que, dentro do meu corpo, estivesse acontecendo algo sério e fora do meu controle e que possivelmente mudaria toda a minha vida. No fim das contas eu não estava grávida e não precisei considerar a ideia de abortar. Quando decidimos ter filhos, quase 10 anos depois, fiquei emocionada. Estar grávida parecia algo poderoso e extraordinário. Senti um profundo apreço e conexão com os milhares de gerações de mulheres cujos corpos realizaram essa façanha surpreendente antes de mim.

Embora eu nunca tenha tido uma gravidez indesejada, não é preciso procurar muito na minha família para encontrar mulheres que tiveram. Sally, minha avó judia por parte de pai, fez um aborto durante a Grande Depressão e mais tarde foi mãe de três crianças. Com meu avô, ela tinha viajado de Nova York até Porto Rico para fazer um aborto ilegal. Ela morreu quando eu estava no ensino médio, e minha lembrança é que ela adorava fazer compras, tinha muitos amigos e contava ótimas piadas. O aborto não era um tema sobre o qual se conversava de forma aberta na família.

Então foi uma surpresa quando meu avô declarou, quando ela morreu, que em vez de serem enviadas flores poderiam ser feitas doações em nome dela para a Planned Parenthood, uma organização sem fins lucrativos que fornece cuidados de saúde reprodutiva nos Estados Unidos. Eu queria investigar como ela sabia que deveria ir para Porto Rico, como foi a viagem, se a clínica de lá foi gentil, se ela teve complicações, como se sentiu sobre a experiência. Teria a decisão dela de doar para a Planned Parenthood sido um resultado de saber como é a ausência de serviços legais de aborto?

Por outro lado, minha avó materna, Dorothy, engravidou no sul da Califórnia aos 19 anos. Como ela disse amargamente, seu instrutor de golfe lhe "ensinou mais do que eu precisava saber". Quando contou a ele que estava grávida, o sujeito disse que, se ela contasse a alguém que o bebê era dele, faria todos os amigos dizerem que poderia ser deles. Então esse é o meu encantador avô biológico. Aparentemente, ele já tinha dois filhos e estava se separando da esposa.

Dorothy foi criada em um lar cristão muito rígido e seus pais ficaram furiosos com aquela gravidez fora do casamento. Eles a pressionaram a fazer um aborto. Naquela época (1940), apesar de ilegal, o aborto era comumente realizado. A própria mãe de Dorothy tinha feito dois abortos depois de se casar e antes de ter Dorothy, porque, não muito diferentemente de diversas mulheres que optam por abortar hoje, achava que ela e o marido não teriam como arcar com as despesas de ter um filho. Portanto, o que era estigmatizado não era o aborto; o escândalo era fazer sexo e engravidar fora do casamento. Dorothy resistiu ao aborto e seus pais a enviaram para o Lar do Exército da Salvação para Mães Solteiras em San Diego. Ela ficou lá durante o restante da gravidez e depois teve um parto complicado. Incapaz de andar, ela não podia voltar para casa. Seus pais não a visitaram nem procuraram saber como ela estava depois de deixá-la ali, então Dorothy não sabia ao certo se seria bem-vinda caso voltasse. Em vez disso, foi para a casa de uma amiga que também tivera um filho e que ela conheceu no Exército de Salvação. Enquanto se recuperava do parto ali, o irmão dessa nova amiga a estuprou.

Dorothy mais tarde me disse que o que mais doeu em toda a experiência foi como ela se sentiu depois de ser estuprada. O homem disse que a estuprou porque ela "já não prestava mais". Essa ideia de que ela estava estragada ou contaminada (e, portanto, perdera todas as reivindicações sobre seu próprio corpo) é algo que também se ouve sobre gravidez indesejada – que, se uma mulher engravida sem o desejar, ela perde todo o direito de decidir o que acontece com seu corpo.

Minha mãe foi adotada por uma família unitarista – pai biólogo marinho e mãe ornitóloga – que a educou para que desse valor à ciência e à humanidade. O nome do meio do meu filho é Marston em homenagem ao pai adotivo da minha mãe, um homem atencioso e pacifista, que testemunhou os efeitos do teste da bomba atômica no Atol de Bikini no final da década de 1940.

Dorothy, enquanto isso, passou a levar uma vida muito interessante. No seu primeiro casamento, ela passou anos tentando engravidar sem sucesso. O casamento acabou em divórcio quando ela descobriu que o marido tinha feito uma vasectomia anos antes, sem o conhecimento dela. Entre seus casamentos, ela sustentou a si mesma – obteve um diploma paralegal e teve vários negócios, incluindo um salão de beleza e uma seguradora. Quando tinha 40 e poucos anos, casou-se com um membro da família italiana que administrava a Los Angeles County Fair (Feira do Condado de Los Angeles). Seu novo marido era décadas mais velho que ela e nunca havia se casado. Ele lhe disse que, se ela se casasse com ele, jamais teria que trabalhar novamente. Para sua surpresa, ela se viu trabalhando mais do que nunca nos negócios da família dele após o casamento. Quando ela comentou isso, ele esclareceu que o que quis dizer é que ela nunca mais teria que trabalhar *por um salário*. Esse segundo marido morreu de câncer 10 anos depois. Durante o casamento, eles trabalhavam apenas alguns meses por ano na feira e passavam o restante do tempo viajando pelo mundo de navio.

Eu sei tudo sobre Dorothy porque minha mãe a encontrou quando eu tinha 12 anos. Dorothy tinha 64 anos na época, e minha mãe, 44. Uma amiga da minha mãe que se interessava por genealogia encontrou Dorothy graças às informações na certidão de nascimento da minha mãe. As certidões de nascimento modernas têm o nome dos pais adotivos, mas, em 1940, o nome da mãe biológica constava na certidão de nascimento do filho adotivo. Dorothy ficou feliz por ser encontrada, um contraste ao que diversas mulheres no Estudo Turnaway relataram que sentiriam caso tivessem escolhido entregar o filho para adoção em vez de abortar. Ela não teve outros filhos. Morava nas colinas de Santa Cruz, Califórnia, no que um dia fora a aconchegante cabana de um caçador. Quando terminei o ensino médio em Maryland e me mudei para Berkeley para cursar a faculdade, Dorothy era minha parente mais próxima. Ela me buscou no aeroporto de São Francisco e me levou ao dormitório no primeiro dia da faculdade. Instalou até um pequeno trailer em sua propriedade para eu poder passar a noite na casa dela quando ia de visita. Passei vários fins de semana felizes com Dorothy nos anos seguintes – fazíamos caminhadas na floresta, íamos à feira do condado em San Jose, dançávamos em Boulder Creek. Eu a amava e adorava as temporadas com ela.

Uma coisa curiosa é que Dorothy não era feminista segundo os padrões atuais. Ela achava que a maior conquista de uma mulher era se casar com um homem que cuidasse dela. Acredito que esse ideal que jamais atingiu lhe parecia ser um caminho mais fácil do que aquele que trilhou. Todas as coisas que ela realizou – ter um cargo em uma empresa na década de 1960, ser dona dos próprios negócios e de um duplex que ela alugava – eram coisas que precisou fazer porque não tinha arrumado um marido provedor. Por outro lado, ela era totalmente a favor do direito ao aborto. No entanto, nunca me explicou por que se recusou a fazer um quando estava grávida da minha mãe.

Já adulta, eu me estabeleci na área da Baía de São Francisco e ia visitá-la, às vezes levando meu filho e minha filha. Mais tarde, quando ela já estava bastante senil, apesar de sempre me reconhecer, muitas vezes parecia pensar que eu ainda era uma estudante universitária. No seu último ano de vida, eu a trouxe para mais perto da minha casa e convivi mais com ela. Eu estava ao seu lado quando ela faleceu tranquilamente, aos 92 anos.

Minha vida pessoal e minha família reforçam as descobertas do Estudo Turnaway. Está claro que as pessoas muitas vezes fazem sexo sem ter a menor intenção de ter um filho. Como na minha experiência, elas em geral se safam sem engravidar. Mas uma gravidez indesejada pode acontecer com qualquer um. As mulheres que passam por uma não são diferentes do restante de nós. Com base na experiência da minha avó paterna, o aborto é uma parte tão importante do planejamento de vida e da família que as mulheres fazem o que for necessário para realizar um. Normalmente, não se arrependem; pelo contrário, conseguem seguir em frente e alcançar outros objetivos de vida, inclusive ter filhos desejados mais tarde. O que aprendi com a experiência inicial de Dorothy foi a importância da escolha e a força do estigma. Abortar não é aceito por todos. E, como Dorothy também experimentou, dar à luz está associado a um risco físico. As punições para as mulheres que sabidamente tiveram alguma experiência reprodutiva estigmatizante – sexo antes do casamento, gravidez fora do casamento, adoção, aborto, infertilidade – podem ser severas. Ainda assim, nas histórias das mulheres neste estudo e nas lições de minhas avós, vemos que as mulheres são capazes de triunfar sobre grandes adversidades.

Dorothy recusou-se a abortar e deu à luz minha mãe. Se tivesse feito o aborto, eu não existiria. Sally superou grandes obstáculos para conseguir fazer o aborto que desejava, e mais tarde deu à luz meu pai. Se ela não tivesse abortado, novamente eu não existiria, porque meu pai provavelmente não existiria. Muitas vezes ouvimos o argumento de que o aborto deveria ser proibido porque todos nós já fomos um feto no útero e que cada ovo fertilizado, portanto dotado de um DNA singular, deveria ter a oportunidade de nascer. Mas o aborto é legal há mais de 45 anos e antes disso já era bastante comum. Muitos de nós estamos vivos hoje porque nossas mães ou avós conseguiram evitar seguir com uma gravidez indesejada anterior. Embora o aborto encerre a possibilidade de uma vida, o Estudo Turnaway mostra que ele também permite que uma mulher cuide dos filhos que já tem, e – se a mulher quiser – possibilita que ela venha a ter um filho em circunstâncias mais favoráveis no futuro.

Para mim, o que importa não é se o aborto ocorre ou não. É se as mulheres são capazes de traçar seu próprio curso de vida. Por acaso, sou neta de duas mulheres que conseguiram fazer as próprias escolhas. Certamente não sou a única a ter parentes que tiveram uma gravidez indesejada e decidiram fazer um aborto. É um procedimento comum; com base nas taxas atuais, estimo que 1 em cada 3 mulheres faz um aborto ao longo da vida nos Estados Unidos e 1 em cada 2 mulheres no mundo.[19] Talvez alguém da sua família tenha uma história semelhante para contar. No nosso caminho lento e extremamente acidentado para tornar o mundo um lugar melhor, aumentar a capacidade das mulheres de planejar as circunstâncias de ter filhos, o número destes e o momento em que desejam tê-los é uma meta importante. O Estudo Turnaway mostra que a situação das mulheres e das crianças é melhor quando as mulheres exercem algum controle sobre a própria gravidez.

Brenda, a mulher que conheceremos a seguir, está tentando tomar decisões nas piores circunstâncias possíveis – sua vida é repleta de drogas, abuso de álcool, dificuldades materiais e violência física. Sua inteligência aguçada não lhe permite transcender esse caos. Ter um filho quando preferiria abortar não a levou a adotar um estilo de vida melhor. E cuidar de um bebê na situação dela simplesmente não era possível.

Brenda

> *" É muito, muito difícil arrumar emprego estando grávida, manter um emprego estando grávida e arrumar ou manter um emprego tendo um bebê, principalmente quando seu parceiro é um babaca. "*

Nasci no Sul e morei lá até os 2 anos, mais ou menos. Então, como a família da minha mãe é do interior do estado de Nova York e meu pai adoeceu, ela resolveu voltar para Nova York para contar com alguma ajuda, pois estava com um marido que tinha uma doença terminal, um bebê e eu.

Durante algum tempo moramos com meus avós, até que meu pai acabou falecendo. Daí tivemos nossa própria casa. Crescer no interior do estado de Nova York foi divertido. Minha mãe ganhava a vida de uma maneira diferente das outras pessoas, então era meio estranho às vezes, porque, tipo, não me leve a mal, minha mãe ganhava bem, mas ela é inspetora escolar. E em certo momento trabalhou como zeladora na minha escola, o que foi meio constrangedor. Mas ela dá duro. Ela se vira. E eu nunca passei necessidade de nada. Eu até andava a cavalo na infância.

Andei a cavalo até a adolescência. Tive um monte de cavalos. Não todos ao mesmo tempo, obviamente, mas, sabe, em sequência. E acho que eu tinha pouco traquejo social porque passava a maior parte do tempo com os meus bichos, mas me divertia. E isso era basicamente tudo que importava. Minha rotina era ir para a escola, fazer minhas tarefas domésticas, fazer o dever de casa e ir para os estábulos. Uma hora, isso passou a pesar no orçamento, com tudo o que estava acontecendo. Então tive que vender meu cavalo, porque simplesmente não havia como sustentar aquele estilo de vida. A coisa chegou a um ponto em que o valor do estábulo do cavalo era quase o mesmo do nosso aluguel. Então, àquela altura, era preciso abrir mão de alguma coisa.

Eu já estava meio que preparada para desistir de qualquer maneira, porque queria ter mais vida social quando era adolescente. E queria começar a namorar, conhecer garotos, esse tipo de coisa. Então comecei a embarcar numas viagens que curti mais do que as antigas cavalgadas. Isso durou uns dois anos. Então minha mãe meio que se cansou e me despachou para um lugar confinado no Texas, no meio do nada. Foi horrível. Eu não tinha permissão para ir a lugar nenhum. Eles mantinham todo mundo no mesmo quarto, com todas as portas trancadas, era horrendo.

Bem, hoje minha mãe admite que aquela foi a pior decisão possível, mas, segundo ela, na época estava muito preocupada comigo e foi convencida por um representante de vendas daquele lugar de que aquilo seria o melhor a fazer. E ela acabou sendo tapeada por aquela coisa que me custou 18 meses de vida. Toda a grana que eu tinha conseguido com a venda do cavalo, mais um monte de dinheiro que ela pegou emprestado de alguém do trabalho e que nunca pagou de volta, mais tudo o que eu recebia de pensão pela morte do meu pai, todo o meu fundo de reserva para a faculdade, tudo foi consumido para pagar aquilo.

Eu estava com pouco menos de 18 anos e um sobrepeso nada saudável porque não tinha permissão para ir a lugar nenhum, nem fazer nada, nem nenhum exercício. Então esse era o meu estado quando comecei a faculdade. Quando estava no confinamento eu não desisti. Continuei com todo o lance da escola. Obviamente eu tirava boas notas, mesmo estudando por conta própria, porém mais tarde descobri que eles não eram nem mesmo uma escola credenciada, portanto eu não tenho diploma do ensino médio. Mas a universidade onde estudei ignorou isso. Fiz as provas de admissão no cativeiro e entrei na faculdade. Completei 18 anos e alguns dias depois eu já estava lá. E mandei minha mãe à merda por uns bons dois anos. Eu já tinha voltado à forma, frequentava a faculdade e farreava quanto eu queria.

Na universidade, estudei ciências políticas. Então é por isso que trabalho em restaurantes agora, porque não há mercado de trabalho nessa área. Não quando se tem ficha na polícia, coisa que eu tenho. Eu fui detida por dirigir sob efeito de entorpecentes. Tenho ficha por dirigir com carteira de motorista suspensa. Tenho violência doméstica, embora para ser justa aquilo foi, sabe, um combate mútuo, no qual invoquei a Quinta Emenda, que me garante o direito de ficar calada, porque não queria simplesmente dizer: "Ah, foi tudo culpa dele. Prendam esse cara." Mas foi o que ele fez: "Ah, foi tudo culpa dela. Prendam essa mulher." A não ser na vez que eu estava sangrando: aí eles o levaram. Enfim, é por isso que nunca vou entrar nas Forças Armadas. Também tenho uma ocorrência de violação de ordens judiciais. E acho que tem um antigo caso de posse de drogas, mas é basicamente isso. São só contravenções. Mas há tantas que pegaria muito mal na política.

Enfim, na universidade eu fiz a maior parte da minha pesquisa em política e comunicações. Fiz algumas pesquisas por conta própria, além de trabalhar como assistente de um dos meus professores em um livro. Faturava uma renda extra fazendo os trabalhos das pessoas. Sabe como é: "Você me paga e não precisa fazer seus trabalhos da faculdade. Deixa os seus pais bancarem tudo." Foi o que fiz na faculdade. Morei por um tempo na *frat row*, a região que concentra as fraternidades. Foi divertido.

Quando engravidei, eu e meu quase namorado estávamos em idas e vindas. Matt e eu já estávamos juntos havia um tempo, mas sempre rompíamos porque ele é um babaca. A decisão geralmente era minha. Ele surtava e eu dava o fora. Às vezes eu ia para a casa da minha mãe, ficava no quarto de hóspedes até ela me mandar embora. Eu não estava trabalhando. Não tinha nenhuma grana. Nem sei como conseguia comprar cigarros, sinceramente. Tipo, até hoje não tenho a menor ideia. Quando ela dizia: "Não, aqui você não pode mais ficar", eu ia dormir no carro. Foi meio estressante. E eu bebia demais. E, sim, o relacionamento com o cara que fez isso comigo, que me engravidou, era incrivelmente tumultuado. Eu passava semanas ignorando as ligações dele até no fim precisar de um lugar para ficar; cansava de dormir no carro e então concordava em voltar com ele por uns dias, para poder morar com ele e a tia dele.

A coisa com ele era fisicamente violenta havia um ano quando engravidei. E parou por um tempo quando ele descobriu que eu estava grávida. Depois que o bebê nasceu, ele voltou ao ataque na mesma hora. Eu só descobri a gravidez quando já estava com uns quatro meses. Àquela altura era tarde demais para fazer algo a respeito. E, sabe, de verdade, mas de verdade mesmo, eu não queria ter um filho com aquele homem. Quando descobri que estava grávida, meu Deus. Fiquei horrorizada. Absolutamente horrorizada. Quer dizer, fiquei aliviada por não estar simplesmente gorda; não me leve a mal, mas aquilo era demais para mim. Eu só pensava: será que ando bebendo demais? Será que estou ficando com barriga de cerveja? Não. Assim que descobri que estava grávida, tive que parar de beber. E foi muito difícil, ainda mais porque, tipo, o cara passava a metade do tempo se embebedando na minha frente.

Assim que descobri que estava grávida, fui bater na porta da clínica de aborto. Eu disse, enfiem logo isso aí em mim. Sabe, não tenho como dar conta dessa situação. Não dá. A probabilidade de essa criança ter síndrome alcoólica fetal é absurdamente alta. Quer dizer, no fim das contas ele não teve, ainda bem, mas mesmo assim aquela era a pior coisa que poderia estar acontecendo. A clínica de aborto me mandou embora e disse que eu tinha que ir a um hospital. Então, quando o hospital também me mandou embora, fiquei arrasada. Porque eu não tinha condição nem sequer de pensar em criar uma criança. Eu não podia pagar nem por uma única fralda. Bem, o que me ajudou a me manter positiva foi descobrir que eu poderia arrumar meus dentes com o Medicaid porque, a partir do momento que fiquei grávida, passei a ter Medicaid. Àquela altura, meus dentes estavam num estado terrível – todos ferrados na frente, era simplesmente um desastre, cáries por toda parte. Então foi isso que ajudou a me motivar e a me manter positiva. Consegui fazer um tratamento dental completo. Minha boca ficou toda arrumada e, apesar de eles não terem me dado uns analgésicos dos bons porque eu estava grávida, por mim, beleza. Eu precisava demais daquele tratamento, e aquilo meio que me deu uma segunda chance de vida, se quisermos colocar as coisas assim.

Enfim, achei que algumas das pessoas na clínica de aborto tiveram meio que uma atitude do tipo: "Como você não se ligou que estava grávida, com uma gravidez tão avançada? Mas que idiota! Sua menstruação atrasou quatro meses e você não percebeu?" E eu dizia, bom, sabe o que é, é que fazia um tempo que eu já não menstruava. Eu simplesmente não achei aquilo novidade nenhuma porque, na real, naquela época eu já não menstruava havia uns oito ou nove meses, porque estava desnutrida, quase todas as calorias que eu consumia vinham da bebida. Eu simplesmente não comia.

Pensei que aquilo fosse normal, até que senti algo me chutando. Tive a impressão de que me acharam a pessoa mais burra daquele lugar por não saber que estava grávida de quatro meses. Eu tinha feito um daqueles testes de gravidez de farmácia e deu negativo. Obviamente era um produto ruim. Os caras disseram: "Olha, só podemos fazer isso até as 17 semanas, e você está com bem mais que isso." Eu comecei a surtar. Pirei completamente, sabe? Ser sem-teto e grávida, puta que o pariu! Fui a um hospital depois de ir à clínica de aborto. E me falaram: "Bem, você pode ir para a Geórgia." E eu, beleza, acho que a conversa terminou por aqui.

Enfim, eu não tinha grana, nem nenhuma perspectiva de trabalho, porque ninguém contrata uma grávida de quatro, cinco meses. As pessoas simplesmente não fazem isso. Então fiquei totalmente dependente dele do ponto de vista financeiro. E foi péssimo. Tudo bem, isso o motivou a concordar em pagar o aluguel de outro lugar para não termos de morar com a tia dele. Porque eu me recusei terminantemente a morar com a tia dele na casa dela, a ter de seguir as regras dela, ouvir aquela mulher reclamar o tempo todo, e eu prestes a ter um filho. Eu praticamente disse a ele que ou saíamos e arrumávamos um lugar para a gente, ou ele que ficasse com a tia dele e apodrecesse. Então ele resolveu vir comigo e com o bebê. Gostaria do fundo do coração que ele não tivesse feito isso.

Chorei por dias. Não queria falar com Matt de jeito nenhum, mas meio que era obrigada. E, puta merda, como eu queria beber. Cheguei a fazer isso umas duas vezes. Mas, sério, assim que descobri que tinha direito ao Medicaid e que poderia arrumar minha boca, pensei, beleza, vale a pena. Eu dou conta de fazer isso por um tempinho. Mas graças a Deus ele chegou duas semanas antes do previsto, porque àquela altura eu já estava um trapo. Nem chá de bebê eu quis fazer, mas minha mãe meio que organizou um e eu tive que ir.

Minha mãe estava superanimada para ser avó. Ela dizia: "Ah, isso é perfeito. É maravilhoso. Vai dar um jeito em tudo." E eu, tipo, não, não vai, não. E ela: "Talvez ter um bebê faça você se acalmar." Não. "Ah, quem sabe Matthew passe a tratar você melhor, agora que vocês têm um bebê." Não. Não funciona assim. Não funciona assim mesmo.

Matt começou a ficar muito possessivo – simplesmente superpossessivo e controlador, querendo saber onde eu estava o tempo todo, o que eu estava fazendo. E foi então que tive que me distanciar um pouco dele emocionalmente, porque aquilo já era um pouco demais. De verdade. Eu sei que não tenho pai, mas não preciso de uma figura paterna. Sou adulta. Muito menos que seja alguém com quem estou saindo. É simplesmente bizarro. Não dá para ficar com alguém tão controlador. Matt não queria a adoção de jeito nenhum. Dizia assim: "Se você vai ter um bebê, o filho é meu. Eu fico com ele. Se você não quiser, eu levo o garoto comigo, me mando e vou morar com minha mãe."

O que acabou acontecendo é que ele continuou a me espancar com a criança quando eu não estava mais grávida, e a polícia batia lá em casa o tempo todo. Quando o bebê fez 1 ano, nós dois já tínhamos ido para a prisão algumas vezes. Aí minha mãe entrou com um processo pela guarda e ganhou de cara. Nós, àquela altura, estávamos sendo despejados. Eles me apresentaram os documentos da guarda na prisão. Quer dizer, não era uma situação nada boa. Havia uma ordem de restrição entre mim e Matt. Isso significava que eu tinha que dormir no sofá da casa do meu amigo porque não podia ir para a minha própria casa. Então, quando a ordem de restrição foi emitida, um dos meus parentes, dono do lugar onde a gente morava, falou: "Tá legal, se ela não pode ficar aí, então ninguém pode. Despejados. Os dois." Então, àquela altura, não tinha mais jeito mesmo.

Matt nem sequer deu as caras no tribunal, porque o cara é tão gênio que pensou que podia escapar do processo, que podia só fugir do oficial de justiça e fazer a audiência não acontecer. O que não tem cabimento nenhum. E minha mãe e eu chegamos ao acordo de que de fato aquele não era um ambiente saudável para uma criança. O Serviço de Proteção à Criança e ao Adolescente nos investigou algumas vezes com base nas prisões dele por violência doméstica, nas minhas prisões por violência doméstica, tipo, tudo. Quando fomos presos por posse de drogas, eles nos investigaram de novo. Estava mais do que evidente que não tínhamos condição de criar um filho.

Foi uma adoção oficial. Eu fui intimada com documentos me processando pela guarda. Depois fui intimada novamente com documentos para ceder os meus direitos parentais. Minha mãe é a mãe legal de Anthony. Sinceramente, acho que fiz a coisa certa. Ele tem um bom lugar para morar com a minha mãe. Hoje tem 5 anos. Está no jardim de infância. Ele adora ir para a escola. Está feliz. Está saudável. Frequenta as escolas locais, que são incrivelmente caras para a cidade, mas são boas escolas.

No primeiro ano dele, minha mãe ia pegá-lo e ficava com ele por, sei lá, uns três dias. Aí ligava e dizia: "Ah, sabe o que é, o Anthony está dormindo. Não posso levá-lo para casa." Então às vezes ele acabava ficando com minha mãe por uma semana. Quer dizer, aquilo era quase um negócio coparental – só que não com Matt, e sim com a minha mãe. À medida que Anthony passou a ficar lá cada vez mais, minha mãe foi se apegando cada vez mais a ele. Até hoje, Anthony não sabe que eu sou a mãe dele. Ele chama minha mãe de "mãe". Ele não tem a menor ideia. Pois é. E ai de mim se mencionar alguma coisa, ainda que seja apenas sugerindo o fato de que, você sabe, eu sou a mãe de alguém: minha mãe perde a cabeça, ela simplesmente surta. Diz: "Sua vadia de merda, cala essa sua boca." Ela explode comigo se eu só mencionar isso.

Agora eu visito o meu filho de vez em quando. Tipo, ele não gosta mais de falar comigo. Antes gostava, mas agora, sei lá, é diferente. É a idade, eu acho. Mas sei que minha mãe conta para ele coisas a meu respeito que não necessariamente me deixam feliz. Acho que, mesmo que eles não possam ter a conversa do "eu não sou sua mãe biológica", podem ter a do "você nunca deve beber álcool porque Brenda bebe demais". Pelo jeito, os dois tiveram essa conversa quando ele tinha uns 4 anos. E eu fico, tipo, qual é a de vocês? Precisa contar isso ao meu filho de 4 anos para que se afaste ainda mais de mim? Valeu.

Hoje minha mãe me ajuda financeiramente, porque falei que preciso de um pouco de ajuda. Ela me ajudou a conseguir um lugar para morar. Alugo um quarto na casa de uma pessoa. Ela que paga – bom, foi ela que pagou no mês passado, mas no mês que vem só vai precisar pagar uma parte, porque arrumei um trabalho.

Olhando para o meu estilo de vida desde a adoção, tenho 100% de certeza de que fiz a coisa certa. Quer dizer, Matt e eu continuamos brigando. A coisa piorou, em vez de melhorar. E assim foi até nos separarmos. Cheguei a ir a uma entrevista de emprego com um maldito olho roxo. Fiquei maravilhada por terem me contratado mesmo assim. Fui presa algumas vezes. Não por longos períodos, mas, enfim, um mês a cada vez. Seja como for, isso não é bacana para uma criança. Ele acabaria ficando na casa da minha mãe de qualquer maneira. Sabe como é, sendo sem-teto e morando num trailer, eu literalmente vivia no estacionamento do trabalho. Morei em prédios abandonados logo depois de sermos despejados de um dos lugares onde a gente morava. Fazer isso com uma criança seria absolutamente insano. Era a coisa certa a fazer.

Fiz a coisa certa pelos dois, porque eles estão felizes juntos. Anthony é mimado pra caramba, e minha mãe se sente muito mais jovem por estar cuidando de uma criança. Realmente, era o que ela queria desde que descobriu que eu estava grávida. Ela queria o bebê. E agora conseguiu. Então, está todo mundo feliz. Bom, às vezes me sinto um pouco arrependida e, às vezes, um pouco amarga, mas é por causa da merda que eles falam de mim e por eu não ter a permissão de contar.

Nos últimos cinco anos, vivi em altos e baixos constantes – constantes mesmo. Tipo assim, a única coisa com que realmente posso contar é que as coisas serão bem diferentes daqui a um mês, simplesmente porque é assim que tem sido. É assim que sempre tem sido. Eu diria que mantive uma residência por algum tempo até, sei lá, uns anos atrás. Aí, você sabe, fui para a cadeia e perdemos a casa, e eu perdi meu emprego. Matt nem emprego tinha, porque resolveu que ficar desempregado era legal.

Trabalhei em vários restaurantes diferentes. Não costumo ficar em um emprego por muito tempo, mas gostaria de não sair deste porque gosto de lá. É muito, muito tranquilo, e as pessoas com quem eu trabalho são superlegais, e além disso conheço todos os horários do ônibus. Antes eu dirigia, mas meu carro foi apreendido porque não tenho habilitação há anos. Agora não estou dirigindo porque preciso juntar dinheiro para comprar um veículo.

Tive um susto umas semanas atrás porque minha menstruação atrasou demais. Ficou um mês sem vir. Mas uma coisa eu lhe digo, nunca me senti mais grata do que quando comecei a sangrar no trabalho, sabe? Fiquei nas nuvens. Tive uma conversa com o cara com quem estou saindo agora. Falei: "Olha, minha menstruação atrasou, fiz o teste de gravidez de farmácia e parece que está tudo bem, mas ainda existe a questão de eu não ter menstruado. Então, por você tudo bem se eu não tiver a criança? O que você gostaria de fazer nesse caso?" E ele: "Eu não quero outro filho, e sei que você também não." E eu: "Então, se eu confirmar com um exame médico, não preciso nem te contar e simplesmente vou lá cuidar do assunto?" Ele: "Não, você precisa me dizer. Quero pelo menos estar do seu lado quando você fizer isso." E eu: "Beleza, tanto faz." Daí minha menstruação desceu alguns dias depois e fiquei nas nuvens.

Estou usando DIU. Então essa foi outra conversa. Ele disse: "Olha, você precisa pedir para tirarem essa coisa e lhe darem a injeção, porque às vezes os fios me cutucam." Eu falei, de jeito nenhum, não, não e não. Implante, injeção, isso é tudo ruim. Estão cheios de hormônios. O DIU é bom. O DIU fica. Fim de papo.

Nós... não é nada oficial. O cara com quem estou saindo agora, Jason, vem nos meus dias de folga e fica comigo por uns dias; e a gente sai junto, e é como se eu estivesse namorando um amigo de verdade. Sério. A gente não fica batendo boca. Apenas nos divertimos quando saímos. Eu tenho minha casa, ele tem a dele – ele mora com a ex, a filha dele, os pais dela e o outro filho dela. Eu digo: "Vamos ficar aqui em casa e, sabe, passear e curtir nossos dias de folga." Gostamos das mesmas coisas. Não é como eu e Matt, quando era uma batalha constante e ele nunca estava a fim de fazer nada. Jason é muito legal. Comprou uma fechadura nova e consertou minha porta só porque eu disse: "Ah, não está funcionando." Tá: não estou acostumada com isso porque, tipo, o tempo todo que eu estava com Matt, era sempre uma luta para fazer as coisas – qualquer coisa. Jason faz coisas desse tipo. E eu gosto dele de verdade.

Acho que hoje estou mais feliz, mas demorou um pouco. Quer dizer, quando topei participar do estudo, minha vida estava uma bagunça – uma desgraça completa. E tudo estava em crise. Simplesmente 100% das coisas estavam dando errado. Então, aos poucos, tudo começou a melhorar, e ainda que as coisas não estejam perfeitas agora, eu diria que, sim, estou bem mais feliz, e houve uma melhora significativa quando Matt e eu nos separamos. Fiquei com Matt por muito mais tempo do que pretendia porque tivemos um filho juntos – um vínculo. Aí a coisa se transformou em algo como, ah, estamos juntos há tanto tempo que já não sei mais ficar sem você, de ambas as partes. Por isso durou muito mais do que deveria. Quer dizer, acho que se eu não tivesse descoberto que estava grávida e que o filho era dele, provavelmente teria acabado ali. Teríamos nos separado de vez no ano em que entrei para este estudo.

Ter um filho tirou minha vida completamente dos eixos. Entre tê-lo e depois perdê-lo, fiquei meio louca. Sabe, de verdade. Eu estava com alguém com quem eu não devia estar. A gente brigava o tempo todo. E eu estava absurdamente infeliz com ele, devo admitir.

Por outro lado, sobre as vantagens de ter um filho, ter arrumado meus dentes me tornou contratável. Se eu não tivesse conseguido arrumar minha boca, nem quero pensar em como poderia ter sido. Eu seria uma dessas pessoas ferradas que ficam com um cartaz pedindo ajuda na rua, sabe, porque quando você tem os dentes da frente simplesmente arruinados, as pessoas pensam que você está nas drogas. É algo que afasta na hora. Acaba com a sua vida pessoal. Então, sim, consertar minha boca – ponto positivo.

Eu amo meu filho. Eu me sinto muito, muito, mas muito feliz por minha mãe ter recorrido à justiça antes da mãe de Matt porque isso teria sido um erro, no sentido de que ele poderia muito bem estar sendo criado por umas pessoas ferradas, malucas, paradas no tempo. Essa é a família dele. Porque quando fui para a cadeia e minha mãe entrou com um processo pela guarda, ela estava na fila do tribunal logo na frente de Matt e da mãe dele. Então sinto alívio com a adoção. Só fiquei com o bebê por um ano. Talvez hoje eu tenha uma compreensão maior das pessoas que têm filhos.

Posso tirar meu DIU quando quiser, mas ainda não estou pronta. Meu parceiro atual não está pronto. E acho que tenho mais cinco anos para decidir. Eu vou estar com uns 30 e poucos anos, o que vai ser bem arriscado. Em cinco anos provavelmente terei progredido muito. Gostaria de trabalhar em um livro. Acho que tenho algo nesse sentido, e é um jeito saudável de me expressar. É incrivelmente divertido escrever, inventar uma história e editar minhas merdas. Então esse é o meu objetivo recreativo. Meu objetivo relacionado ao trabalho é manter meu emprego, talvez conseguir um segundo emprego para complementar minha renda.

No momento, preciso me apresentar à justiça para cumprir 90 dias de prisão domiciliar ou 33 dias na cadeia, mas acho que enlouqueceria em prisão domiciliar. Além disso, é incrivelmente caro. E é tão fácil fazer alguma besteira que é quase pedir para dar errado ficar nessa por três meses sendo eu quem sou – porque acho que não conseguiria ficar naquela casa por três meses sem fazer mais nada a não ser sair para trabalhar. Então preciso dar um jeito de cumprir meus 33 dias de cadeia e depois voltar para o meu trabalho, porque prisão domiciliar não é uma opção. Se eu fizer isso, vou acabar sendo acusada de violação por alguma coisa que os outros estão fazendo ou usando, e isso não vai ser nada bom. As regras valem para qualquer coisa que esteja na casa. Assume-se automaticamente que seja meu só porque está na minha casa. Então eu não quero ser acusada de violação. Eu não quero ter que cumprir todos os 90 dias na cadeia, então preciso ter uma conversa com meu chefe sobre como vamos combinar isso. Eles parecem gostar muito de mim no trabalho, e acho que tenho uma boa chance de manter esse emprego. Então o meu objetivo é esse, acabar logo com essa história. E meus objetivos pessoais, não sei, gostaria de sair mais de casa, economizar algum dinheiro, talvez uma hora alugar um apartamento em vez de apenas um quarto na casa de alguém. Sim. Apenas continuar tentando fingir ser adulta, na verdade.

Eu gostaria de me mudar dessa região e abrir um negócio. Não sei ainda o quê, nem onde. Queria ter uma grana para sair de férias, viajar e me embebedar em uns lugares bem exóticos. Gostaria de publicar meu livro. Gostaria de vender mais algumas das canções que compus, com a chance de alguém gravar algumas delas. Isso seria legal. O que acontecer nos próximos três ou quatro meses provavelmente será decisivo, porque se eu conseguir cumprir minha pena de prisão e manter meu emprego, as possibilidades são muito boas.

Você realmente sente o impacto da gravidez quando pensa: "Meu Deus, posso estar grávida de novo." E aí você começa a pirar se a menstruação atrasa uma semana. Quer dizer, a gravidez definitivamente exerce um impacto negativo na situação financeira das pessoas. Porque é muito, muito difícil arrumar emprego estando grávida, manter um emprego estando grávida e arrumar ou manter um emprego com um bebê, principalmente quando seu parceiro é um babaca e não quer ajudar. Então, acho que, nesse sentido, a incidência de violência doméstica dispara porque você depende financeiramente do seu parceiro porque precisa ficar em casa com a criança.

Afinal, todo mundo sabe que um fator importante que contribui para a violência doméstica é depender financeiramente de alguém. E você fica numas de, ah não, eu não quero ser uma sem-teto. Não posso ser sem-teto com essa criança. Preciso ficar com esse cara pelo dinheiro, e nesse caso ele pode fazer o diabo que quiser porque ele é um babaca. Ter esse tipo de controle sobre os outros pode transformar as pessoas em babacas. A gravidez é uma coisa incrivelmente assustadora, sobretudo quando não se pode confiar na pessoa com quem você está.

Brenda, uma mulher branca de Nova York, tinha 24 anos e estava grávida de 24 semanas quando lhe foi negado o aborto.

CAPÍTULO 10

O Estudo Turnaway e as políticas do aborto

Existem mais restrições ao aborto em 2020 do que em 1973, quando a Suprema Corte americana afirmou pela primeira vez o acesso ao aborto como um direito constitucional no caso *Roe vs. Wade*. Nas décadas seguintes, os legisladores estaduais conservadores introduziram mais de mil restrições ao aborto, limitando quem pode fornecer o procedimento, em que tipos de instalações, em que momento da gravidez e por qual motivo. Algumas leis estaduais ditam o que os médicos devem dizer à mulher que busca um aborto, exigindo até que digam mentiras deslavadas sobre o procedimento – por exemplo, que o aborto causa câncer de mama, suicídio e infertilidade. Outras leis estaduais determinam quanto tempo a mulher tem que esperar e até a quem ela tem que contar.[1]

As taxas de aborto em todo o país despencaram nos últimos 30 anos, de um pico de quase 30 abortos por mil mulheres de 15 a 44 anos no início da década de 1980 para 15 por mil mulheres em 2014. Parte desse declínio pode ser uma boa notícia, resultado do desenvolvimento de melhores métodos de contracepção e melhor acesso e eles. Mas o número de instalações que realizam o procedimento do aborto também diminuiu drasticamente. Ele atingiu um pico de cerca de 2,7 mil no início da década de 1980 e caiu para cerca de 800 no momento em que este livro foi escrito.[2] Vários estados possuem apenas uma única clínica. A dificuldade de chegar até ela e o efeito cumulativo de todas essas restrições, em particular as que acabam por levar ao fechamento de clínicas, muito provavelmente explicam parte do declínio nas taxas de aborto.[3] Em outras palavras, mais mulheres fariam abortos em clínicas, se pudessem.

Embora seja claro que a política de aborto dificulta o acesso das mulheres a esses serviços, as mulheres do Estudo Turnaway raramente mencionam a política. Os direitos ao aborto são uma causa política, mas não é assim que a maioria das mulheres com gravidez indesejada experimenta o aborto – como uma busca por seu "direito à privacidade". Em nossas entrevistas com centenas de mulheres americanas que procuraram o procedimento, nunca ouvimos alguém dizer: "Quero exercer meus direitos constitucionais." Elas não se debruçaram sobre a política ou as restrições ao aborto particulares de seu estado ou sobre o futuro de *Roe*. Elas falaram sobre as próprias situações delicadas. Acabamos de ler a história de Brenda, que estudou política na faculdade. Mas ela estava pensando apenas na própria situação desesperadora quando procurou um aborto. Conforme vimos, 3% das mulheres deste estudo relatam que se opõem ao aborto ser legal em todas as situações; um número maior (20%) tem algumas reservas morais sobre o aborto. Mulheres como Jessica, que disseram: "Durante toda a minha vida, fui totalmente antiaborto", colocam de lado visões políticas quando confrontadas com a própria gravidez indesejada. Mas o que aprendemos com suas experiências tem implicações importantes para quais políticas podem prejudicar ou beneficiar o bem-estar de mulheres, crianças e famílias.

Permitam-me salientar que há um tipo de política que espero que não resulte do Estudo Turnaway. Espero que ele não seja usado para pressionar mulheres de baixa renda a fazerem abortos por razões financeiras. Este estudo demonstrou que os resultados de saúde e econômicos são melhores quando as mulheres que desejam abortar, talvez em parte porque não podem sustentar uma criança – ou mais uma criança –, conseguem fazê-lo. A ênfase precisa ser em abortos desejados, não em abortos coagidos. Este estudo não sustenta que uma mulher que está tentando decidir o que fazer sobre uma gravidez não planejada vai necessariamente acabar pobre. Verificamos que, em média, as mulheres que buscaram e tiveram o aborto negado eram desproporcionalmente de baixa renda, o que é consistente com os dados nacionais. As mulheres que decidem abortar porque sentem que não têm dinheiro suficiente têm razão em se preocupar. No entanto, a situação de cada pessoa é única. É possível, conforme aconteceu com Camila, experimentar uma boa situação financeira em função de – ou apesar de – levar uma gravidez indesejada adiante. Para um legislador que se pergunta sobre o impacto da implementação de alguma restrição ao aborto que aumente o custo ou reduza a acessibilidade para mulheres que decidiram precisar de um aborto, a resposta é clara: essa política causará maior privação econômica para mulheres e crianças.

Isso faz surgir uma questão: a disponibilização mais rápida do aborto resolveria o problema da pobreza nos Estados Unidos? A resposta é não. E vou dizer o porquê. As mulheres que têm bebês compõem uma pequena fração da população de pessoas em situação de pobreza.[4] As mulheres que se tornam pobres por um curto período depois de terem um filho não explicam a pobreza nos Estados Unidos. Aumentar a disponibilidade e o acesso ao aborto ajudará mulheres que estão passando por uma gravidez indesejada, mas não resolverá problemas generalizados de baixos salários, discriminação, racismo estrutural, falta de cuidados de saúde e educação de baixa qualidade. Um maior apoio às novas mães – creches e cuidados de saúde subsidiados, assistência social e licença parental remunerada – facilitaria, por outro lado, a vida de todas as mulheres com filhos, quer elas considerem ou não abortar.

Justiça reprodutiva

Nossos achados sobre a participação das mulheres no mercado de trabalho, acesso ao crédito, elaboração de planos aspiracionais, capacidade de estabelecer relacionamentos de qualidade e capacidade de planejar futuras gestações apontam para o importante papel do aborto no alcance das metas de vida. Os direitos ao aborto são claramente fundamentais para a igualdade de participação na sociedade. Entretanto, mulheres e pessoas trans e não binárias com menos privilégios e menos oportunidades possuem preocupações justas com um conjunto maior de questões. O aborto e a contracepção não resolverão todos os seus problemas. O foco único nos direitos ao aborto corre o risco de ignorar todo o escopo dos desafios que as pessoas enfrentam. Reconhecendo isso, em 1994, um grupo de ativistas e acadêmicas feministas negras se reuniu em uma conferência sobre o direito ao aborto em Chicago. É creditada a elas a criação do termo "justiça reprodutiva", a ideia de que a autonomia corporal pessoal é um direito humano universal, assim como os direitos de ter ou não ter filhos, de exercer a parentalidade em comunidades seguras e de acessar todos os tipos de cuidados de saúde reprodutiva.[5] Essa abordagem é intencionalmente centrada em mulheres de cor, mulheres que estão encarceradas ou marginalizadas e pessoas trans. A justiça reprodutiva aborda e destaca uma série de questões de saúde reprodutiva e justiça desproporcionalmente enfrentadas por mulheres de cor nos Estados Unidos, como uma taxa de mortalidade materna entre mulheres negras e indígenas que é *o triplo* da taxa entre mulheres brancas.[6] O arcabouço da justiça reprodutiva reconhece que os problemas são sistêmicos: leis, políticas e práticas que impedem sistematicamente as mulheres de cor de viver e criar suas famílias com saúde e em segurança.

As organizações de justiça reprodutiva não se concentram apenas no direito ao aborto, porque insistem tanto no direito de optar por levar uma gravidez adiante e exercer a parentalidade quanto no direito de interromper uma gestação. Tudo o que o Estudo Turnaway descobriu sobre abortos negados – incluindo maior risco à saúde física, maior chance de estar na pobreza, menores oportunidades para outros objetivos de vida e menor chance de ter um filho desejado mais tarde – se aplicava a mulheres de todas as raças e grupos étnicos: afro-americanas, latinas, asiático-americanas, nativas americanas e brancas. Mas, no Estudo Turnaway, examinamos apenas as consequências de não poder interromper uma gravidez indesejada e não as questões também muito importantes de como as mulheres se saem quando não podem gerar os filhos que desejam ou são incapazes de criar os filhos que já têm.

A abordagem de justiça reprodutiva vai além de apenas buscar expandir o número de resultados que as mulheres devem ter o direito de buscar. A ênfase é que os direitos reprodutivos reais decorrem de as pessoas serem capazes de perseguir os próprios desejos e objetivos pessoais. Olhando para os programas internacionais de planejamento familiar, ainda predominam justificativas alternativas para os direitos ao aborto, às vezes – e em alguns lugares – porque a ideia radical de fornecer cuidados ao aborto (que é o que as mulheres querem para sua vida) não é politicamente viável. "Legalizar o aborto porque, de outra forma, as mulheres morrerão de abortos ilegais" vem de uma lógica de saúde pública. "Financiar a contracepção e o aborto para reduzir o crescimento populacional" é um argumento demográfico. "Cada dólar gasto em planejamento familiar reduz os gastos públicos em cuidados médicos para gestações indesejadas" é um argumento fiscal. "Legalizar o aborto para reduzir as emissões de carbono" é um argumento ambiental. Perceba que nenhum desses argumentos foi citado como motivo para o desejo de aborto pelas mulheres do nosso estudo.

Fornecer acesso a contraceptivos e ao aborto pode gerar benefícios para a economia, o meio ambiente ou os orçamentos do governo, mas acredito que essas não são boas motivações para se fornecer cuidados clínicos às mulheres. Mulheres de baixa renda e mulheres de cor expressam desconfiança historicamente justificada nos programas de planejamento familiar. A defesa do controle da natalidade nos Estados Unidos tem sido manchada por sua associação com ideias eugenistas sobre quem deve se reproduzir.[7] Há um longo histórico nos Estados Unidos de contracepção e esterilização forçadas e ensaios antiéticos de controle de natalidade, todos direcionados a mulheres de cor e com deficiência.[8] Estudos demonstraram que as pessoas querem mais controle sobre a tomada de decisão acerca de métodos contraceptivos em comparação com outros tipos de cuidados médicos.[9] Qualquer sugestão de que os serviços prestados visem outros fins que não a realização voluntária dos objetivos individuais de engravidar semeia desconfiança. O nível de desconfiança já existente é grave. A única maneira de inspirar confiança é que o objetivo do médico seja servir os interesses do paciente em vez de os interesses do contribuinte, do meio ambiente ou da igreja.

O potencial de evidências científicas para criar políticas

Um dos maiores momentos da (relativamente curta) história da pesquisa sobre o aborto ocorreu em 27 de junho de 2016, quando a Suprema Corte americana anunciou sua decisão em *Whole Woman's Health vs. Hellerstedt*. Foi um caso sobre duas restrições ao aborto que o governo do Texas promulgou como parte de uma nova lei em 2013. As restrições foram impactantes e abrangentes. O governo exigiu que todas as clínicas de aborto atendessem às especificações físicas dos centros cirúrgicos ambulatoriais, basicamente demandando que fossem hospitais de pequeno porte. E exigia que todos os médicos que realizam abortos tivessem prioridade de internação em um hospital em um raio de 50 quilômetros da clínica de aborto. Um grupo de profissionais que realizavam aborto no Texas processou o estado, desafiando essas novas leis. Porque, embora possa parecer que as restrições foram propostas para melhorar os resultados de saúde, as leis do Texas não forneceram nenhuma evidência concreta de que isso aconteceria. Nesse ínterim, os autores argumentaram, as novas regras eram claramente onerosas e projetadas para fechar clínicas de aborto. Uma lei que parece não trazer benefícios à saúde dos pacientes, mas que torna o acesso ao aborto mais difícil ou impossível, viola o padrão de "ônus indevido" que a Suprema Corte tem usado para avaliar as restrições ao aborto desde a decisão sobre a *Planned Parenthood vs. Casey,* em 1992. Naquela época, a maioria da Corte decidiu que as restrições ao aborto não devem criar um obstáculo substancial para uma mulher que busca abortar antes que seu feto seja viável (ou seja, antes que possa sobreviver fora do útero da mulher).

Os autores, ao que parece, construíram um caso muito bom: depois que apenas a lei de prioridade de internação entrou em vigor (a exigência de se tornarem mini-hospitais nunca entrou), cerca de metade das 40 instalações de aborto no Texas fechou, principalmente porque os hospitais se recusaram a conceder prioridade aos médicos que realizam abortos. Os abortos no estado diminuíram 14%.[10] Se o requisito do centro cirúrgico ambulatorial tivesse entrado em vigor, menos de 10 instalações de aborto teriam permanecido abertas no estado. À medida que o processo do Texas e outros processos estaduais por restrições semelhantes começaram a passar pelos tribunais, os advogados estaduais continuaram argumentando que essas leis eram necessárias para salvar a vida das mulheres e melhorar sua saúde. Mas não havia evidências de que transformar clínicas de aborto em centros cirúrgicos completos ou exigir que todos os médicos que trabalham em clínicas de aborto tivessem prioridade para internações hospitalares nas proximidades aumentava a segurança de um procedimento que já é extremamente seguro.

A Suprema Corte derrubou as leis do Texas como inconstitucionais em

Whole Woman's Health vs. Hellerstedt. Os defensores dos direitos ao aborto comemoraram. E pesquisadores de aborto como eu festejaram uma parte específica dessa decisão. Após décadas de restrições ao aborto aprovadas sem considerar o impacto dessas leis na saúde das mulheres, finalmente a Suprema Corte decidiu que, daquele momento em diante, uma restrição ao aborto cujo objetivo declarado seja proteger a saúde das mulheres deve basear-se em benefícios demonstrados e não apenas na intenção declarada do legislador. Em outras palavras, se alguma legislatura estadual quiser instituir uma nova exigência para os provedores do aborto, não bastarão apenas *alegações* de que a lei melhoraria a saúde das mulheres. Para sobreviver ao escrutínio constitucional, a Corte decidiu que deve haver dados válidos ou estudos empíricos para indicar que a nova lei iria realmente melhorar a saúde das mulheres. Essa decisão orientou as cortes a começarem a analisar dados como os nossos. Minha esperança era que essa importante decisão da Suprema Corte incentivasse as legislaturas a criarem leis relacionadas ao aborto *com base em evidências*. *Whole Woman's Health vs. Hellerstedt* me encheu de esperança de que o Estudo Turnaway poderia impactar positivamente a política relacionada ao aborto em todo o país.

Como fui ingênua.

Cerca de cinco meses após a decisão de *Whole Woman's Health vs. Hellerstedt*, Donald Trump tornou-se presidente dos Estados Unidos. Trump escolheu seus dois (até agora) juízes da Suprema Corte – Neil Gorsuch e Brett Kavanaugh – de uma lista de juízes conservadores que segundo ele derrubaria *Roe*. Conforme mencionei antes, os legisladores antiaborto começaram a aprovar novas restrições em um estado após o outro, aparentemente sem levar em conta o que se sabe sobre seu impacto potencial. Ficou claro que eles queriam que essas novas leis fossem contestadas até chegarem à Suprema Corte, momento em que os novos nomeados poderiam abandonar a exigência de evidências conquistada em *Whole Woman's Health vs. Hellerstedt*.

É claro que, se os legisladores, juízes e membros da Suprema Corte se preocuparem com evidências científicas, podem optar por rejeitar restrições que não melhorem a saúde das mulheres. O que o Estudo Turnaway nos mostra é que dificultar o aborto não melhora a saúde e o bem-estar de mulheres e crianças. Negar às mulheres o acesso a serviços de aborto resulta em pior saúde física, piores resultados econômicos e aspirações de vida reduzidas, incluindo a chance de ter relacionamentos de qualidade e gestações desejadas posteriormente. Ainda não se sabe se os legisladores e os tribunais vão considerar as nossas evidências. A equipe de cientistas que trabalha no Estudo Turnaway compartilhou nossas descobertas com órgãos legislativos e judiciais em todo o mundo. E, embora tenhamos visto alguns resultados positivos, o poder da política sobre a ciência é muitas vezes desencorajador.

Esse foi o meu sentimento depois que voltei para casa de uma visita a Washington, D.C., na primavera de 2016. Eu tinha voado até a capital do país para testemunhar perante a Comissão Judiciária do Senado durante uma audiência sobre um projeto de lei patrocinado pela senadora republicana Lindsey Graham, chamado, de maneira sugestiva mas imprecisa, de Lei de Proteção ao Nascituro com Capacidade para Dor (ao lado de outro projeto de lei intitulado Lei de Proteção a Sobreviventes do Aborto Nascidos Vivos, apresentado pelo senador republicano Ben Sasse). O projeto de lei de Graham propunha proibir o aborto em e após 20 semanas em todo o país com base na especulação não comprovada de que os fetos podem sentir dor a partir de 20 semanas. Li meu testemunho escrito ao lado de outro especialista, que se opunha à proibição do aborto de 20 semanas, e de três especialistas a favor dele. Relatei os resultados do Estudo Turnaway – que negar às mulheres o acesso ao aborto desejado compromete sua saúde física, segurança financeira e o bem-estar de seus filhos.[11]

Depois que concluí meu testemunho, houve um suspiro audível, pois políticos e defensores de ambos os lados perceberam que tinham o objetivo comum de melhorar o bem-estar de mulheres e crianças. Aqueles a favor da proibição de repente perceberam quão prejudicial esta seria, portanto retiraram o projeto de lei e anularam a audiência. Todos se abraçaram, choraram e saímos de lá melhores amigos.

Brincadeira.

O que realmente aconteceu depois que todos terminamos nosso testemunho é que houve uma mudança quase imediata de atenção para um dos mais feios cenários inverossímeis – que o aborto envolve matar bebês que já nasceram. O senador republicano da Louisiana David Vitter perguntou: "Algum de vocês, incluindo as testemunhas minoritárias, discorda que qualquer criança nascida viva, após um aborto fracassado ou não, deve receber todos os cuidados médicos disponíveis para a sobrevivência?" Aguardei, esperando que não tivesse que opinar, mas acabei falando. Eu tinha em mente o cenário de uma gravidez desejada e uma anomalia fetal fatal: a mãe quer passar o pouco tempo que tem com seu bebê, e assim o médico faz todos os esforços para trazer à luz seu feto vivo. Nesses casos, a criança pode apresentar sinais de vida e, como já é sabido que a criança tem uma condição incompatível com a vida independente, esse pode ser o único momento que os pais terão com seu filho. Intervir em uma tentativa fútil de prolongar a vida do bebê simplesmente rouba dos pais os poucos momentos que eles têm com seu filho. Há histórias desoladoras de pais nesta situação.[12] Então eu disse que discordava do senador: "Posso imaginar situações em que médicos e enfermeiros poderiam decidir que não haveria sentido em realizar intervenção médica e, ao afastar o bebê, você tiraria a chance de uma mulher de segurar seu filho e dizer adeus."[13]

O senador insistiu: "Se os cuidados [médicos] pudessem levar à sobrevivência, você acha que isso deveria ser negado?" Eu respondi: "Acho que médicos, enfermeiros e as próprias mulheres podem decidir se o cuidado levaria à sobrevivência. Este projeto de lei não permite que tal decisão seja tomada." Embora eu não tenha explicado o cenário que estava imaginando, sites de notícias conservadores, incluindo *Breitbart*, relataram a audiência e escreveram que eu havia testemunhado a favor de negar cuidados médicos a bebês nascidos após um aborto fracassado.[14] O que eu tinha a intenção de dizer é que sou a favor de tornar o inevitável fim da vida de um recém-nascido muito doente o mais confortável, amoroso e gentil possível, em vez de fazer compressões torácicas ou intubações em um bebê que todos sabem que não pode sobreviver. Durante as duas semanas seguintes, recebi uma enorme quantidade de mensagens de ódio, me chamando de monstro e coisas ainda piores.

Felizmente, os dados do Turnaway tiveram muito mais impacto em outros casos e locais. Os artigos do estudo foram citados em tribunais distritais dos Estados Unidos para explicar por que as mulheres buscam abortos no segundo trimestre e por que tais restrições impostas pelo governo (como períodos obrigatórios de espera, visualização de ultrassom e roteiros de aconselhamento estatal) não são necessárias para evitar o arrependimento do aborto. Ao derrubar um período de espera de 72 horas, a Suprema Corte de Iowa observou que os autores "ofereceram testemunho de especialistas, que o Estado não contestou, de que a grande maioria das pacientes de aborto não se arrepende do procedimento, mesmo anos depois, e, em vez disso, sente alívio e aceitação".[15] Antes do Turnaway, simplesmente não havia como provar – ou mesmo saber – que isso era verdade.

Em agosto de 2017, minha colega, a Dra. Antonia Biggs, testemunhou perante o Tribunal Constitucional do Chile, a mais alta corte do país, que estava considerando banir uma proibição total do aborto. A Dra. Biggs, cidadã do Chile e dos Estados Unidos, liderou a maioria das análises relacionadas a saúde mental do Estudo Turnaway e testemunhou sobre a ausência de danos à saúde mental causados pelo aborto. O tribunal chileno ouviu depoimentos de mais de 130 pessoas ao longo de dois dias. Defensores dos direitos humanos e advogados de todo o mundo testemunharam a favor da liberalização, reitores de universidades católicas testemunharam contra, e políticos, clérigos, provedores de serviços de saúde e organizações de serviços sociais de todos os lados prestaram testemunho. Poucos dias depois de ouvir todos os depoimentos, o tribunal aprovou a descriminalização do aborto em três circunstâncias: (1) para salvar a vida de uma mulher; (2) quando se sabe que seu feto não sobreviverá à gravidez; e (3) para gestações decorrentes de estupro. Em sua declaração de decisão, o tribunal declarou que a maioria das mulheres sente alívio após o aborto, uma declaração que pode ser atribuída ao testemunho da Dra. Biggs sobre as descobertas do Estudo Turnaway.[16]

O que aconteceria se Roe vs. Wade *fosse derrubada?*

Como estou escrevendo isto em 2020, a Suprema Corte dos Estados Unidos tem juízes suficientes que professaram ou sinalizaram oposição aos direitos de aborto para derrubar *Roe vs. Wade*. Essa famosa decisão reconheceu que a Constituição protege o direito ao aborto e estabeleceu um sistema trimestral pelo qual os estados não poderiam restringir o aborto no primeiro trimestre, poderiam impor algumas restrições no segundo trimestre e poderiam proibir o aborto após a viabilidade (em torno do início do terceiro trimestre), exceto nos casos em que o procedimento fosse necessário para preservar a vida ou a saúde da mulher. Em 1992, o caso da Suprema Corte *Planned Parenthood vs. Casey* manteve a proibição de *Roe* de banir o aborto antes da viabilidade, mas descartou o quadro trimestral, permitindo restrições ao aborto durante toda a gravidez, desde que não coloquem um "fardo indevido" sobre as mulheres. Para reverter essas decisões, a Suprema Corte teria que concordar em aceitar um caso relacionado ao aborto – como fizeram com o caso *June Medical Services vs. Russo* – e decidir que a Constituição não protege o direito ao aborto ou apoiar proteções tão fracas que quase qualquer restrição seria permitida. Os opositores ao aborto esperam que a Corte adote leis estaduais recentes proibindo o procedimento antes da viabilidade, como a proibição de quase todos os abortos no Alabama, independentemente da gestação, que foi assinada em maio de 2019, mas não foi aplicada.

Então, *o que aconteceria* se o direito ao aborto não fosse mais garantido em nível federal? Um cenário é que as decisões sobre se e quando o aborto é legal ficariam a cargo dos estados. Alguns estados o baniriam e outros o protegeriam. Se isso acontecer, as mulheres com recursos que vivem em estados com proibições poderão viajar para estados sem proibições. Para as mulheres que viajam, o aborto custaria mais, levaria mais tempo e seria mais estigmatizado. Mas elas fariam seus abortos. Mulheres com conhecimento de internet provavelmente encomendariam remédios abortivos on-line. Atualmente, muitas pílulas abortivas encomendadas on-line demonstraram ter a medicação certa nas doses certas, de modo que podem ser seguras, mesmo quando tomadas sem supervisão médica.[17] O risco para a compra virtual de abortivos é que as mulheres poderiam ser processadas (não é ilegal em todos os lugares, mas arrisco sugerir que, se um estado tornar ilegais os abortos em clínicas, provavelmente também tornará ilegal a compra de abortivos sem prescrição médica). Mulheres nos Estados Unidos já foram presas por usar por conta própria – ou fornecer à filha – os mesmos remédios que podem ser legalmente administrados em clínicas de aborto.[18] Assim, prevejo que haveria um aumento nos processos de mulheres em alguns estados por fazer algo que pode estar legalizado em outras partes do país. Algumas podem fazer coisas extremamente perigosas – como beber substâncias tóxicas, inserir objetos estranhos em seu útero ou pedir a alguém que as soque no abdômen – para interromper a gravidez. Mas não acho que as mortes por abortos ilegais chegarão ao número visto antes da legalização do aborto em Nova York em 1970, porque mulheres desesperadas terão essas outras opções mencionadas.[19]

Por fim, se *Roe* fosse derrubada e a legalidade revertida para os estados, o Estudo Turnaway sugere que uma grande fração de mulheres (minha estimativa: entre um quarto e um terço) levaria adiante gestações indesejadas. Isso inclui as que não têm informação ou dinheiro para viajar ou comprar abortivos on-line. E para essas mulheres, os resultados serão todos os encargos descritos neste livro: pior saúde física, redução das aspirações de vida, maior exposição à violência doméstica, aumento da pobreza, menor chance de ter uma gravidez desejada, piores resultados para seus outros filhos.

E aqui está um cenário ainda mais sombrio: *Roe* e *Casey* determinam que o aborto deve ser disponibilizado antes da viabilidade. Se *Roe* cair, não haverá nada que impeça o Congresso, se houver votos suficientes, de aprovar uma proibição nacional a partir de 20 semanas. Ou mesmo uma proibição nacional de seis semanas. Ou uma proibição total. Parece improvável que as pessoas que acreditam que o aborto é assassinato se contentem em dizer: "Ok, assassinato é ilegal no meu estado; vou deixar as outras mulheres em outros estados tomarem suas próprias decisões." Se esse tipo de atitude (de deixar que os outros decidam por si mesmos) fosse factível, não seria necessário mudar lei alguma. Quem fosse contrário simplesmente se recusaria a fazer qualquer aborto e deixaria que as outras mulheres seguissem suas próprias consciências. Então, se *Roe* cair e o primeiro cenário acontecer, com a decisão de proibir o aborto ficando a cargo dos estados, o que todos esses defensores e políticos antiaborto vão fazer? Descansar em seus louros e permitir que as mulheres de outros estados busquem opções diferentes? Duvido. O fim de *Roe* pode causar um efeito cascata. Alguns estados aprovariam leis que tornam o aborto ilegal ou começariam a aplicar leis que já estão nos livros, mas não estão em vigor por causa de *Roe*. Outros aprovariam leis que protegem os direitos ao aborto ou até tentariam expandir o acesso com leis proativas que aumentam a acessibilidade e o número de provedores. Esse cenário irregular provavelmente levaria ativistas e legisladores antiaborto a pressionar por proibições em todo o país que, se aprovadas, significariam que as mulheres não teriam para onde ir nos Estados Unidos.

Lembra como algumas das descobertas do Estudo Turnaway foram intencionalmente mal interpretadas e tiradas de contexto? Bem, não tenho dúvida de que isso continuará acontecendo. Algumas pessoas vão querer usar os resultados do estudo para justificar as restrições e proibições ao aborto. Apontarão para a falta de danos à saúde mental a longo prazo ao se seguir com uma gravidez indesejada para dizer que as mulheres são resilientes. Em comparação com o aborto, podem caracterizar os anos de privação financeira associados à criação de uma criança como um pequeno preço a pagar para gerar uma nova vida humana.

Essa não é uma conclusão precisa das implicações políticas do Estudo Turnaway.

Sim. As mulheres são emocionalmente resilientes. Mas a resiliência emocional não paga o aluguel. As mulheres a quem é negado o aborto continuaram relatando não ter dinheiro suficiente para pagar por comida, moradia e transporte durante os cinco anos completos do estudo. Não sabemos quanto tempo dura essa experiência de não ter o suficiente, mas os resultados do estudo de relatório de crédito indicam que as consequências econômicas se estendem para além do nosso período de estudo. Não há uma solução de curto prazo para a política de bem-estar que elimine essas dificuldades, embora remover os impiedosos limites de tempo para recebimento dos benefícios e limites no número de crianças cobertas seja um bom começo, independentemente da legalidade do aborto.

Além da carga financeira, tirar o poder decisório das mulheres para determinar quando e com quem elas têm filhos muda radicalmente sua trajetória de vida. O Estudo Turnaway constata que as mulheres a quem o aborto foi negado reduzem seus planos de vida e acabam em relacionamentos pouco saudáveis, mesmo quando não permanecem com o homem envolvido na gravidez. Em parte, porque uma vida estável e financeiramente segura não se materializa, elas não têm a oportunidade de ter filhos desejados em circunstâncias melhores mais tarde, como Kiara e Melissa fizeram. Muitas experimentam violência íntima dos parceiros, como Brenda, da qual poderiam ter se libertado se tivessem feito o aborto desejado.

Impedir o acesso das mulheres ao aborto as sujeita aos riscos gravíssimos da gravidez forçada, ameaça a sua saúde e, em alguns casos, provoca a sua morte. Os riscos da gestação à saúde estão longe de ser triviais e perduram por muito tempo após o nascimento, como evidenciado pelas mulheres a quem foi negado um aborto relatando pior saúde cinco anos depois em comparação com aquelas que realizaram o procedimento. Não há resiliência emocional capaz de ter salvado as duas mulheres deste estudo que morreram no parto e deixaram para trás famílias em luto, que tiveram que lidar com a perda de sua filha e mãe.

A seguir, conheceremos Sofia. Sua história mostra com mais detalhes a importância do apoio social. Ela se sente isolada e rejeitada por seu parceiro. As circunstâncias financeiras a impedem de impor estresse adicional a sua família. Sofia não conta às pessoas próximas que está grávida ou mesmo que deu à luz e colocou o bebê para adoção. Apesar de sua gratidão à agência envolvida, também vemos os desafios da adoção. Sua gravidez e o nascimento subsequente após circunstâncias semelhantes mostram que a importância do apoio familiar é fundamental para enfrentar os desafios financeiros e médicos. Nenhuma história é típica. Os aspectos incomuns deste relato – a descoberta tardia de suas duas gestações e seu isolamento total da família – nos ajudam a compreender a variedade de experiências das mulheres.

Sofia

> *" A adoção afetou minha vida porque ainda é algo sobre o qual não posso falar com ninguém. "*

Cresci em Los Angeles. Durante a minha infância nos anos 1990, era principalmente um bairro hispânico. Eu me mudei quando tinha uns 10 anos para um bairro bem diferente, de maioria caucasiana. Naquela época, se você não sabia falar inglês, era muito difícil conseguir se virar. Tendo vindo de uma família mexicana, minha mãe não fala nada de inglês. Era bem complicado. Foi muito difícil para ela, então ela dependia bastante de mim e dos meus irmãos para fazer as coisas. Éramos o grupo de apoio dela.

Meu pai tinha sido preso, então tivemos que nos mudar. E isso transformou completamente nosso estilo de vida. Éramos três e minha mãe estava nos criando sozinha. Não podíamos nos dar ao luxo de viver no lugar em que vivíamos. Encontramos algo mais barato em um bairro diferente. Somos uma família muito forte. Quando acontece um problema, temos muitos familiares que nos apoiam. Quando minha mãe nos criava sozinha, eles sempre nos ajudavam, davam uma mão e cuidavam da gente. Enquanto minha mãe estava no trabalho, era a minha avó quem cozinhava para nós.

Minha mãe vem de uma família católica, então fui criada como católica. E a igreja era obrigatória todos os domingos de manhã. Para nós, hispânicos, a Virgem Maria é muito importante. Nós reservamos apenas um dia para ir à igreja. Quando criança, você não entende de verdade o motivo de estar lá. Você não quer muito ir. Você é jovem, quer sair com seus amigos ou só ficar em casa vendo desenhos animados. Era quase como se fôssemos obrigados a ir à igreja. Mas à medida que crescíamos, todos os eventos que aconteceram nos fizeram recorrer à igreja porque dependíamos cada vez mais do grupo de apoio de lá.

Depois que meu pai foi preso, as coisas ficaram difíceis para a minha mãe. Ela teve que trabalhar em dois ou três empregos para colocar comida na mesa e comprar roupas pra gente. Até que ela perdeu um dos empregos e ficamos sem chão. Ela estava fazendo o possível para nos alimentar e nos vestir. E fez um trabalho muito bom, porque agora que somos mais velhos nós cuidamos dela. Ela não é velha, mas queremos cuidar dela do mesmo jeito que ela cuidou de nós.

Não vejo meu pai há vários anos. Ele foi libertado da prisão e desde então eu não tenho falado com ele. Não sei por que ele foi preso. Minha mãe nunca nos falou sobre isso. Ela sempre me disse: "Se seu pai quiser falar com você sobre por que ele foi preso, então ele é mais do que bem-vindo." Mas, quando fui perguntar a ele, ele simplesmente não conseguia me olhar nos olhos e dizer. Sempre mudava de assunto. É algo com que ainda estou lutando porque preciso saber. Ele nos procura, mas eu nunca recebo uma explicação, então realmente não acho que haja muito sobre o que falar. É algo que ainda não consegui perdoar, mas estou tentando.

Conheci meu namorado por amigos em comum. Estavam fazendo uma festa de boas-vindas porque ele havia voltado do serviço militar. Quando fui convidada, meus amigos disseram: "Vamos. Você quase não sai." Eu o conheci naquele dia e foi como se nos conectássemos na mesma hora. Daquele dia em diante não desgrudamos mais. Eu tinha 17 ou 18 anos quando o conheci. Ele é oito anos mais velho que eu. Eu ainda estava na escola, estava trabalhando. E ele queria que eu passasse o máximo de tempo possível com ele. Quando saía da escola, ele queria que eu ficasse com ele. Ou quando eu estava na escola, ele me mandava uma mensagem dizendo: "Você consegue sair da escola mais cedo?" E eu ficava chateada, porque ele era mais velho e experiente e deveria saber que sem educação é difícil para alguém ser algo na vida. Então não era só o trabalho que ele parecia querer que eu abandonasse, mas a escola, os meus irmãos e a minha irmã, e eu não queria fazer isso. Mas acho que não ter meu pai por perto me fez buscar o amor em outros homens. Parecia que ele estava me fazendo escolher entre ele ou a minha vida. E praticamente larguei tudo o que estava fazendo para ficar com ele. Eu sabia que tinha que cuidar dos meus irmãos porque, se não fosse eu, ninguém mais faria. Eles dependiam demais de mim, e eu não podia falhar com eles.

Na verdade, descobri que estava grávida com uns cinco ou seis meses. Não sabia que estava grávida porque ainda estava menstruando. Eu não tive enjoos. Não vomitava – tudo que eu sabia serem sinais de gravidez. Eu via na TV, mas a gente nunca acha que pode acontecer com a gente. Eu estava com meu namorado quando comecei a sangrar. Pensei: "Tudo bem, é só a minha menstruação." Não me preocupei muito. Mas quando não parou, parecia que eu estava... cada vez que andava ou me sentava, parecia que estava urinando em mim mesma. Foi quando percebi que não era normal.

Eu disse a ele: "Acho que preciso ir ao hospital." Mas, como já vínhamos nos afastando, ele não me acompanhou. Fui para o pronto-socorro porque não sabia o que estava acontecendo comigo. Eu disse a eles que estava sangrando demais, o que não é normal para mim. Eu estava prestes a ter um aborto espontâneo. A primeira coisa que me perguntaram foi se eu estava grávida e eu respondi que não, não que eu soubesse. Não estava tendo nenhum sintoma, nenhum sintoma normal de gravidez. Mas quando fizeram um teste, deu positivo. Eu não podia acreditar. Então eles fizeram uma ultrassonografia e disseram que eu já estava grávida de cinco meses. Naquele momento eu fiquei em êxtase. Fiquei completamente em êxtase.

Liguei para o meu namorado e disse a ele: "Tenho que te contar uma coisa." Quando contei, ele desligou o telefone. E só me ligou no dia seguinte. Ele me disse: "Bom, acho que não é o momento certo. Eu realmente acho que você deveria fazer um aborto. Eu pago a metade e você paga o resto." Quando ouvi isso, tive a certeza de que trazer um bebê para este mundo não seria uma coisa tão boa quanto eu tinha pensado. Quando pedi a ele para vir até a minha casa e que talvez pudéssemos conversar sobre isso, ele veio e continuou insistindo que um aborto era a melhor opção porque nossa relação já não estava muito boa. E talvez trazer uma criança ao mundo não fosse ajudar.

Fiquei arrasada. Não queria forçá-lo a ser pai. Foi quando comecei a pesquisar sobre aborto. Eu sabia que não era mais uma opção, mas tinha a esperança de que alguém me dissesse o contrário. Então foi muito sofrido. Eu não era estável financeiramente. Tinha um emprego de meio período na época e não estava indo bem na escola. Eu tinha focado no trabalho porque via o que minha mãe estava passando e ela às vezes tinha dificuldade para colocar comida na mesa. Nossa situação se complicou e fomos despejados. Tivemos que sair. Eram coisas demais acontecendo. Quer dizer, a situação já estava crítica e senti que ter um filho seria um fardo para a minha mãe, porque ela já estava criando três filhos e adicionar mais um bebê seria doloroso demais. Sei que ela teria me ajudado de todas as maneiras possíveis. Mas não queria partir o coração dela.

No fundo, eu me senti feliz porque sabia que estava trazendo algo tão bonito para este mundo. Mas quando parei e pensei: o que aconteceria se ele não quisesse fazer parte da vida do bebê? O que eu faria? Tudo cairia em cima de mim. Eu via minha mãe lutando. Será que realmente quero passar por isso? Este é o momento certo? Tantas perguntas surgiram na minha cabeça naquele momento, e eu fiquei confusa. Os dois minutos de felicidade que eu senti ao saber da gravidez terminaram quando comecei a me dar conta de que trazer uma criança para este mundo seria muito mais difícil do que eu pensava. Foi quando comecei a pensar em talvez fazer um aborto.

Cheguei a ir até uma clínica. Marquei uma consulta. Fizeram um teste de gravidez e praticamente me garantiram que um aborto não era possível. Fiquei arrasada naquele momento. Mas então eles me fizeram falar com uma conselheira sobre talvez entregar o bebê para adoção. Eu sabia que era a melhor e única opção que eu tinha. Naquela época, quando eu estava lá com a conselheira, ela apresentou a ideia e pegou o panfleto. Eu desabei porque a primeira coisa que me veio à cabeça foi: "O que as pessoas vão pensar de mim? O que minha família vai pensar de mim?" Eu sabia que havia outras primas ao meu redor que tiveram filhos, mas seus namorados estavam lá com elas para ajudá-las a criar os bebês. E senti que isso viraria um fardo para a minha mãe. As coisas já estavam atribuladas como estavam; trazer uma criança para este mundo seria muito pior.

Eu realmente desmoronei porque não sabia como a minha família olharia para mim. Eu não sabia se eles iriam me virar as costas. Não sabia o que aconteceria. E eu estava com medo de rejeição porque já me sentia rejeitada pelo meu namorado naquele momento. Meu melhor amigo, José, foi a única pessoa em que pude confiar. Ele foi comigo até a clínica de aborto. Esteve ao meu lado durante todo esse processo. Tive a sorte de ter meu melhor amigo comigo, mesmo que eu quisesse minha família. Mas senti que minha família me condenaria.

Emocionalmente, acho que nunca me preparei para ter um bebê. Comecei a ir às consultas médicas e sei que os médicos estavam muito zangados comigo, mas eu não sabia que estava grávida, porque não tive nenhum sintoma. E eu não tinha barriga. Ninguém imaginaria que eu estava grávida, então acho que foi assim que consegui enganar minha família. Na minha primeira consulta, quando o médico entrou, ele disse: "Não acredito que você esperou tanto tempo para fazer o pré-natal. Que tipo de mãe você é?" Então, quando ele falou isso, eu desabei porque ele não sabia a situação que eu estava passando. Ele simplesmente presumiu que eu não quis procurar atendimento pré-natal, o que não era o caso. Acabei saindo do consultório. Se eu não me sentia à vontade, não ficaria com aquele médico.

Foi muito duro para mim. Eu não conseguia mais me concentrar na escola ou mesmo no trabalho. E meu relacionamento depois disso desmoronou completamente. Bom, por dois meses ficou tudo bem. E então ele me disse que não estava pronto para criar uma família. Naquele momento eu falei: "Bom, não há nada que eu possa fazer. Já estou muito avançada e vou seguir com a gravidez." Mas nunca mencionei a ele a opção de adoção. Então ele pensou que eu ia ficar com o bebê. Acabei abandonando a escola porque eu ficava pensando que as pessoas podiam perceber que eu estava grávida. Eu estava paranoica, pensando "talvez as pessoas saibam que eu estou grávida e talvez seja por isso que estão me tratando diferente". Mas acho que era tudo coisa da minha cabeça. Foi muito difícil para mim. O que tornou a situação ainda mais penosa foi ter que olhar para a minha mãe todos os dias e sentir que não podia contar a ela. Essa foi a pior parte, não poder contar para a minha única confidente, a única pessoa que eu sempre procurava quando estava chateada. Foi muito difícil. E senti que tinha que esconder toda a minha papelada, todas essas coisas, porque tinha medo de que alguém descobrisse.

Até hoje não contei a ninguém sobre a adoção. A única pessoa que sabe é meu melhor amigo. Nós nos afastamos um pouco, mas ainda mantemos contato. Todo ano, no dia em que meu filho nasceu, nos reconectamos. Nós simplesmente passamos um tempo juntos. E quando preciso chorar, mesmo que não falemos uma palavra, ele está ao meu lado. E me sinto muito grata por isso, porque ele nunca me criticou nem me tratou diferente. E tornou a situação muito mais fácil, pois não tive que passar por tudo sozinha. Ele estava lá ao meu lado quando assinei os papéis para a adoção. Estava lá quando tive que escolher os pais. Quando fui para o hospital, ele foi a pessoa que me levou quando eu estava entrando em trabalho de parto. Ele foi como um anjo. Ele é um anjo para mim.

Naquele dia, eu não sabia se estava entrando em trabalho de parto ou não. Eu só sentia dores nas costas. Não sabia explicar o que era. E me lembro de ligar para o José e dizer a ele que alguma coisa estava errada. Então a primeira coisa que ele disse foi para irmos ao hospital. Ele veio e me levou. Eu já estava em trabalho de parto, apesar de minha bolsa não ter estourado ainda. Quando me disseram, morri de medo, não porque eu ia ter um bebê, mas qual seria a minha desculpa no trabalho? Eu tinha que estar lá mais tarde naquele dia. Eu não sabia o que ia dizer à minha mãe. Por que eu estava no hospital? Ela não sabia que eu estava grávida.

Meu amigo estava lá comigo. Ele estava lá quando me examinaram, durante todo o processo. Se ele pudesse estar na sala de cirurgia, acho que estaria. Mas ele não foi capaz porque era uma gravidez de alto risco. Minha pressão arterial estava subindo de tão nervosa que eu fiquei. Tantas coisas passavam pela minha cabeça... E foi meio difícil. Então tudo que me lembro de dizer a ele foi "Você pode por favor ligar para Lisa?", que era a senhora encarregada da adoção. Ele ligou para ela e nos encontramos no hospital depois que eu já tinha tido o bebê.

Logo que me disseram que eu estava grávida, fui à agência de adoção. Falaram que seria um longo processo. Eu me encontrei com Lisa e ela praticamente me explicou o processo e todos os passos. Minha cabeça ainda não tinha aceitado que eu estava passando por isso e parecia que eu não teria tempo suficiente para fazer tudo antes de o bebê nascer. Fiquei muito surpresa quando o bebê chegou duas semanas antes da data prevista. Foi aí que Lisa realmente interveio. Depois que o bebê nasceu, eles o levaram para a agência, para o berçário deles, e ela fez tudo muito rápido. Ela me ajudou a escolher uma família que eu achava que seria perfeita para o bebê e foi uma bênção. Eu disse a ela que queria manter contato com os pais adotivos, então escolhi uma adoção aberta. Não tenho contato com a criança, mas tenho contato com os pais adotivos. E eles são simplesmente incríveis. Tentamos manter contato o máximo que podemos. Uma coisa que pedi a eles foi que a criança aprendesse sobre sua cultura e soubesse de onde vem. Eu só queria que eles mantivessem essa cultura viva nele. E eles têm feito um ótimo trabalho nesse sentido.

Estou feliz por ter passado por isso, por ter escolhido a adoção. Sinto que foi a melhor decisão que já tomei porque olho para as fotos que os pais adotivos me enviam e ele é muito saudável. Ele é muito feliz. E vê-lo feliz me faz feliz porque naquele momento eu sabia que não seria capaz de fazê-lo feliz do jeito que eles estão fazendo.

Depois da adoção, eu me reconectei com meu namorado. Não contei a ele. Basicamente, menti sobre tudo o que havia acontecido. Senti que era o melhor a fazer, porque eu não sabia qual seria a reação dele. Na verdade, eu disse a ele que tive um aborto espontâneo, porque ele sabia que fui para o hospital. Depois disso, as coisas foram bem. E uns meses depois, quando nos reencontramos e voltamos, engravidei do meu segundo filho. E foi como se todo o processo de ele não querer uma família acontecesse de novo. Mas desta vez eu era mais velha e mais experiente e já havia passado por uma situação e não queria passar por ela novamente.

Eu sabia que minha família não me condenaria, porque contei à minha mãe – eu tinha que confessar a ela que estava grávida. Não podia esconder mais um segredo dela. Simplesmente não podia. Estava partindo meu coração manter um segredo. Eu sabia que tinha que contar a ela sobre essa gravidez. E ela ficou extasiada. Ela ficou feliz em se tornar avó. No fim das contas, eu sempre serei a filha dela e ela sempre me amará, não importa o que eu faça ou diga. Ela sempre vai me apoiar em qualquer decisão que eu tomar.

Na gravidez da minha filha aconteceu a mesma coisa que na anterior: eu só descobri quando estava com cerca de cinco meses. Mas eu sabia que queria ter minha filha, mesmo que o pai dela não estivesse por perto. Desta vez eu tinha minha mãe ao meu lado. Então foi bem mais fácil. Mesmo que eu não tivesse o apoio do meu namorado, tinha o apoio da minha família. Ainda foi muito difícil porque eu tive pré-eclâmpsia. Foi uma gravidez muito, muito complicada. Minha mãe me acompanhou a todas as consultas médicas, o que tornou tudo mais tranquilo. Às vezes eu queria contar a ela sobre a minha primeira gravidez, mas simplesmente não conseguia abrir minha boca e contar. Só não queria me sentir rejeitada por ela. Mantive a adoção em segredo.

Minha vida está indo muito bem. Adoro minha filha e ela me... ela me mudou de todas as maneiras possíveis que eu posso imaginar. Ela fez de mim uma pessoa melhor. Ela me faz ver a vida diferente. Sempre amei crianças. Então, finalmente, tendo minha própria filha, aprendi muito. Sofri um bocado porque ela sempre ficava doente, vivia no hospital. Sempre havia algo de errado com ela. Quando os médicos me disseram que ela provavelmente não sobreviveria ao primeiro ano, fiquei arrasada. Quando estava grávida dela, eu tinha convulsões. Quando estava dando à luz, fiz uma cesariana e tive uma convulsão. Como tive pressão alta durante toda a gravidez, os médicos disseram que isso talvez fosse uma razão para a saúde ruim dela. Isso foi algo que a afetou também, não apenas a mim. Mas eles não conseguiram diagnosticá-la com nada naquele momento. O nível de oxigênio dela sempre caía, ela tinha problemas respiratórios e sempre ficava doente. Seu sistema imunológico estava muito fraco, e os médicos não me davam um diagnóstico. Mas à medida que ela foi crescendo, seu sistema imunológico ficou mais forte. Ela ficou mais forte. E foi um milagre, porque ela não adoeceu mais.

Estou feliz e me sinto grata a Deus por me dar outra chance de me tornar mãe e me fazer perceber como a vida pode ser linda, quanta alegria os filhos podem trazer. Ela sabe como me fazer sorrir, sabe quando estou chateada, me entende muito bem. Quando estou chateada ou triste, ela vem e deita comigo e me diz que tudo vai ficar bem. Ela é uma bênção. Todo ano que minha filha fica um ano mais velha, eu me emociono. Então é muito difícil para mim vê-la crescer e desenvolver sua própria personalidade, vê-la se tornando independente. Quando digo a Isabella: "Por favor, pare de crescer", ela responde: "Está tudo bem, mamãe, ainda sou seu bebê." Então é como se ela soubesse direitinho que... ela é uma criança muito inteligente. Na verdade, ela é muito saudável. Eu meio que levei uma bronca quando a levei ao médico porque ele disse que ela estava um pouco gordinha. Mas ela é muito ativa. É bem alta. Herdou isso do pai. Essa é uma das razões de o médico dizer que o peso dela está dentro do limite, por causa da altura.

O pai dela não participa. Mas o fato de ele não estar por perto me fez muito mais forte. Houve um tempo em que ele morou conosco e tudo estava perfeito. Mas acho que ele não chegou ao grau de maturidade que deveria. Não está pronto para o compromisso. E eu só quero que a minha filha tenha um relacionamento estável, uma família estável, uma casa estável. Agora tenho um trabalho completamente diferente. Ainda não estou estudando como gostaria. Eu queria continuar meus estudos. Mas, agora, criar a minha filha e garantir um teto sobre a cabeça dela é o mais importante para mim. Estou curtindo a minha filha, ela está crescendo bem depressa.

No geral, a adoção afetou minha vida porque ainda é algo sobre o qual não posso falar com ninguém, apenas com meu melhor amigo, José, que ficou ao meu lado durante todo o processo. Isso mexeu muito comigo, porque eu não sabia como reagir àquela situação. Eu estava confusa. Foi, tipo, uma grande confusão. Aos poucos, as coisas foram ficando mais fáceis. Ter meu melhor amigo me dizendo que tudo ficaria bem, simplesmente ter aquela pessoa ali fez uma grande diferença, não sei mesmo se teria sido capaz de passar por aquilo sozinha. Tenho muitas emoções positivas – bom, sim, emoções positivas – porque aprendi várias coisas. Isso me mudou por completo como pessoa, me amadureceu muito mais. E me fez perceber que eu precisava pensar em contracepção. Isso me ajudou a me tornar uma pessoa melhor, dar mais valor às coisas na minha vida e me aproximou da minha família.

Se a adoção não fosse uma opção, acho que teria sido muito difícil criar meu filho. Teria sido muito duro. E isso me deixava com medo, que eu não fosse capaz de dar a ele as coisas de que ele precisava, e que mais tarde ele iria me odiar por eu não poder lhe dar tudo o que ele queria. Estou feliz por tê-lo entregado para adoção. Eu me sinto muito grata pela agência de adoção, pelo casal que o acolheu e que o está fazendo tão feliz. Fico aliviada. E não me sinto nem um pouco mal. Eu não me arrependo. Vejo isso como uma lição de vida.

Na verdade, eu gostaria de ter mais um filho, só porque não consegui ficar com meu primeiro. E acho que teria sido perfeito se aqueles fossem meus únicos dois filhos. Mas, como não consegui ficar com ele, quero ter um menino. Às vezes sinto que minha filha se sente sozinha. Ela não tem com quem brincar. E eu sinto que talvez ter mais uma criança seria ótimo, tornaria a minha vida perfeita. Tornaria minha família muito mais perfeita. Estou tentando fazer as coisas darem certo com meu namorado. Sinto que as pessoas me julgariam se eu tivesse um filho com alguém que não é o pai da minha filha. Tem sido superdifícil e, se não der certo, tudo bem. Ter um filho não é minha principal prioridade agora, então posso esperar.

Na verdade, estou pensando em voltar a estudar, conseguir um emprego melhor. Sou gerente noturna. Trabalho no turno da noite, o que é bem puxado porque chego em casa de manhã cedo. Meu turno é das dez horas da noite às sete da manhã. Então, quando chego em casa, minha filha já está acordada. E está a todo vapor. E eu volto tão esgotada do trabalho que às vezes não posso passar tanto tempo quanto gostaria com ela. Mas o salário é muito bom, é isso que está me fazendo manter esse emprego por enquanto. Na verdade, eu vou fazer uma entrevista na semana que vem para um emprego melhor. E definitivamente quero voltar para a escola. Quero ter minha própria casa, mesmo que seja pequena, apenas algo que eu possa dizer que é minha, que eu trabalhei para conseguir. E quero ver a minha filha feliz. Se ela estiver feliz, também vou estar. Mas ter uma casa própria seria uma grande conquista para mim.

Em determinado momento, senti que não havia ninguém que pudesse me ajudar, porque tínhamos passado por várias dificuldades e algumas pessoas nos fecharam a porta. E achei que todo o processo de adoção foi incrível, assim como as pessoas que trabalharam para facilitar as coisas. Eles são uma bênção. Nunca imaginei que pessoas que não me conhecem poderiam se importar tanto comigo. Todo o processo mudou minha perspectiva sobre as pessoas.

Sofia, uma latina da Califórnia, tinha 19 anos e estava grávida de 26 semanas quando lhe foi negado o aborto.

CAPÍTULO 11

Próximos passos para a ciência

Muitos dos argumentos recorrentes sobre o aborto não têm base em evidências. Não estou me referindo a argumentos morais ou religiosos que não admitem provas ou refutação. Refiro-me a crenças e afirmações sobre o papel do aborto na sociedade e o seu efeito na vida de mulheres e crianças. São coisas que podem ser mensuradas e testadas, como a ideia de que o aborto prejudica as mulheres. A seguir, as evidências científicas do Estudo Turnaway que rompem mitos comuns sobre o aborto, que ouvimos tanto de seus opositores quanto de seus defensores.

1. Apenas mulheres pobres, sem filhos, adolescentes, irresponsáveis, não religiosas [insira aqui um estereótipo] fazem abortos.

O único tipo de pessoa que pode ter certeza de que jamais precisará de um aborto é quem não pode engravidar. Todo tipo de gente faz abortos. Isso inclui pessoas de todas as esferas da vida, idades, raças, etnias, classes sociais, religiões, crenças políticas, orientações sexuais, identidades de gênero e até aqueles que se opõem ao aborto por princípio. Ter amplo acesso a contraceptivos, gostar dos métodos disponíveis e ser meticuloso sobre o seu uso reduz as chances de uma gravidez não intencional – mas não as eliminam. Aqueles que buscam o procedimento nos Estados Unidos são pessoas desproporcionalmente de baixa renda, não brancas e na faixa dos 20 anos. Isso provavelmente se deve ao pior acesso e à maior desconfiança quanto aos métodos contraceptivos e/ou profissionais da saúde. E, para alguns, a uma menor autonomia em suas vidas em relação a sexo e anticoncepcionais. Veja o Capítulo 2.

2. *O aborto é sempre uma decisão difícil. As mulheres precisam de mais tempo para tomar essa decisão.*

O Estudo Turnaway considera que, para cerca de metade das mulheres que procuram o aborto, trata-se de uma decisão simples, até mesmo fácil, e para cerca de metade é difícil. O fato de uma mulher tomar essa decisão facilmente não significa que ela a tome sem refletir. Ao contrário, a escolha pode ser óbvia quando ela considera suas opções e suas circunstâncias. Ao perguntarmos às mulheres por que elas querem interromper uma gravidez, vemos que todos os seus temores são confirmados nas experiências das mulheres a quem o aborto é negado. As mulheres estão tomando decisões muito conscientes. Os períodos obrigatórios de espera instituídos pelo governo são desnecessários, condescendentes e fazem com que os abortos ocorram em momentos mais avançados da gestação. Os limites gestacionais arriscam que as mulheres apressem demais sua decisão ao tentar cumprir um prazo.

Às vezes, as pessoas que desejam abortar têm bastante pressa. A maior causa de atraso é não perceber que está grávida. Isso pode acontecer quando se tem poucos sintomas de gravidez ou problemas de saúde que fazem com que a pessoa se sinta rotineiramente cansada ou enjoada ou fique sem menstruar e, como resultado, não perceba que também está grávida. A segunda causa mais comum da demora é conseguir o dinheiro para pagar pelo aborto e pelas demais despesas, bem como viajar até chegar a uma clínica (cujo número tem diminuído cada vez mais). Veja o Capítulo 2.

3. *A adoção é a solução.*

Poucas mulheres (9%) escolherão entregar uma criança para adoção, se não puderem fazer um aborto. Pedir às mulheres que vivenciem as experiências físicas da gravidez e do parto e a experiência emocional de entregar (a contragosto) uma criança para adoção coloca a saúde e a vida das mulheres em risco. As mulheres que prefeririam abortar mas entregaram os filhos para adoção tiveram altos índices de arrependimento por não terem conseguido fazer o aborto. Veja os capítulos 4, 5 e 7.

4. Tornar o aborto ilegal não impede que ele aconteça. Só o torna inseguro.

A primeira parte dessa declaração dá a impressão de que, independentemente da lei, as mulheres encontram um jeito de encerrar gestações indesejadas. Sabemos que isso nem sempre é verdade. O fato de tornar o aborto inacessível impede que muitas mulheres o realizem. Provavelmente um quarto das mulheres que desejam abortar, mas não podem pagar por isso, levam a gravidez adiante. Nos Estados Unidos, a lei estadual e os limites gestacionais das clínicas por si sós impedem que pelo menos 4 mil mulheres façam abortos desejados todo ano. O Estudo Turnaway não teria sido possível se todas pudessem interromper suas gestações indesejadas magicamente, mesmo sem ter acesso a abortos em clínicas. Veja o Capítulo 3.

A segunda parte desse mito implica que o aborto ilegal é sempre inseguro. O aborto ilegal pode ser inseguro – quando as mulheres tentam algo muito perigoso, como fazer duchas com alvejante, enfiar objetos pontiagudos em seus ventres ou procurar cuidados de provedores não treinados. No entanto, a disponibilidade de pílulas de aborto medicamentoso, on-line e além-fronteiras significa que os abortos administrados pelas próprias mulheres podem ser seguros. Por fim, todo esse argumento sugere que o aborto inseguro seria o único resultado ruim de as mulheres não terem acesso ao aborto legalizado. Se o procedimento fosse ilegal, muitas levariam adiante suas gestações indesejadas. Elas e seus filhos experimentariam todas as dificuldades físicas e financeiras documentadas neste livro. Veja os capítulos 5, 6 e 7.

5. O aborto é fisicamente arriscado.

Nos Estados Unidos, a taxa de complicações em decorrência de um aborto é muito baixa, menor do que para a retirada de um dente siso ou da amígdala. Mais relevante para as pessoas que estão grávidas involuntariamente é que as complicações e os riscos do parto excedem, e muito, os do aborto. Não só o risco de morte é 14 vezes maior para o parto do que para o aborto como também descobrimos que a saúde das mulheres sofre durante anos quando o procedimento lhes é negado e elas são obrigadas a seguir com a gravidez. Não há evidências de que o aborto esteja associado a maiores chances de infertilidade subsequente. Veja o Capítulo 5.

6. Os abortos tardios são sempre por anomalia fetal ou saúde materna.

Se "aborto tardio" significa os 1%-2% de todos os abortos que ocorrem além de 20 semanas, essa afirmação não é verdadeira. A maioria das mulheres que fazem o procedimento depois da 20ª semana está entre 20 e 24 semanas de gestação. Além daquelas com razões de saúde materna ou fetal para o aborto, há mulheres que demoram a descobrir que estão grávidas ou que experimentaram barreiras significativas para fazer um aborto mais cedo. Uma pequena fração dos abortos ocorre além de 24 semanas. Atualmente, nenhum dado descreve os motivos do aborto ou da demora para realizá-lo após 24 semanas. Na maioria dos estados, o aborto no terceiro trimestre é proibido, exceto por razões de saúde fetal e materna, o que sugere que muitas pacientes com mais de 24 semanas buscam abortar por essas razões. A fixação por essa questão, contudo, implica que apenas abortos por razão de saúde materna ou fetal são aceitáveis. Dadas as consequências para a saúde física, financeira, familiar e da trajetória de vida de se levar adiante uma gravidez indesejada, fica claro, do ponto de vista da saúde e da justiça, que as razões de saúde materna ou fetal não são as únicas válidas para interromper uma gravidez indesejada. Veja os capítulos 2, 5, 6 e 7.

7. As mulheres que fazem abortos lamentam suas decisões, experimentam sintomas de estresse pós-traumático, usam substâncias ilícitas para lidar com o que fizeram e ficam deprimidas. Ou o [mito] oposto: se acha que abortar pode deixar você deprimida, ter um bebê indesejado é muito pior.

Não encontramos relação entre o resultado da gravidez indesejada e os resultados de saúde mental a longo prazo, como depressão, ansiedade, ideação suicida, uso de substâncias ilícitas ou estresse pós-traumático. Ter um aborto negado está associado a experiências de curto prazo de ansiedade elevada e baixa autoestima em comparação com a realização de um aborto desejado. As mulheres são resilientes. Isso não significa que a gravidez não intencional seja fácil. No entanto, outros eventos estressantes, como abuso físico e sexual e problemas de saúde mental passados, estão muito mais intimamente associados a transtornos psicológicos posteriores do que uma gravidez indesejada, um aborto ou o nascimento de um filho. Os sintomas de depressão e ansiedade melhoram gradualmente para as mulheres ao longo dos cinco anos seguintes, qualquer que seja o resultado da gravidez. Veja o Capítulo 4.

8. Ter um bebê (de uma gravidez indesejada) une o casal.

Descobrimos que os relacionamentos se dissolvem aos poucos tanto se a mulher faz um aborto desejado quanto se ela segue com a gravidez indesejada e cria o bebê. Em nenhum momento ao longo dos cinco anos do estudo as mulheres que tiveram bebês apresentaram maior probabilidade de estar com o homem envolvido na gravidez do que aquelas que fizeram abortos. No entanto, ter um aborto negado resulta em exposição contínua à violência de mulheres em relacionamentos abusivos. Veja o Capítulo 8.

9. As mulheres são egoístas quando decidem abortar. As mulheres que abortam não querem ser mães.

A maioria das mulheres que procura abortos já são mães (60%). Quando as mulheres decidem interromper uma gravidez indesejada, muitas vezes estão considerando as necessidades dos filhos que já possuem ou pensando na vida melhor que poderiam dar a um futuro filho. O Estudo Turnaway mostra que os filhos existentes das mulheres ficam em pior situação quando suas mães são incapazes de obter um aborto, medido por uma conquista mais lenta dos marcos de desenvolvimento e por uma maior chance de viver em privação econômica. Para as mulheres que querem ter mais filhos, interromper uma gravidez indesejada torna mais provável que seu próximo filho venha de uma gravidez planejada, viva em segurança financeira e esteja intimamente ligado à mãe. Veja os capítulos 6 e 7.

10. A vida das mulheres é prejudicada pelo aborto.

Este é o maior de todos os mitos. O aborto está associado a melhores resultados para mulheres e crianças em comparação com levar adiante uma gravidez indesejada. Estes incluem menores riscos de saúde física imediata e melhores resultados de saúde para as mulheres nos cinco anos seguintes; maior probabilidade de ter um filho desejado em um momento posterior; relacionamentos afetivos mais felizes; menor pobreza e menos necessidade de assistência pública; maior capacidade de cuidar dos filhos existentes; e uma maior probabilidade de estabelecer e alcançar metas de vida no ano seguinte. Uma minoria de mulheres lamenta a decisão de fazer um aborto, assim como uma porcentagem semelhante ainda deseja ter feito o procedimento (que fora negado) mesmo depois de ter tido um bebê. Veja os capítulos 5 a 8.

Mudando a conversa sobre o aborto

O objetivo do Estudo Turnaway não era apenas corrigir meias-verdades comumente divulgadas sobre o aborto. Estudamos mulheres que abortaram mais tarde por outras razões que não a anomalia fetal ou a saúde materna. Estes são os abortos mais estigmatizados, menos socialmente aceitáveis. As histórias neste livro mostram que as mulheres que fazem abortos tardios são como as pessoas que você conhece. Elas têm esperanças e metas, responsabilidades e desafios. Se pudermos enxergar essas mulheres como pessoas e suas decisões como válidas, talvez possamos resistir à tentação de pensar que o governo pode tomar decisões por elas.

A mídia frequentemente apresenta a questão do aborto como um debate. É muito provável que um artigo sobre aborto inclua fotos de manifestantes antiaborto e, para as fontes de notícias realmente neutras, também de manifestantes a favor dele (isso quando não mostram a foto de um torso grávido). Estamos tão focados na questão de saber se as mulheres devem ser autorizadas a fazer um aborto que até esquecemos de perguntar por que elas querem fazê-lo e quais são as consequências para elas quando não conseguem. Em nossa pressa de criticar em nome da moral, apresentamos o tema como abstrato e não como uma questão que afeta milhões de pessoas em nível material – mulheres, homens, pessoas não binárias, crianças e famílias.

Próximos passos para a pesquisa sobre aborto

Até 2007, quando concebi o Estudo Turnaway, eu sabia pouco sobre aborto. As conferências acadêmicas de demografia e saúde pública das quais participara até aquele momento em minha carreira tratavam o aborto como um tópico marginal. Na medida em que a saúde reprodutiva das mulheres estava coberta, tratava-se de prevenir a gravidez indesejada e não de cuidar da gravidez indesejada. Os poucos pesquisadores que estudaram o aborto arriscavam-se a ser considerados ativistas em vez de cientistas. Tudo isso mudou em 2005 com o lançamento da Society of Family Planning (Sociedade de Planejamento Familiar), uma organização profissional cujos membros agora incluem cerca de 800 pesquisadores de quase todos os estados e o distrito federal dos Estados Unidos, juntamente com Canadá e América Latina, que estudam contracepção e aborto. Os membros incluem epidemiologistas, sociólogos, demógrafos, pesquisadores de saúde pública, acadêmicos de direito, enfermeiros e médicos. Nos últimos 15 anos, mais universidades e institutos de pesquisa assumiram o estudo sobre a oferta de aborto e o aborto em resposta à questão urgente do efeito de centenas de restrições a ele aprovadas nesse período.

Quanto a mim, meus dois novos estudos abordam outras questões pendentes do Estudo Turnaway. Na verdade, nosso estudo nunca alcançou as pessoas mais isoladas financeira e socialmente. Todas as mulheres que participaram conseguiram ao menos chegar a um centro de aborto. Algumas pessoas, e nem sabemos quantas, têm gestações indesejadas, porém jamais aparecem em uma clínica de aborto porque não possuem o dinheiro para pagar pelo procedimento, não conseguem chegar até a clínica, não conseguem enfrentar a reprovação de manifestantes antiaborto ou nem sequer sabem que o aborto é legalizado no país. Meu novo estudo com a epidemiologista Dra. Corinne Rocca está recrutando mulheres em todo o sudoeste dos Estados Unidos para examinar o impacto da gravidez indesejada na vida das mulheres, quer elas decidam buscar um aborto ou não. Escolhemos a região Sudoeste porque estados vizinhos apresentam climas políticos diametralmente opostos – por exemplo, o Novo México tem uma abordagem libertária, ao passo que o Arizona aprovou todas as leis restritivas existentes. Esse estudo é uma oportunidade para saber quem decide fazer um aborto e se as restrições estatais realmente impedem as mulheres de obter abortos desejados.

Também estou lançando um Estudo Turnaway no Nepal com o demógrafo Dr. Mahesh Puri do Center for Research on Environment, Health and Population Activities (Centro de Pesquisa em Meio Ambiente, Saúde e Atividades Populacionais – CREHPA), em Katmandu. No Nepal o aborto é legalizado até 12 semanas, até 18 semanas em casos de estupro ou incesto, e a qualquer momento se a gravidez representar um perigo para a vida ou para a saúde física ou mental da mulher, ou ainda se houver uma indicação relacionada à saúde fetal.[1] Desde 2016, o governo nepalês fornece serviços de aborto gratuitamente em instalações de saúde pública. Entre as muitas coisas que são diferentes no Nepal e nos Estados Unidos, nota-se que a mortalidade materna é astronomicamente maior – um risco de morte de 1 em 150 mulheres no Nepal contra 1 em 3.800 nos Estados Unidos.² As consequências físicas para a saúde de não se conseguir fazer um aborto e levar a gravidez adiante podem ser bem maiores. Além disso, o uso de serviços de aborto que não são os provedores que atuam dentro da lei é muito comum.³ O estudo é uma chance de observar como as mulheres descobrem sobre o aborto seguro *vs.* inseguro depois de terem o procedimento negado pelos provedores legalizados.

Para as crianças, as consequências do acesso das mulheres aos serviços de aborto podem ser bastante diferentes no Nepal e nos Estados Unidos. Aqui, quando o procedimento é negado à mãe, descobrimos que as crianças existentes se saem pior em termos de marcos de desenvolvimento infantil sendo criadas em uma família com dinheiro suficiente para pagar as necessidades básicas de vida. No Nepal, as consequências são ainda maiores. Mais de um terço das crianças com menos de 5 anos experimentam crescimento atrofiado em decorrência de insuficiência alimentar durante um período prolongado.⁴ E há uma faceta adicional que é diferente: o Nepal é um país onde há uma forte preferência por filhos em vez de filhas. Algumas mulheres no Nepal procuram abortos quando suspeitam que seu feto é uma menina. Meu trabalho anterior com o Dr. Puri revela que isso não se deve necessariamente à misoginia intrínseca, sendo uma resposta a uma sociedade patriarcal e uma economia que oferece mais oportunidades e uma vida melhor para meninos e homens.⁵ Como uma mulher que procurava um aborto no Nepal nos disse: "Temos que educar mais as filhas do que os filhos, eu mesma tive que enfrentar muitas dificuldades por não ter tido educação. Então pensei que não seria capaz de educar a criança, e também não sabia o que faria com três crianças." Compreender o efeito do acesso legal ao aborto no Nepal pode ajudar a direcionar o financiamento limitado dos cuidados de saúde para mulheres e crianças com maior risco de resultados de saúde ruins.

Confie nas mulheres

Os provedores de aborto abdicam de uma quantidade significativa de paz e segurança em suas próprias vidas para melhorar a vida das mulheres e a vida dos filhos atuais e futuros delas.[6] Minhas observações ao visitar as clínicas é que as pessoas que prestam serviços de aborto são gentis e atenciosas. A geração mais antiga de médicos existia antes de o aborto ser legalizado nos Estados Unidos em 1973, e são frequentemente motivados pelo que viram nas enfermarias de sepse de hospitais – mulheres jovens que perderam o útero ou mesmo a vida por causa de abortos inseguros.[7] Eles emanam uma vibração paterna; estão lá para salvar a vida das mulheres. Entre os provedores mais jovens, a maior tendência é que sejam mulheres – tanto médicas quanto enfermeiras. São pessoas compadecidas, calmas e capazes; ouvem os problemas alheios e podem ajudar a resolvê-los. Os provedores de aborto de todas as gerações estão entre as pessoas mais corajosas e dedicadas que já conheci.

O Dr. George Tiller foi um médico no Kansas que fez abortos, inclusive no terceiro trimestre de gravidez, até seu assassinato em 2009. Ele fazia parte de um grupo muito pequeno de médicos nos Estados Unidos capaz e disposto a fornecer abortos mais tardios. Como muitos provedores de aborto antes e depois dele, Tiller, sua família e sua equipe sofriam com protestos constantes e ameaças violentas. A clínica dele foi bombardeada no final dos anos 1980. Ele foi baleado e ferido no início dos anos 1990. Mas as ameaças e a violência não o impediram de continuar realizando o seu trabalho. Ele continuou fazendo os abortos de que as mulheres sentiam que precisavam, até que um extremista antiaborto apareceu na igreja de Tiller certo domingo e matou o médico de 67 anos.

Muito antes de seu assassinato, Tiller foi um herói para muitos provedores de aborto e seus defensores. Em reuniões de pesquisa de que participei, instituições de planejamento familiar e pesquisadores falavam sobre sua bravura, generosidade e filosofia. O lema mais famoso do Dr. Tiller é: "Confie nas mulheres", uma mensagem pregada na parede de sua clínica em Wichita e em um botão que vi que ele usava na lapela.[8] Como a socióloga Dra. Carole Joffe, que estuda provedores de aborto, escreveu dias após a morte dele: "Fiquei impressionada com o fato de que, embora todos os repórteres mencionem que ele oferecia abortos [no terceiro trimestre] para explicar sua notoriedade nos círculos antiaborto, notavelmente poucos desses jornalistas explicaram por que Tiller fazia isso e quem recebia esses procedimentos. O fato de muitos dos que relataram sobre Tiller estarem tão alheios às circunstâncias das pacientes dele é, por si só, uma poderosa indicação da marginalidade tanto dos provedores de aborto quanto das pacientes na cultura americana."[9]

Espero que este livro tenha fornecido algumas informações sobre por que as mulheres fazem abortos e as consequências que enfrentam quando não podem obter o aborto desejado. A filosofia de Tiller de confiar nas mulheres é a mensagem do Estudo Turnaway. Nosso estudo produziu fortes evidências de que as mulheres são capazes de tomar decisões conscientes e deliberadas sobre seu corpo, sua família e sua vida. Elas consideram os próprios fardos, suas responsabilidades para com os outros e suas aspirações para o futuro. Aprendemos que permitir que elas tomem decisões pessoais importantes sobre a gravidez protege a saúde da própria mulher assim como sua segurança financeira e de seus filhos. Ser capaz de recorrer ao aborto dá a elas uma chance maior de desenvolver relacionamentos de qualidade e acabar com os abusivos, estabelecendo e alcançando metas pessoais, e, para algumas mulheres, ter uma gravidez desejada mais tarde. Parafraseando a juíza Ginsburg, o aborto não diz respeito apenas a direitos fetais em oposição aos direitos das mulheres, ou mesmo ao papel do governo em decisões privadas de engravidar.[10] Trata-se do controle das mulheres sobre sua segurança financeira, saúde e integridade corporal, capacidade de cuidar de seus filhos existentes, perspectivas de relacionamentos saudáveis e de seus planos para o futuro. Diz respeito ao controle da mulher sobre sua própria vida.

Posfácio à edição brasileira

Este livro foi lançado nos Estados Unidos em 2020, dois anos antes de a Suprema Corte americana encerrar 50 anos de proteções federais para o direito ao aborto. A decisão de introduzir novas restrições ao procedimento vai na contramão da tendência internacional, que apoia esmagadoramente a ampliação do direito à interrupção da gravidez. Nos últimos 30 anos, 60 países afrouxaram sua legislação a esse respeito.[1] Apenas quatro países, incluindo os Estados Unidos, aprovaram leis que revogaram suas proteções ao direito de abortar.

O resultado da decisão de 2022 da Suprema Corte americana é que legisladores e juízes de cada um dos 50 estados passam a decidir se o aborto é legal dentro das suas fronteiras. O direito ao aborto torna-se, assim, condicionado ao local onde se mora. As opções para uma mulher que deseja ir a uma clínica de aborto e mora no Texas, um dos 21 estados onde o procedimento agora é proibido ou severamente restrito, são viajar quase mil quilômetros até uma clínica legal em outro estado do país ou 800 quilômetros até a Cidade do México. Se ela estiver na janela de tempo adequada, pode utilizar medicamentos abortivos adquiridos on-line – via farmácias sediadas em outros países ou por meio de serviços de telemedicina como o Aid Access. Se a viagem não for possível e ela não tiver conhecimento dos medicamentos abortivos, ou não conseguir descobrir como comprá-los pela internet, há chances de que busque métodos potencialmente perigosos para tentar interromper a gestação sozinha, como misturas de ervas não certificadas, uso de substâncias ilícitas ou lesões físicas. A última opção é seguir com a gravidez.

Os resultados do Estudo Turnaway mostram que uma gravidez indesejada levada adiante exerce efeitos profundos na saúde física imediata e de longo prazo das mulheres, em sua condição financeira e no bem-estar de sua família. As mulheres mostraram-se capazes de prever corretamente tais consequências no processo de decisão entre abortar ou não. Dada a determinação que as pessoas demonstram diante de uma gravidez indesejada, os grandes esforços que realizam para poderem abortar não surpreendem. Desde que a Suprema Corte dos Estados Unidos deixou a cargo de cada estado a decisão de proibir o aborto, dezenas de milhares de pessoas estão viajando para outros estados a fim de obter atendimento clínico para realizar o procedimento.[2] A busca on-line por medicamentos abortivos, que já vinha se acelerando, aumentou dramaticamente: houve um crescimento notável no número de clínicas e farmácias virtuais que fornecem pílulas abortivas medicamentosas.[3] Estamos aprendendo nos Estados Unidos com a experiência do Brasil, onde as leis de aborto são restritivas, mas pelo boca a boca as pessoas descobrem como ter acesso a medicamentos abortivos. Infelizmente, não sou especialista em saúde reprodutiva no Brasil. Durante minha pós-graduação, cheguei a cogitar uma especialização em malária e passei um lindo e inesquecível verão em Rondônia, estudando saúde e o uso da terra com uma equipe da Universidade Federal de Minas Gerais (UFMG). Estávamos bastante focados nas questões relacionadas à exposição de migrantes a mosquitos, e não tanto à exposição ao risco de gravidez.

Nos Estados Unidos, o que motivou o Estudo Turnaway foi a alardeada preocupação de que o aborto prejudicaria a saúde mental das mulheres. Essa ideia foi usada para justificar a exigência de períodos de espera ou de múltiplas consultas de aconselhamento clínico, sob o pretexto de fornecer às gestantes mais tempo para reconsiderar sua decisão e poupá-las dos danos provocados pelo arrependimento. O estudo descobriu, de modo conclusivo, que o aborto não traz danos à saúde mental,[4] e que na realidade os transtornos mentais verificados decorrem de adversidades enfrentadas durante a infância e de questões mentais preexistentes. Agora que os estados americanos podem banir o aborto sem levar em consideração as consequências dessa restrição para as mulheres, já não aprovam proibições com base nos argumentos de danos à saúde mental, e sim no interesse pela vida fetal. Mesmo assim, e apesar da nossa pesquisa robusta, ainda há quem utilize a questão da saúde mental das mulheres nos Estados Unidos como justificativa para dificultar o acesso a medicamentos abortivos. Talvez, com uma maior divulgação dos resultados científicos do Estudo Turnaway, seja possível colocar essa preocupação de lado.

Na América Latina, o receio de que o aborto traga danos à saúde mental é generalizado. A maioria das análises do Estudo Turnaway sobre saúde mental foi conduzida pela psicóloga social Dra. Antonia Biggs, minha colega docente da Universidade da Califórnia em São Francisco (UCSF) e colaboradora do estudo. Ela trabalhou na região e participou de encontros com pesquisadores e médicos em países como Chile, México, Guatemala, Peru e Honduras. Em 2017, testemunhou sobre as consequências do aborto para a saúde mental durante um processo que considerava a aprovação da lei no Chile. Os resultados que apresentou, de que o procedimento não provoca danos à saúde mental, foram recebidos com surpresa. Mesmo entre os defensores do aborto, pessoas que compreendem os benefícios socioeconômicos e para a saúde pública de poder ditar o momento e as circunstâncias do parto, existe a ideia de que o aborto traz um sofrimento significativo. Como escrevem Löwy e Corrêa: "O aborto pode ser traumático para mulheres vulneráveis em toda parte, mas no Brasil o uso do misoprostol em um contexto de criminalização do aborto, forte discriminação social, ignorância, solidão e medo de dar à luz uma criança deficiente pode produzir uma configuração excepcionalmente angustiante para um número bastante elevado de mulheres."[5]

No Estudo Turnaway, demonstramos que a ocorrência de respostas emocionais negativas ao aborto não é inevitável. Mulheres que afirmam que pessoas da comunidade ou próximas as condenariam se soubessem que realizaram um aborto são também as que apresentam maiores chances de relatar angústia psicológica anos depois.[6] Da mesma forma, descobrimos que as mulheres que enfrentam problemas de saúde mental apresentam maior probabilidade de dizer que as pessoas ao seu redor não lhes deram apoio. Espero que este livro permita uma reflexão sobre como as circunstâncias de uma gravidez não planejada, a decisão de abortar ou não, o procedimento em si e o estigma social a longo prazo em relação à gravidez e ao aborto moldam, de maneira independente, as respostas emocionais e psicológicas. No Estudo Turnaway, descobrimos que provavelmente o que mais causa angústia é o estigma social, e não o aborto em si.

Muitos oponentes do aborto acreditam estar a favor das crianças. Talvez acreditem, como uma das novas juízas da Suprema Corte dos Estados Unidos, Amy Coney Barrett, que as mulheres levarão a gestação indesejada adiante, colocarão os bebês para adoção e depois tocarão suas vidas. Não foi o que descobrimos no Estudo Turnaway. São pouquíssimas aquelas que optam por entregar os filhos para adoção. Depois que decidem assumir o grande risco e sacrifício de dar à luz, a maioria (90%) decide ficar com a criança.[7] Entre os resultados das dificuldades que elas enfrentam com essa decisão, estão o fato de que seus filhos mais velhos sofrem com mais insegurança financeira e diminuição da probabilidade de alcançarem os marcos de desenvolvimento;[8] maior risco causado por partos muito próximos (algo prejudicial tanto para a mãe quanto para as crianças); maior risco de que a criança nascida da gravidez indesejada sofra com prejuízos no vínculo materno.[9] E, talvez o mais importante do ponto de vista do que é benéfico para as crianças, quando uma mulher não consegue abortar e leva uma gravidez indesejada até o fim, é menos provável que ela tenha uma gravidez planejada posteriormente.[10] Para as crianças, o efeito da restrição do acesso ao aborto é o enfrentamento de maiores adversidades e menor apoio materno e material.

O Estudo Turnaway mostrou que, quando as mulheres não conseguem abortar e levam uma gravidez indesejada adiante, enfrentam graves consequências negativas em termos de saúde física, bem-estar econômico e trajetória de vida. As restrições governamentais ao aborto impõem um fardo injusto. As barreiras ao aborto afetam desproporcionalmente as pessoas negras, que representam mais da metade de quem busca atendimento abortivo nos Estados Unidos.[11] Quando as mulheres têm a chance de ditar o rumo da própria vida e de criar ambientes seguros e economicamente estáveis para seus filhos, todos se beneficiam. A mensagem mais importante deste livro, ao considerar o papel que o governo deve desempenhar nas escolhas reprodutivas, é que as pessoas são capazes de tomar boas decisões sobre seu corpo, sua reprodução e sua vida. Elas entendem as consequências do aborto, da gravidez e de partos consecutivos e têm condições de decidir por si mesmas. Espero que o governo dos Estados Unidos reconsidere sua posição sobre o direito ao aborto e que o Brasil continue rumo à legalização. A saúde e a integridade do nosso corpo, a segurança financeira da nossa família e o bem-estar dos nossos filhos dependem disso.

Agradecimentos

A ciência é um esforço colaborativo. Ao longo deste livro, me referi a artigos científicos com o nome da pessoa que assumiu a liderança em cada análise. Esse autor principal escolheu alguma peça do quebra-cabeça, descobriu como resolvê-lo com os dados que coletamos, projetou e muitas vezes realizou a análise, elaborou o texto do artigo, fez inúmeras revisões e foi quem verdadeiramente trouxe uma ideia de estudo à publicação em um periódico. Agradeço aos muitos autores principais por seu rigor, liderança e perseverança: E. Angel Aztlan-Keahey, Antonia Biggs, Karuna Chibber, Loren Dobkin, Caitlin Gerdts, Heather Gould, Laura Harris, Katrina Kimport, Jane Mauldon, Molly McCarthy, Sarah Miller, Heidi Moseson, Lauren Ralph, Sarah Roberts, Corinne Rocca, Gretchen Sisson, Ushma Upadhyay e Katie Woodruff.

Meu sistema de referência ao trabalho pelo nome do autor principal não faz justiça às importantes contribuições dos coautores desses artigos, compartilhando conhecimentos estatísticos sofisticados: Kevin Delucchi, Maria Glymour, Chuck McCulloch, John Neu-haus, Eric Vittinghoff e Mark Wilson; compartilhando o conhecimento de um novo tópico: Jessica Gipson, Daniel Grossman, Rachel Jones, Alissa Perrucci, E. Bimla Schwarz, Julia Steinberg, Laura Wherry; e ajudando com a análise: Lyndsay Avalos, Michaela Ferrari, Minjeong Jeon, Sarah Raifman, Brenly Rowland, Goleen Samari, Danielle Sinkford, Alejandra Vargas-Johnson e Elisette Weiss. O generoso Chuck McCulloch ministrou um curso especial personalizado de análise de dados longitudinais para a ANSIRH, em preparação para a análise desses dados. Nos bastidores, fomos apoiados por nossa bibliotecária da UCSF, Jill Barr-Walker.

Nenhuma dessas pessoas poderia escrever artigos se os dados não tivessem sido coletados antes de mais nada. Não foi um esforço pequeno recrutar mil mulheres de 30 provedores de aborto ao longo de três anos e entrevistá-las ao longo de cinco anos. Aqui estão as pessoas que fizeram isso acontecer: Sandy Stonesifer foi a diretora do projeto nos primeiros dois anos e me ajudou a lançar o estudo. Rana Barar foi a força por trás do estudo nos anos seguintes – direcionando funcionários, orçamentos, conjuntos de dados, instrumentos de pesquisa, processos universitários e consultores. O estudo não teria sido um sucesso sem sua energia e organização. Heather Gould foi vital para todo o processo – desde obter a aprovação do conselho de revisão institucional até formalizar nossos protocolos para projetar e conduzir as 31 entrevistas em profundidade. Dez entrevistadores dedicados, pacientes e esforçados trabalharam das seis da manhã às oito da noite ao longo dos anos para conduzir quase 8 mil entrevistas: Mattie Boehler-Tatman, Janine Carpenter, Jana Carrey, Undine Darney, Ivette Gomez, C. Emily Hendrick, Selena Phipps, Brenly Rowland, Claire Schreiber e Danielle Sinkford. Eles têm a minha eterna gratidão. Apoiar a equipe e coordenar os locais de recrutamento foi um esforço realizado por Michaela Ferrari, Debbie Nguyen, Jasmine Powell e Elisette Weiss. Jasmine Powell continua dirigindo e gerenciando o estudo durante sua fase de disseminação. Jay Fraser manteve nosso sistema eletrônico de coleta de dados funcionando, com a ajuda de Dirk Strasser. A suave transição das pesquisas em papel para o banco de dados eletrônico se deu graças a Cindy Barbee Adam e Michael Ip. Anna Spielvogel forneceu aconselhamento clínico especializado para os raros casos de sofrimento psicológico.

Antes de qualquer coleta de dados começar, recebi conselhos valiosos sobre quais perguntas de pesquisa incluir de colegas e mentores no campo: Nancy Adler, Geraldine Barrett, Kate Cockrill, Marcia Ellison, Philip Darney, Eleanor Drey, Cynthia Harper, Marie Harvey, Jillian Henderson, Stanley Henshaw, Signy Judd, Diane Morof, Lauri Pasch, Alissa Perrucci, Jan Rains e Nada Stotland. Kate Cockrill, Stanley Henshaw, Rachel Jones e Susan Yanow me ajudaram a encontrar possíveis locais de recrutamento. Jennifer Dunn,

John Santelli e Erin Schultz estabeleceram o caso legal e de saúde pública para a inclusão de menores no estudo. Parker Dockray, Lori Freedman, Katrina Kimport, Alissa Perrucci, Sarah Raifman e Gretchen Sisson ajudaram Heather Gould a projetar o guia e as codificações de estudo das entrevistas qualitativas.

Sou extremamente grata aos funcionários das 30 clínicas de aborto nas quais foram realizados os recrutamentos. Foram eles que abordaram as mulheres elegíveis e explicaram sobre o estudo enquanto faziam malabarismos para cumprir com todos os seus deveres regulares. Agradeço também aos diretores dessas instalações que viram o valor da pesquisa e deram tempo para isso em suas práticas já tão ocupadas.

A UCSF é um lugar fantástico para realizar um estudo desse porte. O Estudo Turnaway não existiria sem Eleanor Drey expressando sua preocupação com o bem-estar das mulheres que ela não pôde servir. Agradeço a Daniel Grossman e Tracy Weitz por liderarem meu grupo de pesquisa, ANSIRH. O fato de o estudo ter começado se deve à Dra. Weitz, que era diretora da ANSIRH na época em que ela me incentivou a prosseguir com esta pesquisa. Ela fez o discurso de sucesso para uma fundação sobre a importância científica do nosso estudo. Agradeço a Jody Steinauer, Philip Darney, Claire Brindis e Joe Speidel por sua liderança em nossa organização guarda-chuva, o UCSF Bixby Center for Global Reproductive Health (Centro de Saúde Reprodutiva Global da UCSF Bixby); e Rebecca Jackson por sua liderança em nossa divisão no Departamento de Obstetrícia, Ginecologia e Ciências Reprodutivas da UCSF. Agradeço o apoio de Amy Murtha, presidente do departamento, e Nancy Milliken, diretora do Center of Excelence in Woman's Health (Centro de Excelência em Saúde da Mulher). Embora a UCSF seja fantástica, não foi um trabalho fácil. Essas pessoas ajudaram a fazer a burocracia funcionar a nosso favor: Michele Benjamin, Steve Dalton, Sarah Glass, Siobhan Hayes, John Rosin e Jane Wong mantiveram nossas finanças em ordem; Kate Nolan nos ajudou a navegar no IRB; Mary Beth Blasnek, Dixie Horning e Jane Meier defenderam as ciências sociais. Molly Battistelli, Pat Anderson, Aura Orozco-Fuentes e Clare Cook mantiveram a ANSIRH em execução. A Scholars Strategy Network (Rede de Colaboração Estratégica entre Acadêmicos), BerlinRosen, e meus colegas Jason Harless, Stephanie Herold, Rebecca Griffin e Virali Modi-Parekh fizeram esforços dedicados para chamar a atenção da mídia para nossas descobertas científicas.

Levar um estudo adiante e fazer um livro foi outro grande esforço colaborativo. Agradeço a Sofia Resnick, editora, verificadora de fatos, organizadora de cenas, geradora de pseudônimos e adicionadora de hifens por sua ajuda inestimável. Minha mais profunda gratidão a Katie Watson por seus comentários atenciosos e revisão cuidadosa. Katrina Kimport, Carole Joffe, Renee Bracey Sherman, Amy Myrick e Heather Gould forneceram sugestões úteis e importantes sobre os primeiros rascunhos. Chris Ahlbach pesquisou a literatura médica. Tive uma maravilhosa tarde de *brainstorming* sobre mitos relativos ao aborto com Aileen Gariepy e com as mulheres do Ibis Reproductive Health. Seth e Lorri Foster leram atentamente meus rascunhos e ofereceram alterações importantes. Agradeço a Shelly Kaller e Antonia Biggs pela ajuda com referências e gráficos. Agradeço a Gail Ross e Dara Kaye da Agência Ross Yoon por sua determinação e visão em representar este livro. Uma equipe dedicada na Scribner fez isso acontecer. Agradeço à minha astuta e entusiástica editora Valerie Steiker e a Nan Graham, Colin Harrison, Roz Lippel, Brian Belfiglio, Kate Lloyd, Ashley Gilliam, Sally Howe, Tamar McCollom, Dan Cuddy e Laura Cherkas, além de Jaya Miceli, que projetou a capa.

Agradeço aos muitos financiadores por sua coragem em assumir o tema do aborto e por sua confiança em mim para liderar este estudo.

Acima de tudo, agradeço às mulheres que participaram do Turnaway – que atenderam ao telefone e nos contaram sobre suas experiências e seus sentimentos. Sou particularmente grata às 31 mulheres que completaram nossas entrevistas em profundidade e nos contaram suas experiências na íntegra com suas próprias palavras. A generosidade delas em compartilhar suas histórias aprofundou nossa compreensão e forneceu um contexto importante para nossas estatísticas.

Por fim, agradeço à minha família, que se acostumou a ter que discutir o aborto em quase todos os encontros: Greenes, Fosters, Van Renesses, Goldens, Katzes e Fragers; e amigos que apoiaram a mim e à minha família: Rosemarie, Mica, Kinkini, Margo, Jill, Mitch, Lisa, Nancy, Elizabeth e Chris. Obrigada à minha irmã Lesley por adaptar as histórias para uma leitura de palco. Agradeço ao meu marido brilhante e solidário, Seth; Noah e Kaia, que são a luz da minha vida; Lorri, Michael, Gail e, no meu coração, meu querido sogro, Hague, e minha linda mãe, Anne.

Referências

Este conteúdo também pode ser encontrado em:
https://www.sextante.com.br/gravidezindesejada/notas.pdf

Introdução

1. Upadhyay, U.D.; Weitz, T.A.; Jones, R.K.; Barar, R.E.; Foster, D.G. "Denial of abortion because of provider gestational age limits in the United States". *Am J Public Health*. Set. 2014; 104(9): 1.687-94. Pelo menos 4 mil mulheres têm abortos negados nas clínicas e levam a gravidez adiante em virtude de terem excedido o limite gestacional das clínicas acessíveis a elas. Um número desconhecido de mulheres, provavelmente muito maior, leva uma gravidez indesejada adiante por saber que a gestação estava avançada demais, por não ter o dinheiro necessário para pagar pelo aborto ou por não ter como chegar até a clínica.
2. A maioria dos cientistas determina a viabilidade fetal após 24 semanas de gestação, marco de que 50% dos bebês que nascem sobreviverão, 17% deles com sequelas severas ou moderadas. Fonte: American College of Obstetricians and Gynecologists. "Periviable birth". *Obstetric Care Consensus*. Out. 2017. https://www.acog.org/clinical/clinical-guidance/obstetric-care-consensus/articles/2017/10/periviable-birth.
3. Estados que possuem limites gestacionais para o aborto. Kaiser Family Foundation. https://www.kff.org/womens-health-policy/state-indicator/gestational-limit-abortions/. Atualizado em 1º jun. 2019.
4. Hutchings, A. et al. "Heartbeat bans". *Rewire.News*. 30 maio 2019. rewire.news/legislative-tracker/law-topic/heartbeat-bans/.
5. Discurso de campanha de Mike Pence, 28 jul. 2016, via Reuters: https://www.reuters.com/video/2016/07/28/pence-prayer-and-a-pledge-to-end-roe-v-w?videoId=369417543. No *Values Voters Summit*, em 10 set. 2016, ele fez comentários semelhantes com relação a *Roe vs. Wade*: "Sou pró-vida. Não me desculpo por isso. Quero viver para ver o dia em que traremos a santidade da vida de volta ao cerne da lei americana e mandaremos *Roe vs. Wade* para a sarjeta da história, que é onde merece permanecer." "Mike Pence will send Roe v Wade to the ash heap of history", Washington, D.C., 9 out. 2016. YouTube. https://www.youtube.com/watch?v=AILoMt8poYo. Postado em 10 set. 2016.
6. *Whole Woman's Health v. Hellerstedt*. 136 S. Ct. 2.292 (2016). Decidido em 27 jun. 2016. https://www.supremecourt.gov/opinions/15pdf/15-274_new_e18f.pdf.
7. Raman, S. "Lawmakers urge Supreme Court to reexamine abortion decisions". *Roll call*. https://www.rollcall.com/news/congress/lawmakers-urge-supreme-court-to-reexamine-abortion-decisions. Atualizado em 2 jan. 2020.

8   Gonzales vs. Carhart. 127 S. Ct. 1.610 (2007). Decidido em 18 abr. 2007. https://www.law.cornell.edu/supct/html/05-380.ZO.html.
9   Monitoramento do Aborto 2016. Centers for Disease Control and Prevention. https://www.cdc.gov/reproductivehealth/data_stats/abortion.htm. Atualizado em 2 nov. 2019.
10 Drey, E.A.; Foster, D.G.; Jackson, R.A.; Lee, S.J.; Cardenas, L.H.; Darney, P.D. "Risk factors associated with presenting for abortion in the second trimester". *Obstet Gynecol*. Jan. 2006; 107(1): 128-35.
11 Lang, J. "What happens to women who are denied abortions?". *New York Times*. 12 jun. 2013. www.nytimes.com/2013/06/16/magazine/study-women-denied-abortions.html.

Observações sobre as estatísticas

1   Os dados contidos neste livro mostram probabilidades previstas com base em nossos modelos estatísticos em vez de porcentagens brutas. Isso nos permite considerar diferenças relevantes nos grupos de estudo em termos de valores basais e nas perdas de acompanhamento. Em nossas análises dos dados quantitativos, excluí dados de todas as mulheres que buscavam abortos em uma clínica que tivesse limite gestacional de 10 semanas e na qual praticamente todas as mulheres que tiveram o aborto negado tiveram que procurar outra clínica.

Capítulo 1: O Estudo Turnaway

1   Comentários realizados durante uma coletiva de imprensa na Casa Branca para ativistas pró-vida, 30 jul. 1987. Ronald Reagan Presidential Library and Museum. https://www.reaganlibrary.gov/research/speeches/073087a. Vídeo disponível em https://www.youtube.com/watch?v=5mI-Jy5kLQmA.
2   Koop, C.E. *The Right to Live; The Right to Die*. Carol Stream, IL: Tyndale House; 1976.
3   Carta do cirurgião geral C. Everett Koop para Ronald Reagan referente aos efeitos do aborto à saúde das mulheres. *Just Facts*. https://www.justfacts.com/abortion.koop.asp.
4   Jones, R.K.; Jerman, J. "Population group abortion rates and lifetime incidence of abortion: United States, 2008-2014". *Am J Public Health*. Dez. 2017; 107(12): 1.904-9. doi:10.2105/AJPH.2017.304042. Foster, D.G. "Dramatic decreases in US abortion rates: public health achievement or failure?". *Am J Public Health*. Dez. 2017; 107(12): 1.860-2. PMID: 29116861. PMCID: PMC5678419.
5   Finkelstein, A.; Taubman, S.; Wright, B. et al. "The Oregon health insurance experiment: evidence from the first year". *Q J Econ*. 2012; 127(3): 1.057-106.
6   Upadhyay, U.D.; Weitz, T.A.; Jones, R.K.; Barar, R.E.; Foster, D.G. "Denial of abortion because of provider gestational age limits in the United States". *Am J Public Health*. Set. 2014; 104(9): 1.687-94.
7   Para ter uma visão mais detalhada acerca das experiências de violência e assédio sofridas pelos provedores de aborto, leia o livro de David Cohen e Krysten Connon, *Living in the Crosshairs: The Untold Stories of Anti-Abortion Terrorism* (Oxford University Press, 2015).
8   Stack, L. "A brief history of deadly attacks on abortion providers". *New York Times*. 29 nov. 2015. https://www.nytimes.com/interactive/2015/11/29/us/30abortion-clinic-violence.html.
9   Foster, D.G.; Kimport, K.; Gould, H.; Roberts, S.C.; Weitz, T.A. "Effect of abortion protesters on women's emotional response to abortion". *Contraception*. Jan. 2013; 87(1): 81-7. PMID: 23062524.
10 Smith, K. "Violence against abortion clinics hit a record high last year. Doctors say it's getting worse". *CBS News*, CBS Interactive. 19 set. 2019. www.cbsnews.com/news/violence-against-abortion-clinics-like-planned-parenthood-hit-a-record-high-last-year-doctors-say-its-getting-worse/. Editorial. "The doctors who put their lives on the line". *New York Times*. 25 maio 2019. www.nytimes.com/2019/05/25/opinion/sunday/abortion-violence-protests.html.

11 Robb, A. "The making of an American terrorist". *New Republic.* 19 dez. 2016. newrepublic.com/article/138950/making-american-terrorist-robert-dear-planned-parenthood.
12 Jerman, J.; Jones, R.K.; Onda, T. "Characteristics of U.S. abortion patients in 2014 and changes since 2008". Guttmacher Institute. www.guttmacher.org/report/characteristics-us-abortion-patients-2014. Maio 2016. Jatlaoui, T.C.; Eckhaus, L.; Mandel, M.G. et al. "Abortion surveillance – United States, 2016". *MMWR Surveill Summ.* 2019; 68(SS-11): 1-41. doi:10.15585/mmwr.ss6811a1.
13 Para referência, cerca de 13% das mulheres adultas do país viviam abaixo da linha da pobreza em 2018; assim, aquelas que buscam abortos são quatro vezes mais propensas a serem pobres do que as mulheres na população em geral. United States Census Bureau. Pesquisa da população atual. https://www.census.gov/cps/data/cpstablecreator.html. Acesso em 1º dez. 2019.
14 Foster, D.G.; Gould, H.; Kimport, K. "How women anticipate coping after an abortion". *Contraception.* Jul. 2012; 86(1): 84-90. PMID: 22176790.
15 Watson, K. *Scarlet A: The Ethics, Law, and Politics of Ordinary Abortion.* Nova York: Oxford University Press, 2018.

Capítulo 2: Por que as pessoas fazem aborto?

1 "The abortion war". *Fault Lines.* Al Jazeera English. 29 ago. 2012. https://www.aljazeera.com/programmes/faultlines/2012/08/20128288841399701.html.
2 Hutchings, A. et al. "Heartbeat bans". *Rewire.News.* 30 maio 2019. https://rewire.news/legislative-tracker/law-topic/heartbeat-bans/.
3 Woodruff, K. Cobertura sobre o aborto em alguns jornais dos Estados Unidos. Women's Health Issues. Out. 2018. doi:10.1016/j.whi.2018.08.008.
4 Cowan, S.K. "Secrets and misperceptions: the creation of self-fulfilling illusions". *Sociol Sci.* 3 nov. 2014. doi:10.15195/v1.a26.
5 "Induced abortion in the United States". Guttmacher Institute. www.guttmacher.org/fact-sheet/induced-abortion-united-states. 18 set. 2019.
6 Mauldon, J.; Foster, D.G.; Roberts, S.C. "Effect of abortion vs. carrying to term on a woman's relationship with the man involved in the pregnancy". *Perspect Sex and Reprod Health.* Mar. 2015; 47(1): 11-8. PMID: 25199435.
7 Upadhyay, U.D.; Biggs, M.A.; Foster, D.G. "The effect of abortion on having and achieving aspirational one-year plans". *BMC Women's Health.* 2015; 15(1): 102. PMID: 26559911. Upadhyay, U.D.; Angel Aztlan-James, E.; Rocca, C.H.; Foster, D.G. "Intended pregnancy after receiving vs. being denied a wanted abortion". *Contraception.* 20 set. 2018. PMID: 30244161.
8 Foster, D.G.; Biggs, M.A.; Ralph, L.; Gerdts, C.; Roberts, S.; Glymour, M.M. "Socioeconomic outcomes of women who receive and women who are denied wanted abortions in the United States". *Am J Public Health.* Mar. 2018; 108(3): 407-13. PMID: 29345993. PMCID: PMC5803812.
9 "Pregnancy and drug use: the facts". National Advocates for Pregnant Women. http://advocatesforpregnantwomen.org/issues/pregnancy_and_drug_use_the_facts/.
10 Personhood. Rewire.News Legislative Tracker. https://rewire.news/legislative-tracker/law-topic/personhood/. Atualizado em 7 nov. 2018.
11 Prahan, R.; Haberkorn, J. "Personhood movement loses twice". *Politico.* 5 nov. 2014. https://www.politico.com/story/2014/11/personhood-movement-north-dakota-colorado-112552.
12 Leis de consentimento parental proíbem menores de idade de realizar um aborto, a não ser que tenham uma autorização por escrito dos pais. Entretanto, existem brechas na lei que os menores de idade podem utilizar se tiverem um motivo convincente para não envolver os pais ou guardiões na decisão.

13. Finer, L.B.; Frohwirth, L.F.; Dauphinee, L.A.; Singh, S.; Moore, A.M. "Reasons U.S. women have abortions: quantitative and qualitative perspectives". *Perspect Sex Reprod Health*. 2005; 37(3): 110-8.
14. "I Didn't Know I Was Pregnant". TLC. www.tlc.com/tv-shows/i-didnt-know-i-was-pregnant/.
15. Boklage, C.E. "The survival probability of human conceptions from fertilization to term". *Int J Fertil*. 1990(35): 75-94. Ammon Avalos, L.; Galindo, C.; Li, D.K. "A systematic review to calculate background miscarriage rates using life table analysis". *Birth Defects Res A Clin Mol Teratol*. 2012; 94(6): 417-23.
16. Upadhyay, U.D.; Weitz, T.A.; Jones, R.K.; Barar, R.E.; Foster, D.G. "Denial of abortion because of provider gestational age limits in the United States". *Am J Public Health*. Set. 2014; 104(9): 1.687-94. PMID: 23948000.
17. Rocca, C.H.; Kimport, K.; Gould, H.; Foster, D.G. "Women's emotions one week after receiving or being denied an abortion in the United States". *Perspect Sex Reprod Health*. Set. 2013; 45(3): 122-31. PMID: 24020773.
18. Thread do Twitter de Gabrielle Blair (@designmom). 13 set. 2018. https://twitter.com/designmom/status/1040363431893725184. Também pode ser encontrado em: Blair, G. "My Twitter thread on abortion". *Design Mom*. 13 set. 2018. https://www.designmom.com/twitter-thread-abortion.
19. Finer, L.B.; Henshaw, S.K. "Disparities in rates of unintended pregnancy in the United States, 1994 and 2001". *Perspect Sex Reprod Health*. Jun. 2006; 38(2): 90-6.
20. Hatcher, R.A.; Trussell, J.; Nelson, A.L.; Cates, W.; Stewart, F.H.; Kowal, D. (2007). "Contraceptive technology" (19ª ed. rev.) Nova York: Ardent Media. Truong K. "Here's the average amount of sex people are having at your age". *Refinery29*. 1º set. 2017. www.refinery29.com/en-us/2017/08/168733/sex-frequency-age-average.
21. Moseson, H.; Foster, D.G.; Upadhyay, U.D.; Vittinghoff, E.; Rocca, C.H. "Contraceptive use over five years after receipt or denial of abortion service". *Perspect Sex Reprod Health*. Mar. 2018; 50(1): 7-14. PMID: 29329494.
22. Wilcox, A.J.; Dunson, D.B.; Weinberg, C.R.; Trussell, J.; Baird, D.D. "Likelihood of conception with a single act of intercourse: providing benchmark rates for assessment of post-coital contraceptives". *Contraception*. Abr. 2001; 63(4): 211-5.
23. Foster, D.G.; Higgins, J.A.; Karasek, D.; Ma, S.; Grossman, D. "Attitudes toward unprotected intercourse and risk of pregnancy among women seeking abortion". *Women's Health Issues*. Mar. 2012; 22(2): e149-155. PMID: 22000817.
24. Moreau, C.; Cleland, K.; Trussell, J. "Contraceptive discontinuation attributed to method dissatisfaction in the United States". *Contraception*. 2007; 76(4): 267-72. Frost, J.J.; Singh, S.; Finer, L.B. "Factors associated with contraceptive use and nonuse, United States, 2004". *Perspect Sex Reprod Health*. 2007; 39(2): 90-9. Mills, A.; Barclay, L. "None of them were satisfactory: women's experiences with contraception". *Health Care Women Int*. 2006; 27(5): 379-98.
25. Lessard, L.N.; Karasek, D.; Ma, S. et al. "Contraceptive features preferred by women at high risk of unintended pregnancy". *Perspect Sex Reprod Health*. Set. 2012; 44(3): 194-200. PMID: 22958664.
26. Jackson, A.V.; Karasek, D.; Dehlendorf, C.; Foster, D.G. "Racial and ethnic differences in women's preferences for features of contraceptive methods". *Contraception*. Maio 2016; 93(5): 406-11. PMID: 26738619.
27. Roberts, D. *Killing the Black Body: Race, Reproduction and the Meaning of Liberty*. Nova York: Pantheon Books; 1997.

Capítulo 3: O acesso ao aborto nos Estados Unidos

1. Grossman, D.; Grindlay, K.; Altshuler, A.L.; Schulkin, J. "Induced abortion provision among a national sample of obstetrician-gynecologists". *Obstet Gynecol*. Mar. 2019; 133(3): 477-83. doi:10.1097/AOG.0000000000003110.

2. Myers, C.; Jones, R.; Upadhyay, U. "Predicted changes in abortion access and incidence in a post-*Roe* world". *Contraception*. Nov. 2019; 100(5): 367-73.
3. About Women's Right to Know Law. Louisiana Department of Health. http://ldh.la.gov/index.cfm/page/812. Act no. 411. HR 636 (La 2011). http://legis.la.gov/legis/ViewDocument.aspx?d=761700.
4. Upadhyay, U.D.; Weitz, T.A.; Jones, R.K.; Barar, R.E.; Foster, D.G. "Denial of abortion because of provider gestational age limits in the United States". *Am J Public Health*. Set. 2014; 104(9): 1.687-94.
5. Roberts, S.C.; Gould, H.; Kimport, K.; Weitz, T.A.; Foster, D.G. "Out-of-pocket costs and insurance coverage for abortion in the United States". *Women's Health Issues*. Mar.-abr. 2014; 24(2):e211-218. PMID: 24630423.
6. "Restricting insurance coverage of abortion". Guttmacher Institute. www.guttmacher.org/state-policy/explore/restricting-insurance-coverage-abortion. 3 dez. 2019.
7. "State funding of abortion under Medicaid". Guttmacher Institute. www.guttmacher.org/state-policy/explore/state-funding-abortion-under-medicaid. 3 dez. 2019. "State funding of abortions under Medicaid". Henry J. Kaiser Family Foundation. 21 jun. 2019. www.kff.org/medicaid/state-indicator/abortion-under-medicaid/.
8. Jones, R.K.; Upadhyay, U.M.; Weitz, T.A. "At what cost? Payment for abortion care by U.S. women". *Women's Health Issues*. Maio 2013. www.sciencedirect.com/science/article/pii/S1049386713000224.
9. Aborto: histórico judicial e resposta legislativa. Serviço de pesquisa congressional. https://fas.org/sgp/crs/misc/RL33467.pdf. Atualizado em 7 dez. 2018.
10. Henshaw, S.K.; Joyce, T.J.; Dennis, A.; Finer, L.B.; Blanchard, K. "Restrictions on Medicaid funding for abortions: a literature review". Guttmacher Institute. https://www.guttmacher.org/report/restrictions-medicaid-funding-abortions-literature-review. Publicado em jul. 2009. Roberts, S.C.M.; Johns, N.E.; Williams, V.; Wingo, E.; Upadhyay, U.D. "Estimating the proportion of Medicaid-eligible pregnant women in Louisiana who do not get abortions when Medicaid does not cover abortion". *BMC Women's Health*. Jun. 2019; 19(1): 78.
11. "State funding of abortion under Medicaid". Guttmacher Institute. www.guttmacher.org/state-policy/explore/state-funding-abortion-under-medicaid. 3 dez. 2019.
12. Upadhyay, U.D.; Weitz, T.A.; Jones, R.K.; Barar, R.E.; Foster, D.G. "Denial of abortion because of provider gestational age limits in the United States". *Am J Public Health*. Set. 2014; 104(9): 1.687-94.
13. Roberts, S.C.; Gould, H.; Kimport, K.; Weitz, T.A.; Foster, D.G. "Out-of-pocket costs and insurance coverage for abortion in the United States". *Women's Health Issues*. Mar.-abr. 2014; 24(2): e211-218. PMID: 24630423.
14. Dennis, A.; Blanchard, K. "Abortion providers' experiences with Medicaid abortion coverage policies: a qualitative multistate study". *Health Serv Res*. 2013; 48: 236-52. doi:10.1111/j.1475-6773.2012.01443.x.
15. Salganicoff, A.; Sobel, L.; Ramaswamy, A. "The Hyde Amendment and cover-age for abortion services – Appendix". Henry J. Kaiser Family Foundation. https://www.kff.org/womens-health-policy/issue-brief/the-hyde-amendment-and-coverage-for-abortion-services/. 27 set. 2019.
16. Donovan, M.K. "In real life: federal restrictions on abortion coverage and the women they impact". Guttmacher Institute. www.guttmacher.org/gpr/2017/01/real-life-federal-restrictions-abortion-coverage-and-women-they-impact. 2 out. 2018.
17. Roberts, S.C.; Gould, H.; Kimport, K.; Weitz, T.A.; Foster, D.G. "Out-of-pocket costs and insurance coverage for abortion in the United States". *Women's Health Issues*. Mar.-abr. 2014; 24(2): e211-218. PMID: 24630423.
18. Jerman, J.; Jones, R.K.; Onda, T. "Characteristics of U.S. abortion patients in 2014 and changes since 2008". Guttmacher Institute. www.guttmacher.org/report/characteristics-us-abortion-patients-2014. Maio 2016.

19 Gerdts, C.; Fuentes, L.; Grossman, D. et al. "Impact of clinic closures on women obtaining abortion services after implementation of a restrictive law in Texas". *Am J Public Health*. Maio 2016; 106(5): 857-64. doi:10.2105/AJPH.2016.303134. Grossman, D.; White, K.; Hopkins, K.; Potter, J. "Change in distance to nearest facility and abortion in Texas, 2012 to 2014". *JAMA*. 2017; 317(4): 437-9. doi:10.1001/jama.2016.17026.
20 Upadhyay, U.D.; Weitz, T.A.; Jones, R.K.; Barar, R.E.; Foster, D.G. "Denial of abortion because of provider gestational age limits in the United States". *Am J Public Health*. Set. 2014; 104(9): 1.687-94. PMID: 23948000.
21 Foster, D.G.; Kimport, K. "Who seeks abortions at or after 20 weeks?". *Perspect Sex Reprod Health*. Dez. 2013; 45(4): 210-8. PMID: 24188634.
22 Jones, R.K.; Ingerick, M.; Jerman, J. "Differences in abortion service delivery in hostile, middle-ground and supportive states in 2014". *Women's Health Issues*. Maio-jun. 2018; 28(3): 212-8. doi:10.1016/j.whi.2017.12.003.
23 Cohen, D.; Joffe, C. *Obstacle Course: The Everyday Struggle to Get an Abortion in America*. Berkeley: UC Press, 2020. Esse livro, escrito pela minha colega Carole Joffe e pelo professor de direito David Cohen da Universidade Drexel, explora como essas restrições afetam os provedores de aborto.
24 Fletcher, J.C.; Evans, M.I. "Maternal bonding in early fetal ultrasound examinations". *N Engl J Med*. 1983; 308: 392-3.
25 Kimport, K.; Weitz, T.A.; Foster, D.G. "Beyond political claims: women's interest in and emotional response to viewing their ultrasound image in abortion care". *Perspect Sex Reprod Health*. Dez. 2014; 46(4): 185-91. PMID: 25209369.
26 Beusman, C. "A state-by-state list of the lies abortion doctors are forced to tell women". *Vice*. 18 ago. 2016. www.vice.com/en_us/article/nz88gx/a-state-by-state-list-of-the-lies-abortion-doctors-are-forced-to-tell-women.
27 American College of Obstetricians and Gynecologists. "Induced abortion and breast cancer risk: ACOG Committee Opinion No. 434". *Obstet Gynecol*. 2009; 113: 1.417-8. Männistö, J.; Mentula, M.; Bloigu, A.; Gissler, M.; Heikinheimo, O.; Niinimäki, M. "Induced abortion and future use of IVF treatment: a nationwide register study". *PLOS ONE*. Nov. 2019; 14(11): e0225162. doi:10.1371/journal.pone.0225162.
28 Daniels, C.R.; Ferguson, J.; Howard, G.; Roberti, A. "Informed or misinformed consent? Abortion policy in the United States". *J Health Polit Policy Law*. 2016; 41(2): 181-209. Beusman, C. "A state-by-state list of the lies abortion doctors are forced to tell women". *Vice*. 18 ago. 2016. www.vice.com/en_us/article/nz88gx/a-state-by-state-list-of-the-lies-abortion-doctors-are-forced-to-tell-women.
29 "Counseling and waiting periods for abortion". Guttmacher Institute. www.guttmacher.org/state-policy/explore/counseling-and-waiting-periods-abortion. 3 dez. 2019.
30 Gould, H.; Foster, D.G.; Perrucci, A.C.; Barar, R.E.; Roberts, S.C. "Predictors of abortion counseling receipt and helpfulness in the United States". *Women's Health Issues*. Jul.-ago. 2013; 23(4): e249-255. PMID: 23816155.
31 Munson, Z.W. *The Making of Pro-Life Activists: How Social Movement Mobilization Works*. Chicago: University of Chicago Press, 2008.
32 Kissling, F. "Abortion rights are under attack, and pro-choice advocates are caught in a time warp". *Washington Post*. 19 fev. 2011. www.washingtonpost.com/wp-dyn/content/article/2011/02/18/AR2011021802434.html.
33 "Historical living arrangements of children". United States Census Bureau. www.census.gov/data/tables/time-series/demo/families/children.html. Atualizado em 10 out. 2019.
34 "Parental involvement in minors' abortions". Guttmacher Institute. www.guttmacher.org/state-policy/explore/parental-involvement-minors-abortions. 3 dez. 2019.

35 Henshaw, S.K.; Kost, K. "Parental involvement in minors' abortion decisions". *Family Plann Perspect.* 1992; 24(5): 196-207, 213. Ralph, L.; Gould, H.; Baker, A.; Foster, D.G. "The role of parents and partners in minors' decisions to have an abortion and anticipated coping after abortion". *J Adolesc Health.* 2014; 54(4): 428-34. doi:10.1016/j.jadohealth.2013.09.021.

36 Entretanto, uma análise recente não demonstra diferenças nas taxas de complicações para os abortos realizados no primeiro ou no segundo trimestres, por peso da paciente: Benson, L.S.; Micks, E.A.; Ingalls, C.; Prager, S.W. "Safety of outpatient surgical abortion for obese patients in the first and second trimesters". *Obstet Gynecol.* Nov. 2016; 128(5): 1.065-70.

Capítulo 4: Saúde mental

1 Belluck, P. "Pregnancy centers gain influence in anti-abortion arena". *New York Times.* 4 jan. 2013. Kelly, K. "The spread of 'Post Abortion Syndrome' as social diagnosis". *Soc Sci Med.* Fev. 2014; 102: 18-25.

2 Foster, D.G.; Gould, H.; Taylor, J.; Weitz, T.A. "Attitudes and decision making among women seeking abortions at one U.S. clinic". *Perspect Sex Reprod Health.* Jun. 2012; 44(2): 117-24. PMID: 22681427.

3 Woodruff, K.; Biggs, M.A.; Gould, H.; Foster, D.G. "Attitudes toward abortion after receiving vs. being denied an abortion in the USA". *Sex Res Social Policy.* 2018; 15: 452-63. doi:10.1007/s13178-018-0325-1.

4 Joffe, C. "The politicization of abortion and the evolution of abortion counseling". *Am J Public Health.* Jan. 2013; 103(1): 57-65. doi:10.2105/AJPH.2012.301063.

5 Biggs, A.; Brown, K.; Foster, D.G. "Perceived abortion stigma and psychological well-being over five years after receiving or being denied an abortion". *PLOS ONE* 15(1): e0226417. https://doi.org/10.1371/journal.pone.0226417.

6 Schiller, C.E.; Meltzer-Brody, S.; Rubinow, D.R. "The role of reproductive hormones in postpartum depression". *CNS Spectrums.* 2015; 20(1): 48-59. doi:10.1017/S1092852914000480.

7 Biggs, A.; Brown, K.; Foster, D.G. "Perceived abortion stigma and psychological well-being over five years after receiving or being denied an abortion". *PLOS ONE* 15(1): e0226417. https://doi.org/10.1371/journal.pone.0226417.

8 Entretanto, conheço grupos de apoio para pessoas que interromperam uma gravidez desejada, como por exemplo https://endingawantedpregnancy.com/.

9 Num questionário que realizei com mais de 5 mil mulheres que fizeram um aborto numa clínica do Meio-Oeste em 2008, 96,6% esperavam lidar bem após o procedimento. Entre as 3,4% que previam que iriam lidar mal havia um número desproporcional de mulheres que estavam interrompendo a gestação por causa de anomalias fetais, mulheres que não estavam muito confiantes em sua decisão, mulheres que tinham preocupações com o lado espiritual de fazer um aborto, mulheres com histórico de depressão, mulheres que se sentiam pressionadas a fazer um aborto e adolescentes. Ainda assim, a grande maioria das mulheres com essas características ainda previa que iria lidar bem. Foster, D.G.; Gould, H.; Kimport, K. "How women anticipate coping after an abortion". *Contraception.* Jul. 2012; 86(1): 84-90. PMID: 22176790.

10 Biggs, M.A.; Upadhyay, U.D.; McCulloch, C.E.; Foster, D.G. "Women's mental health and well-being 5 years after receiving or being denied an abortion: a prospective, longitudinal cohort study". *JAMA Psychiatry.* 1º fev. 2017; 74(2): 169-78. PMID: 27973641.

11 "Substance Abuse and Mental Health Services Administration". 2015 National Survey on Drug Use and Health (NSDUH): Table 2.46B – "Alcohol Use, Binge Alcohol Use, and Heavy Alcohol Use in Past Month among Persons Aged 12 or Older, by Demographic Characteristics: Percentages 2014 and 2015". https://www.samhsa.gov/data/sites/default/files/NSDUH-DetTabs-2015/

NSDUH-DetTabs-2015/NSDUH-DetTabs-2015.htm#tab2-46b. Acesso em 18 jan. 2017. Reeves, W.C. "Mental illness surveillance among adults in the United States". Centers for Disease Control and Prevention. https://www.cdc.gov/mmwr/preview/mmwrhtml/su6003a1.htm. 2 set. 2011. Acesso em 12 set. 2019. "Substance Abuse and Mental Health Services Administration. Results from the 2016 National Survey on Drug Use and Health: detailed tables". Center for Behavioral Health Statistics and Quality. https://www.samhsa.gov/data/sites/default/files/NSDUH--DetTabs-2016/NSDUH-DetTabs-2016.pdf. 7 set. 2017. Acesso em 7 nov. 2017. Bonomi, A.E.; Anderson, M.L.; Rivara, F.P. et al. "Health care utilization and costs associated with childhood abuse". *J Gen Intern Med.* (2008) 23: 294. doi:10.1007/s11606-008-0516-1.

12 Biggs, M.A.; Upadhyay, U.D.; McCulloch, C.E.; Foster, D.G. "Women's mental health and well-being 5 years after receiving or being denied an abortion: a prospective, longitudinal cohort study". *JAMA Psychiatry.* 1º fev. 2001; 74(2): 169-78. PMID: 27973641.

13 Biggs, M.A.; Gould, H.; Barar, R.E.; Foster, D.G. "Five-year suicidal ideation trajectories among women receiving or being denied an abortion". *Am J Psychiatry.* 1º set. 2018; 175(9): 845-52. PMID: 29792049.

14 Roberts, S.C.M.; Foster, D.G.; Gould, H.; Biggs, M.A. "Changes in alcohol, tobacco, and other drug use over five years after receiving versus being denied a pregnancy termination". *J Stud Alcohol Drug*s. Mar. 2018; 79(2): 293-301. PMID: 29553359.

15 O uso de substâncias psicoativas durante a gravidez causa uma série de males, incluindo transtorno do espectro alcoólico fetal; o uso de tabaco está ligado a crianças nascidas com baixo peso, bebês nascidos sem vida e síndrome da morte súbita infantil; o uso de drogas durante a gravidez pode levar a crianças nascidas com baixo peso e prematuras, assim como anormalidades no desenvolvimento neurológico.

16 Devo dizer *quase ninguém,* porque fiquei sabendo que a organização We Testify (wetestify.org) já organizou chás de aborto como parte de seus esforços para apoiar pessoas que compartilham suas histórias de aborto.

17 Biggs, M.A.; Upadhyay, U.D.; Steinberg, J.R.; Foster, D.G. "Does abortion reduce self-esteem and life satisfaction?" *Qual Life Res.* Nov. 2014; 23(9): 2.505-13. PMID: 24740325.

18 Cohen, S.; Kamarck, T.; Mermelstein, R. "A global measure of perceived stress". *J Health Soc Behav.* 1983; 24: 385-96.

19 Harris, L.F.; Roberts, S.C.; Biggs, M.A.; Rocca, C.H.; Foster, D.G. "Perceived stress and emotional social support among women who are denied or receive abortions in the United States: a prospective cohort study". *BMC Women's Health.* 2014; 14: 76. PMID: 24946971.

20 A Dra. Biggs refez as análises dos cinco anos inteiros de dados e ainda assim não houve diferença.

21 Biggs, M.A.; Rowland, B.; McCulloch, C.E.; Foster, D.G. "Does abortion increase women's risk for post-traumatic stress? Findings from a prospective longitudinal cohort study". *BMJ Open.* 2016; 6(2): e009698. PMID: 26832431.

22 Rocca, C.H.; Kimport, K.; Gould, H.; Foster, D.G. "Women's emotions one week after receiving or being denied an abortion in the United States". *Perspect Sex Reprod Health.* Set. 2013; 45(3): 122-31. PMID: 24020773.

23 Barrett, G.; Smith, S.C.; Wellings, K. "Conceptualisation, development, and evaluation of a measure of unplanned pregnancy". *J Epidemiol Community Health.* 2004; 58(5): 426-33.

24 Rocca, C.H.; Samari, G.; Foster, D.G.; Gould, H.; Kimport, K. "Emotions and decision rightness over five years following an abortion: an examination of decision difficulty and abortion stigma". *Soc Sci Med.* 2 jan. 2020: 112704. doi:10.1016/j.socscimed.2019.112704.

25 Rocca, C.H.; Kimport, K.; Roberts, S.C.; Gould, H.; Neuhaus, J.; Foster, D.G. "Decision rightness and emotional responses to abortion in the United States: a longitudinal study". *PLOS ONE.* 2015; 10(7): e0128832. PMID: 26154386.

26 Relatório para Sandra Cano et al. como *amici curiae* em n. 05-380: 22-4.

27. Rocca, C.H.; Samari, G.; Foster, D.G.; Gould, H.; Kimport, K. "Emotions and decision rightness over five years following an abortion: an examination of decision difficulty and abortion stigma". *Soc Sci Med*. 2 jan. 2020: 112704. doi:10.1016/j.socscimed.2019.112704.
28. Rocca, C.H.; Gould, H.; Kimport, K.; Foster, D.G. "Emotions and decisions rightness over five years after having an abortion in the United States". Annual Meetings of the American Public Health Association, Denver, CO, nov. 2016.
29. Watson, K. "Reframing regret". *JAMA*. 2014; 311(1): 27-9. doi:10.1001/jama.2013.283739.

Capítulo 5: Saúde física

1. Troca de mensagens pessoais com Elizabeth Nash, gerente sênior para assuntos estaduais no Instituto Guttmacher. 22 ago. 2019.
2. Jones, B.S.; Daniel, S.; Cloud, L.K. "State law approaches to facility regulation of abortion and other office interventions". *Am J Public Health*. 2018; 108(4): 486-92. doi:10.2105/AJPH.2017.304278.
3. Sisson, G.; Kimport, K. "Facts and fictions: characters seeking abortion on American television, 2005-2014. Contraception". Maio 2016; 93(5): 446451. doi:10.1016/j.contraception.2015.11.015.
4. "State funding of abortions under Medicaid". Henry J. Kaiser Family Foundation. www.kff.org/medicaid/state-indicator/abortion-under-medicaid/. 21 jun. 2019.
5. Upadhyay et al. "Incidence of emergency department visits and complications after abortion". *Obstet Gynecol*. Jan. 2015; 125(1): 175-83.
6. Apesar de o aborto ser relativamente seguro, ao longo das décadas houve uma pequena quantidade de casos que ganharam notoriedade de provedores de abortos clandestinos responsáveis por mutilar e, em alguns casos, matar pacientes e, no terrível caso Kermit Gosnell, cometer infanticídio.
7. Raymond, E.G.; Grimes, D.A. "The comparative safety of legal induced abortion and childbirth in the United States". *Obstet Gynecol*. 2012; 119: 215-9.
8. Soma-Pillay, P.; Nelson-Piercy, C.; Tolppanen, H.; Mebazaa, A. "Physiological changes in pregnancy". *Cardiovasc J Afr*. 2016; 27(2): 89-94. doi:10.5830/CVJA-2016-021.
9. Centers for Disease Control and Prevention. "Births: final data for 2017. Natl Vital Stat Rep". 7 nov. 2018; 67(8): 50. https://www.cdc.gov/nchs/data/nvsr/nvsr67/nvsr67_08-508.pdf.
10. Ananth, C.V.; Keyes, K.M.; Wapner, R.J. "Pre-eclampsia rates in the United States, 1980–2010: Age-period-cohort analysis". *BMJ*. 7 nov. 2013; 347: f6564. https://www.ncbi.nlm.nih.gov/pubmed?term=24201165. Berg, C.J.; MacKay, A.R.; Qin, C.; Callaghan, W.M. "Overview of maternal morbidity during hospitalization for labor and delivery in the United States 1993-1997 and 2001-2005". *Obstet Gynecol*. 2009; 113: 1.075-81.
11. National Academies of Sciences, Engineering, and Medicine. "The safety and quality of abortion care in the United States". Washington, D.C.: National Academies Press, 2018. doi:10.17226/24950.
12. Dilatação e evacuação (D&E) é o método cirúrgico de esvaziamento do útero após o primeiro trimestre de gestação.
13. Biggs, M.A.; Gould, H.; Foster, D.G. "Understanding why women seek abortions in the US". *BMC Women's Health*. 2013; 13: 29. PMID: 23829590.
14. O aborto farmacológico envolve a utilização de dois medicamentos: a mifepristona interrompe o desenvolvimento da gestação e o misoprostol faz com que o útero se contraia e expulse seu conteúdo. É comum a utilização apenas do misoprostol, sobretudo em países nos quais o aborto não é legalizado. A utilização apenas do misoprostol está associada a uma maior probabilidade de esvaziamento incompleto do útero do que quando utilizado em conjunto com a mifepristona.
15. "Safety and effectiveness of first-trimester medication abortion in the United States". ANSIRH issue brief. Ago. 2016. https://www.ansirh.org/sites/default/files/publications/files/medication-

-abortion-safety.pdf. Mitka, M. "Some men who take Viagra die – why?" *JAMA*. 2000: 283(5): 590-3. doi:10.1001/jama.283.5.590. Ostapowicz, G.; Fontana, R.J.; Schioødt, F.V. et al. "Results of a prospective study of acute liver failure at 17 tertiary care centers in the United States". *Ann Intern Med*. 2002; 137(12): 947-54. https://www.ncbi.nlm.nih.gov/pubmed/12484709. McQuaid, K.R.; Laine, L. "Systematic review and meta-analysis of adverse events of low-dose aspirin and clopidogrel in randomized controlled trials". *American J Med*. 2006; 119(8), 624-38. doi:10.1016/j.amjmed.2005.10.039.

16 CDCs abortion surveillance system FAQs. Centers for Disease Control and Prevention. www.cdc.gov/reproductivehealth/data_stats/abortion.htm. Atualizado em 25 nov. 2019.

17 Bartlett, L.A.; Berg, C.J.; Shulman, H.B. et al. "Risk factors for legal induced abortion-related mortality in the United States". *Obstet Gynecol*. 2004; 103(4): 729-37. doi:10.1097/01.AOG.0000116260.81570.60. Frick, A.C.; Drey, E.A.; Diedrich, J.T.; Steinauer, J.E. "Effect of prior cesarean delivery on risk of second-trimester surgical abortion complications". *Obstet Gynecol*. 2010; 115(4): 760-4.

18 Lisonkova, S.; Joseph, K.S. "Incidence of preeclampsia: risk factors and outcomes associated with early-versus late-onset disease". *Am J Obstet Gynecol*. 2013: 209(6): 544.e1-12. doi:10.1016/j.ajog.2013.08.019.

19 Gerdts, C.; Dobkin, L.; Foster, D.G.; Schwarz, E.B. "Side effects, physical health consequences, and mortality associated with abortion and birth after an unwanted pregnancy". *Women's Health Issues*. Jan.-fev. 2016; 26(1): 55-9. PMID: 26576470.

20 Ralph, L.J.; Schwarz, E.B.; Grossman, D.; Foster, D.G. "Self-reported physical health of women who did and did not terminate pregnancy after seeking abortion services: a cohort study". *Ann Intern Med*. 2019; 171(4): 238-47. doi: 10.7326/M18-1666.

21 Isso significa que mulheres a quem o aborto foi negado e conseguiram realizá-lo em outro local foram agrupadas com as mulheres que inicialmente fizeram um aborto, no primeiro ou no segundo trimestre, dependendo de com quantas semanas de gestação elas estavam. E mulheres que estavam logo abaixo do limite e realizaram um aborto foram inseridas no grupo do primeiro trimestre, conforme necessário (a interseção entre os dois grupos ocorreu em clínicas onde o limite estava dentro das duas semanas finais do primeiro trimestre).

22 DeSalvo, K.B.; Bloser, N.; Reynolds, K. et al. "Mortality prediction with a single general self--rated health question: a meta-analysis". *J Gen Intern Med*. 2006; 21: 267-75. PMID: 16336622. Schnittker, J.; Bacak, V. "The increasing predictive validity of self-rated health". *PLOS ONE*. 2014; 9: e84933. doi:10.1371/journal.pone.0084933.

23 Tooher, J.; Thornton, C.; Makris, A. et al. "Hypertension in pregnancy and long-term cardiovascular mortality: a retrospective cohort study". *Am J Obstet Gynecol*. 2016; 214(6): 722.e1-6. https://www.ncbi.nlm.nih.gov/pubmed/26739795. Amaral, L.M.; Cunningham, M.W.; Cornelius, D.C.; LaMarca, B. "Preeclampsia: long-term consequences for vascular health". *Vasc Health Risk Manag*. 2015; 11: 403-15.

24 Hjartardottir, S.; Leifsson, B.G.; Geirsson, R.T.; Steinthorsdottir, V. "Recurrence of hypertensive disorder in second pregnancy". *Am J Obstet Gynecol*. 2006; 194(4): 916-20. England, L.; Kotelchuck, M.; Wilson, H.G. et al. "Estimating the recurrence rate of gestational diabetes mellitus (GDM) in Massachusetts 1998-2007: methods and findings". *Matern Child Health J*. 2015; 19(10): 2.303-13.

25 Sistema de monitoramento de mortalidade gestacional. Centers for Disease Control and Prevention. https://www.cdc.gov/reproductivehealth/maternal-mortality/pregnancy-mortality--surveillance-system.htm. Atualizado em 5 jun. 2019. Acesso em 12 set. 2019.

26 Nosso estudo não foi grande ou extenso o suficiente para estudar o câncer de mama como um resultado. Entretanto, a relação entre aborto e câncer de mama foi completamente desmentida. American College of Obstetricians and Gynecologists. "Induced abortion and breast cancer risk: ACOG Committee Opinion No. 434". *Obstet Gynecol*. 2009; 113: 1.417-8.

27. Sistema de monitoramento de mortalidade gestacional. Centers for Disease Control and Prevention. https://www.cdc.gov/reproductivehealth/maternal-mortality/pregnancy-mortality-surveillance-system.htm. Atualizado em 5 jun. 2019. Acesso em 12 set. 2019.
28. McLemore, M.R. "To prevent women from dying in childbirth, first stop blaming them". Scientific American. 1º maio 2019. https://www.scientificamerican.com/article/to-prevent-women-from-dying-in-childbirth-first-stop-blaming-them/.

Capítulo 6: A vida das mulheres

1. *Planned Parenthood of Southeastern Pa. v. Casey* (91-744), 505 U.S. 833 (1992). https://www.law.cornell.edu/supct/html/91-744.ZO.html.
2. Ginsburg, R.B. "Some thoughts on autonomy and equality in relation to Roe v. Wade". *North Carol Law Rev*. 1985; 63: 375. https://scholarship.law.unc.edu/nclr/vol63/iss2/4.
3. Zabin, L.S.; Hirsch, M.B.; Emerson, M.R. "When urban adolescents choose abortion: effects on education, psychological status and subsequent pregnancy". *Fam Plann Perspect*. Nov.-dez. 1989; 21(6): 248-55.
4. Upadhyay, U.D.; Biggs, M.A.; Foster, D.G. "The effect of abortion on having and achieving aspirational one-year plans". *BMC Women's Health*. 2015; 15: 102. https://bmcwomenshealth.biomedcentral.com/articles/10.1186/s12905-015-0259-1.
5. Gallup Historical Trends. Abortion. 2014. http://www.gallup.com/poll/1576/abortion.aspx. Gallup Historical Trends. Moral issues. 2014. http://www.gallup.com/poll/1681/moral-issues.aspx. Smith, T.W.; Son, J. "Trends in public attitudes on abortion: general social survey 2012 final report". NORC at the University of Chicago. 2013. https://www.norc.org/PDFs/GSS%20Reports/Trends%20in%20Attitudes%20About%20Abortion_Final.pdf.
6. Woodruff, K.; Biggs, M.A.; Gould, H.; Foster, D.G. "Attitudes toward abortion after receiving vs. being denied an abortion in the USA". *Sex Res Social Policy*. 2018; 15: 452-63. doi:10.1007/s13178-018-0325-1.
7. Saad, L. "Americans' attitudes toward abortion unchanged". Gallup. 2016. http://news.gallup.com/poll/191834/americans-attitudes-toward-abortion-unchanged.aspx.
8. Rocca, C.H.; Samari, G.; Foster, D.G.; Gould, H.; Kimport, K. "Emotions and decision rightness over five years after abortion: an examination of decision difficulty and abortion stigma". *Soc Sci Med*. 2 jan. 2020: 112704. doi:10.1016/j.socscimed.2019.112704.
9. Woodruff, K.; Biggs, M.A.; Gould, H.; Foster, D.G. "Attitudes toward abortion after receiving vs. being denied an abortion in the USA". *Sex Res Social Policy*. 2018; 15: 452-63. doi:10.1007/s13178-018-0325-1.
10. Jerman, J.; Jones, R.K.; Onda, T. "Characteristics of U.S. abortion patients in 2014 and changes since 2008". Guttmacher Institute. Maio 2016. https://www.guttmacher.org/report/characteristics-us-abortion-patients-2014#17.
11. O estudo de relatórios de crédito (discutido a seguir) nos mostrou que os dois grupos eram na verdade bastante similares antes da gravidez, mas não tínhamos essa informação no momento dessa análise de dados autodeclarados. Mesmo sabendo o que sei agora, eu ainda faria essa análise dessa maneira mais conservadora, dada a diferença nos valores basais dos resultados autodeclarados.
12. Foster, D.G.; Biggs, M.A.; Ralph, L.; Gerdts, C.; Roberts, S.; Glymour, M.M. "Socioeconomic outcomes of women who receive and women who are denied wanted abortions in the United States". *Am J Public Health*. Mar. 2018; 108(5): 407-13. PMID: 29345993. PMCID: PMC5803812.
13. Miller, S.; Wherry, L.R.; Foster, D.G. "The economic consequences of being denied an abortion". National Bureau of Economic Research, doc. 26.662. Publicado em jan. 2020. http://www.nber.org/papers/w26662.

14 Kearney, M.S.; Levine, P.B. "Why is the teen birth rate in the United States so high and why does it matter?" *J Econ Perspect*. 2012; 26(2): 141-66.
15 Ralph, L.J.; Mauldon, J.; Biggs, M.A.; Foster, D.G. "A prospective cohort study of the effect of receiving versus being denied an abortion on educational attainment". *Women's Health Issues*. Nov.-dez. 2019; 29(6): 455-64. doi:10.1016/j.whi.2019.09.004.
16 "Laws requiring school districts to accommodate and not discriminate against lactating employees and students". Breastfeed LA. http://breastfeedla.org/wp-content/uploads/2015/10/BFLA-School-District-Laws-1.pdf.
17 "Wells v. School districts prepared to accommodate breastfeeding teens". *Herald & Review*. 6 jan. 2018. herald-review.com/news/local/education/school-districts-prepared-to-accommodate-breastfeeding-teens/article_0567860b-9ea6-5243-ae86-7850169e4e9f.html. "Breastfeeding rights". California Breastfeeding Coalition. http://californiabreastfeeding.org/breastfeedingrights/breastfeeding-at-work/laws-that-protect-lactating-teens-at-school/.
18 Einhorn, E. "Teen pregnancy is still a problem – school districts just stopped paying attention". *Hechinger Report*. 13 abr. 2019. hechingerreport.org/teen-pregnancy-is-still-a-problem-school-districts-just-stopped-paying-attention/.
19 McCarthy, M.; Upadhyay, U.D.; Ralph, L.; Biggs, M.A.; Foster, D.G. "The effect of receiving versus being denied an abortion on having and achieving aspirational five-year plans". *BMJ Sexual & Reproductive Health*. Jul. 2020; 46(3): 177-183.

Capítulo 7: Filhos

1 "Responsibility of the mother". BBC Ethics Guide. http://www.bbc.co.uk/ethics/abortion/philosophical/responsibility.shtml. Arquivado em 2014. Penny, L. "The criminalization of women's bodies is all about conservative male power". *New Republic*. 17 maio 2019. https://newrepublic.com/article/153942/criminalization-womens-bodies-conservative-male-power.
2 Foster, E.M. "How economists think about family resources and child development". *Child Dev*. 2002; 73: 1.904-14. Blake, J. "Family size and the quality of children". *Demography*. 1981; 18: 421-42. Downey, D. "When bigger is not better: family size, parental resources, and children's educational performance". *Am Sociol Rev*. 1995; 60: 15.
3 Joyce, T.J.K.R.; Korenman, S. "The effect of pregnancy intention on child development". *Demography*. 2000; 37: 83-94. Barber, J.S.; East, P.L. "Children's experiences after the unintended birth of a sibling". *Demography*. 2011; 48: 101-25.
4 Foster, D.G.; Raifman, S.E.; Gipson, J.D.; Rocca, C.H.; Biggs, M.A. "Effects of carrying an unwanted pregnancy to term on women's existing children". *J Pediatr*. Fev. 2019; 205: 183-9.e1. PMID: 30389101.
5 Jerman, J.; Jones, R.K.; Onda, T. "Characteristics of U.S. abortion patients in 2014 and changes since 2008". Guttmacher Institute. 2016. www.guttmacher.org/report/characteristics-us-abortion-patients-2014.
6 Brothers, K.B.; Glascoe, F.P.; Robertshaw, N.S. "PEDS: Developmental Milestones – an accurate brief tool for surveillance and screening". *Clin Pediatr (Phila)*. 2008; 47: 271-9.
7 World Health Organization. Report of a technical consultation on birth spacing. 22 jan. 2019. https://www.who.int/maternal_child_adolescent/documents/birth_spacing05/en/.
8 Prova adicional de que é um mito a impossibilidade de engravidar quando se está amamentando. A amamentação diminui as chances de concepção, mas não o bastante para recomendá-la como o principal método de contracepção.
9 Hutcheon, J.A.; Nelson, H.D.; Stidd, R.; Moskosky, S.; Ahrens, K.A. "Short interpregnancy intervals and adverse maternal outcomes in high-resource settings: an updated systematic review".

    Paediatr Perinat Epidemiol. 2019; 33(1): 48-59. https://onlinelibrary.wiley.com/doi/full/10.1111/ppe.12518.
10 Foster, D.G.; Biggs, M.A.; Raifman, S.; Gipson, J.; Kimport, K.; Rocca, C.H. "Comparison of health, development, maternal bonding, and poverty among children born after denial of abortion vs after pregnancies subsequent to an abortion". *JAMA Pediatr.* Publicado on-line em 4 set. 2018. PMID: 30193363.
11 "Federal poverty guidelines". Families USA. https://familiesusa.org/product/federal-poverty-guidelines.
12 Perguntamos por parceiros masculinos e femininos em nossa análise de relacionamentos amorosos. Mas com relação à coabitação, somente temos dados referentes a parceiros do sexo masculino.
13 Brockington, I.F.; Fraser, C.; Wilson, D. "The Postpartum Bonding Questionnaire: a validation". *Archives of Women's Mental Health.* Set. 2006; 9(5): 233-42. https://link.springer.com/article/10.1007/s00737-006-0132-1.
14 A medição de laços afetivos utilizada foi apenas para bebês, portanto não sabemos sobre sentimentos com relação à criança à medida que ela cresce.
15 Crissey, S.R. "Effect of pregnancy intention on child well-being and development: combining retrospective reports of attitude and contraceptive use". *Population Research and Policy Review.* Dez. 2005; 24(6): 593-615. https://link.springer.com/article/10.1007/s11113-005-5734-1.
16 Sisson, G.; Ralph, L.; Gould, H.; Foster, D.G. "Adoption decision making among women seeking abortion". *Women's Health Issues.* Mar.-abr. 2017; 27(2): 136-44. PMID: 28153742.
17 Foster, D.G.; Biggs, M.A.; Ralph, L.; Gerdts, C.; Roberts, S.; Glymour, M.M. "Socioeconomic outcomes of women who receive and women who are denied wanted abortions in the United States". *Am J Public Health.* Mar. 2018; 108(3): 407-13. PMID: 29345993. PMCID: PMC5803812.
18 Armstrong, E. et al. "Intrauterine devices and implants: a guide to reimbursement: immediate post-abortion". Universidade da Califórnia, São Francisco; http://larcprogram.ucsf.edu/immediate-post-abortion. Atualizado em 2015. Cohen, S. "Repeat abortion, repeat unintended pregnancy, repeated and misguided government policies". *Guttmacher Policy Review.* 2007; 10(2): 8-12.
19 Gould, H.; Perrucci, A.; Barar, R.; Sinkford, D.; Foster, D.G. "Patient education and emotional support practices in abortion care facilities in the United States". *Women's Health Issues.* Jul.-ago. 2012; 22(4): e359-364. PMID: 22609254.
20 Moseson, H.; Foster, D.G.; Upadhyay, U.D.; Vittinghoff, E.; Rocca, C.H. "Contraceptive use over five years after receipt or denial of abortion services". *Perspect Sex Reprod Health.* Mar. 2018; 50(1): 7-14. PMID: 29329494.
21 Prager, S.W.; Steinauer, J.E.; Foster, D.G.; Darney, P.D.; Drey, E.A. "Risk factors for repeat elective abortion". *Am J Obstet Gynecol.* Dez. 2007; 197(6): 575.e1-6. PMID: 17904511.
22 Upadhyay, U.D.; Aztlan-James, E.A.; Rocca, C.H.; Foster, D.G. "Intended pregnancy after receiving vs. being denied a wanted abortion". *Contraception.* Jan. 2019; 99(1): 42-47. PMID: 30244161.
23 A Dra. Rachel Jones do Instituto Guttmacher me diz que, das pacientes de aborto nos Estados Unidos em 2014, 30% já possuíam filhos e não queriam outro, 40% queriam um filho ou outro filho, 15% não tinham certeza se queriam outro filho e 15% não tinham filhos e não queriam tê-los.
24 Upadhyay, U.D.; Aztlan-James, E.A.; Rocca, C.H.; Foster, D.G. "Intended pregnancy after receiving vs. being denied a wanted abortion". *Contraception.* 20 set. 2018. PMID: 30244161.
25 Dada a maior fertilidade após o aborto comparada com após o parto, a Dra. Goleen Samari da Universidade de Columbia e eu projetamos que um terço das mulheres que fazem abortos tem um filho "extra" mais tarde, que não teriam se o aborto lhes tivesse sido negado. O aborto

evita apenas dois terços de um nascimento em termos de média de número de filhos nascidos ao longo da vida.
26 Aztlan, E.A.; Foster, D.G.; Upadhyay, U. "Subsequent unintended pregnancy among US women who receive or are denied a wanted abortion". *J Midwifery Women's Health*. Jan. 2018; 63(1): 45-52. PMID: 29377521.

Capítulo 8: Homens

1 Blair, G. "My Twitter thread on abortion". *Design Mom*. 13 set. 2018. https://www.designmom.com/twitter-thread-abortion.
2 Não perguntamos a identidade sexual da pessoa de quem a mulher engravidou. Perguntamos às mulheres sobre "o homem envolvido" na gravidez, infelizmente deixando de identificar se algum dos parceiros se identificava como uma mulher trans ou pessoa não binária.
3 Rocca, C.H.; Kimport, K.; Gould, H.; Foster, D.G. "Women's emotions one week after receiving or being denied an abortion in the United States". *Perspect Sex Reprod Health*. Set. 2013; 45(3): 122-31. PMID: 24020773.
4 Chibber, K.S.; Biggs, M.A.; Roberts, S.C.; Foster, D.G. "The role of intimate partners in women's reasons for seeking abortion". *Women's Health Issues*. Jan.-fev. 2014; 24(1): e131-138. PMID: 24439939.
5 Veja a justificativa para a medida proposta na Califórnia: California Proposition 73, Parental Notification for Minor's Abortion (2005). Ballotpedia. https://ballotpedia.org/California_Proposition_73,_Parental_Notification_for_Minor%27s_Abortion_(2005).
6 Foster, D.G.; Gould, H.; Taylor, J.; Weitz, T.A. "Attitudes and decision making among women seeking abortions at one U.S. clinic". *Perspect Sex Reprod Health*. Jun. 2012; 44(2): 117-24. PMID: 22681427.
7 Finer, L.B.; Frohwirth, L.F.; Dauphinee, L.A.; Singh, S.; Moore, A.M. "Reasons U.S. women have abortions: quantitative and qualitative perspectives". *Perspect Sex Reprod Health*. 2005; 37(3): 110-8.
8 Roberts, S.C.; Biggs, M.A.; Chibber, K.S.; Gould, H.; Rocca, C.H.; Foster, D.G. "Risk of violence from the man involved in the pregnancy after receiving or being denied an abortion". *BMC Med*. 2014; 12: 144. PMID: 25262880.
9 Mauldon, J.; Foster, D.G.; Roberts, S.C. "Effect of abortion vs. carrying to term on a woman's relationship with the man involved in the pregnancy". *Perspect Sex Reprod Health*. Mar. 2015; 47(1): 11-8.
10 Upadhyay, U.; Foster, D.G.; Biggs, M.A. "Effects of abortion on women's intimate relationships: findings from a prospective 5-year longitudinal cohort study". Em revisão.
11 Note que o aborto não está relacionado a infertilidade. Entretanto, conforme apontado por Jada, se alguém decide adiar a gravidez até ter por volta de 30 ou 40 anos, pode enfrentar maiores dificuldades para conceber.

Capítulo 9: Reações e reflexões acerca do Estudo Turnaway

1 Biggs, M.A.; Upadhyay, U.D.; McCulloch, C.E. et al. "Women's mental health and well-being 5 years after receiving or being denied an abortion: a prospective, longitudinal cohort study". *JAMA Psychiatry*. Fev. 2017; 74(2): 169-78. https://jamanetwork.com/journals/jamapsychiatry/fullarticle/2592320.
2 Rocca, C.H.; Kimport, K.; Roberts, S.C.; Gould, H.; Neuhaus, J.; Foster, D.G. "Decision rightness and emotional responses to abortion in the United States: a longitudinal study". *PLOS ONE*. 2015; 10(7): e0128832. PMID: 26154386.

3   Foster, D.G.; Biggs, M.A.; Ralph, L.; Gerdts, C.; Roberts, S.; Glymour, M.M. "Socioeconomic outcomes of women who receive and women who are denied wanted abortions in the United States". *Am J Public Health*. Mar. 2018; 108(3): 407-13. PMID: 29345993. PMCID: PMC5803812. Foster, D.G.; Biggs, M.A.; Raifman, S.; Gipson, J.; Kimport, K.; Rocca, C.H. "Comparison of health, development, maternal bonding, and poverty among children born after denial of abortion vs after pregnancies subsequent to an abortion". *JAMA Pediatr*. 2018; 172(11): 1.053-60. PMID: 30193363. Foster, D.G.; Raifman, S.E.; Gipson, J.D.; Rocca, C.H.; Biggs, M.A. "Effects of carrying an unwanted pregnancy to term on women's existing children". *J Pediatr*; 9 fev. 2019; 205: 183-9.e1. PMID: 30389101. Gerdts, C.; Dobkin, L.; Foster, D.G.; Schwarz, E.B. "Side effects, physical health consequences, and mortality associated with abortion and birth after an unwanted pregnancy". *Women's Health Issues*. Jan.-fev. 2016; 26(1): 55-9. PMID: 26576470. Ralph, L.J.; Schwarz, E.B.; Grossman, D.; Foster, D.G. "Self-reported physical health of women who did and did not terminate pregnancy after seeking abortion services: a cohort study". *Ann Intern Med*. 2019; 171(4): 238-47. PMID: 31181576.
4   Foster, D.G.; Kimport, K. "Who seeks abortions at or after 20 weeks?". *Perspect Sex Reprod Health*. Dez. 2013; 45(4): 210-8. PMID: 24188634.
5   "Abortion surveillance 2016". Centers for Disease Control and Prevention. https://www.cdc.gov/reproductivehealth/data_stats/abortion.htm. Atualizado em 25 nov. 2019.
6   Amaral, G.; Foster, D.G.; Biggs, M.A.; Jasik, C.B.; Judd, S.; Brindis, C.D. "Public savings from the prevention of unintended pregnancy: a cost analysis of family planning services in California". *Health Serv Res*. Out. 2007; 42(5): 1.960-80. PMID: 17850528. Foster, D.G.; Rostovtseva, D.P.; Brindis, C.D.; Biggs, M.A.; Hulett, D.; Darney, P.D. "Cost savings from the provision of specific methods of contraception in a publicly funded program". *Am J Public Health*. Mar. 2009; 99(3): 446-51. PMID: 18703437.
7   Frost, J.J. et al. "Publicly supported family planning services in the United States: likely need, availability and impact". Guttmacher Institute. https://www.guttmacher.org/fact-sheet/publicly--supported-FP-services-US. Publicado em out. 2019.
8   Foster, D.G.; Parvataneni, R.; de Bocanegra, H.T.; Lewis, C.; Bradsberry, M.; Darney, P. "Number of oral contraceptive pill packages dispensed, method continuation, and costs". *Obstet Gynecol*. Nov. 2006; 108(5): 1.107-14. PMID: 17077231. Foster, D.G.; Hulett, D.; Bradsberry, M.; Darney, P.; Policar, M. "Number of oral contraceptive pill packages dispensed and subsequent unintended pregnancies". *Obstet Gynecol*. Mar. 2011; 117(3): 566-72. PMID: 21343759.
9   "Insurance coverage of contraceptives". Guttmacher Institute. https://www.guttmacher.org/state-policy/explore/insurance-coverage-contraceptives. Atualizado em 1º fev. 2020.
10 Quinze por cento das mulheres que concordaram em participar do estudo não completaram a primeira entrevista e não estão entre as 956 participantes que submeteram dados autodeclarados. Mas estão em nossas buscas em registros de óbitos (Capítulo 5) e em nossa análise de relatórios de crédito (Capítulo 6).
11 History of the Nurses' Health Study. Nurses' Health Study. https://www.nurseshealthstudy.org/about-nhs/history. Morton, L.M.; Cahill, J.; Hartge, P. "Reporting participation in epidemiologic studies: a survey of practice". *Am J Epidemiol*. 2006; 163(3): 197-203.
12 A Dra. Loren Dobkin, então doutoranda em enfermagem, avaliou todas as nossas estratégias para aumentar as taxas de adesão e percebeu que visitar repetidas vezes as clínicas onde se estava fazendo o recrutamento gerava o maior impacto. Ver Dobkin, L.M.; Gould, H.; Barar, R.E.; Ferrari, M.; Weiss, E.I.; Foster, D.G. "Implementing a prospective study of women seeking abortion in the United States: understanding and overcoming barriers to recruitment". *Women's Health Issues*. Jan.-fev. 2014; 24(1): e115-123. PMID: 24439937.
13 Foster, D.G.; Higgins, J.A.; Karasek, D.; Ma, S.; Grossman, D. "Attitudes toward unprotected intercourse and risk of pregnancy among women seeking abortion". *Women's Health Issues*. Mar.

2012; 22(2): e149-155. PMID: 22000817. Lessard, L.N.; Karasek, D.; Ma, S. et al. "Contraceptive features preferred by women at high risk of unintended pregnancy". *Perspect Sex Reprod Health.* Set. 2012; 44(3): 194-200. PMID: 22958664.

14 Foster, D.G.; Gould, H.; Taylor, J.; Weitz, T.A. "Attitudes and decision making among women seeking abortions at one U.S. clinic". *Perspect Sex Reprod Health.* Jun. 2012; 44(2): 117-24. PMID: 22681427.

15 Munk-Olsen, T.; Laursen, T.M.; Pedersen, C.B.; Lidegaard, O.; Mortensen, P.B. "Induced first-trimester abortion and risk of mental disorder". *N Engl J Med.* 2011; 364(4): 332-9. Munk-Olsen, T.; Laursen, T.M.; Pedersen, C.B.; Lidegaard, O.; Mortensen, P.B. "First-time first-trimester induced abortion and risk of readmission to a psychiatric hospital in women with a history of treated mental disorder". *Arch Gen Psychiatry.* 2012; 69(2): 159-65. Steinberg, J.R.; Laursen, T.M.; Adler, N.E.; Gasse, C.; Agerbo, E.; Munk-Olsen, T. "The association between first abortion and first-time non-fatal suicide attempt: a longitudinal cohort study of Danish population registries". *Lancet Psychiatry.* Dez. 2019; 6(12): 1.031-8. doi:10.1016/S2215-0366(19)30400-6. Van Ditzhuijzen, J.; Ten Have, M.; de Graaf, R.; Van Nijnatten, C.; Vollebergh, W.A.M. "Long-term incidence and recurrence of common mental disorders after abortion: a Dutch prospective cohort study". *J Psychiatric Research.* Jul. 2018; 102: 132-5. Gomez, A.M. "Abortion and subsequent depressive symptoms: an analysis of the National Longitudinal Study of Adolescent Health". *Psychol Med.* Jan. 2018; 48(2): 294-304. doi:10.1017/S0033291717001684. Steinberg, J.R.; Becker, D.; Henderson, J.T. "Does the outcome of a first pregnancy predict depression, suicidal ideation, or lower self-esteem? Data from the National Comorbidity Survey". *Am J Orthopsychiatry.* 2011; 81(2): 193-201. Warren, J.T.; Harvey, S.M.; Henderson, J.T. "Do depression and low self-esteem follow abortion among adolescents? Evidence from a national study". *Perspect Sex Reprod Health.* 2010; 42(4): 230-5.

16 Gilchrist, A.C.; Hannaford, P.C.; Frank, P.; Kay, C.R. "Termination of pregnancy and psychiatric morbidity". *Br J Psychiatry.* 1995; 167(2): 243-8.

17 Sistema de monitoramento de mortalidade gestacional. Centers for Disease Control and Prevention. https://www.cdc.gov/reproductivehealth/maternal-mortality/pregnancy-mortality-surveillance-system.htm. Atualizado em 5 jun. 2019. Acesso em 12 set. 2019.

18 Petersen, E.E.; Davis, N.L.; Goodman, D. et al. "Vital Signs: pregnancy-related deaths, United States, 2011-2015, and strategies for prevention, 13 states, 2013-2017". *MMWR Morb Mortal Wkly Rep.* 2019; 68: 423-9. doi:10.15585/mmwr.mm6818e1.

19 Jones, R.K.; Jerman, J. "Abortion incidence and service availability in the United States, 2014". *Perspect Sex Reprod Health.* Mar. 2017; 49(1): 17-27. doi:10.1363/psrh.12015. Sedgh, G.; Bearak, J.; Singh, S. et al. "Abortion incidence between 1990 and 2014: global, regional, and subregional levels and trends". *Lancet.* 16 jul. 2016; 388(10041): 258-67. Presumo que as taxas atuais tenham se mantido estáveis por 25 anos tentando evitar uma gravidez. Mas as taxas de aborto têm decrescido, assim essas estimativas provavelmente teriam sido maiores no passado.

Capítulo 10: O Estudo Turnaway e as políticas do aborto

1 Nash, E.; Benson, R.G.; Mohammed, L.; Cappello, O. "Policy trends in the states, 2017". Guttmacher Institute. https://www.guttmacher.org/article/2018/01/policy-trends-states-2017. 2 jan. 2018.

2 Jones, R.K.; Jerman, J. "Abortion incidence and service availability in the United States, 2014". *Perspect Sex Reprod Health.* Mar. 2017; 49(1): 17-27. doi:10.1363/psrh.12015. Jones, R.K.; Witwer, E.; Jerman, J. "Abortion incidence and service availability in the United States, 2017". Guttmacher Institute. Set. 2019. https://www.guttmacher.org/report/abortion-incidence-service-availability-us-2017.

3   Foster, D.G. "Dramatic decreases in US abortion rates: public health achievement or failure?" *Am J Public Health*. Dez. 2017; 107(12): 1.860-2. PMID: 29116861. PMCID: PMC5678419.
4   As mulheres que deram à luz no ano passado fazem parte de 2% da população vivendo abaixo da linha da pobreza federal. Fonte: Tabelas S1701 e B13010 disponíveis em https://data.census.gov/cedsci/.
5   Okeowo, A. "Fighting for abortion access in the south". *New Yorker*. 4 out. 2019. https://www.newyorker.com/magazine/2019/10/14/fighting-for-abortion-access-in-the-south. "What is reproductive justice?" SisterSong Women of Color Reproductive Justice Collective. https://www.sistersong.net/reproductive-justice. Para uma excelente introdução à estrutura da justiça reprodutiva, consulte *Reproductive Justice: An Introduction by Loretta Ross and Rickie Solinger* (University of California Press, 2017).
6   Petersen, E.E.; Davis, N.L.; Goodman, D. et al. "Vital Signs: pregnancy-related deaths, United States, 2011-2015, and strategies for prevention, 13 states, 2013-2017". *MMWR Morb Mortal Wkly Rep*. 2019; 68: 423-9. doi:10.15585/mmwr.mm6818e1.
7   Roberts, D. *Killing the Black Body: Race, Reproduction and the Meaning of Liberty*. Nova York: Vintage Books, 1999.
8   Prather, C.; Fuller, T.R.; Jeffries, W.L. IV et al. "Racism, African American women, and their sexual and reproductive health: a review of historical and contemporary evidence and implications for health equity". *Health Equity*. 24 set. 2018; 2(1): 249-59. doi:10.1089/heq.2017.0045.
9   Dehlendorf, C.; Diedrich, J.; Drey, E.; Postone, A.; Steinauer, J. "Preferences for decision-making about contraception and general health care among reproductive age women at an abortion clinic". *Patient Educ Couns*. 2010; 81(3): 343-8.
10 Grossman, D.; White, K.; Hopkins, K.; Potter, J.E. "Change in distance to nearest facility and abortion in Texas, 2012 to 2014". *JAMA*. 2017; 317(4): 437-9. doi:10.1001/jama.2016.17026.
11 Foster, D.G. Testemunho diante do Comitê Judiciário do Senado. 15 mar. 2016. https://www.judiciary.senate.gov/imo/media/doc/03-15-16%20Foster%20Testimony.pdf.
12 Erika Christensen e seu marido, Garin Marschall, escreveram uma bela carta em defesa dos pacientes de aborto tardio com links para muitas de suas histórias e que pode ser acessada em: https://www.abortionpatients.com.
13 "Late-term abortion: protecting babies born alive and capable of feeling pain: full committee hearing" [vídeo]. Committee on the Judiciary. https://www.judiciary.senate.gov/meetings/late-term-abortion_protecting-babies-born-alive-and-capable-of-feeling-pain. Minutagem 1:32:00.
14 Berry, S. "Pro-abortion witness testifies it's acceptable to deny medical care to baby born alive after abortion." *Breitbart*. 19 mar. 2016. https://www.breitbart.com/politics/2016/03/19/pro-abortion-witness-testifies-its-acceptable-to-deny-medical-care-to-baby-born-alive-after-abortion/.
15 *Planned Parenthood of the Heartland vs. Reynolds ex rel. State*, 915 N.W.2d 206, 218 (Iowa 2018).
16 Tribunal Constitucional do Chile. Rol n.3729-(3751)-17-CPT. 28 ago. 2017. https://www.camara.cl/sala/verComunicacion.aspx?comuid=36761.
17 Murtagh, C.; Wells, E.; Raymond, E.G.; Coeytaux, F.; Winikoff, B. "Exploring the feasibility of obtaining mifepristone and misoprostol from the internet". *Contraception*. Abr. 2018; 97(4): 287-91. doi:10.1016/j.contraception.2017.09.016. Grossman, D. "Why 2020 presidential candidates should support over-the-counter access to abortion pills". *USA Today*. 18 dez. 2019. https://www.usatoday.com/story/opinion/2019/12/18/abortion-pills-safe-could-ease-access-crisis-women-column/2665854001/.
18 Rowan, A. "Prosecuting women for self-inducing abortion: counterproductive and lacking compassion". Guttmacher Institute. *Guttmacher Policy Review*. 22 set. 2015; 18(3). https://www.guttmacher.org/gpr/2015/09/prosecuting-women-self-inducing-abortion-counterproductive-and-lacking-compassion.

19   Council on Scientific Affairs, American Medical Association. "Induced termination of pregnancy before and after Roe v Wade: trends in the mortality and morbidity of women". *JAMA*. 9 dez. 1992; 268(22): 3.231-9.

Capítulo 11: Próximos passos para a ciência

1. Governo do Nepal. "Muluki Ain (Eleventh Amendment), 2059 No 28(a), Chapter on Life" (tradução não oficial arquivada no Center for Reproductive Rights), 2002. *Kathmandu University Medical Journal*. 2003; 2(7): 177-8.
2. Alkema, L. et al. "Global, regional, and national levels and trends in maternal mortality between 1990 and 2015, with scenario-based projections to 2030: a systematic analysis by the UN Maternal Mortality Estimation Inter-Agency Group". *Lancet*. 2016; 387(10017): 462-74.
3. Puri, M.; Singh, S.; Sundaram, A.; Hussain, R.; Tamang, A.; Crowell, M. "Abortion incidence and unintended pregnancy in Nepal". *Int Perspect Sex Reprod Health*. 1º dez. 2016; 42(4): 197.
4. Devkota, M.D.; Adhikari, R.K.; Upreti, S.R. "(2016) Stunting in Nepal: looking back, looking ahead". *Maternal & Child Nutrition*, 12: 257-9. doi: 10.1111/mcn.12286.
5. Puri, M.; Vohra, D.; Gerdts, C.; Foster, D.G. "'I need to terminate this pregnancy even if it will take my life': A qualitative study of the effect of being denied legal abortion on women's lives in Nepal". *BMC Women's Health*. 2015; 15: 85. doi:10.1186/s12905-015-0241-y.
6. Para saber mais sobre as experiências de ser um provedor de aborto, leia o livro de David Cohen e Krysten Connon, *Living in the Crosshairs: The Untold Stories of Anti-Abortion Terrorism* (Oxford University Press, 2015).
7. Uma ala de sepse era a ala de um hospital na qual médicos e enfermeiras cuidavam das mulheres quando uma infecção havia chegado à sua corrente sanguínea. A sepse quase sempre era fatal antes da disponibilidade de antibióticos, mas, mesmo hoje, as taxas de mortalidade para pessoas com sepse (em virtude de qualquer causa, não apenas abortos) é de 40%. "Sepsis". Mayo Clinic. https://www.mayoclinic.org/diseasesconditions/sepsis/symptoms-causes/syc-20351214. Council on Scientific Affairs, American Medical Association. "Induced termination of pregnancy before and after Roe v Wade: trends in the mortality and morbidity of women". *JAMA*. 9 dez. 1992; 268(22): 3.231-9. https://www.ncbi.nlm.nih.gov/pubmed/1433765.
8. "About trust women". Trust Women. http://www.trustwomen.org/about/.
9. Joffe, C. "The legacy of George Tiller". Beacon Broadside. https://www.beaconbroadside.com/broadside/2009/06/carole-joffe-the-legacy-of-george-tiller.html. 4 jun. 2009.
10. Ginsburg, R.B. "Some thoughts on autonomy and equality in relation to Roe v. Wade". *North Carol Law Rev*. 1985; 63: 375. https://scholarship.law.unc.edu/nclr/vol63/iss2/4.

Posfácio à edição brasileira

1. www.reproductiverights.org/maps/worlds-abortion-laws.
2. https://www.nytimes.com/2023/04/12/upshot/legal-abortions-fell-dobbs.html.
3. https://www.nytimes.com/interactive/2023/04/13/us/abortion-pill-order-online-mifepristone.html.
4. Biggs, M.A.; Upadhyay, U.; McCulloch, C.E.; Foster, D.G. "Women's mental health and well-being five years after receiving or being denied an abortion: A prospective, longitudinal cohort study". *JAMA Psychology*. Fev. 2017; 74(2): 169-78.
5. Löwy, Ilana; Corrêa, Marilena Cordeiro Dias Villela (2020): "The 'Abortion Pill' Misoprostol in Brazil: Women's Empowerment in a Conservative and Repressive Political Environment". *American Journal of Public Health* 110, 677-84. https://doi.org/10.2105/AJPH.2019.305562.